《华中学术》(第十二辑)编委会

中文社会科学引文索引（CSSCI）来源集刊
华中师范大学文学院　主办

華中學術

第十二辑

Central China Academics Vol. 12　2015

主编　张三夕　戴建业

華中师範大學出版社

新出图证(鄂)字 10 号

图书在版编目(CIP)数据

华中学术(第十二辑)/张三夕,戴建业　主编. —武汉:华中师范大学出版社,2015.11

ISBN 978-7-5622-7083-6

Ⅰ.①华…　Ⅱ.①张… ②戴…　Ⅲ.①社会科学—文集　Ⅳ.①C53

中国版本图书馆 CIP 数据核字(2015)第 170810 号

华中学术(第十二辑)

©张三夕　戴建业　主编

责任编辑:曾　艳　　**责任校对**:肖绪旭　　**封面设计**:罗明波

编 辑 室:学术出版中心　　**电话**:027－67863220

出版发行:华中师范大学出版社

社址:湖北省武汉市洪山区珞喻路 152 号　　**邮编**:430079

电话:027－67863426/3280(发行部)　　027－67861321(邮购)

传真:027－67863291

网址:http://www.ccnupress.com　　**电子邮箱**:hscbs@public.wh.hb.cn

印刷:湖北新华印务有限公司　　**督印**:王兴平

字数:389 千字

开本:710mm×1000mm　1/16　　**印张**:23

版次:2015 年 11 月第 1 版　　**印次**:2015 年 11 月第 1 次印刷

定价:49.00 元

欢迎上网查询、购书

目　录

【学缘漫忆】(主持人:张三夕)

谈谈我的鲁迅研究 …………………………………………………… 陈安湖 2

国家社科基金重大招标项目专辑

【马克思主义文学批评的中国形态研究】(主持人:孙文宪)

"浪荡子"、寓言家与孤独者:本雅明论波德莱尔 …………………… 魏天无 16

新中国对马克思主义文论的引介与研究述评(二)

…………………………………………………… 周启超　张　进(整理)28

李大钊与早期马克思主义美学中国化 ……………………………… 张　弓 59

国家社科基金重大招标项目专辑

【文学伦理学批评:理论建构与批评实践研究】(主持人:苏　晖)

科学选择与伦理身份:阿西莫夫小说中的人机伦理关系 ………… 陈　涛 71

德莱塞《嘉莉妹妹》对消费时代的伦理思考 ………………………… 陈广兴 82

战争小说中个人成长的道德寓言

——《红色英勇勋章》的文学伦理学解读 ……………………… 蒋天平 93

【古代文学文献研究】(主持人: 汤江浩)

魏徵文学思想略论 ………………………………………………… 安　敏 106

《红梅记》与《钱塘遗事》

——《红梅记》中贾似道杀妾等故事源流考述 ………………… 王前程 115

论明代文学商品化与碑传风格的融合 ……………………………… 张世敏 127

【影视文化与批评】(主持人:李显杰)

"现代性"的终结与再出发:论新时期三代导演的现代性历程 …… 陈旭光 141

面对气味:文字之魅与影像之惑

——小说《香水》与电影《香水》的互文性读解 …………… 李显杰 159

真人秀节目叙事与文化产业的跨界整合 ………………… 李　炜 170

【文化传播学研究】(主持人:范　军)

清末民初小学数学教科书出版的特点及启示(1902—1927) …… 陈兰枝 181

马拉美《最新时尚》述略 ………………………………… 范舒扬 189

【语言学研究】(主持人:刘　云)

朱熹《四书集注》贯通诠释方法论新探 ……………………… 周光庆 197

国内儿童语用发展研究述评 ……………… 周卫华　吴　芳 212

喜剧小品幽默的语言学阐释 ……………………………… 宋　扬 222

《儒林外史》白话特质的塑造 …………………………… 魏锦虹 233

【汉语研究】(主持人:汪国胜)

基于语料库的现代汉语ABB形容词句法功能及相关问题考察

………………………………………………………… 侯冬梅 243

辉县方言形容词重叠式 ………………………………… 穆亚伟 255

汉语复句研究的篇章视野 ……………………………… 刘　云 264

【读书与批评】(主持人:孙文宪)

论美国主流文化及其文化战略

——读马特尔《主流:谁将打赢全球文化战争》……………… 戴建业 273

文学研究的范式转变

——读卡勒《文学理论入门》 …………………………… 孙文宪 286

【博士生论坛】(主持人：魏天无)

论宋代出版的大众化转向——以福建建阳为例 …………………… 金雷磊 301
南宋士人的“吏隐”心态与笔记创作的新变 …………………… 刘师健 310
汉晋之际艺术的发展——从蔡邕到阮氏家族的考察 …………… 潘　斌 318
抽象名词的特殊表量方式——以“$N_{抽}$＋指数”为例 ………………… 潘　纯 326
论陈劭先的民主思想与文化供应社的出版活动 …………………… 宋　泉 336

【附录】

华中师范大学文学院 2015 年上半年博士生学位论文目录 ……………… 350

《华中学术》来稿注意事项……………………………………………………… 352

Contents

Memories of Learning Time (Programme Host: Zhang Sanxi)

My studies on Lu Xun ······ Chen Anhu(2)

Researches on Marxist Literary Studies in China(Programme Host: Sun Wenxian)

"The Flâneur", a fabulist and a loner: Baudelaire in Benjamin's critique ······ Wei Tianwu(16)

A review of the introduction of Marxist Literary Criticism into New China and its studies ······ Zhou Qichao, Zhang Jin(28)

Li Dazhao and the early localization of Marxism aesthetics in China ······ Zhang Gong(59)

Literary Ethical Criticism: Researches on Theoretical Construction and Critical Practice (Programme Host: Su Hui)

The scientific choice and the ethical identity: the ethical relationship between human beings and machines in Asimov's fictions ······ Chen Tao(71)

The ethical thinking on the consumption age in Theodore Dreiser's *Sister Carrie* ······ Chen Guangxing(82)

The moral allegory of personal development in a war novel—An analysis of *The Red Badge of Courage* from the perspective of ethical literary criticism ······ Jiang Tianping(93)

Monographic Studies of Literature in Song & Ming Dynasties (Programme Host: Tang Jianghao)

A Brief Account of Wei Zheng's literary thoughts ······ An Min(106)

The Red Plum Legend and *Anecdotes of the Qiantang*—A comment on the origin of stories (like Jia Sidao's murdering of his concubine) in *The Red Plum Legend* ······ Wang Qiancheng(115)

On the integration between the commercialization of literature and the parallel prose style in Ming Dynasty ········· Zhang Shimin(127)

Screen Culture and Criticism(Programme Host: Li Xianjie)

The termination and resumption of "Modernity": A comment on the modern history of the three generations of directors in the new age ········ Chen Xuguang(141)
An inter-textual reading between book *Perfume* and its film adaptation ········· Li Xianjie(159)
The collaboration between the narration of reality programs and cultural industries ········· Li Wei(170)

Cultural Communication Studies (Programme Host: Fan Jun)

The characteristics of the publication of primary mathematics textbooks in the late Qing Dynasty and the early Republic of China (1902-1927) and the inspirations ········· Chen Lanzhi(181)
A review on Mallarme's *The Latest Fashion* ········· Fan Shuyang(189)

Linguistics Studies (Programme Host: Liu Yun)

New research on the hermeneutic methodology in Zhu Xi's *Annotations of the Four Books* ········· Zhou Guangqing(197)
A Review of children's pragmatic development research in China ········· Zhou Weihua, Wufang(212)
The linguistic interpretation of humor in comedy skits ········ Song Yang(222)
The construction of the vernacular characteristics in *Ru Lin Wai Shi* ········· Wei Jinhong(233)

Chinese Language Studies (Programme Host: Wang Guosheng)

The investigation of the syntactic function and related problems of ABB adjectives based on contemporary Chinese corpus ········· Hou Dongmei(243)
The reduplicative patterns of adjective in Huixian dialect ······ Mu Yawei(255)

Studies on Modern Chinese Compound Sentence from the Perspective of Text ········ Liu Yun(264)

Reading and criticism (Programme Host: Sun Wenxian)

A comment on American cultural mainstream and its cultural strategy: On Martel's *Mainstream: Who Will Win a Global Culture War* ········ Dai Jianye (273)

The paradigm shift in literature research: On Culler's *Literary Theory: A Very Short Introduction* ········ Sun Wenxian(286)

Doctoral Forum (Programme Host: Wei Tianwu)

On the popularization shift in the publication of Song Dynasty: A case study in JianYang in Fu Jian Province ········ Jin Leilei(301)

The evolutions of the reclusive mindset in an official position and the anecdotes writing of the scholar-officials in the Song Dynasty ········ Liu Shijian(310)

The development of art at the turn of the Han and the Jin Dynasties: A case study of Cai Yong and the Ruan clan ········ Pan Bin(318)

The particular expressive means of abstract nouns: A case study of "N abstract + Index" ········ Pan Chun(326)

On Chen Shaoxian's democratic thoughts and the publishing activities by the Cultural Supply Society ········ Song Quan(336)

Appendix

Doctoral Dissertation Directory in the first half of 2015, School of Chinese Language and Literature, CCNU ········ (350)

Contribution Notices about *Central China Academics* ········ (352)

学缘漫忆

【主持人语】自五四运动以来，中国现代文学和现代思潮研究有一个绕不过去的高峰，那就是鲁迅。当下，无论是把鲁迅部分文章从中学语文教材中删除而引起的争议，还是努力发掘鲁迅身上“好玩、幽默”的一面而吸引的点赞，都说明鲁迅在现代中国人心目中的地位和影响。本刊相当重视鲁迅研究，曾经在第六辑发表许祖华教授主持的“鲁迅研究”专栏，在第八辑发表陈天天、许祖华解读鲁迅作品的论文，在第十辑发表岁涵解读鲁迅作品的论文。本辑又有幸约到全国著名鲁迅研究专家陈安湖教授总结其数十年研究鲁迅的文章。作为华中师大文学院现代文学学科奠基人之一，作为一名年逾八旬的老教授，陈先生回顾其一生研究鲁迅所走过的学术道路，具有特别的价值。在某种意义上可以说，陈先生的文章是现代文学史上一部鲁迅研究简史的缩影。陈先生独到的“以鲁解毛，以毛释鲁”的研究方法，是他活跃的那个时代的精彩写照。陈先生对于鲁迅的热爱是发自内心的、持久的，对于鲁迅作品的熟悉程度也是难能可贵的。我很早就听陈先生的高足周晓明教授说过，陈先生每天晚上睡觉之前必定读一两篇鲁迅的文章才能入睡。我当时有点半信半疑，现在，这个说法已在陈先生的大作里得到印证。就我个人的学术创新视野而言，陈先生致力于研究鲁迅如何以及何时从一个民族主义者转变为共产主义者这样的问题，似乎已经过时了；但从学术史和学科史的角度而论，陈先生那一代人带有一定主流意识形态话语色彩的问题视域及表述方式又不能被“遗忘”，它曾是一种激动人心的真实的历史存在。陈先生的著述已然构成现代鲁迅研究史上不可或缺的一个环节。相信有心的读者会以历史的眼光来阅读本辑所发表的陈先生的回忆文章。（张三夕）

谈谈我的鲁迅研究

陈安湖

（华中师范大学文学院，湖北武汉，430079）

我从 20 世纪 50 年代初开始发表关于鲁迅的文章，至今已过去六十多年了。这几十年的历史，在别人看来自然不算什么，在我却是值得纪念的事。

我研究鲁迅，并非因为这是一门“显学”，主要出于个人的爱好。我读鲁迅的书比较早，初中时已开始。记得当时曾从一本《模范作文》上看到一篇讲述鲁迅热爱儿童的文章，这是我第一次知道鲁迅的名字，但只模模糊糊知道中国有一个鲁迅，并没有过多的感触。待到有一天无意中得到一本土纸印的《鲁迅自选集》和一本并不完整的《二心集》，这才惊异于他的思想的深邃、感情的激越和语言的尖刻辛辣，令我顿时血脉沸腾，心神俱旺。我从此留心访求他的著作，几乎每天课余都沉浸在他的文学世界里。那时还在国民党黑暗统治之下，鲁迅对国民党蒋介石的斗争特别擦亮了我的眼睛，振奋了我的精神。我庆幸找到了一位精神导师，真心热爱他、敬仰他，不断地从他那里吸取思想，吸取智慧，吸取文词。这与我一生的为人与为学关系极大。

与研究鲁迅相关的，是我也较早地接触了毛泽东的著作。这也并非因为他是新中国的缔造者，是因为他的著作里既有崭新的理论，又有令人振奋的战斗风格，还有鲜明丰富的文采（毛泽东是诗人，他的政论也有诗的成分）。1944 年，在初中时，我曾从地下党得到一本薄薄的《在延安文艺座谈会上的讲话》和一本《论联合政府》的英文译本（这两本书我至今还保存着）。我怀着极其好奇的心情阅读了这两本著作(《论联合政府》我是作为英语课本读的)。从此我也深爱他的著作，特别留意访求他的每一本书。50 年代初，《毛泽东选集》四卷本开始发行的时候，我就急急抢先订购了一套，后来一直带在身边。几十年来，我不但反复读了《毛泽东选集》（四卷）（有些篇章也不知读了多少遍），也读了我所能得到的他所有的著作，包括他的军事和外交文集以及《建国以来毛泽东文稿》十余厚册。我同样从他的著作里吸取思想，吸取智慧，吸取文词。毛泽东教给我坚定的共产主义信念，又教给了我马克思主义观点和方法。我至今所以能写一点理论文字，与毛泽东的教导是分不开的。

鲁迅和毛泽东有大半生是同时代人，共同战斗在中国的革命大风暴中，为中华民族的复兴建立了不朽的业绩，他们的著作同样是中国革命的伟大史诗。两者所涉及的问题，所表现的思想感情是相互交融，息息相通的。我因此常常把他们的著作结合起来读，一方面通过毛泽东了解鲁迅，另一方面也通过鲁迅了解毛泽东。这对我的研究工作十分重要。

1945年，我进入高中，正值抗战胜利结束，全国各地蓬勃兴起了争取民主、反对独裁的斗争。我们学校里部分进步师生成立了一个"文艺研究会"（我至今还保存着"文艺研究会"成立时所拍的照片），以研究文艺为名进行争取民主的宣传。我也参加了这个组织，从此经常得以阅读进步报刊，同时也开始学习写作。1946年，我写了一篇题为《从〈阿Q正传〉看辛亥》的鲁迅式的杂文，把国民党新军阀作为老把总、举人老爷之类加以讥刺。全文不过千余字。后来寄给桂林民盟主办的《民主周刊》，不想竟为他们所采用，以采石的笔名发表于该刊1946年第31期。这是我公开发表有关鲁迅文章的开始（此文新中国成立后还为人所注意，篇目被收录在一本《鲁迅研究资料汇编》里）。

1947年，我高中毕业，考进了桂林的广西大学中文系。当时解放战争已全面爆发，各地反内战、反饥饿的斗争风起云涌。学生们在战乱中无心上课，教师们也终日惶惶然。我们除了上街游行，抗议国民党的内战政策外，便是在地下党领导下集体护校（当时白崇禧的部队已占领了部分校舍），形势十分紧张。当时，大家都非常关注解放战争的进展状况。地下党为此指定一部分同学每天收听新华社广播，在学校走廊上出版《壁联新闻》日刊，报道内战情况，也间或发表一些评论。我也是该刊的编者之一，每天按时上班抄录新华社电讯。我也曾在上面写些短文，大都是鲁迅式的杂文，抨击校内外国民党黑暗统治。当时，福建的同学主办了一个《建风》杂志，也发表我的一些杂文（我至今还保存着一些原稿或剪报）。

还有一件事曾引起全校轰动，那是我们几个爱好文艺的同学，把田间的诗《她也要杀人》改编成了针对国民党（原诗针对日寇）的戏剧，在学校礼堂演出。因为正切合当时内战的形势和师生们反内战的心情，获得意外的成功。许多同学为剧情激动，当场高呼反国民党的口号，引起全校的轰动。我们几个人当天晚上演出后为清理剧场的布景道具等累得精疲力竭，但意外的成功还是令我们高兴万分。

1949年底，解放军进入桂林，我有幸亲历了百年难逢的改朝换代的伟大剧变。在欢呼胜利声中，我们也加强了学习。我和几个同学发起成立了一个“人民文艺社”，由我自任首届社长，主要是引导大家学习毛泽东的延安文艺讲话和其他中央文件。后来我们将这些文件印了一个小册子（这册子我还保存着）作为纪念。

桂林解放，同学中掀起了参军热潮。我本来也要去的，行李都搬出来了，但接管广西日报社的同学不让走，说他们那里也需要人。然而我最后也没有走进广西日报社，因为我个人的兴趣不在办报而在文学评论方面。1950年7月，我得知北京各大学招插班生，便北上考清华大学中文系插班，随后在清华读了两年。两年中，因为不适应北方的气候和饮食，经常生病，还曾经住过医院。这两年，为病所困扰，很少读鲁迅的书了，也不再写鲁迅式的杂文，只写了几篇文学评论，分别发表于《光明日报》、《新建设》杂志以及上海的《解放日报》等处。文章是就现实问题而发的，大都带点批评的性质，曾引起北京文艺界的注意。其中一篇批评了《文艺报》一位编者的书，在该报中引起了争议。主编丁玲到清华做报告时曾向我的老师询问我的情况。

清华两年，是在连续生病的困境中度过的。1952年8月毕业，先由国家分配至天津南开大学中文系，充当李何林先生的助教，后因病实在坚持不了，便辗转调至南方的武昌华中高师（即今之华中师范大学）。从此一直在高师工作。我的专业是中国现代文学的教学和科研工作。从这时起我的身体逐渐康复，阅读的范围也逐渐扩大，而且在平静中也开始有规划地阅读鲁迅的著作。鲁迅的书就压在枕头底下，每天睡前一定读一两篇，目的是寻求一点欣赏的乐趣，但读多了，对鲁迅也就形成了一些明确的看法，同时也就开始留心国内鲁迅研究的现状，从中发现了问题，便不免萌发了写作的欲念。我的文章大都针对现实问题而发，多少带点辩论的性质，就是这个原因。

1953年7月，我在上海《文艺月报》发表了第一篇论文，题为《从一篇〈真理报〉的专论谈到〈阿Q正传研究〉》。这是针对研究中的“左”的倾向而发的。《〈阿Q正传〉研究》是上海一位青年作者写的小册子，他以极其偏激的态度全面否定了辛亥革命，认为它是违反农民利益，为农民所仇视的革命。其次，对鲁迅，他也激烈地否定了自瞿秋白以来，众所公认的鲁迅“从进化论到阶级论”的重要结论，把赞成这结论的人，统斥为“观念论的机械论者”，坚持认为鲁迅从“五四”一开始即“在实际斗争中把握到了阶级论的实际内容，即无产阶级世界观”。这显然违背了鲁迅自说他前期“一向相信进化论”的事实，也否定了大革命失败后共产党所领导的人民民主革命和马克思主义思潮的广泛传播对鲁迅转向共产主义的重要推动作用。我即从这些方面批评了他的观点。我万万没有料到，这篇东西竟像一颗炸弹在上海文艺界掀起了巨大的波浪。原来那位青年作者并不是孤立的个人，他是上海以胡风为首的文艺流派的成员。他的观点也就是胡风一派的观点（胡风本人一直坚持这种观点）。所以我的文章不但触犯了那位青年作者，也触犯了上海胡风派的众多成员。加以我的批评比较尖锐，引起了他们强烈的反感。他们认为我的文章署名陈安湖，其实并无其人，只是该刊某编者的化名。又加以那一期刊物上还发表了唐弢和另一位作者批评他们的文章，他们就认为该刊有意围攻他们，于是群情激愤，一哄而起，四处呼喊，以写信和文章的多种方式提出抗告，最后还告到了中共中央宣传部，一时成了上海文艺界关注的大案。我的文章因此也成为上海文艺界热议的焦点。斗争的内幕当时没有公开，是后来清算胡风集团时由该刊披露的。现在大家都知道胡风集团不是反革命集团，最后的平反也还了他们一个清白。但我始终认为他们对鲁迅前期思想的观点并不是符合鲁迅实际的观点；他们对辛亥革命的评价更显然是极左的十分错误的评价。

后来我也感到，我的文章究竟写得简单一些，问题没有充分展开，说理不够透彻，措词也有过于尖锐的地方。全文只有四千字左右，后来我并没有将其收录在文集里。

这事的影响也传到了武汉。因为我文后注明“写于华中昙华林”（华中高师的校址），人们便知道是高师的人写的。湖北日报社曾派了两名记者访问我。

1956年10月，在纪念鲁迅逝世二十周年的时候，我又在该刊发表《论〈狂人日记〉的思想》一文，这也是针对“左”的倾向而发的。那时新中国成立不久，鲁迅研究还处于重新起步的阶段，许多学者由于敬仰鲁迅而拔高了他前期的阶级性质，认为他在《狂人日记》里已运用了马克思主义的阶级观点处理封建社会人吃人的现象，吃人和被吃的两种人即为封建统治阶级和被统治阶级，作者也就站在被统治阶级一边，以阶级对立和阶级斗争的观点揭露了封建社会人吃人的现象。所以在他们看来，《狂人日记》已属于社会主义现实主义的作品。

这也和胡风派认为鲁迅在“五四”时期即掌握了无产阶级世界观一样，实际上是对鲁迅前期思想的曲解。为此我在文中对《狂人日记》的思想作了全面的分析，指出作者为小说确定的主题是“暴露家族制度和礼教的弊害”，吃人的根源在于封建的“家族制度和礼教”。坚持这种制度和礼教的人（自然以统治阶级为主），不但要吃被统治阶级的革新者，一伙之内也会自吃。而被统治阶级内部也有一部分缺乏阶级觉悟的人，为统治阶级愚民政策所控制，反对革新者，所以也有意无意吃人。作者是就整个民族立论的，并没有以阶级对立画出一条吃人和被吃的界线，所以不能说他已用马克思主义的阶级观点去考察封建社会的吃人现象。此外，我还花很大的篇幅从作者在小说中所提出的改造社会的设想，以及他为实现这设想所主张的方法、所依靠的社会力量等重要方面，指出作者的基本立场和观点还是革命民主主义，所以不能说《狂人日记》已属于社会主义现实主义的作品。

这篇文章在当时可以说是顶风之作，多少有点反潮流的意味，在理论上也有所创造，引起众多关注。编者也特别重视这篇文章，特地在文旁加发了一幅《狂人日记》的人物插图，以示其为该期的重要文章。直到后来，还有学者写文章肯定我的结论的正确性和开创性。

与上一篇文章比较，我在行文风格上也有了些进步，问题展开比较充分，论证比较严密，说理比较透彻，态度比较沉着冷静，没有过分尖锐的语言。这可以说是我在文字风格上比较成熟了一点。

关于《狂人日记》，1959 年我还写过一篇《〈狂人日记〉杂论》，就狂人所代表的进步知识分子作了一些阶级分析。后来收入《鲁迅论稿》，1980 年由湖南人民出版社出版。这是我为《狂人日记》所写的仅有的两篇论文。

我的鲁迅研究，是和运用毛泽东思想结合起来的。我阅读鲁迅著作，同时也就阅读毛泽东著作，从中寻找思想武器。上述两篇文章，就深深渗透着毛泽东思想。毛泽东对马克思主义原理的阐述，特别是他对中国近代和现代革命路线和形势的论述，对中国社会阶级的分析，对我的鲁迅研究有极其重要的指导意义。我对鲁迅小说内容和历史意义的理解，大都得之于毛泽东的启示。从 1959 年至 1963 年，我集中撰写了一组关于《阿 Q 正传》的论文。其突出之处，就是运用毛泽东思想阐明鲁迅对辛亥革命的总结，从中挖掘鲁迅小说光辉的历史意义。

这组论文比较重要的有：1.《〈阿 Q 正传〉与辛亥革命》（1959 年）；2.《〈阿 Q 正传〉的历史意义》（1961 年）；3.《论阿 Q 和阿 Q 精神》

(1963年)。

第一篇发表于《华中师院学报》；第二篇发表于上海的《上海文学》(《文艺月报》改名) 1961年第4期，编者发表时改题为《〈阿Q正传〉所反映的辛亥革命的历史真实》；第三篇发表于上海的《文艺论丛》1979年第10期。

第一、二篇是我配合全国学习《毛泽东选集》第四卷的高潮中所写的专论。我在文中指出，鲁迅对辛亥革命的总结，其实也就是毛泽东对辛亥革命的总结。毛泽东早就指出，辛亥革命的失败，源于领导此次革命的资产阶级的软弱性和妥协性，证明资产阶级的民主主义和资产阶级共和国的政治方案不足以战胜帝国主义和封建势力，引导中国革命走上胜利的道路。鲁迅小说以具体的艺术形象，极其生动地揭露了资产阶级与豪绅地主相互勾结，把革命一步一步引向失败的过程；同时也揭露了他们对农民力量的漠视。他的描写恰恰证明了毛泽东论证的正确性。"五四"以来，在文学方面以如此深刻的笔墨反映辛亥革命的失败，总结辛亥革命的经验教训的，只有鲁迅一人而已。

从年代上说，《阿Q正传》发表于1921年12月，正是中国共产党成立半年以后。中国共产党的成立，标志着中国无产阶级已走上政治舞台，而且正以崭新的理论武器和勇猛无畏的革命精神对帝国主义和封建势力展开了斗争。鲁迅在这时候发表《阿Q正传》，客观上证明了资产阶级领导的日趋没落，也证明了无产阶级代替资产阶级领导中国革命的历史必然性，这就有利于破除人们对资产阶级的幻想，巩固无产阶级的革命领导权，推动新民主主义革命的发展，正是在这方面特别显示了《阿Q正传》光辉的历史意义。

我的研究可以说多少打开了《阿Q正传》研究的新局面。从论文的风格上说，问题展示也比较充分，理论比较周密，说理比较透彻，形成了我一贯的文字风格。

我在上海《文艺月报》所发表的三篇文章，都得到编者的好评，他们为我说了很多好话，令我感念不已，也多少增强了我的自信。

70年代以后，我的研究重点又转向鲁迅的思想发展问题。这在当时是一个重大的课题，引发了众多学者的研究和讨论，在鲁迅研究史上有十分重要的意义。

1975年春，广东省中山大学的学者发现了鲁迅1927年4月10日("四一二"政变前两天)所写，发表于5月5日广州《国民新闻》副刊《新出路》的一篇佚文《庆祝沪宁克复的那一边》（此文的题目显然有误。从文章的内容看，我以为“那一边”应是“那一天”的误植，因为其中明明有“当盛大的庆典的这一天”这样的话）。作者在广州人民为上海工人第三次武装起义成功和北伐军攻克南京而大举庆祝的这一天，特别引用了列宁的“不要因胜利而使脑筋昏乱，自满自足”的警语，告诫人们不可“小有胜利便陶醉在凯歌中，肌肉松懈，忘记进击”，致使“敌人乘隙而起”。这是鲁迅第一次用列宁的警语对中国人民提出告诫，引起众多学者的关注。许多人因此认为鲁迅此时已成为共产主义者，从而引发了鲁迅何时以及怎样转变成共产主义者的争论。赞成已转变的人说法也不一样：有说转变于1928年的，有说转变于1927年的，也有说转变于1926年的，甚至有人认为，鲁迅写于1925年12月的《论“费厄泼赖”应该缓行》，已经是“完全的马克思主义”的著作。

这里问题不仅涉及鲁迅的某一篇或某几篇著作，而涉及他前后期的几乎全部的主要著作。为弄清这个问题，我花了大半年时间，按先后次序逐篇重读了他的大部分著作，考察了他一贯的思想观点，又考察了他在不同时期的不同著作中对各类社会问题和文艺问题相同的和不同的观点，从中找出他的思想发展的轨迹。我发现，随着时代斗争的发展，他对相同问题的观点也是有变化的、有发展的，特别是“四一二”大风暴以后，共产党领导的革命不断深入和马克思主义的广泛传播，以及他个人不断地靠拢共产党人和革命群众，实际上已处于自觉地自我改造的过程。后来经过1928年的关于革命文学的论争，他改造旧思想旧感情的自觉性和迫切性更不断提高，处处以马克思主义来对照自己、解剖自己。他曾经说过，他是以马克思主义的“火”来“煮”自己的“肉”的。一个“煮”字，表明了他改造自己的决心和勇气。到1929年底前后，当他宣告“唯新兴的无产者才有将来”的时候，他已经是一名真正的共产主义者了。这是20世纪中国现代文学史上重大的历史事件。

1978年和1979年两年，我在此基础上，相继撰写了《〈论“费厄泼赖”应该缓行〉的思想》（1978年）、《关于〈庆祝沪宁克复的那一边〉的评论》（1979年）、《论鲁迅从革命民主主义到共产主义的伟大发展》（1979年）等三篇长文。第一篇说明《论“费厄泼赖”应该缓行》是彻底的革命民主主义，还不是马克思主义；第二篇指出《庆祝沪宁克复的那一边》是《论“费厄泼赖”应该缓行》思想的延续，同样还不是马克思主义。

第三篇是我用力最多、费时最久的论文，共三万余字。我在马克思主义毛泽东思想的指引下，按照时代斗争不断发展的进程，把鲁迅纳入这个进程中，全面剖析他思想的每一点变化发展，说明他是如何一步一步地走向共产主义的；每发展一步，都举出他的有关著作，前后对照，使人明确地看到了他思想发展的整个线路。

1979 年 4 月，文章写出后，打印了数十份，分寄各地鲁迅研究的同仁，最先交给 1979 年纪念五四运动六十周年纪念大会，随即被选进《纪念五四运动六十周年学术讨论会论文选》（1980 年 5 月由中国社会科学出版社出版）。接着经王瑶先生推荐再次发表于《中国现代文学研究丛刊》1980 年第 1 期。各方面反应十分热烈，资深的鲁迅研究者王士菁先生赞扬说这是“用了许多工夫的力作”。鲁迅博物馆馆长李何林先生反应尤为热烈，夸赞我的“观点深刻，论据有力，分析透彻，令人信服”。1980 年 4 月，在北京中国社会科学院所召集的筹备撰写鲁迅诞辰一百周年的论文座谈会上，他当众发言，称我的文章是当年运用历史唯物主义研究鲁迅思想发展的重要成果，说我“通过仔细分析，引了很多鲁迅著作里边的话，证明他（鲁迅）在某个问题上原来是这样看的，以后他又逐步改变了看法，举了对好多具体问题的不同看法的具体例子，指出鲁迅对某个问题的看法也是变化发展的”。他认为“这就是历史唯物主义”（李先生的讲话后来发表于江西师院的《语文教学》1980 年第 5 期）。李先生还热情地把我的文章推荐给天津南开大学的鲁迅研究小组，并且还在博物馆召集馆员共同讨论。在讨论前，他特地把文章朗读了一遍。因为文章过长，同志们看他念得吃力（李先生当时已七十多岁高龄），中途想代他念下去，他坚持念完为止。我后来从与会者听到这个故事，也感动不已，对这位老前辈产生了无限的敬意。

当时各地高校中文系师生，也卷入了鲁迅思想发展讨论的热潮。我曾先后应中南院校一些中文系师生的请求，就我的文章的主要内容，做过多次演讲。有些学校还录了音，辗转广播。

这可以说是我的文章在文化思想界所引起的又一次波浪。

这个时期，除了上述者外，我还有好些文章发表于北京、辽宁、武汉和上海各地的刊物。文章大都以谈鲁迅思想发展为主，也涉及其他作品。其中《说〈雪〉》一篇，在当时也是顶风之作，曾引起争论。1980 年 8 月，我从中选了 12 篇，约二十万字，取名《鲁迅论稿》，作为李霁野先生主编的《未名小集》之一，由湖南人民出版社出版。李先生还特地为我写了《小引》，肯定该书“是一个可喜的收获”。

转眼到了80年代。

这是我国进入改革开放的新时期，我的研究因此也进入了全新的阶段。改革开放促使我国经济持续高速发展，极大地增强了国家的综合国力，提高了人民的生活水平，显示了社会主义强大的生命力，为中华民族的复兴创造了坚实的基础。全国人民无不欢欣鼓舞，然而却引起了国内外敌对势力的攻击与诽谤。美帝国主义力图通过和平演变的方式，改变中国的政治制度，挑战马克思主义和社会主义意识形态，遏制中国的现代化进程。

这是一场关系社会主义生死存亡的新的斗争。在文化思想战线上，有关鲁迅的斗争也出现了新的形势。由于鲁迅是共产主义者，开始也受到自由化分子的猛烈抨击，说他“只会借文章整人”。他的“痛打落水狗”是封建专制主义，他的为人民革命牺牲自我的思想“不符合现代社会所需要的以个人为主体的新人格，有碍于中国社会现代化进程”。然而更多的自由派慑于鲁迅巨大的战斗业绩和威望，不敢正面攻击他，而是利用迂回的方法，按照自己的面貌改造他。例如曾有一些有自由化思想的学者反复声称鲁迅是一个“纯审美”的信奉者，他从来不把文艺作为思想斗争和社会变革的武器，不主张作家为“革命的需要”、“历史的需要”而写作，同“五四”以来的战斗传统相对立。他们只推崇鲁迅前期的进化论和个性主义，而不理会他后期的共产主义和马克思主义；只讲他的彷徨、苦闷、虚无，而不讲他的斗争精神和思想发展。还有人认为鲁迅始终是一个资产阶级个人主义者，他所以成为世界文化伟人，就因为他始终坚持资产阶级个人主义。还有人认为鲁迅是“全盘西化”的始作俑者，与胡适之类毫无区别。鲁迅的叛逆精神，本来是针对旧社会、旧势力的，他们却以鲁迅一贯不满现状为由，把他描绘成社会主义体制的叛逆者。像这样一些曲解，在80年代中后期特别盛行，影响不小。一种这样的著作或论文发表出来，必有大批追随者争相附和，大声称颂，彼此响应，广为传播；如果有人站出来与之争论，也必有大批的追随者群起而批之，或斥为极左，或指为教条主义，或骂为陈旧保守，或说是“打击新生力量”，不一而足。

显然，这时期有关鲁迅的争论，不单是一般学术争论，还涉及政治争论，甚至涉及要不要社会主义的争论，实际上成为整个思想政治战线斗争的组成部分。

当时我也积极参与了这场斗争，我的主要阵地是陈涌主编的《文艺理论与批评》杂志，这是当年反自由化的一面旗帜。从1986年该刊创刊开始至

2000年，我在陈涌同志的支持和提携下，在该刊连续发表了六篇十余万字的论文。其中引起广泛注意的有：1. 《鲁迅小说“新研究系统”商讨》(1986年)；2.《再论鲁迅小说“新研究系统”问题》(1989年)；3.《论袁良骏鲁迅思想研究中的问题》(1993年)；4.《关于鲁迅早期的个人解放思想问题》(1997年)；5.《关于鲁迅早期的民主思想问题》(1997年) 等。

除了《文艺理论与批评》，我这时还在北京的《鲁迅研究月刊》、《文学评论》，武汉的《武汉学刊》、《华中师范大学学报》等刊物上发表《关于鲁迅前期的进化论问题》(1986年)、《写在王富仁的答辩之后》(1987年)、《鲁迅与马克思主义》(1988年)、《〈鲁迅研究的历史批判〉的批判》(1990年)等论文，总计也有十余万字。

这可以说是我一生中精神最振奋的时期，也是论文产量最多的时期。这一系列文章，内容十分广泛，但都集中到一点，就是驳斥自由派对鲁迅的种种曲解和误解，从正面阐述了鲁迅前期和后期的彻底的革命精神，保卫了鲁迅作为共产主义者的战斗传统和思想光辉。在鲁迅和自由派之间划清了思想界线。如果说我前期的文章，大都针对“左”的倾向而发的话，那么，此次则是针对右的倾向而发。“左”的倾向出于颂扬鲁迅，不适当地拔高了鲁迅(主要是前期) 的思想，造成了对鲁迅的曲解；右的倾向则是从反社会主义出发，把鲁迅描绘成“自由化”的同道。这是对鲁迅严重的曲解，带有一定的政治目的，我所写的《鲁迅小说“新研究系统”商讨》便是反右的第一篇文章。所谓“鲁迅小说新研究系统”原是北京一个在校学生虚构的系统。这个学生其实还不懂得鲁迅小说，理论上也十分幼稚，文章错误百出。然而他却自命不凡，企图乘自由化的潮流，冲破新中国成立以来鲁迅小说研究的马克思主义传统和研究成果，特别要否定毛泽东思想对鲁迅小说研究的指导作用。他把鲁迅小说规定为“中国反对封建思想革命的一面镜子”，认为鲁迅只主张进行反封建的思想革命，而不主张反封建的政治革命，又从此进一步反对历史上所进行的政治革命，实际上就是企图以一种改良主义的思想革命来代替共产党所领导的民主革命。

这种所谓的“新系统”，实质上是反对马克思主义毛泽东思想的“系统”，所以一发表就得到自由化分子的热烈吹捧，反复叫喊这是鲁迅研究的大突破、大发展，是鲁迅研究旧时代的结束，新时代的开始。一个对鲁迅小说一知半解的学生，被吹成了反传统的英雄、自由化的先锋。在他的背后，也迅速集结了大批的追随者，相互支持，拼命叫喊，广为传播，在文化思想界形成了一股不大不小的势力。

我的文章就是对此而发的。我首先对鲁迅小说的主要内容构成及其光辉的历史意义作了全面的分析，指出其中并不是单纯的反封建思想，也总结了资产阶级领导的辛亥革命的经验教训，批判了资产阶级的软弱性和妥协性，证明不能依靠资产阶级的领导取得民主革命的胜利，正是在这个重要方面代表了全体人民的愿望和要求，小说的生命力及其价值首先而且主要表现在这个方面。认为鲁迅小说只有反封建思想的意义，实际上剥夺了它们的生命力和价值意义。

我的文章以周密的理论和透彻的说理，粉碎了所谓“新系统”的各种错误理论。

初写成文章时，我为慎重起见，打印了十数份，先寄给将要创刊的《文艺理论与批评》编辑部。陈涌很重视这篇稿子，特别指定专人审阅并帮助修改。此外，我还寄了几份给北京学术界几个相识或不相识的知名人士，征求他们的意见，其中也寄了一份给胡乔木。我和胡乔木并不相识，也素无交往。我冒昧寄稿给他，主要是因为他是著名的马克思主义理论家，希望他从马克思主义的角度提出批评意见。谁知他看过之后，并不说什么，把稿子直接寄给社会科学院文研所的《文学评论》。结果该刊不但不发表我的文章，还频发流言，说我“打击新生力量”，还说我企图利用胡乔木的威势，压他们发表我的文章。这完全是无中生有，凭空捏造。

1986 年 9 月，我的文章就发表在《文艺理论与批评》的创刊号上，是创刊号上最长、也最显眼的一篇论文，也是这一期反应最热烈的一篇论文。创刊号也因此畅销各地。编辑部的同志为此十分高兴，当面夸奖我为刊物增了光。后来，文学理论家李蕤先生在《中流》杂志发表长文，热情称扬我的文章“精辟”、“深刻”、“有气魄”（《中流》1991 年第 12 期）。我所在的武汉方面反响也颇为热烈，有学者特别称扬我重在说理的文风。就连那位意气不凡的学生也不得不“自省”，承认我的文章纠正了他的“偏颇”（北京《鲁迅研究动态》，即今之《鲁迅研究月刊》1987 年第 6、7 期合刊）。这样热烈的反响持续了较长的时期。1991 年陆梅林、盛同把它选进《新时期文艺论争辑要》一书，作为历史文献加以保存（同年 9 月由重庆出版社出版）。

这也可以说是我的文章在学术界所引起的又一次较大反响。

这个时期，我在《文艺理论与批评》所发表的其他文章，也多为人所知。例如 1993 年第 2 期的《论袁良骏鲁迅思想研究中的问题》一文，揭露袁良骏先鼓吹极左，百般称扬鲁迅，后又追随自由化，反过来恶毒攻击鲁迅。此文淋漓尽致地为袁某画了一个首鼠两端的形象，陈涌认为我“写得不错”。然而却遭到袁本人的无赖式毒骂，在当时也引起不小风波。我对此也写了《辱骂——人格的自我失落》一文，予以反击，发表于该刊1993年第5期。李蕤先生也随即发表《致陈安湖》一信，抨击袁的流氓行为，热情赞扬我的工作（该刊1994年第2期）。

至2000年底，我把在此期刊所写的论文收集成册，以《为鲁迅声辩》为名交华中师范大学出版社出版。我在自序中指出：“为鲁迅声辩”就是“为鲁迅辩诬，清洗别人给他泼上的污水”，使人们“更好地认识鲁迅和保卫鲁迅”。“就今天来说，保卫鲁迅，不仅仅是保卫鲁迅本人，也是保卫他毕生为之战斗的社会主义和中华民族复兴的伟大事业。”

文集出版后，著名的翻译家、鲁迅的学生和研究者黄源先生特地给我发来一封信，信中说：

> 看到你的《为鲁迅声辩》一书，十分高兴。我虽然已97岁，且大病初愈，还是急着奉读。其中有几篇我可能已读过。这次重读，仍觉得很有意义；特别是自序，写得很好。我打算让我的家人，只要有阅读能力的全部拜读学习，使鲁迅的学生——黄源的后代对鲁迅有一个正确的认识，免得被哪些错误的言论迷糊了头脑。

我的工作至此告一段落，但并没有结束。

1992年，我从工作岗位上退下来，不久即移居海口。我是南方人，比较适应南方的气候和饮食。从此，开始在平静中过着休闲的生活。但出于个人的爱好，仍时常与鲁迅的书为伴。这时我调整了研究的重点，专注于一部《野草》。这也是我数十年的愿望。早在中学时，我便开始阅读《野草》，并且开始收集有关资料，做研究的准备。70年代末，《野草》中的《雪》被选进中学语文课本，引起众多语文老师与中学语文研究者的讨论。对《雪》的主题，大家说法不一，有认为是对美好事物的向往的，有说是对当年广东革命策源地的赞颂的。我觉得这些说法离题太远，随手写了一篇《说〈雪〉》，陈述了一点不同的意见，发表于《中国现代文学研究丛刊》1981年第2辑。结果招致了一位《野草》研究者的严厉申斥，说我“生拉硬扯，主观臆断”、“近乎说梦”（见上述丛刊1982年第3辑）。我随后也作了回答（该丛刊1984年第1辑），但从此不再写关于《野草》的文章了。现在重新捡起《野草》，一方面是确实感到研究中存在较多问题，特别是近几年，在市场化浪潮的冲击下，产生了一批新的索隐派批评家。他们看不懂《野草》，却凭空猜测，竞相炒作，把作者那些揭露社会病苦、抨击黑暗势力的战斗之作，曲解为表现作者的家庭变故和情爱隐私，影响不小。另一方面，我也感到，由于《野草》是“象征神秘”之作，现在一般青年对鲁迅生平思想知之甚少，又没有多少阅读经验，读起来往往茫茫然，也就容易相信那些索隐派的炒作。所以我觉得有必要对《野草》作些实事求是的注释和讲解。

我的工作，主要在于注释和讲解作品的基本思想（包括其中的难点和疑点），因为初学者的困难多在这个方面。而且，我想无论什么作品，了解其基本思想，是第一要义的。如果看不懂作品的思想，不但说不上欣赏，也无法作进一步的（例如语言和艺术方面）研究。《野草》的特别之处，恰恰是作者利用各种客观对应物创造各种象征形象，把复杂的思想感情隐藏在曲折隐晦的形象之中，使一般的学者难以索解。我的工作主要是对此作一些必要的注释和讲解。这是一种初级的启蒙的工作。

从 20 世纪 90 年代起至新世纪的十多年，我的时间和精力，大都花在这个方面，寒来暑往，大都终日伏案，在孤寂中振奋精神，锲而不舍，其间所经受的艰辛和挫折，难以言说。所有的稿子，都是改了又改，多次反复，有许多甚至重写了十多遍。一方面是失望、烦恼，另一方面却坚持到底，不离不弃，陆续撰写了 24 篇二十多万字的《〈野草〉释义》，还写了 3 篇《〈野草〉问题杂谈》以及两万多字的《〈野草〉研究的历史回顾和问题商讨》。2013 年，把这些文字编在一起，约 27 万字，交由人民出版社出版。此外，还把《〈野草〉释义》削繁就简，压缩为一本 8 万多字的《〈野草〉评注》，至今还没有找到出版的地方。

这些可说是我的鲁迅研究的基本结束。回想我开始发表鲁迅研究论文的时候，还是一个二十多岁的青年，今年已是 88 岁的白发老头了，“朝如青丝暮成雪”，变化不可谓不大。这几十年的成绩，虽然不见得好，但也没有留下什么遗憾。余下的日子已经不多，大概也真到了应该休息一下的时候了。

2015 年 1 月 20 日

改定于海口凤翔山庄寓所

【国家社科基金重大招标项目专辑】

马克思主义文学批评的中国形态研究

【主持人语】本辑专栏发表的三篇文字，涉及马克思主义文论研究的不同话题。

第一篇《“浪荡子”、寓言家与孤独者：本雅明论波德莱尔》是通过本雅明关于波德莱尔的论述来讨论马克思主义文学批评的；对于熟识本雅明的《发达资本主义时代的抒情诗人》的读者来讲，这个话题似乎有些陈旧，但是作者却能从本雅明的思路和观念中，看到他对马克思主义及其文论思想的独特理解和运用，从而在双重意义上——本雅明的结论和本雅明的方法——阐述了马克思主义文论的一些特点。在国外马克思主义文论家中，本雅明是非常独特的一位；这种独特性不仅表现在他的一些见解往往与法兰克福学派的领导人物霍克海默和阿多诺相异，更体现在他对马克思主义原理有着自己的读解。从这个意义上讲，本雅明为如何坚持和发展马克思主义批评留下了许多值得借鉴、承继的经验；对此，我们期待有更多更深入的研讨。

第二篇文字是上期发表的《新中国对马克思主义文论的引介与研究述评》的续编，梳理和评述了1979年至2009年三十年间中国马克思主义文论的引介和研究情况。这个时段正是中国马克思主义文论研究打破极左思潮的困扰，获得长足发展的三十年。阅读关于中国马克思主义文化的这些材料，相信关注马克思主义文论研究的读者会有远比文字描述更丰富的感慨和思考。

第三篇论文通过读解李大钊关于马克思主义美学和文论的两个文本，讨论中国马克思主义文论研究的早期状况，指出李大钊不仅是中国共产党的创始人之一，而且对马克思主义美学的中国化也有巨大贡献；其提供的资料对研究中国形态的马克思主义文论具有重要意义。(孙文宪)

“浪荡子”、寓言家与孤独者：本雅明论波德莱尔

魏天无

（华中师范大学文学院，湖北文学理论与批评研究中心，湖北武汉，430079）

内容摘要：本雅明的“艺术政治学”批判理论在其《发达资本主义时代的抒情诗人》中主要体现在，围绕一位现代主义的悲剧英雄来探讨时代的精神状况，透过“浪荡子”发现商品的价值属性，在其与都市人群的奇异关系中批判大众及其审美趣味，以表达破坏、颠覆既有资本主义社会秩序的革命激情。“浪荡子”、寓言家和孤独者，是本雅明在波德莱尔、也是在自己身上发现的三种角色。

关键词：瓦尔特·本雅明　波德莱尔　“浪荡子”　寓言家　孤独者

在《机械复制时代的艺术作品》序言中本雅明明确说明，他借鉴了马克思对资本主义生产方式的批判理论：“上层建筑的辩证法同经济基础的辩证法同样是可以被观察到的。因此，低估这些论题作为武器的价值是错误的。它们扫除了许多早已过时的概念，诸如创造性和天才，永恒价值和神秘。”[1]他认为，单纯运用艺术理论的概念在这个时代已不起作用，需要建立一门“艺术政治学”。也就是说，单纯就艺术谈艺术已没有意义，需要从历史的维度，从探讨资本主义经济基础的变化开始，展开对艺术的批判。“艺术政治学”这个概念表明，艺术即政治。而在《发达资本主义时代的抒情诗人》中，他的“艺术政治学”批判理论主要体现在，围绕一位现代主义的悲剧英雄来探讨时代的精神状况，透过“游手好闲者”发现商品的价值属性，在其与都市人群的奇异关系中批判大众及其审美趣味，以表达破坏、颠覆既有资本主义社会秩序的革命激情。

一

本雅明是一位很难描述的人，他的文体也独具一格，甚至可以说是混沌的。汉娜·阿伦特在《瓦尔特·本雅明》中是这样描述的：

> 今天把本雅明当作一个文学批评家和随笔作家完全是个误解。为了

> 完全地把他的作品和他本人描述为一个在我们通常参照框架中的作家，人们或许会使用一连串的否定性陈述。诸如：他学识渊博，但他不是学者；他研究的主题包括文本及其阐释，但他不是语文学家；他曾对神学（theology）和神学的阐释类型而不是宗教（religion）深深着迷，但他不是神学家，而且对《圣经》并不特别感兴趣；他是个天生的作家，但他最大的野心却是写一本完全由引文组成的书；他是第一个翻译普鲁斯特（与黑塞一起）和圣琼·佩斯的德国人，而且这还在他翻译波德莱尔的《巴黎风貌》之前，但他不是翻译家；他写过一些书评，还写了大量关于在世或不在世作家的文章，但他不是文学批评家；他写过一本关于德国巴洛克戏剧的书，并留下数量庞大的关于19世纪法国的未完成的研究，但他不是历史学家，也不是文学家或其他的什么家；我将试着表明他是在诗意地思考，但他既不是诗人，也不是思想家。[2]

这种充满矛盾的形象描述，令人想到美国学者、作家苏珊·桑塔格去世后，《纽约时报》刊发的讣文连续使用二十多组矛盾的形容词尝试去勾勒她的图像，很可能是对此的一种借鉴[3]。当然，本雅明自己的愿望是成为一名“文学批评家”；但他理想中的文学批评家形象，与我们通常的理解有很大差异。本雅明曾经解释过他所理解的文学批评家的任务。他的解释是从区分评论（commentary）和批评（critique）开始的：

> 批评所探寻的是艺术作品的真理内容，而评论则关涉它的题材（subject matter）。……打个比方，我们把不断生长着的作品比做火葬时的柴堆，它的评论者就像化学家，而它的批评家则是炼金术士。留给前者的是木头和灰烬，作为他分析的唯一对象；后者则一心想着火焰自身之谜——生命之谜。因此，批评家所要探寻的是这样一种真理：它生动的火焰还在过去沉重的木头和已逝生命的青灰上继续燃烧。[4]

汉语中的评论与批评在文学批评领域是同义的，但在德语包括英语中有不同的指向。因此，如果我们还是要把本雅明的身份定位在“文学批评家”上，就应该把他的职责理解为：探寻真理，破译生命之谜。在这个意义上，批评家和艺术家所肩负的职责是一样的，只不过方式不同：批评家通过阅读、观看和阐释艺术作品，和艺术家一道去追寻和破译它们；他以艺术家及其作品为对象，有可能在这条路上走得比艺术家更远。因为本雅明也说过：“在批评领域创造一个空间，对一个人来说意味着重新塑造一个新文类。”[5]这是他的文体很特别的地方，很难准确把握和描述。

当然，对这种“新文类”不能仅从文体去谈论，这样做不仅谈不清楚，而且从根本上也违背了本雅明构建或形成这种文体所运用的方法：他的方法恰恰是反对把文体当作文体本身，把形式当作形式本身。易言之，对任何所谓“纯粹”的东西，比如“纯艺术”、“纯诗”之类，本雅明从马克思的理论出发，把它们看成是历史的、社会的，当然也就是与历史、社会分不开的所谓审美的产物。他常常要求我们换个角度去看艺术，看产生某种艺术的历史、社会和人群：“纯艺术”或“纯诗”之所以存在，之所以可能，是因为它们执着地吸取一切可以吸取的元素，然后凭借艺术家或诗人的炼金术士般的本领，熔铸成一个晶莹剔透的结晶体；也可以说，作为结果的艺术品看起来是“纯粹”的，其所由来及其过程，却是混杂不堪又有迹可循的。文学批评家的任务不是盯着结果，而是去梳理、洞悉它的由来及其过程中的秘密；对这些秘密的破译构成本雅明所谓“寓言文体”的核心。由此，阿伦特一方面说：“本雅明肯定没有意识到这样一个事实：他在职业上的抱负指向某种在德国根本不存在的东西。”一方面又说：“本雅明或许是从这个运动（法兰克福学派）中产生出来的最奇特的马克思主义者了，天晓得他竟分享了它全部的特异之处。”[6]而张旭东很肯定地说，“在他身上，融合了一个马克思和一个‘现代诗人’的倾向”[7]。事实上，一个极其复杂的人往往又是一个极其单纯的人。本雅明是这样，他所评述的波德莱尔也是这样。说复杂是因为我们看到的是个多面体；说单纯是因为他们的理想和信念看起来特别简单，他们为之奉献一生而心无旁骛，却又往往难以达至。

二

《发达资本主义时代的抒情诗人》的写作方式，是通过写个人来写一个云谲波诡的时代，一个混乱的、骚动的、革命的因而也就是疯狂的、非理性的、激情四射的时代。本雅明书中所写的当然不仅是一个人，而是一群面目各异又相似的人，其主角是波德莱尔。那么，为什么要选择波德莱尔作为主角？

最明显的理由是波德莱尔的典型性。这一典型性体现在几个方面：一是波德莱尔是推动诗歌由古典形态转向现代形态的典型代表。诚然，正如许多波德莱尔传记作家所说，他从浪漫主义那里获益良多；他倚重浪漫主义，从那里出现也培育了他的象征主义暨现代主义诗歌和他身上的独特而鲜明的现代性。美国学者罗伊德在《波德莱尔》中说：“没有浪漫主义，波德莱尔就不会成为如今的波德莱尔。而如果没有波德莱尔，现代主义也不会成为如今的现代主义……”[8]另一位美国学者卡林内斯库在《现代性的五副面孔》中说：“今天，如果我们根据直接出自波德莱尔影响的更晚近的术语对立，把‘现代’看作‘浪漫’的反义词，我们可以说波德莱尔所想到的浪漫主义大致上是‘反浪漫的’或‘现代的’。”[9]二是他对现代性的洞察和高超、精细、广泛的美学鉴别力。今天，不仅谈论现代主义诗歌绕不开波德莱尔，谈论现代性也必须再度返回到他那里。三是波德莱尔的《恶之花》对发达资本主义的“破坏性的冷嘲热讽”和批判，他也因此遭受厄运。1857 年 6 月《恶之花》出版后，遭检察官收缴并提起诉讼。轻罪法庭最终判处作者 300 法郎罚金，两位出版人各被判罚 100 法郎，并勒令删除其中 6 首诗，原因是“有伤风化”。九十二年后的 1949 年 5 月，对被禁诗歌的裁决才被撤销[10]。

第二个理由是本雅明哲人与诗人的秉性，使他更容易对波德莱尔产生亲近感，并从中获得写作的灵感和快感。他在书中引用波德莱尔 1856 年写给母亲的一封信：“一旦我重获那种偶尔有过的朝气和力量，我将用骇人的书发泄我的愤怒，我要使整个人类起来与我作对。其中的快乐能给我无限的安慰。”[11]对本雅明而言，他并没有要使整个人类起来与他作对的意思，但他处处感觉到整个世界在与他作对。正如阿伦特在文中所描述的那样，他在法兰克福学派社会研究所的遭遇，他的文章不被欣赏和接纳，以及最后的自杀，都是再明显不过的证据。

吸引本雅明的第三个理由，还有存在于波德莱尔身上的矛盾、分裂；但是在前后的矛盾、分裂当中，波德莱尔的立场都是极其鲜明的。比如本雅明在书中介绍，波德莱尔 1851 年为杜邦诗集所写序言是“一次微笑上的战略行动”，其中说：“为艺术而艺术派的幼稚的乌托邦拒绝道德，甚至常常还拒绝热情，现在必须让它绝育了。”又说：“……艺术与道德和功利是分不开的。”但后来波德莱尔的观点发生了 180 度的大转弯，认为“杜邦的第一首诗应归功于他天生的优雅和一种女性的精致”。本雅明评述说：“对‘为艺术而艺术’的反戈一击在他自己看来不过是一种姿态，以此他可以宣告他作为一个自己支配自己的文人的自由。在这一点上他走在了同时代作家，包括最伟大的作家的前头。这使他在某些方面看上去卓然立于周围的文学活动之上。”[12]这也让我们联想到，波德莱尔曾经是“纯诗说”的坚定支持者和捍卫者。“纯诗说”强调“为诗而诗”，认为真正的诗所具有的“尊严和力量”在于诗本身，无法外求。对此，波德莱尔是完全赞同的。但他自己的作品很难与他赞同和维护的“纯诗”挂上钩；他的作品显然有别于任何一位“纯诗”的倡导者和维护者，如马拉美、瓦雷里、里尔克等。

此外还有一个很重要的理由：波德莱尔生活在巴黎，并以“浪荡子”（“游手好闲者”）的形象在都市中穿梭自如。他真实地揭示了文人在一个时代的处境，这个处境也是本雅明自己的。本雅明说，波德莱尔经常把某种人、首先是他自己比作娼妓，“为钱而干的缪斯”。他引用了波德莱尔一首没有收入《恶之花》的写给街头行人的早期作品：

为一双鞋她卖掉了灵魂
但在卑鄙者身旁，我扮出
伪善的小丑般的高傲，老天爷耻笑
为当作家我贩卖我的思想

波德莱尔的作品和译著经常被出版社拒绝，为此，他短暂的一生一直生活在希望、失望、绝望的反反复复之中。而本雅明呢，他当年以《德国浪漫主义的艺术批评观》一文获得波恩大学博士学位，但未能顺利取得大学教授资格。他的教授职位论文《德国悲剧的起源》曾被法兰克福大学否决，其评介是“如一片泥淖，令人不知所云”。也正因为有如此的相似性，我们才可以理解，为什么本雅明会说：“只是为了那些绝望者，希望才被赐予我们。”[13]

三

《发达资本主义时代的抒情诗人》的读者会有一个问题：本雅明是对大城市中的“浪荡子”着迷，还是对人群着迷，抑或是对两者间奇妙的关系着迷？简单地说，没有巴黎的人群，没有发达资本主义社会，波德莱尔的卓异之处难以显现；而没有波德莱尔及其作品，本雅明很难进入都市人群及其组成的资本主义社会的最深处，体验它独特的节奏——生产的节奏，市场的节奏。

从马克思的理论出发，本雅明认为，“浪荡子”与商品的处境相同：顾客屈从并陶醉于他们自己生产的商品（商品拜物教）；“浪荡子”屈从并陶醉于人群，“人群不仅是这些逍遥法外者的最新避难所，也是那些被遗弃者的最新的麻醉药”[14]。顾客被商品麻醉，“浪荡子”被人群麻醉；没有人群，他一无是处，而他自己也是汇聚成人群的一分子。

本雅明在书中是把波德莱尔的言行，包括他的诗，当作时代——或者叫历史图景——的有趣材料；也就是说，一位诗人即“浪荡子”的命运，与一个时代或历史图景相互印证也相互生发；诗人虽然不是藏在巴黎街垒后的革命暴动者，其实也是激情洋溢的彻底的革命者，只要我们把革命看作一首“即兴诗”。布朗基主义观念指导下的革命暴动，提倡冒险和密谋，目标是推翻资产阶级统治，一步跳到共产主义——他们其实就是他们时代的诗人；他们像波德莱尔，波德莱尔也像他们[15]。本雅明说：“……从文学家到职业密谋家，都可以在拾垃圾者的身上看到自己的影子。他们都或多或少地处在一种反抗社会的低贱地位上，并或多或少地过着一种朝不保夕的生活。”[16]本雅明特别注意到，波德莱尔诗文的技巧是“putsch（暴动）的技巧”。这种技巧深植于他所处时代的巴黎的混乱不堪，这种混乱不堪最明显的体现是为阶级而战的街垒战——革命的暴动——然后蔓延到其他领域。这种“暴动的技巧”从高到低渗透在美学、艺术、诗文之中。就诗文来说，它是对古典主义的革命和摧毁。因此，暴动是现代性的表征；暴动孕育了现代主义的英雄。

那么，本雅明从“浪荡子”身上发现了什么？

首先，本雅明通过波德莱尔发现了“大众”，这个诗人的敌意的同盟——敌意与同盟，正是我们前面说的作为个人的波德莱尔与人群之间的那种奇特关系；他们是敌对的，又谁也离不开谁。就像本雅明说的，“波德莱尔喜欢孤独，但他喜欢的是稠人广坐中的孤独”[17]：没有稠人广坐，波德莱尔式的孤独无从显现；正因为喜欢孤独，稠人广坐是多余的、无聊的存在。此时，孤独者几乎就是一个英雄，但他是作为一个不一样的英雄形象现身的：

> ……大众对波德莱尔的确是存在的。是大众的景象使他每天都要测量他的失败的深度。也许这是他寻求这种景象的重要原因。雨果的声誉可以说强烈地刺激了他那不可救药的傲气。……雨果把自己作为英雄放在人群中，波德莱尔却把自己作为一名英雄从人群中分离出来。[18]

由此他也发现了现代主义的真正主题是英雄：

> 英雄是现代主义的真正主题。换句话说，它具有一种在现代主义中生存的素质。巴尔扎克也这样认为。出自他们的信条，巴尔扎克和波德莱尔都站在浪漫主义的对立面。他们高扬热情和决心，浪漫主义则美化放弃和妥协。[19]

因此，把自杀看作出自一种英雄的激情，并把它放在现代主义的总标题下，就是理所当然的：

> 现代主义应整个地置于一个标题之下，这个标题便是——自杀。自杀这种举动带有英雄意志的印记，这种意志面对与之为敌的理智寸步不让。这种自杀不是一种厌弃而是一种英雄的激情。它是现代主义在激情的王国所取得的成就。[20]

在该书第二部《论波德莱尔的几个主题》中，大众是最核心的一个词，所有主题都围绕它展开。对此，波德莱尔最简明的一句话是，“一个人扎进大众中就像扎进蓄电池中”[21]。而波德莱尔对大众的矛盾心理，就是他自身矛盾形象的投影。本雅明说，有社会现实主义写作倾向的作家，会把大城市的混沌的大众确定为更为明朗的主体——“被压迫的大众”。爱伦·坡与此毫不相干，他同“人民”打交道，纯粹而又简单。而

> 恰恰是这个大城市大众的形象对波德莱尔来说具有决定意义。……尽管他同他们分手了，但他还是变成了他们的同谋。他如此之深地卷入他们中间，却只是为了在轻蔑的一瞥里把他们湮没在忘却中。他谨慎地承认了这种矛盾心理，这里有某种强迫性的东西……[22]

本雅明专门引用了波德莱尔的一首十四行诗《致一位交臂而过的妇女》，最后两节是：

> 电光一闪……随后是黑夜！——用你的一瞥
> 突然使我如获重生的，消逝的丽人，
> 难道除了在来世，就不能再见到你？
>
> 去了！远了！太迟了！也许永远不可能！
> 因为，今后的我们，彼此都行踪不明，
> 尽管你已经知道我曾经对你钟情！

他说，这首诗中“大众根本没有名字，不管是一个字还是一句话。然而它却在整体上决定了这首诗”。它所讲的不过是：

> 对大众的体验远不是一种对立的、敌视的因素，相反，正是这个大众给城市居民带来了具有强烈吸引力的形象。使城市诗人愉快的是爱情——不是在第一瞥中，而是在最后一瞥中。这是在着迷的一瞬间契合于诗中的永远的告别。[23]

我们今天如何理解大众和诗人，又如何理解这两者之间的复杂关系？在

其所属时代，本雅明和波德莱尔理解的是一种。英国诗人奥登在谈论诗歌时，曾经区分过大众和共同体这两个概念。他说：

> 大众和共同体的定义是不同的，大众是乌合之众，他们组织松散，没有目的性。而共同体是有理性的人组成的，因大家有着对某事物的共同热爱之心而团结在一起；大众则是一群虚无之徒，他们只是表面上的联合，他们只是对一些事物感到担心、害怕，这种害怕心理的实质是他们一想到自己要作为理性的人要对自我的发展负责任就感到恐惧。因此无论哪里有大众，哪里就会出现在理论上渴望艺术，而实际却满怀对艺术蔑视的这个矛盾心理。有渴望之心是因为艺术作品确实能够帮助人们走上自我发展的道路，如今的大众感觉他们比从前更加无助；有怨恨之心是因为艺术只能帮助那些有能力自救的人。艺术能提供指导首先的条件是必须有一颗渴求的心；艺术从不会平白无故给你一双观看之眼，进而像有些人假想的那样帮助其塑造坚强意志，公众就是不可理喻地索要这两样，并且希望用金钱和掌声买到手里。[24]

大众与共同体的区别，在于是否具备理性，是否基于理性而对自我的发展负责任，以及他们是出于暂时的利益还是出于对事物的热爱而团结在一起。奥登对“大众”的蔑视是显而易见的。当然，在波德莱尔那里，大众主要是指城市中日益崛起的中产阶级及其审美趣味，而本雅明作为法兰克福学派的代表人物，其批判的着力点也在这一群体。奥登所指的“大众”要宽泛一些，是艺术所要面对和召唤的潜在的读者（观众）。

其次，本雅明发现了波德莱尔寓言家的身份和天性。他说：

> 寓言是波德莱尔的天才，忧郁是他天才的营养源泉。在波德莱尔那里，巴黎第一次成为抒情诗的题材。他的诗不是地方民谣；这位寓言诗人以异化了的人的目光凝视着巴黎城。这是游手好闲者的凝视。他的生活方式依然给大城市人们与日俱增的贫穷洒上一抹抚慰的光彩。……人群是一层帷幕，从这层帷幕的后面，熟悉的城市如同幽灵般像游手好闲者招手。
>
> …… ……
>
> 他的意象由于其低劣的比喻对象而显得非常独特。他站在瞭望塔上寻找陈腐平庸的琐屑枝节以便使它接近诗的东西。他说：“骇人的夜晚。模糊的恐惧压迫着/我的心，像揉皱一片纸。”这种语言的姿态是艺术家

> 波德莱尔的典型特征，它只有在寓言家看来才真正重要。这使他的寓言带有某种混乱特质，从而使他的寓言同一般类型区别开来。……《恶之花》是第一本不但在诗里使用日常词汇而且还使用城市词汇的书。波德莱尔从不回避惯用语。它们不受诗的氛围约束，以其独创的光彩震慑了人们。
>
> …… ……
>
> 波德莱尔称写诗为一种“奇袭”，在这种奇袭里，寓言是波德莱尔可靠的心腹。它们是极少数准许参与机密的人。……他的诗文对最最平庸、最被视为禁忌的词毫不鄙弃，这一切暴露了波德莱尔幕后的那只手。他的技巧是 putsch（暴动）的技巧。[25]

卡夫卡的作品也被当作寓言体，他本人也被看作寓言家。苏珊·桑塔格早期在《反对阐释》中说，虽然有关卡夫卡作品的阐释五花八门，但将卡夫卡的作品当作寓言来看待，是许多批评家的共识。寓言这种文体恰恰具有寓意的多义性、歧义性的特征，是需要阐释的。本雅明对波德莱尔的诗文所做的就是阐释工作。当然，他不是桑塔格所说的“吸血鬼”式的阐释家，他其实是把自己变成了“吸血鬼”，去贪婪地在一切材料——这些材料在别人眼里是废物，在他眼里是无尽宝藏——中去吸血。他们都是寓言家，也都是预言家。

最后，本雅明在波德莱尔身上发现了“一个孤独者的灵魂的光辉”。而作为波德莱尔的同道者和同谋者，本雅明的任务或者说是义务，是把这种光辉聚焦，不让它湮没在熙熙攘攘的人群之中；而事实上，也正是由于人群是摩肩接踵、忙忙碌碌、惊慌失措的，他们才赋予波德莱尔这样的游手好闲者以“光辉”。这种光辉就是波德莱尔一直追寻的，也是本雅明一直渴盼的现代性的光辉，而不是古典式的作为启蒙者身上的那种类似神性的光辉——

> 那一片骚动的人群像一个孤独者的灵魂的光辉，那曾让游手好闲者们眼花缭乱的闪亮，对他显得昏暗了。他为了在自己身上打下人群鄙陋的印记而过着那样一种日子，但在那些日子里，甚至连被遗弃的女人和流浪汉都在鼓吹井井有条的生活，谴责自由派，并反对除金钱以外的任何东西。在被这些最后的同盟者出卖之后，波德莱尔便向大众开火了——带着那种人同风雨搏斗时的徒然的狂怒。这便是体验（Erlebnis）

的本质，为此，波德莱尔付出了他的全部的经验（Erfahrung）。[26]

这完全可以理解为本雅明对自身体验和经验的写照：他是借助波德莱尔的光辉更加看清楚了自己；也可以说，由于他把聚光灯——现代工业的产物，一种商品，同时是个隐喻——打在波德莱尔身上，他同时发现了波德莱尔和自己。

卡夫卡曾说："……我的人民，假如我有的话。"波德莱尔当然也没有"我的人民"，他只有"我的骚动的人群"，他们也就是他当初发表《恶之花》时的《序诗》中所说的："伪善的读者呵，我的同类，我的骨肉！"他并没有把自己从中剔除出去。他跟他们是一类的，但比他们痛苦，比他们忧郁。伴随他短暂一生的与遗产监护人，以及由此与母亲、继父之间的矛盾、冲突、对抗，与其说是这种痛苦、忧郁的来源之一，毋宁说是他无法摆脱的痛苦、忧郁的一部分。本雅明在他身上审视了自我的处境，也预见了未来了命运。而这一个人的处境及命运，以及在这种处境和可预见的命运之中产生的作品，无不深深烙印着发达资本主义时代的印痕。

＊本文为2011年度国家社科基金重大项目"马克思主义文学批评的中国形态研究"【11&ZD078】的阶段性成果；华中师范大学基本科研业务费专项资金项目"'重返现场'：马克思主义文学批评的发生学研究"【CCNU15A06140】的阶段性成果。

注释：

[1]［德］本雅明：《机械复制时代的艺术作品》，汉娜·阿伦特编：《启迪：本雅明文选》，张旭东、王斑译，北京：生活·读书·新知三联书店，2008年，第232页。

[2]［德］汉娜·阿伦特：《瓦尔特·本雅明（1892—1940）》，汉娜·阿伦特：《黑暗时代的人们》，王凌云译，南京：江苏教育出版社，2006年，第145页。

[3] 参见［美］乔纳森·科特：《我幻想着粉碎现有的一切：苏珊·桑塔格访谈录》，唐奇译，北京：中国人民大学出版社，2014年，第187～188页。

[4] 参见［德］汉娜·阿伦特：《瓦尔特·本雅明（1892—1940）》，汉娜·阿伦特：《黑暗时代的人们》，王凌云译，南京：江苏教育出版社，2006年，第146～147页。

[5] 参见［德］汉娜·阿伦特：《瓦尔特·本雅明（1892—1940）》，汉娜·阿伦特：《黑暗时代的人们》，王凌云译，南京：江苏教育出版社，2006年，第166页。

[6]［德］汉娜·阿伦特：《瓦尔特·本雅明（1892—1940）》，汉娜·阿伦特：《黑暗时代的人们》，王凌云译，南京：江苏教育出版社，2006年，第153页，第165页。

[7]张旭东：《中译本序　本雅明的意义》，［德］本雅明：《发达资本主义时代的抒情诗人》，张旭东、魏文生译，北京：生活·读书·新知三联书店，1989年，第1页。

[8]［美］罗丝玛丽·罗伊德：《波德莱尔》，高焓译，陈永国校，北京：北京大学出版社，2013年，第52页。

[9]［美］马泰·卡林内斯库：《现代性的五副面孔》，顾爱彬、李瑞华译，北京：商务印书馆，2002年，第54页。

[10]参见法国作家帕斯卡尔·皮亚《波德莱尔》（何家伟译，上海：上海人民出版社，2012年）和美国学者罗丝玛丽·罗伊德《波德莱尔》中的相关内容。

[11]［德］本雅明：《发达资本主义时代的抒情诗人》，张旭东、魏文生译，北京：生活·读书·新知三联书店，1989年，第32页。

[12]［德］本雅明：《发达资本主义时代的抒情诗人》，张旭东、魏文生译，北京：生活·读书·新知三联书店，1989年，第43～44页。

[13]［德］本雅明：《论〈亲和力〉》，译文引自汉娜·阿伦特：《瓦尔特·本雅明（1892—1940）》，汉娜·阿伦特：《黑暗时代的人们》，王凌云译，南京：江苏教育出版社，2006年，第159页。

[14]［德］本雅明：《发达资本主义时代的抒情诗人》，张旭东、魏文生译，北京：生活·读书·新知三联书店，1989年，第73页。

[15]据帕斯卡尔·皮亚《波德莱尔》一书中《波德莱尔生平纪年：1821—1867》所载，1848年2月，波德莱尔参加了骚乱，拥护布朗基创建的“中央共和社会”，并与朋友出版一份社会主义刊物《公众安全》。6月，参加了工人起义。参见［法］帕斯卡尔·皮亚：《波德莱尔》，何家伟译，上海：上海人民出版社，2012年，第186页。

[16]［德］本雅明：《发达资本主义时代的抒情诗人》，张旭东、魏文生译，北京：生活·读书·新知三联书店，1989年，第38页。

[17]［德］本雅明：《发达资本主义时代的抒情诗人》，张旭东、魏文生译，北京：生活·读书·新知三联书店，1989年，第68页。

[18]［德］本雅明：《发达资本主义时代的抒情诗人》，张旭东、魏文生译，北京：生活·读书·新知三联书店，1989年，第84页。

[19]［德］本雅明：《发达资本主义时代的抒情诗人》，张旭东、魏文生译，北京：生活·读书·新知三联书店，1989年，第92页。

[20]［德］本雅明：《发达资本主义时代的抒情诗人》，张旭东、魏文生译，北京：生活·读书·新知三联书店，1989年，第94页。

[21]［德］本雅明：《发达资本主义时代的抒情诗人》，张旭东、魏文生译，北京：生

活·读书·新知三联书店，1989年，第146页。

[22][德] 本雅明：《发达资本主义时代的抒情诗人》，张旭东、魏文生译，北京：生活·读书·新知三联书店，1989年，第143页。

[23][德] 本雅明：《发达资本主义时代的抒情诗人》，张旭东、魏文生译，北京：生活·读书·新知三联书店，1989年，第139～140页。

[24][英] 奥登：《耐心的回报》，叶美译，《上海文化》2014年第6期。

[25][德] 本雅明：《发达资本主义时代的抒情诗人》，张旭东、魏文生译，北京：生活·读书·新知三联书店，1989年，第189、120、121页。

[26][德] 本雅明：《发达资本主义时代的抒情诗人》，张旭东、魏文生译，北京：生活·读书·新知三联书店，1989年，第168页。

新中国对马克思主义文论的引介与研究述评（二）

周启超[1]　张　进[2]（整理）

（1. 中国社会科学院外国文学研究所，北京，100732；
2. 广东外语外贸大学外国文学文化研究中心，广东广州，510420）

内容摘要：本文对新中国成立以来中国学界关于马克思主义文论的引介与研究情况作了系统梳理和简要述评，并试图通过六个时段的划分来把握中国学界在译介和研究工作上的不同特点，呈现中国马克思主义文论研究的发展轨迹。这里发表的是《新中国对马克思主义文论的引介与研究述评（一）》的续篇，述评的是1979年至2009年三十年间中国马克思主义文论的引介和研究情况。

关键词：马克思主义文论　国外马克思主义　翻译　研究

4. 第四个十年（1979—1989）

1978年12月中国共产党第十一届三中全会召开。新中国在其第四个十年里进入了改革开放的新时期。其时，破除极左思潮对于马克思主义文学理论的曲解，引领新中国文学艺术在马克思主义轨道上的重新出发，再次选编、出版国外马克思主义的文艺论著，已经成为文艺界的普遍要求。中国学界迎来了马克思主义文论的引介与研究的新的春天：1979年人民出版社推出马克思《1844年经济学—哲学手稿》中译本单行本[1]；1980年出版了新的一卷本《马克思、恩格斯、列宁、斯大林论文艺》；1982—1983年，两卷本《马克思恩格斯论文学与艺术》与四卷本的《马克思恩格斯论艺术》几乎同时出版；1983年《列宁论文学与艺术》也得以面世。

北京大学中文系文艺理论教研室选编的《马克思、恩格斯、列宁、斯大林论文艺》[2]，是以50年代周扬校订的同名书籍的选编篇目为基础，从20多篇增加到50篇，译文全部采用中央编译局的翻译，其中有的文章在出版前还由中央编译局重新校订。

陆梅林辑注的《马克思恩格斯论文学与艺术》[3]实际上参考了苏联学者米·里夫希茨编选的《马克思恩格斯论艺术》，但辑注者没有明确交代。在里夫希茨所编的《马克思恩格斯论艺术》第一册里，编选者按照“艺术创作的一般问题”、“唯物主义的文化史观”、“阶级社会中的艺术”和“艺术与共产主义”几个问题，辑录马恩的有关论述，而把“专门论述艺术创作的一般问题的那部分现在提到了首位”。与里夫希茨的编选不同，陆梅林辑注的《马克思恩格斯论文学与艺术》则把“科学的世界观和方法论”置于卷首。编者的认识是，“在选辑文学艺术论这部分时，着重辑录了科学的世界观。辩证唯物主义和历史唯物主义是我们考察人类历史、社会生活和文学艺术现象的科学的方法论，具有指导的意义”。而且，顺应中国学术界在新时期重视研究文艺审美特性的时代文化需要，编者认为，“马克思在美学方面，有许多深刻的见解和命题，值得深入探讨”[4]。这种选编思路体现了新时期中国学者更加重视完整、准确地掌握马克思主义的世界观、方法论，并且按照文艺自身的特性与规律，科学地分析文学艺术问题。

程代熙编辑的《马克思恩格斯论艺术》[5]并不完全是人民文学出版社在60年代分为四册出版的同名著作的再版。这个新的中文版是根据俄文版原著第2版即里夫希茨1976年的修订版译出的；与原来人民文学出版社的版本相较，新版有如下两个特点：一是所有条目的译文，凡中文版《马克思恩格斯全集》或《马克思恩格斯选集》里有的，均以“全集”或“选集”的译文为准；二是恢复了原人民文学出版社未予以编入的《马克思和恩格斯的文艺生活》一栏。

中国社会科学院文学研究所文艺理论研究室所编的《列宁论文学与艺术》[6]，则是一部中国学者自主选编的马克思主义经典文论著作。与以前已经出版的翻译苏联学者选编的《列宁论文学》（含书信共28篇文章的小型本）和《列宁论文学与艺术》（两卷集的大型本）不同，这本书收集了列宁有关文艺论述的主要论著，在篇幅上是介乎上述两本书的中型本。钱中文在后记中对本书选文所体现的列宁的文艺思想作了全面论述。

陆梅林辑注的《马克思恩格斯论文学与艺术》和中国社会科学院文学研究所文艺理论研究室所编的《列宁论文学与艺术》两本书，是80年代新中国翻译、出版马恩、列宁经典文艺论著的重要成果，成为80年代以来中国学者研究马克思主义文论的必备、必读书籍。这两部书在选编上突出的马克思美学思想、马恩的现实主义文艺思想、列宁的能动反映论、艺术属于人民等重要思想理论，都对中国新时期的文学理论建设有重要的指导作用。特别需要指出的，是中共中央编译局列宁斯大林著作编译室在《红旗》1982年第 22 期上，发表了列宁 1905 年撰写的《党的组织和党的出版物》的新译文。新的译文把文章标题以及贯串全文的关键词语“партийная литература”作了新的翻译，将旧译的“党的文学”改译为“党的出版物”。译文作这样的修改，更为符合列宁在全文中强调的党的出版物的宣传工作性质，而并不是把文学这个与党的出版物在概念上不能完全等同的东西，单纯地作为实现党的工作任务的工具。1981 年以来，中国共产党在总结长期以来领导文艺的经验和教训的基础上，调整党的文艺方针，不再提“文艺为政治服务”的口号。贺敬之说，“毛主席《在延安文艺座谈会上的讲话》的根本原则是对的。他解释文艺不能脱离政治这一点，很精辟，我们要坚持。但他讲‘文艺是从属于政治的’，讲‘一切文化或文学艺术都是属于一定的阶级、属于一定的政治路线的’，讲的就有些极端”。查阅毛泽东的延安讲话，毛泽东指出，“无产阶级的文学艺术是无产阶级整个革命事业的一部分，如同列宁所说，是整个革命机器的中的‘齿轮和螺丝钉’。因此，党的文艺工作，在党的整个革命工作中的位置是确定了的，摆好了的；是服从党在一定革命时期内所规定的革命任务的”[7]。从中可见，毛泽东提出“文艺从属于政治”论断的理论根据就是列宁 1905 年的这篇文章，他把列宁表述的党的文化机构的出版物是党的“齿轮和螺丝钉”的思想，根据当时将“出版物”译为“文学”的中文译本，得出文学艺术必须从属于党的工作任务的结论。中国社会科学院文学研究所文艺理论研究室所编的《列宁论文学与艺术》，采用了中央编译局 1982 年的新译文，准确、客观地呈现了列宁的思想，为新时期党和政府对文艺方针的调整，加强中国马克思主义文艺理论建设，推进文学艺术在“文革”之后的巨大繁荣发展，作出了重要贡献。

著名翻译家曹葆华在这个时期耕耘不辍，推出了《普列汉诺夫美学论文集》与《普列汉诺夫哲学著作选集》第五卷[8]，后者收录了普列汉诺夫 1888 年至 1913 年的美学、文艺学著作 19 篇。卢卡奇的《审美特性》第 1 卷也有了中译本[9]。1988 年还出版了卢卡奇的《理性的毁灭》，由王玖兴等人翻译。他的《社会存在本体论导论》在 1989 年出了两个中译本：其一为沈耕、毛怡红的译本，其二为台北结构出版社出版的黄丘隆的译本。《历史和阶级意识》在 1989 年也出版了两个中文译本：其一是张西平翻译的，其二是台北结构出版社出版的黄丘隆的译本。此外，学者杜志章等人编译的《卢卡奇自传》于 1986 年出版；葛兰西的《狱中日记》在 1983 年也有了第一个中译本[10]，1988 年该译本在台湾又重印出版[11]。此书后来还有曹雷雨等人和田时刚的译本[12]。

改革开放扩大了中国译介和研究国外马克思主义文论的视野，主要体现在两个方面：其一，在1978年恢复的“马克思主义文艺理论丛书”中，先后翻译出版了拉法格[13]、梅林[14]、卢森堡[15]、葛兰西[16]、沃罗夫斯基[17]和季米特洛夫[18]等马克思主义理论家的文论选。这样，马克思主义文艺理论建构时期的第一代马克思主义理论家的重要文论著述基本上都被引介过来。其二，从1980年代开始，我们在引介国外马克思主义文论研究成果的路径上发生了变化：苏联学者的研究成果虽然继续得到关注，如翻译出版了里夫希茨的《马克思论艺术和社会理想》[19]、弗里德连杰尔的《马克思恩格斯和文学问题》[20]、梅拉赫的《列宁和俄国文学问题》[21]、齐斯的《马克思主义美学基础》[22]、卡冈的《马克思主义美学史》[23]和尼古拉耶夫的《马克思主义文艺学》[24]等，但苏联学者的研究成果已不再是中国学界引介马克思主义文论的主渠道。80年代中期以后，苏联版的马克思主义文论开始逐渐失去对读者的吸引力，取而代之的是译介现代西方文论和美学、哲学论著的热潮。引介趋向的这个变化给整个中国学界以及读书界带来了空前巨大的精神激荡和冲击，中国学界也开始更多地关注“西方马克思主义”，译介与研究欧美学界的马克思主义文论著述一时成为热点。

英国著名的马克思主义文论家特里·伊格尔顿的《马克思主义与文学批评》[25]中译本在1980年作为“内部发行”出版，这是新时期出版的第一部欧美学者的马克思主义文论专著。“译者前言”说，“对于当前外国研究和阐述马克思主义文艺理论的论著，不管其中的论点是我们所同意还是不同意的，也都需要搜集和了解，并通过比较加以检验和鉴别”[26]。正是这种开放态度，推进了中国对国外特别是对欧美国家的马克思主义文学理论的译介和研究从“内部”走向公开。

同年中国还出版了英国牛津大学柏拉威尔教授的《马克思和世界文学》[27]（牛津大学1976年出版）的中译本。此书按照年代顺序研究马克思和文学的关系，揭示了马克思的文艺思想随着生平事业发展的演变过程及其内涵的丰富性和复杂性。书中有一些不同于苏联解读马克思文艺思想的论述，如强调马克思认为“伟大的文学是能够超越某一流行的意识形态之上”的、文学家是“作为一个全面的人表现自己”，指出“马克思在谈到文学时从来没有用过‘反映’或‘反射’的形象”等。书中还指出，在马克思之后，许多理论家进行了具有连续性的马克思主义文艺理论的建构活动，除了恩格斯、列宁、普列汉诺夫、梅林之外，还有其他国外马克思主义理论家，例如“考德威尔、卢卡奇、布莱希特、本杰明、艾德曼、费希尔、葛兰西、台拉·伏尔普、马歇雷和许许多多其他发展了今日所谓马克思主义文学理论和文学批评的人。这种发展所根据的出发点往往是马克思在那些根本没有公开谈论文学的著述中可能给予的暗示”。该书首次将学术界公认的西方马克思主义者考德威尔、卢卡奇、马歇雷、本雅明、布莱希特、葛兰西等列入“发展了今日所谓马克思主义文学理论和文学批评的人”[28]，为中国研究者展示了一个不同于苏联的欧美马克思主义文论的研究谱系。

1981 年英国新左派评论家佩里·安德森的《西方马克思主义探讨》[29]中译本出版。该书比较细致地阐述了“西方马克思主义”这一思潮（传统）的产生背景、演变过程及其共性与特点，分析了各家各派的哲学思想与美学观点，并开列了十三位“西方马克思主义”理论家的名单。

1983 年，《国外社会科学》第 1 期刊发两篇译文，介绍了英国马克思主义文学批评家特里·伊格尔顿与法国马克思主义文学批评家皮埃尔·马歇雷。由英国学者伯查尔德所写的《伊格尔顿与马克思主义文学批评》一文里，作者首先叙述了国外马克思主义美学与文学批评领域近十年内出现的一些研究成果，为阐述伊格尔顿的文学批评思想提供了背景。然后作者分析了伊格尔顿文学批评的基本特征，指出“伊格尔顿著作的巨大力量主要在于他坚持文学与意识形态有关系”，同时分析了伊格尔顿既“想同‘文学’的整个意识形态机构进行挑战，但又维护对传统文学批评的既定评价”的矛盾之所在[30]。在伊格尔顿所写的《马歇雷与马克思主义文学理论》一文里，作者认为马歇雷“是当代最敢于挑战并具有真正创新精神的马克思主义批评家”，指出马歇雷一开始就大胆地将阿尔都塞的认识论用于探究批评，其特点在于：了解作品，不是倾听或翻译事先存在的对话，而是要意识到，作品本身在生产一种新的对话，使作品的沉默“说话”[31]。该文对马歇雷的文学作品理论作了比较详细的介绍与梳理，使国内学界对马歇雷的文学批评理论有了初步的了解。1984 年国内译介并发表了美国著名学者 R. 韦勒克为《20 世纪世界文学百科全书》所撰写的《西方马克思主义文学批评》[32]一文。该文认为马克思主义文学批评是在 19 世纪现实主义批评的基础上发展起来的，它基于马恩有关文学与艺术的论断，到 19 世纪 90 年代之前才形成一种系统的学说。韦勒克从梅林、普列汉诺夫说起，然后又论及托洛茨基、布哈林、波亚伏佐夫、沃隆斯基、日丹诺夫、马林科夫、卡尔沃顿、E. 威尔逊、考德威尔、高尔德曼、葛兰西、卢卡奇、本杰明、阿多诺等人，以及英美等国家的一些后继研究者，给马克思主义文学批评梳理出一条传承线索。同年还有意大利学者拉焦尼埃里编辑、袁华清翻译的《陶里亚蒂论葛兰西》面世；意大利学者朱塞佩·费奥里撰写、吴高翻译的《葛兰西传》也有了中译本。法国学者阿尔都塞的《保卫马克思》的中译本于1984年出版[33]；1985年法国学者列斐伏尔的《狄德罗的思想和著作》有了张本翻译的中译本。同年还翻译出版了民主德国学者汉斯·科赫的《马克思主义和美学》[34]。

1985年9月—12月，应北京大学比较文学研究所和国际政治系国际文化专业的邀请，美国杜克大学的弗雷德里克·詹姆逊教授在北京大学进行了为期四个月的讲座。詹姆逊把生产方式、宗教、意识形态、叙事和后现代主义都作为文化现象来分析，强调商品化在晚期资本主义社会中的决定性作用，指出零散化、无深度、无中心、反权威以及机械模仿和复制构成了这一时期文化的基本特征，并以"后现代主义"来概括这些特征。詹姆逊对后现代主义总体上持批判态度，但这是理论批判而非道德批判。翌年，詹姆逊在北大的讲座《后现代主义与文化理论》[35]中译本面世。

特里·伊格尔顿1983年出版的*Literary Theory*：*An Introduction*的第一个中文译本以《20世纪西方文学理论》为名于1986年出版[36]；这部书在1987、1988、1989、1993年又出了多个新译本[37]。在本书中，伊格尔顿梳理了起自俄国形式主义的20世纪西方文学理论革命，按照三条发展脉络：一是从现象学、诠释学到接受美学，二是从形式主义、结构主义与符号学到后结构主义，三是精神分析理论，对其理论渊源、流变、问题和局限作了深入细致的探讨与分析。1988年，吴元迈主编的"当代外国文艺理论译丛"在出版伊格尔顿的《当代西方文学理论》的同时，还推出了法国"新马克思主义"批评家吕西安·戈尔德的《论小说的社会学》[38]。

1988年12月，由中国艺术研究院马克思主义文艺理论研究所、中国社会科学院外国文学研究所和四川大学中文系等单位联合召开了"西方马克思主义文艺理论和美学理论学术讨论会"，陆梅林选编的《西方马克思主义美学文选》[39]和冯宪光的《西方马克思主义文艺美学思想》（四川大学出版社1988年出版）作为会议资料提供给与会代表；与会者认为，"这两本书在资料的选编和系统论述上，在国内都具有开拓性"[40]，会议就当代欧美马克思主义文艺理论的发展和特征、代表理论家的观点等问题进行了讨论。同年还出版了英国学者约尔著、郝其睿翻译的《“西方马克思主义”的鼻祖——葛兰西》一书的中译本。

美国学者梅·所罗门编选的《马克思主义与艺术》[41]中译本于1989年出版，霍克海默的《批判理论》也在同年出版了两个中译本[42]。这个时期，译介马尔库塞、弗洛姆等人的著述似乎成为一个热点。对马尔库塞著作的译介主要有：《工业社会和新左派》[43]、《现代美学析疑》[44]，以及有多个译本的《爱欲与文明》[45]和《单面人》[46]。译介弗洛姆著作的主要有：《马克思关于人的概念》[47]、《人心：人的善恶天性》（此书还有两个译本[48]）、《自为的人》[49]、《精神分析的危机》[50]、《梦的精神分析》（此书还有一个译本[51]）、《生命之爱》[52]、《人性的追求》[53]、《逃避自由》[54]、《爱的艺术》[55]、《在幻想锁链的彼岸》[56]、《恶的本性》[57]等。

在这十年里，中国引介马克思主义文论的有一个重要的特点，即不再满足于译介国外学者的著作，而是开始有规模地展开自主的编选工作。陆梅林辑注的《马克思恩格斯论文学与艺术》[58]与杨炳编辑的《马克思恩格斯论文艺和美学》[59]，是这一追求的最初尝试。1980年至1981年，中国社会科学院外国文学研究所编选了两卷本的《卢卡奇文学论文集》[60]；1986年范大灿编选了《卢卡奇文学论文选》[61]；董立武、张耳编选了《列宁文艺思想论集》[62]；1988年陆梅林编选了《西方马克思主义美学文选》[63]。在这部长达850页的文选中，节选了卢卡奇的《历史和阶级意识》和佩里·安得森的《西方马克思主义探讨》；前者被视为“西方马克思主义”的典籍，后者则是系统研究西方马克思主义的最早著述。这本论文集选译了德国和奥地利、法国、英美的马克思主义文论研究成果，收录了布洛赫、本雅明、马尔库塞、费歇尔、阿多诺、勒斐伏尔、萨特、阿尔都塞、戈德曼、马歇雷、威廉斯、伊格尔顿、詹姆逊等20世纪著名马克思主义文论家的名篇，以及顿凯尔、莱恩、海尔布隆纳、舍斯塔科夫、阿法西热夫、克莱芒、安德烈耶夫等学者的力作。这个时期，各高校中文系和一些外文系都普遍开设了“马列文论”课程，出版了一批由高校教师选编的马克思主义经典文论作为教材，中国人民大学文艺理论教研室编的《马克思主义文艺论著选讲》是其中最具有代表性的，1986年9月第一版的印数就有41000册。这部教材后经反复修订，多次再版，成为全国高校马列文论课程普遍使用的教材。后来还出版了狄其聪主编的《马克思恩格斯艺术哲学》，王善忠主编的四卷本《马克思主义美学思想史》与何国瑞主编的《艺术生产原理》[64]。

在第四个十年里，除了已产生广泛影响的“马克思主义文艺理论丛书”之外，又编辑出版了几种在学术界思想界影响较大的译丛：中国社会科学院哲学研究所李泽厚主持的“美学译文丛书”，文学研究所王春元、钱中文主持的“现代外国文艺理论译丛”和外文所陈燊主持的“外国文学研究资料丛书”等，这些译丛中均含有国外马克思主义文论的引介，如这个时期收入“外国文学研究资料丛书”的国外马克思主义文论就多达 7 种 9 部。

这十年的引介工作还有一个重要特点，即中国的马克思主义文论研究在解放思想、实事求是的思想路线引领下开始活跃起来。关于马克思主义文论是否具有体系性的讨论（简称“体系论”之争）集中体现了这种趋势。改革开放之初的 1980 年至 1986 年，中国学界围绕着马克思主义文论的“理论体系”问题，展开了一场长达七年之久的大讨论，其论题几乎涉及马克思主义文论研究的各个方面。新时期以前，中国学界很少有人质疑马克思主义文论是否具有体系性；而新时期伊始，中国艺术研究院的刘梦溪就发表了《关于发展马克思主义文艺学的几点意见》[65]（以下简称《意见》），其中的第一条意见就指出，马克思、恩格斯、列宁、斯大林以及毛泽东，并没有建立完整的马克思主义文艺学理论体系，我们今后应当把建立完整的理论体系作为发展马克思主义文艺学的一个现实目标。这个意见涉及对马克思主义经典作家文艺思想的评价，受到学界的高度关注。文章认为马克思主义经典作家关于文艺的论述是“断简残篇”和“马克思主义文艺学不成体系”的观点，在文艺理论界引起强烈反响。针对刘梦溪的观点，安徽师范大学的汪裕雄连续撰文提出商榷。汪裕雄认为，刘文的“断简残篇”说是有问题的，我国马克思主义文艺学的理论建设，既要敢于解放思想，用创造性的态度对待马克思主义文艺观，又要重视对其基本原理的学习与研讨[66]。汪裕雄指出，“尽管马恩没有完成他们计划中有关艺术和美学问题的专门著作，他们对文艺问题的论述具有片断的分散性质，但却以艺术本质论为核心，组成了一个文艺观点的科学整体，提供了文艺史上从未有过的新的文艺理论体系”[67]。这是从整体上反驳“断简残篇说”。也有学者从刘梦溪提出的“并无体系”论断中的“完整的”这一表述入手分析，认为刘文用“完整的”三个字没有什么实际意义，而主张“马克思、恩格斯、列宁、斯大林以及毛泽东同志，事实上已经把马克思主义文艺学的理论体系建立起来了，而且是个相对完整的理论体系”[68]。这样的商榷还比较温和，讨论中也不乏措辞激烈的声音：有学者以向刊发刘文的《文学评论》编辑部致信的方式，提出针对《意见》一文的两点“原则性”意见：其一指出把马恩的文艺论著贬斥为“断简残篇”是“一个极不严肃的论断”；其二强调“科学是没有国界的”，刘文提出的“中国的马克思主义文艺学”这种说法是有问题的[69]。有学者针对马克思主义文论“无体系说”严正指出，刘文“由于不从联系看问题，因而也就没有说明任何问题”；马克思主义文论并不像刘文所否定的那样只有外部规律没有内部规律，而是既涉及文艺的外部规律也涉及内部规律，应关注多方面联系所体现的整体性[70]。董学文从完整理论体系的精神素质、逻辑结构、表述维度等层面来批驳刘文的“无体系”说，指出认为马克思主义创始人没有系统、完整的理论体系的观点，早在19世纪末20世纪初就有了，但没有专门的著作并不能说明没有完整的理论体系；马克思、恩格斯的文艺学体系形成了这样一些特征：“在精神素质上，它是高度科学性与革命性的统一，是理论和实践的统一；在逻辑结构上，它是纵的人类社会艺术发展规律与横的艺术同上层建筑其他部分、同经济基础相互关系的紧密交织；在表述上，它更多的是从宏观领域出发的，整个人类艺术运动的图景，像一幅壁画，清晰地呈现在我们眼前。这些特征综合起来，令人看到一个完整的文艺理论体系的轮廓。”[71]

朱光潜没有直接参与这场讨论，但也有文章从马克思的哲学体系入手谈了自己的看法。他认为“辩证唯物主义和历史唯物主义是一切科学的共同的理论基础，马克思和恩格斯从这个共同基础出发，检查了从古希腊到近代的一些文艺名著，从此可以看出一套史论结合的完整体系，为文艺史和文学批评树立了光辉典范”[72]。在这场“体系论”的论争中，郑伯农、李思孝、张国民、鲍昌、李中一、曾簇林等理论家都撰写了文章，对“无体系说”进行了反驳。

在这场“体系论”的论争中，除了否定论与肯定论的交锋争鸣之外，也有比较折中的意见。如有学者撰文认为，马克思主义经典作家是建立了理论体系的，但从文艺学要涉及文艺理论、文艺史、文艺批评这一角度看，这个体系是不完整的；而没有专门论证其体系的著作也的确是马克思主义文艺理论不完整的一个理由[73]。还有一些学者避开否定与肯定之争的论点，在更广泛的层面上进入马克思主义文艺理论、艺术学或美学的体系性问题的讨论。比如程代熙就对造成马克思主义文艺理论“无体系说”的历史原因进行了具体梳理，指出当年卢那察尔斯基等人之所以认为马克思主义文艺理论没有完整的体系，是因为在20世纪20年代，马克思恩格斯的著作被介绍到苏联还比较少所造成的。实际上，到里夫希茨与希里尔合作编辑世界上第一本俄文版《马克思恩格斯论艺术》时，马克思恩格斯文艺理论的科学体系就已经被初步揭示出来了；卢卡奇在20世纪30年代就批驳过那种认为马克思恩格斯的艺术理论没有体系的看法，并第一次在真正的意义上阐述了马克思主义艺术学的“体系性”问题。程代熙认为，“马克思恩格斯文艺思想是建立在历史唯物主义的基础之上的一个全新的科学体系”[74]。陆梅林也旗帜鲜明地指出，有人根据马克思主义创始人不曾写过专门的美学著作，便以为马克思主义美学没有一个完整的体系，这是不对的，写过或没有写过美学专著和有没有完整的美学体系并不是一回事；马克思主义创始人没有写过美学专著这是事实；说因此就没有一个完整的体系却不是事实。实际上，马克思主义美学体系比过去任何美学大师（从柏拉图、亚里士多德到康德、黑格尔和克罗齐）所构成的任何体系都更宏大、更完整，而且有更结实的物质基础和历史发展线索[75]。

引发“体系论”论争的肇事者刘梦溪对这些商榷、质疑的文章作了积极地回应，他从1980年到1986年又连续撰写了十一篇文章[76]，通过与他人的商榷进一步阐述了自己的观点。在这些文章里，刘梦溪坚持自己的观点，并从不同的角度加以补充与说明。如在《五论》中，刘梦溪从方法论的角度探讨应该如何评价马克思主义经典作家的文艺理论遗产问题，提出了如下看法：第一，“从马克思和恩格斯关于理论体系的思想来看，说马克思主义经典作家建立了文艺学的完整的理论体系，并不是对革命导师留下的文艺观点和文艺理论遗产的高估，恰恰相反，在一定程度上倒是对他创立的学说的一种贬低”。第二，理论体系应该是以完整和系统的面貌出现的、经过深入论证的、建立在长期知识积累基础上的理论形态。体系有五个条件：要有系统性；要经过严密论证和发挥；要提出新的概念和新的理解范畴；要有新的表述概念和范畴的逻辑结构；要提出新的研究方法。第三，中外历史上有许多提出了观点而称不上体系的文艺理论家，如中国古代的诸多文艺理论家，国外的如普列汉诺夫、车尔尼雪夫斯基、柏拉图等。第四，从马恩的实际贡献来看也说明了“无体系性”。第五，思想体系与理论体系不同，“当我们说马克思主义经典作家留下的文艺理论遗产还没有形成文艺的完整的理论体系时，却不能否认经典作家的文艺观点在思想上是有一定体系性的”。在《八论》中，刘梦溪对“文艺的一般规律和特殊规律”、“文艺本身的规律和文艺发展的规律”、“文艺的内部规律和外部规律”加以区分，认为“从马克思主义文艺学的发展状况来看，迄今为止，我们对文艺的特殊规律、本身的规律、内部规律，研究得更不够一些，并且有用一般规律、发展规律、外部规律取代的倾向，因此影响了文艺学的理论建设，应当引起我们的重视和注意”。

这场围绕马克思主义文艺理论有无体系的大讨论，历时之长，规模之大，可以说是新中国成立以来所未有；在中国马克思主义文论的引介与研究实践中，堪称是一次关于马克思主义文艺思想最为集中、最为广泛的大讨论，一次具有重大学术意义的专题性讨论，这场大讨论是当代中国马克思主义文论研究空前活跃的一个表征。

在第四个十年里，中国马克思主义文论研究的活跃还体现为大量研究成果的涌现：围绕着马克思主义文艺思想的基本概念、基本原理、重要命题以及对一些文艺现象的基本看法，学者们作了多角度的探索，出现了一大批研究著作。如吴元迈的《关于马克思恩格斯的文艺遗产》一文，正如其副标题“西方对马恩文艺遗产的研究的历史考察”所示，此文除了评述苏联对马恩文艺遗产的研究外，还着重评介了欧美学者的研究。在批驳了西方“马克思学”对马克思主义文艺思想科学性的否定之后，也肯定了一些曾是共产党员的理论家与另一些学者对马克思主义文艺思想研究的新见，是一篇改革开放以后较为全面地认识国外马克思主义文论、有开拓性的论文[77]。在《普列汉诺夫论无产阶级文艺》[78]一文中，吴元迈认为在马克思主义文论史上，普列汉诺夫是首先将马克思主义运用于文学理论、文学批评和文学史研究的，对马克思主义美学的发展做出了重要的贡献，并在此基础上对就普列汉诺夫的重要理论观点及其价值给予了系统考察和评价。这个时期的主要研究成果还有陶梦的《普列汉诺夫文艺批评思想的核心所在》[79]、刘宁的《马克思美学思想在苏联的传播和研究》[80]、冯宪光的《论“西方马克思主义”文艺理论的四种模式》[81]、汪培基的《西方马克思主义文艺理论研究初探》[82]等论文。具有代表性的著作有陈辽的《马克思主义文艺思想史稿》[83]、李中一的《马克思恩格斯文艺学体系》[84]、由《马列文论百题》编委会编辑的《马列文论百题》[85]、中国社会科学院文学研究所编辑的《马克思哲学美学思想论集》[86]、蔡仪等人的《马克思哲学美学思想研究》[87]、董学文的《马克思主义美学问题》[88]，等等。徐崇温的《法兰克福学派述评》[89]则是当代中国学界对西方马克思主义最早的引介。这个时期，一些以马克思主义文艺理论为专门研究对象的学刊也开始面世，如全国马列文论研究会主编的《马列文论研究》，中国艺术研究院外国文艺研究所编的《马克思主义文艺理论研究》，刘纲纪主编的《马克思主义美学研究》，中国社会科学院文学研究所文艺理论研究室编的《美学论丛》等。这些学刊很快成为推动马克思主义文论研究的主阵地，成为展示当代中国马克思主义文论研究成果的重要窗口。

5. 第五个十年（1989—1999）

改革开放打开了全面眺望国外马克思主义文论的窗口，形成了学界对国外马克思主义多元化发展格局的认识，相关文论的译介逐渐增多，研究也不断深入。而且，90 年代以来，中国步入现代化建设的高速发展时期，社会的转型发展带来的文艺的新变，也需要更多地了解国外马克思主义文论对文化、艺术与现代性的关系的理论研究；这些研究长期关注现代社会中人的生存处境与艺术的关系，关注现代社会的艺术生产与消费的问题，研究现代主义与后现代主义的文化与艺术等，所提出的许多观点、理论和意见，对于正处于现代化进程中的、致力于建设中国特色的文化和文艺理论的中国学界，具有不可忽略的借鉴意义。中国对于国外马克思主义文论的译介、研究也因此进入了一个新阶段，其主要特点是：在继续深入研究马克思主义经典作家文论的同时，对欧美国家的当代马克思主义文论的译介和研究逐渐成为重点，出现了一批翻译和研究成果。比较重要并产生了广泛影响的，有中国社会科学院外国文学研究所编辑的“二十世纪欧美文论丛书”，其中包括《萨特文论选》[90]，吕西安·戈德曼的《隐蔽的上帝》[91]，瓦尔特·本雅明的《经验与贫乏》[92]、《考德威尔文学论文集》[93]，弗雷德里克·詹姆逊的《语言的牢笼·马克思主义与形式》[94]，以及《艺术及其最新形式：卢纳察尔斯基美学论文选》[95]。

除了上述的个人著述外，中国学界在这十年里还整理、编辑了若干种西方马克思主义文选，比较重要的有《法兰克福学派论著选辑》（上卷）[96]、《二十世纪哲学经典文本·西方马克思主义卷》[97]和董学文、荣伟主编的《现代美学新维度——“西方马克思主义”美学论文精选》[98]，后者按照“现实主义与现代主义”、“本体论美学研究”和“艺术形式与文本结构”等主题选文，体例有一定的创新。这些译介扩大了中国学界对当代国外马克思主义文论原始材料的占有，为深化研究奠定了基础。

在三联书店 1986 年开始出版并产生了广泛影响的“现代西方学术文库”中，也有若干种西方马克思主义的著述，如萨特的《词语》[99]、本雅明的《发达资本主义时代的抒情诗人》[100]和马尔库塞的《审美之维》[101]。同年，三联书店上海分店还出版了马尔库塞的另一本论文集《现代文明与人的困境》[102]。

重庆出版社 1989 年至 1997 年间陆续推出由徐崇温主编的“国外马克思主义和社会主义研究丛书”，其中有多部被视为西方马克思主义的“经典”著述，如卢卡奇的《历史与阶级意识》[103]、柯尔施的《马克思主义和哲学》[104]、霍克海默的《批判理论》[105]和霍克海默与阿多诺合著的《启蒙辩证法：哲学片断》[106]等。这套丛书中还有一些文论家的著作，如列斐弗尔的《论国家：从黑格尔到斯大林和毛泽东》[107]、马尔库塞的《理性与革命》[108]等。这些著述的出版，为国内学者深入了解和研究西方马克思主义文论提供了重要的理论资源。在这个时段里，一些重要的西方马克思主义批评家的著述也得到相对集中地译介，例如 1993 年出版了本雅明《机械复制时代的艺术作品》的单行本[109]；1997 年出版了伊格尔顿的《美学意识形态》[110]；1998 年出版了阿多诺的《美学理论》[111]；1999 年出版了由中国学者选编的《本雅明文选》[112]。

这一时期在国外马克思主义文论的研究上也产生了一批新成果，如朱立元主编的《法兰克福学派美学思想论稿》[113]，冯宪光的《“西方马克思主义”美学研究》[114]，谭好哲的《文艺与意识形态》[115]，马驰的《“新马克思主义”文论》[116]，杨小滨的《否定的美学——法兰克福学派的文艺理论和文化批评》[117]等。从这些著述中可以看到，有越来越多的中国学者开始以宽容的态度、客观的眼光来看待西方马克思主义文论，在看到其理论局限与不足的同时，也认识到他们以独特的路径拓展了马克思主义文论的研究视域。在这个十年之初，学界有不少人对“西马”还持排斥的态度，认为“西马”“非马”[118]，“90 年代以后，国内对于西方马克思主义的理论探讨已经从最初简单的唯物、唯心二元批判转变为真正的学术研究，对于‘西马’的评价也已经发生了转变，抛弃了先前认为其‘反马克思主义’的观点，并已基本能够接受将其作为马克思主义文艺理论中的重要一元，承认其在马克思主义文艺理论研究中的合法地位”[119]。美国马克思主义批评家弗雷德里克·詹姆逊在中国学界的影响，可以说是上述转变的一个表征。在这十年里对詹姆逊的引介持续升温，学界先后译介了他的《语言的牢笼·马克思主义与形式》、《后现代主义与文化理论》[120]、《晚期资本主义的文化逻辑》[121]、《时间的种子》[122]、《快感：文化与政治》[123]、《布莱希特与方法》[124]以及《政治无意识：作为社会象征行为的叙事》[125]等。在詹姆逊的这些著述中，《后现代主义与文化理论》对中国学界的影响恐怕是最为广泛的，一时间几乎成为人们了解“后现代”的“启蒙”读物，活跃于“后现代”研究热潮中的青年学者几乎是“言必称詹姆逊”。为什么会形成这样的学术景观？究竟应该怎样评价中国学者对“马克思主义学术明星”詹姆逊的这般追随？今天已有学者对此做出了这样的反思：

“中国文论界对詹姆逊的接受，最醒目特点之一是他独特的身份。他身居美国，却以马克思主义者身份从事文化批评，使得他重新激发了20世纪90年代中国学者的一种社会热情和政治想象，对于身处冷战格局的中国学界来说，他在政治空间上的身份错位，舒缓了中国学者在试图进入西方世界时的危机感。在学术分析上，他明确从经济基础与上层建筑入手，与新中国成立后中国学者的知识结构相契合，使得二者具备相似的知识背景，使得中国文论界对他的接受更加具有同源性。并且，作为第一世界知识分子的詹姆逊大多以第三世界的立场，对后现代主义文化和晚期资本主义的消费社会，尤其是后来的全球化，采取马克思主义的批判态度，对坚持走社会主义道路的中国没有丝毫的敌意，反而抱有厚望，这对渴望重新进入世界学术舞台中心的中国学术界来说，是一次激励人心的鼓舞。詹姆逊的独特身份令他在中国文论界的传播更加顺畅。他对于马克思主义富有活力的运用，也吸引了中国文论界长期的目光和尊重，这既丰富了中国文论的研究领域，但同时也限制了中国文论界的眼光。他以新颖的研究方法切入新的文化现象，这给中国学界深刻印象。他以讲学的形式亲口传播西方马克思主义，阐述自己的后现代文化理论，以直观的方式描述了令人眼花缭乱的后现代文化景观，对文学、建筑、绘画、广告、摄影、电影等文化文本进行了具体分析，指出了后现代主义文化的重要特征，而且表述深入浅出，明白易懂，致使《后现代主义与文化理论》一书成了中国后现代研究的启蒙读物，更为后来接受《后现代主义，或晚期资本主义的文化逻辑》铺垫了道路。但由于当时詹姆逊在中国文论界过于耀眼，使得许多学者的研究眼光过于集中在他所开辟的后现代主义文化研究之中，反而对整个中国社会经济政治结构的把握有所忽略，从而对社会文化的病症有一些不准确的判断。詹姆逊吸收西方当代文论，以丰富马克思主义文论，但未尝不是对马克思主义的一种干扰。其表现之一就是过于强调符号，强调文化生产，忽略了全球化时代中国政治经济结构的复杂性，以及历史实践中多重力量的交织、渗透。这使得后来的文论界有空疏之嫌，介入历史实践的力量有所削弱，无法提出更有力的社会政治问题。而马克思主义恰恰更侧重于从物质实践到政治问题的解决。”[126]从批评话语的实践效果来审视“詹姆逊的马克思主义文论在当代中国文论界的影响”，确实具有不失警醒之思的力度，应该说是相当客观、公正的。

6. 第六个十年（1999—2009）

在第六个十年里，国内对“西马”的引介呈现出不断深化的趋势，有关西方马克思主义的资料整理有了新的推进，如出版了《国外马克思主义哲学新编·西方马克思主义卷》[127]；从整体上评价西方马克思主义的《西学东鉴：西方马克思主义评价》[128]开始出现；“西方马克思主义文艺学”作为文科教材也进入了大学课堂[129]。

与此同时，对西方马克思主义理论家的个案研究也在不断深化。据中国知网统计，1988—1999年间论述本雅明只有11篇文章，但进入21世纪后的9年中，以本雅明为题的文章则有143篇。哈贝马斯虽然在20世纪80年代初就有译介，但整个80年代只发表了16篇文章，90年代88篇，而进入21世纪后的短短9年间，以哈贝马斯为题的文章已达到585篇。由此可见，本雅明、哈贝马斯等“法兰克福学派”的代表人物，在这十年中已经成为学界高度关注的对象。

王逢振和美国学者J. 希利斯·米勒主编的“知识分子图书馆”丛书于1998年开始由中国社会科学出版社出版，陆续推出了葛兰西、本雅明、雷蒙德·威廉斯、佩里·安德森、詹姆逊、伊格尔顿、阿里夫·德里克等国外马克思主义文论家的著述，这些著作体现了当代国外马克思主义文论研究的跨学科、跨文化的学术特色，研究对象主要是社会文本，涉及文学、哲学、历史、人类学、政治学、社会学、建筑学、影视、绘画等。其中的《文化研究读本》[130]选编了多篇国外马克思主义学者关于文化研究的论文，《文化研究访谈》[131]则就文化研究问题对重要理论家作了专访，全面呈现了国外马克思主义在20世纪后半期开展的文化研究的基本面貌，对国内正在兴起的文化研究起到了重要的推动作用。这套译著每本均有译者或编者撰写的“前言”，是译者或编者对该著作的研究成果。比如罗钢、刘象愚为《文化研究读本》撰写的前言，对国外马克思主义文化研究的历史、理论与方法作了系统论述，是一篇高质量的研究论文。受这套“丛书”的影响，国内多家出版社也推出了类似的“丛书”，国外马克思主义重要文论家的著述几乎都有译介，如雷蒙德·威廉斯的《关键词：文化与社会的词汇》[132]、《现代悲剧》[133]和《马克思主义与文学》[134]；《哈贝马斯文集》[135]也在陆续翻译出版；弗雷德里克·杰姆逊的著作被重新结集翻译出版[136]，这是中国首次出版的当代国外马克思主义理论家的文集。这一时期，国内学界对这位美国马克思主义文论家的研究也在走向深入，出现了不少专著，例如陈永国的《文化的政治阐释学》[137]，刘进的《詹姆逊的文化诗学研究》[138]，梁永安的《重建总体性：与詹姆逊对话》[139]，吴琼的《走向一种辩证批评——詹姆逊文化政治诗学研究》[140]，林慧的《詹姆逊乌托邦诗思想研究》[141]，李世涛的《通向一种文化政治诗学》[142]、《重构全球的文化抵抗空间》[143]，张艳芬的《詹姆逊文论理论探析》[144]等。

詹姆逊之外，伊格尔顿是中国学界进入 21 世纪之后引介与研究的又一个热点，这个时期学界对伊格尔顿的关注甚至可以说构成了一种独特的文化现象：论文与著作中对伊格尔顿言论的引用俯拾皆是；其著述中的许多核心范畴如审美意识形态、文学生产方式、文化生产、审美文化、文化政治，等等，被中国学者广泛吸纳，这与中国学界对伊格尔顿著作的大量译介显然有着直接的关联，例如他的《文学理论导论》(*Literary Theory*：*An Introduction*）的中译本之多不仅是创纪录的[145]，而且在这十年里还不断再版[146]。2009 年出版了伊格尔顿的《理论之后》[147]的全译本，此书前两章的译文发表于 2006 年[148]。2011 年，在伊格尔顿的新著《马克思为什么是对的》英文版出版 3 个月后，中文版就面世了[149]，尽管有专家对这个译本的质量提出了批评。在这十年里，伊戈尔顿的著作——尤其是文化研究方面——的中译本连续问世，除了上面提到的之外还有《历史中的政治、哲学、爱欲》[150]、《后现代主义的幻象》[151]、《文化的观念》[152]、《理论之后：文化理论的当下与未来》[153]、《瓦尔特 ·本雅明，或走向革命批评》[154]以及《甜蜜的暴力——悲剧的观念》[155]等。

20 世纪 90 年代以来，国内出版的《马克思主义文论史》、《马克思主义美学史》或《西方文论史》，大多将伊格尔顿作为当代西方马克思主义的代表人物，专辟章节评述他的文艺理论或美学理论。如果说，我国学界在前期侧重于伊格尔顿的文学生产理论、文学意识形态理论，那么，这十年里的研究焦点则转移到他的意识形态理论与文化政治批评理论上。从接受规模来看，有学者统计，这十年里我国研究伊格尔顿的论文数量比前二十年的总和还要多数十倍，博士生和硕士生也纷纷以伊格尔顿的理论为题撰写学位论文，而且有了研究伊格尔顿的专著。

总结一下，可以说这一时期中国学者的伊格尔顿研究具有如下特点：

第一，尝试系统地描述伊格尔顿批评理论的独特结构、逻辑和特点，梳理伊格尔顿的理论思想与传统文论、当代欧美文论以及英国批评传统之间的关系，逐渐呈现出其个性的具体实在的全貌，勾勒出伊格尔顿文论在西方文化谱系中的位置。这一梳理呈现出不同的取向，有人认为伊格尔顿是从结构主义走向后结构主义，有人提出他是从“科学论”文学观走向“修辞论”文学观，有人判定他从文学研究走向文化政治研究，也有人提出他从“政治美学”走向“美学政治”。总的来看，伊格尔顿的批评理论属于马克思主义美学范畴的“文化政治批评”，其基本特征是：（1）坚持文学批评的文化大视野，认为文学是文化各层面交叉交织的过程，对文学作品的充分阐释必然将“文本外”的东西包括进来。（2）文化的复杂关系结构表现为一种“生产”关系或物质关系，因此“文化”不是一套超验、恒定的精神指标，也非后现代主义语言中可以任意漂浮的能指，而是与我们日常生活紧密关联着的现实问题、政治问题；文化范畴仍然是利益和权力斗争的场所，是矛盾和问题本身，而不是消除问题的办法；文化政治批评不是用文化来解释一切，而是用一切来解释文化。（3）如果将文化视为精神性的或“情感结构”、意义象征系统、价值体系、意识形态，它对文化的其他层面发生积极作用，是一种维持或改变社会生活方式的表意“活动”，是一种执行或实现意志的“话语实践”。（4）“文化政治批评”的动机是改造整个社会生活方式，建设一个更好的社会，使人的所有潜能得到自由地发挥，这样的社会名曰社会主义社会。（5）因此，真正能够有所作为的文化政治批评应该属于马克思主义的文化实践，它在催生社会主义的伟大运动中，能够发挥非常重要的作用。（6）以社会主义为目标的文化政治批评，由于明确的目的性而具有方法论的彻底开放性和真正多元性，它采用一切有效的话语形式和手段；这一立场似乎可以解释伊格尔顿理论的“班杂”和“多变”，他向包括资产阶级话语在内的一切表意系统吸收有益成分，也因此成就了他对包括庸俗马克思主义在内的一切阻碍人类解放的文化体制和观念的猛烈批判。

第二，极大拓展了伊格尔顿研究的议题，学者们开始研究伊格尔顿在性别问题、爱尔兰与民族主义问题、文化研究、后现代主义批判以及批评实践等方面的思想和观点。在西方男性批评家包括马克思主义理论家中，很少人像伊格尔顿一样积极关注性别问题，他在许多场合都把女性主义称为最有活力和希望的批评方法，并且身体力行地参照女性主义立场进行批评实践，《克拉莉莎被强暴》和《丁尼生：〈公主〉和〈悼念〉中的政治和性征》就是这方面的出色实例[156]。林树明认为，伊格尔顿把马克思主义与性别/身体理论有机结合起来，发展了马克思主义文艺观。伊格尔顿一贯重视真实的血肉之躯的重要性，它是一切文明和文化活动的物质基础，也是一切形式的阶级压迫和人类解放的归结点，他以为对于唯物主义者来说，理解并坚持这一点并不困难。在《审美意识形态》一书中，伊格尔顿把身体与审美紧紧联系起来，把人类的政治解放与身体的自由拯救紧紧联系起来，形成别具特色的马克思主义审美文化理论。文化与身体是相互塑造的关系，人们的性别意识与社会的意识形态紧密相连，性别关系与社会关系之间也有着千丝万缕的联系，因此男尊女卑是社会文化的产物，而女性主义将语言、形式和无意识纳入批评视野，以父权制为批判的核心目标，显然是一种最贴近社会的革命的批评模式[157]。伊格尔顿祖籍爱尔兰，或许由于这一层关系，他对爱尔兰问题表现出巨大的热情，先后有多部著作专门论述爱尔兰问题，例如“三部曲”《希斯克利夫与大饥荒——爱尔兰文化研究》、《疯狂的约翰与主教以及关于爱尔兰文化研究的其他论文》和《19世纪爱尔兰的学者与反叛者》。对于伊格尔顿这位充满不依不饶的批判精神的文化理论家来说，爱尔兰与英国之间几百年的殖民和反殖民历史成为他对压迫性的政治和文化制度发起攻击的很好的发力点。近年来，国内学者也开始对伊格尔顿的爱尔兰研究展开探析，如贾洁对伊格尔顿的爱尔兰文学研究进行了梳理和分析，指出其根本动机“是出于他对当下的后殖民与后现代主义的批判”[158]。伊格尔顿在爱尔兰研究中集中表达的关于民族主义的深刻思想，对于全球化潮流下的当代中国具有重要的参照意义。

第三，深化伊格尔顿理论中的重要范畴和概念的研究，譬如他的审美意识形态、审美文化、身体关照、解放知识，等等。伊格尔顿在《批评与意识形态》中提出并着力论述了文学与意识形态的复杂关系，《审美意识形态》一书又以厚重的篇幅对现代审美话语史进行了颇为彻底的清理，并且进一步阐发了自己的马克思主义审美理论。这部重要著作也激起了中国学者的热烈反响，“审美意识形态”范畴已经被中国学者广泛认可和运用，例如钱中文把审美意识形态性界定为文学的第一特性，童庆炳把“审美意识形态论”视为“文艺学的第一原理”；有学者指出：“文学审美意识形态论是中国马克思主义文艺理论家探究文艺核心问题的重要成果之一，它在中国当代文艺理论建构、文学批评实践中已经产生了深刻的影响，并得到了国内文学研究者的基本认同。这是不争之事实。”傅其林在其论文中追溯了西方马克思主义关于“形式的意识形态”的理论，仔细考究了伊格尔顿理论中“审美”和“意识形态”的内涵，认为“‘审美’和‘意识形态’两个范畴形成一个‘审美意识形态’范畴，有着内在合理的机制。这就在于意识形态的审美化，审美的意识形态化”。同时，作者也清楚地论证了审美意识形态的矛盾性，为意识形态与文学形式的接合开辟出空间，最终说明“中国学者明确从文艺本质的角度，从 80 年代以来的文艺自律实践的历史语境中，在文艺学学科自律的进程中，在多角度思考文艺的本质与基本规律语境中，在经典马克思主义文艺理论框架中整合审美反映的理论，提出了文学审美意识形态理论这一重要问题，促进了中国文艺学学科基本理论建设”[159]。“意识形态”是伊格尔顿理论的标志性范畴，几乎贯穿他的整个写作生涯，而中国学者对这一范畴的不断深入的探究扩展了伊格尔顿意识形态范畴的内涵和外延。刘欣、李立通过追踪伊格尔顿意识形态理论的发展衍变，指出“解放知识”是伊格尔顿意识形态理论的关键概念，“它不仅凝聚了伊格尔顿意识形态理论的全部内涵，而且也彰显了其突出特点。‘解放’旨在从意识形态与权力之间的隐秘联系中揭示其政治属性和实践功能，‘知识’则显示了伊格尔顿对认识论层面上意识形态虚假性的执着”[160]。伊格尔顿关于意识形态范的深刻洞见在马克思主义意识形态理论史上留下了不可或缺的一页，随着时间的推移，这一点将越来越明晰。

第四，对伊格尔顿的某些命题与观点的质疑和异议，譬如针对伊格尔顿提出的“一切文学批评都是政治性的批评”，有人认为这是一种泛政治化的批评观，本质上是违背马克思主义的，况且“泛政治化的结果，不仅模糊了政治本身的界线，弱化了政治批评本身的力度，而且消解了文学批评的美学内涵”。吴炫认为，伊格尔顿从审美意识形态和权力关系出发，把“英国文学”看作日渐衰落的宗教的替代品，从而完成宗教留下的意识形态功能，这种说法“忽略了文学在履行宗教功能的时候，其中最优秀的文学已具有突破宗教的功能，并使得宗教教义和信念因为这种突破而感到尴尬”[161]。当然在伊格尔顿研究初期，也有人对他的某些观点提出保留意见，如冯宪光在《“西方马克思主义”文艺美学》中，就在肯定伊格尔顿理论贡献的同时指出他的局限性是“把意识形态与文学的关系绝对化，并用意识形态来割断文学与社会生活的直接联系”；而伊格尔顿对文学批评的价值判断功能的论述“始终脱离不了阿尔都塞意识形态生产论的窠臼，也没有从根本上解决文学的价值判断问题”。不过可以明显看出，初期研究对伊格尔顿的质疑较为粗略和浮泛，像是程式化的“一分为二”，少有从系统推导而来的深入辩诘式的质疑；另一方面，近十余年来对伊格尔顿的异议已经扩散到更广的议题，充分表明了中国学者对伊格尔顿的了解之细。譬如伊格尔顿曾经在《威廉·莎士比亚》一书中评论《威尼斯商人》时，认为主人公鲍西娅的言语和行动带着浓重的男权主义色彩，反映出莎士比亚对男权话语的认同，对此就有人提出相反的观点[162]。就中国学界对伊格尔顿思想理论的接受和研究来讲，无论是赞成、吸纳还是反对、剔除，都应视为他的特殊影响力的一种显示。

1980 年伊格尔顿的著作首次被译为中文，与中国读者相遇；三十年后的今天，他的理论已经相当深入地渗进了当代中国的学术生活。伊格尔顿的理论观点和言论被文学、影视、传媒、大众文化等领域的研究者广泛大量地援引，他的新品几乎同步被引介到中国；他的新观点、新言论往往会及时地引起中国学界的反响。譬如他的《理论之后》（*After Theory*）于 2003 年 9 月出版，《外国文学评论》2004 年第 1 期就在“动态”栏目里作了介绍，并且在该期“编后记”里说：“英国著名马克思主义文学理论家泰瑞·伊格尔顿教授在他新近出版的《理论之后》一书中说：‘文化理论的黄金时代已成一个遥远的过去。……跟随开路先锋之后的一代人于是做起了后来人通常所能做的一些事——对原创性的思想做一点申发，做一点补充，对它们作一点批评，然后付诸实践。’话说得有点损，让人听了心里酸酸的，但也没办法，实际情况大体如此。”“理论之后”这一议题在后来几年，一直引起广泛热烈的讨论，这一方面表明“理论”在中国已经成为一个耀眼的学术分支，另一方面也足以见出伊格尔顿在中国学界的影响之大。也许正因为伊格尔顿的理论没有刻意“创建”体系，所以能够游刃有余地对各种体系进行冷静的剖解，显示出矫健凌厉的洞察力，这一点使他的著作成为研习各种理论体系的学者必备的参考；他比任何文学理论家都注重文学文化的批评实践，所作的文学文本批评和解读异常丰富而且见识卓越，这一点使他可以成为西方文学研究者难得的文献资源；他始终坚守着马克思主义者的身份，始终坚持着对一切文化陋见和制度的批判态势，始终保持着一种悲悯激越的世俗的政治关怀，这一点使他始终不缺乏大批的同道者。经过三十年的译介、梳理、消化，随着中国学术越来越贴近全球化带来的各种问题，伊格尔顿理论将因其独特的品质而在中国学术界发生越来越大的影响，在此意义上可以说，伊格尔顿理论的中国之旅现在已到了渐入佳境的时候。

伊格尔顿何以受到中国学界如此关注甚至欢迎？有学者作出这样的分

析："在以'意识形态'为核心深入批评实践的过程中，伊格尔顿总是坚持他的马克思主义文学批评家的立场和身份，在以意识形态批评介入当代文化政治现实的过程中，伊格尔顿也时刻以马克思主义的立场回应种种反马克思主义的文化挑战。伊格尔顿的意义在于，他的'意识形态'批评为中国学界从新中国成立后的社会主义现实主义文学批评过渡到后社会主义的文学批评打开了一扇适度的文学理论之窗，从而使得中国当代文论在前后60年的历史实践中，得以不断裂，在变动中仍能衔接。这一意义不仅仅在它对文学批评的丰富和开拓上，还在于它促使中国学界可以与自身的现代革命传统相连续。他的批判性阐释为中国学界展示了文学批评的人文性质和社会政治功能，他在新的历史语境中对马克思主义的坚持和独特理解，与各种思潮的实践展开对话，都显示出一种传统革新后的生命力。"[163]

诚然，这个十年里中国对国外马克思主义文论的引介与研究并不止于伊格尔顿一人，各种个案研究在这个时期仍有继续深入的发展，总体性的考察也取得了更为丰硕的成果。例如由冯宪光教授领衔的"二十世纪国外马克思主义文艺理论本体论形态研究"[164]，分别探讨了马克思主义文论的意识形态理论、艺术生产理论、审美人类学理论和政治学文艺理论等四个专题，堪称个案研究和总体性考察的代表作。

这十年的引介工作所取得的又一个重大成果，是初步形成了一个较为稳定的、以中青年学者为主体的、研究当代国外马克思主义文论的学术队伍，许多翻译者同时也是研究者。冯宪光、刘象愚、马驰等人对国外马克思主义文论的总体性研究，朱立元等人的国外马克思主义文论与后现代主义关系的研究，罗钢、王晓路、麦永雄等人的国外马克思主义文化研究的研究，张亮、黄力之、刘秀兰的卢卡奇研究，王逢振、陈永国、胡亚敏等人的詹姆逊研究，赵勇、杨小滨、余虹等人的法兰克福学派研究[165]，曹卫东等人的哈贝马斯研究，程巍等人的马尔库塞研究，王杰、王尔勃等人对英国马克思主义文论的研究，马海良等人的伊格尔顿研究，孟登迎等人的阿尔都塞研究，傅其林等人对国外马克思主义布达佩斯学派的研究，等等，在深度和广度上都有新的拓展。

面对"西马"文论对当代中国文艺理论研究，尤其是马克思主义文艺理论研究的影响，也有一些学者深感不安，十分担忧，提出应对文学理论研究的"西马化"模式作出必要的反思。他们指出中国近年出现的"西方马克思主义化"，"不仅仅在相当的程度上混淆了马克思主义文学理论同'西方马克思主义'文学理论的本质区别，而且大有以'西马'文论取代中国化马克思主义文论，以'西马化'取代'中国化'的趋势"[166]。认为"西马"文论家制造的"多元化"的马克思主义文艺学，是对马克思主义基本原理的违背，是将认识、反映和艺术把握程度不同地"唯心化"或神秘化了；强调文学理论研究中的"西马化"倾向，最终会"把文学理论和美学研究引领到邪路上去"[167]。

对"西马"文论持不加思考、一味追捧的立场的确需要反思，全盘接受"西马"文论而冷落经典马克思主义文论，更是值得警惕的现象。然而将"西马"文论从马克思主义文论中割裂出来并加以对立，这一视界本身是否合理也需反思。其实，许多学者已经指出，所谓"西马"这一表述是不甚妥当的，用"国外马克思主义"更符合实际和学理。有学者指出，在对待"国外马克思主义研究"上，既要避免将其"神圣化"——用国外马克思主义研究否定马克思主义中国化；又要避免将其"虚无化"——用虚无主义态度对待国外马克思主义研究[168]。这里说的两个"避免"，完全适用于中国文艺学界对国外马克思主义文论的引介与研究。

* 本文为国家社科基金重大项目"新中国外国文学研究 60 年"【09&ZD071】子课题的中期成果。

* 关于这个论题，已有不少学者发表了相关论文。本文参考了冯宪光的《六十年马克思主义文学理论的译介和研究》（《社会科学战线》2009 年第 10 期）；丁国旗执笔的《马克思主义文艺理论研究的当代发展》（见高建平主编《当代中国文艺理论研究（1949—2009）》，北京：中国社会科学出版社，2011 年）；石天强执笔的《中国化马克思主义文论的主导化》；梁刚、钱翰、何浩执笔的《西方马克思主义》（见王一川等著《西方文论中国化与中国文论建设》，北京：经济科学出版社，2012 年）；马海良的《渐入佳境：伊格尔顿理论中国之旅三十年》（见周启超主编《跨文化的文学理论研究》第 4 辑，郑州：河南大学出版社，2011 年）；谢天振执笔的《外国文论在中国》（见陈众议主编《当代中国外国文学研究（1949—2009）》，北京：中国社会科学出版社，2011 年）等文所提供的相关史料与研究成果。笔者在这里要予以特别说明并向这几位作者一并致谢。

注释：

[1]［德］马克思：《1844 年经济学—哲学手稿》，刘丕坤译，北京：人民出版社，1979 年。本书第一版的印数为 27000 册。

[2] 北京大学中文系文艺理论教研室选编：《马克思、恩格斯、列宁、斯大林论文艺》，北京：人民文学出版社 1980 年。本书初版印数为 28600 册。

[3] 陆梅林辑注：《马克思恩格斯论文学与艺术》（一），北京：人民文学出版社，1982 年，初版印数 20000 册；《马克思恩格斯论文学与艺术》（二），北京：人民文学出版社，1983 年，初版印数 27000 册。

[4] 陆梅林：《编者的话》，陆梅林辑注：《马克思恩格斯论文学与艺术》（一），北京：人民文学出版社，1982 年，第 1、2 页。

[5]［苏］里夫希茨编，程代熙编辑：《马克思恩格斯论文学与艺术》，北京：中国社会科学出版社，1982 年。

[6] 中国社会科学院文学研究所文艺理论研究室所编：《列宁论文学与艺术》，北京：人民文学出版社，1983 年。

[7] 毛泽东：《在延安文艺座谈会上的讲话》，《毛泽东文艺论集》，北京：中央文献出版社，2002 年，第 69 页。

[8]《普列汉诺夫美学论文集》第 1～2 集，曹葆华译，北京：人民出版社 1983 年；《普列汉诺夫哲学著作选集》第五卷，曹葆华译，北京：生活·读书·新知三联书店，1984 年。

[9]［匈］卢卡奇：《审美特性》第 1 卷，徐恒醇译，北京：中国社会科学出版社，1986 年。

[10]［意］葛兰西：《狱中札记》，葆煦译，北京：人民出版社，1983 年。

[11]［意］葛兰西：《狱中札记》，葆煦译，新店：谷风出版社，1988 年。

[12]［意］葛兰西：《狱中札记》，曹雷雨等译，北京：中国社会科学出版社，2000 年；葛兰西：《狱中书简（1926—1937）：葛兰西书信一集》，田时刚译，北京：人民出版社，2007 年。

[13]［法］拉法格：《拉法格文论集》，罗大冈译，北京：人民文学出版社，1979 年。

[14]［德］梅林：《梅林论文学》，张玉书等译，北京：人民文学出版社，1982 年。

[15]［德］卢森堡：《卢森堡论文学》，王以铸译，北京：人民文学出版社，1983 年。

[16]［意］葛兰西：《葛兰西论文学》，吕同六译，北京：人民文学出版社，1983 年。

[17]［苏］沃罗夫斯基：《沃罗夫斯基论文学》，程代熙等译，北京：人民文学出版社，1981 年。

[18]［保］季米特洛夫：《季米特洛夫论文学、艺术和文化》，杨燕杰等译，北京：人民文学出版社，1982 年。

[19]［苏］里夫希茨：《马克思论艺术和社会理想》，吴元迈等译，北京：人民文学出版社，1983 年。

[20]［苏］弗里德连杰尔：《马克思恩格斯和文学问题》，郭值京等译，上海：上海译文出版社，1984年。

[21]［苏］梅拉赫：《列宁和俄国文学问题》，臧仲伦等译，北京：中国社会科学出版社，1982年。

[22]［苏］齐斯：《马克思主义美学基础》，彭吉象译，北京：中国文联出版公司，1985年。

[23]［苏］卡冈：《马克思主义美学史》，汤侠生译，北京：北京大学出版社，1987年。

[24]［苏］尼古拉耶夫：《马克思主义文艺学》，李辉凡译，合肥：安徽文艺出版社，1986年。

[25]［英］伊格尔顿：《马克思主义与文学批评》，文宝译，北京：人民文学出版社，1980年。

[26]［英］伊格尔顿：《马克思主义与文学批评》，文宝译，北京：人民文学出版社，1980年，译者前言第1页。

[27]［英］柏拉威尔：《马克思和世界文学》，梅绍武等译，北京：生活·读书·新知三联书店，1980年。

[28]［英］柏拉威尔：《马克思和世界文学》，梅绍武等译，北京：生活·读书·新知三联书店，1980年，第565页。

[29]［英］佩里·安德森：《西方马克思主义探讨》，高铦等译，北京：人民出版社，1981年。

[30]［英］伯查尔德：《伊格尔顿与马克思主义文学批评》，戴侃摘译，《国外社会科学》1983年第1期。

[31]［英］伊格尔顿：《马歇雷与马克思主义文学理论》，戴侃摘译，《国外社会科学》1983年第1期。

[32]［美］韦勒克：《西方马克思主义文学批评》，张敏译，《文科教学》1984年第4期。

[33]［法］阿尔都塞：《保卫马克思》，顾良译，北京：商务印书馆，1984年。

[34]［民主德国］汉斯·科赫：《马克思主义和美学》，佟景韩译，桂林：漓江出版社，1985年。

[35]［美］弗雷德里克·詹姆逊：《后现代主义与文化理论》，唐小兵译，西安：陕西师范大学出版社，1987年第二版。

[36]［英］伊格尔顿：《二十世纪西方文学理论》，伍晓明译，西安：陕西师范大学出版社，1986年初版，1987年再版。北京大学出版社2007年出版的译本，是译者根据1996年英文第二版修订的译文，新版增加了伊格尔顿为第二版所作的长篇后记。

[37]［英］伊格尔顿：《文学原理引论》，刘峰译，北京：文化艺术出版社，1987年；伊格尔顿：《当代文学理论导论》，聂振雄译，台北：旭日出版社，1987年；伊格尔顿：《当代西方文学理论》，王逢振译，北京：中国社会科学出版社，1988年，这个译本后易名为《现象

学、阐释学、接受理论：当代西方文学理论》，南京：江苏教育出版社，2006 年；伊格尔顿：《当代文学理论》，钟嘉文译，台北：南方丛书出版社，1989 年；伊格尔顿：《文学理论导读》，吴新发译，台北：书林出版有限公司，1993 年。

[38] [法] 吕西安·戈尔德曼：《论小说的社会学 》，吴岳添译，北京：中国社会科学出版社，1988 年。

[39] 陆梅林选编：《西方马克思主义美学文选》，桂林：漓江出版社，1988 年。

[40] 枫寒：《新的开拓，新的探索——全国首次“西方马克思主义文艺理论和美学理论学术讨论会”综述》，《文艺理论与批评》1989 年第 2 期。

[41] [美] 所罗门选编：《马克思主义与艺术》，杜智章等译，北京：文化艺术出版社，1989 年。

[42] [德] 霍克海默：《批判理论》，李小兵等译，重庆：重庆出版社，1989 年；霍克海默：《批判理论》，谢石等译，台北：结构群文化事业公司，1989 年。

[43] [美] 马尔库塞等：《工业社会和新左派》，任立编译，北京：商务印书馆，1982 年。本书为多位作者著述的合集，内收马尔库塞的论文《当代工业社会的攻击性》和著述《反革命和造反》。

[44] [美] 马尔库塞等：《现代美学析疑》，绿原译，北京：文化艺术出版社，1987 年。

[45] [美] 马尔库塞：《爱欲与文明》，黄勇等译，上海：上海译文出版社，1987 年；马尔库塞：《爱欲与文明》，罗丽英译，台北：南方丛书出版社，1988 年。

[46] [美] 马尔库塞：《单面人》，左晓斯等译，长沙：湖南人民出版社，1988 年；马尔库塞：《单向度的人》，张峰译，重庆：重庆出版社，1988 年；马尔库塞：《单向度的人》，刘继译，上海：上海译文出版社，1989 年、2006 年版，2007 年重印；马尔库塞：《单面向的人》，李亦华编译，台北：南方丛书出版社，1989 年；马尔库塞：《单向度的人》，刘继译，台北：久大文化公司，桂冠图书公司，1990 年。

[47] [美] 弗洛姆：《马克思关于人的概念》，徐纪亮等译，台北：南方丛书出版社，1987 年。

[48] [美] 弗洛姆：《人心：人的善恶天性》，范瑞平译，福州：福建人民出版社，1988 年；弗洛姆：《人之心》，都本伟译，沈阳：辽宁大学出版社，1988 年；弗洛姆：《人心》，孙月才等译，北京：商务印书馆，1989 年。

[49] [美] 弗洛姆：《自为的人》，万俊人译，北京：国际文化出版公司，1988 年。

[50] [美] 弗洛姆：《精神分析的危机：论弗洛伊德、马克思和社会心理学》，许俊达等译，北京：国际文化出版公司，1988 年。

[51] [美] 弗洛姆：《梦的精神分析》，叶颂寿译，北京：光明日报出版社，1988 年；弗洛姆：《梦的精神分析》，晨欣等译，石家庄：河北人民出版社，1988 年。

[52] [美] 弗洛姆：《生命之爱》，罗原译，北京：工人出版社，1988 年。

[53] [美] 弗洛姆：《人性的追求》，王建康译，上海：上海文化出版社，1989 年。

[54] [美] 弗洛姆：《逃避自由》，陈学明译，北京：工人出版社，1987 年。

[55] [美] 弗洛姆：《爱的艺术》，李健鸣译，北京：商务印书馆，1987 年。

[56] [美] 弗洛姆：《在幻想锁链的彼岸》，张燕译，长沙：湖南人民出版社，1986 年。

[57] [美] 弗洛姆：《恶的本性》，薛冬译，北京：中国妇女出版社，1989 年。

[58] 陆梅林辑注：《马克思恩格斯论文学与艺术》（一），北京：人民文学出版社，1982 年；《马克思恩格斯论文学与艺术》（二），北京：人民文学出版社，1983 年。

[59] 杨炳编辑：《马克思恩格斯论文艺和美学》，北京：文化艺术出版社，1982 年。

[60]《卢卡契文学论文集》（一），北京：中国社会科学出版社，1980 年；《卢卡契文学论文集》（二），北京：中国社会科学出版社，1981 年。

[61] 范大灿编选：《卢卡契文学论文选・论德语文学》，多人译，北京：人民文学出版社，1986 年。

[62] 董立武、张耳编选：《列宁文艺思想论集》，北京：中国社会科学出版社，1986 年。

[63] 陆梅林编选：《西方马克思主义美学文选》，桂林：漓江出版社，1988 年。

[64] 纪怀民、陆贵山、周忠厚、蒋培坤编著：《马克思主义文艺论著选讲》，北京：中国人民大学出版社 1982 年；狄其聪主编：《马克思恩格斯艺术哲学》，济南：山东文艺出版社，1991 年；王善忠主编：《马克思主义美学思想史》（1～4 册），北京：中央编译出版社，1999 年；何国瑞主编：《艺术生产原理》，武汉：武汉大学出版社，2010 年。

[65] 刘梦溪：《关于发展马克思主义文艺学的几点意见》，《文学评论》1980 年第 1 期。

[66] 汪裕雄：《“断简残篇”、普列汉诺夫及其他——与刘梦溪同志讨论马克思主义文艺学建设问题》，《江淮论坛》1980 年第 2 期。

[67] 汪裕雄：《从艺术本质论看马恩的文艺观点体系》，《江淮论坛》1983 年第 5 期。

[68] 李贵仁：《〈关于发展关于发展马克思主义文艺学的几点意见〉质疑——与刘梦溪同志商榷》，《人文杂志》1980 年第 1 期。

[69] 梁超然：《两点意见》，《文学评论》1980 年第 3 期。

[70] 魏理：《马克思主义经典作家的文艺理论体系和文艺科学的发展》，《文学评论》1980 年第 5 期。

[71] 董学文：《怎样看待马克思的文艺理论体系——与刘梦溪同志商榷》，《北方论丛》1984 年第 1 期。

[72] 朱光潜：《对“马克思恩格斯论文学和艺术”编译的意见》，《武汉大学学报》1980 年第 5 期。

[73] 张弼：《对于马克思主义文艺学理论体系及其发展问题的看法——兼与刘梦溪、魏理同志商榷》，《学习与探索》1981 年第 2 期。

[74] 程代熙：《海棠集》，重庆：重庆出版社，1986 年，第 117～120 页。

[75] 陆梅林：《体系和精神——马克思恩格斯文艺思想初探》及《从整体上把握马克思主义美学思想——纪念马克思逝世一百周年》，《唯物史观与美学》，北京：光明日报出版社，

1991 年。

[76] 刘梦溪：《再论马克思主义文艺学的发展问题——答魏理同志》，见刘梦溪《文艺学：历史与方法》，上海：上海文艺出版社，1986 年；刘梦溪：《三论马克思主义文艺学的发展问题——答李贵仁同志》，《人文杂志》1981 年第 2 期；刘梦溪：《四论马克思主义文艺学的发展问题》，《江淮论坛》1981 年第 6 期；刘梦溪：《五论马克思主义文艺学的发展问题》，《北方论丛》1982 年第 3 期；刘梦溪：《六论马克思主义文艺学的发展问题——与程代熙、陆梅林同志商榷》，刘梦溪《文艺学：历史与方法》，上海：上海文艺出版社，1986 年；刘梦溪：《七论马克思主义文艺学的发展问题——答董学文同志》，《北方论丛》1984 年第 5 期；刘梦溪：《释文艺规律——八论马克思主义文艺学的发展问题》，《文艺研究》1984 年第 6 期；刘梦溪：《九论马克思主义文艺学的发展问题——要重视文艺学的理论建设》，刘梦溪《文艺学：历史与方法》，上海：上海文艺出版社，1986 年；刘梦溪：《十论马克思主义文艺学的发展问题——文艺学的方法和学派》，刘梦溪著《文艺学：历史与方法》，上海：上海文艺出版社，1986 年；刘梦溪：《十一论马克思主义文艺学的发展问题——评五六十年代流行的几种文艺学教科书》，《学习与探索》1985 年第 6 期；刘梦溪：《十二论马克思主义文艺学的发展问题——关于建立具有中国民族特色的文艺学理论体系》，《文艺争鸣》1986 年第 1 期。

[77] 吴元迈：《关于马克思恩格斯的文艺遗产——西方对马恩文艺遗产的研究的历史考察》，《江淮论坛》1982 年第 5 期。

[78] 吴元迈：《普列汉诺夫论无产阶级文艺》，《外国文学研究》1979 年第 3 期。

[79] 陶梦：《普列汉诺夫文艺批评思想的核心所在》，《外国文学研究》1985 年第 4 期。

[80] 刘宁：《马克思美学思想在苏联的传播和研究》，《苏联文学》，1983 年第 2 期。

[81] 冯宪光：《论“西方马克思主义”文艺理论的四种模式》，《四川大学学报》1985 年第 2 期。

[82] 汪培基：《西方马克思主义文艺理论研究初探》，《文艺理论与研究》1987 年第 1、2 期。

[83] 陈辽：《马克思主义文艺思想史稿》，成都：四川文艺出版社，1986 年。

[84] 李中一：《马克思恩格斯文艺学体系》，武汉：华中师范大学出版社，1994 年。

[85]《马列文论百题》编委会：《马列文论百题》，西安：陕西人民出版社，1982 年。

[86] 中国社会科学院文学研究所：《马克思哲学美学思想论集》，济南：山东人民出版社，1982 年。

[87] 蔡仪等：《马克思哲学美学思想研究》，长沙：湖南人民出版社，1983 年。

[88] 董学文：《马克思主义美学问题》，北京：北京大学出版社，1983 年。

[89] 徐崇温：《法兰克福学派述评》，北京：生活·读书·新知三联书店，1980 年。

[90] [法] 萨特：《萨特文论选》，施康强选译，北京：人民文学出版社，1991 年。

[91] [法] 吕西安·戈德曼：《隐蔽的上帝》，蔡鸿滨译，天津：百花文艺出版社，1998 年。

[92] [德] 本雅明：《经验与贫乏》，王炳钧等译，天津：百花文艺出版社，1999 年。

[93] [英] 考德威尔：《考德威尔文学论文集》，陆建德等译，南昌：百花洲文艺出版社，1995 年。

[94] [美] 詹姆逊：《语言的牢笼·马克思主义与形式》，钱佼汝等译，南昌：百花洲文艺出版社，1995 年。

[95] [苏] 卢纳察尔斯基：《艺术及其最新形式 ：卢纳察尔斯基美学论文选 》，郭家申译，天津：百花文艺出版社，1998 年。

[96] 上海社科院外国哲学研究室编：《法兰克福学派论著选辑》（上卷），北京：商务印书馆，1998 年。

[97] 俞吾金等主编：《二十世纪哲学经典文本·西方马克思主义卷》，上海：复旦大学出版社，1999 年。

[98] 董学文、荣伟主编：《现代美学新维度——西方马克思主义美学论文精选》，北京：北京大学出版社，1990 年。

[99] [法] 萨特：《词语》，潘培庆译，北京：生活·读书·新知三联书店，1988 年。

[100] [德] 本雅明：《发达资本主义时代的抒情诗人》，张旭东等译，北京：生活·读书·新知三联书店，1989 年初版，1992 年重印。此书后来还出了王才勇的译本，南京：江苏人民出版社，2005 年。

[101] [美] 马尔库塞：《审美之维——马尔库塞美学论著集》，李小兵译，北京：生活·读书·新知三联书店，1989 年。

[102] [美] 马尔库塞：《现代文明与人的困境——马尔库塞文集》，李小兵译，上海：上海三联书店，1989 年。

[103] [匈] 卢卡奇：《历史与阶级意识》，张西平译，重庆：重庆出版社，1989 年。

[104] [德] 柯尔施：《马克思主义和哲学》，王南湜等译，重庆：重庆出版社，1989 年。

[105] [德] 霍克海默：《批判理论》，李小兵等译，重庆：重庆出版社，1989 年。

[106] [德] 霍克海默、阿多诺：《启蒙辩证法：哲学片断》，洪佩郁等译，重庆：重庆出版社，1990 年。本书还有渠敬东、曹卫东的译本，上海：上海人民出版社，2006 年。

[107] [法] 列斐弗尔：《论国家：从黑格尔到斯大林和毛泽东》，李青宜等译，重庆：重庆出版社，1988 年。

[108] [美] 马尔库塞：《理性与革命》，程志民等译，重庆：重庆出版社，1993 年。

[109] [德] 本雅明：《机械复制时代的艺术作品》，王才勇译，杭州：浙江摄影出版社，1993 年。王才勇的译本后来又在多家出版社出版，如北京：中国城市出版社，2002 年；杭州：浙江文艺出版社，2005 年；南京：江苏人民出版社，2006 年。在单行本出版之前，《机械复制时代的艺术作品》已有节译本面世，如陆梅林选编的《西方马克思主义美学文选》（1988 年）中收有王齐建的译文。

[110] [英] 伊格尔顿：《美学意识形态》，王杰等译，桂林：广西师范大学出版社，1997 年。2001 年该书中译本第 2 版易名为《审美意识形态》，2013 年修订版又改回原名。伊

格尔顿：《美学意识形态》（修订版），王杰等译，北京：中央编译出版社，2013 年。

[111] [德] 阿多诺：《美学理论》，王柯平译，成都：四川人民出版社，1998 年。

[112] 陈永国、马海良编：《本雅明文选》，北京：中国社会科学出版社，1999 年。此书另有 [美] 阿伦特选编：《启迪：本雅明文选》，张旭东等译，北京：生活·读书·新知三联书店，2008 年。

[113] 朱立元主编：《法兰克福学派美学思想论稿》，上海：复旦大学出版社，1997 年。

[114] 冯宪光：《“西方马克思主义”美学研究》，重庆：重庆出版社，1997 年。

[115] 谭好哲：《文艺与意识形态》，济南：山东大学出版社，1997 年。

[116] 马驰：《“新马克思主义”文论》，济南：山东教育出版社，1998。

[117] 杨小滨：《否定的美学——法兰克福学派的文艺理论和文化批评》，上海：上海三联书店，1999 年。

[118] 参见李思孝：《“西方马克思主义”的文艺思想》，《中国社会科学》1990 年第 1 期；孙命有：《研究西方马克思主义文艺理论的意义》，《山西师范大学学报》1990 年第 1 期；张凌：《“西马”非“马”》，《美与时代》1992 年第 6 期。

[119] 高建平主编：《当代中国文艺理论研究（1949—2009）》，北京：中国社会科学出版社 2011 年，第 414 页。

[120] [美] 詹姆逊：《后现代主义与文化理论》（精校本），唐小兵译，北京：北京大学出版社，1997 年，2005 年再版。

[121] [美] 詹姆逊：《晚期资本主义的文化逻辑》，陈清侨等译，北京：生活·读书·新知三联书店，1997 年。

[122] [美] 詹姆逊：《时间的种子》，王逢振译，桂林：漓江出版社，1997 年。

[123] [美] 詹姆逊：《快感：文化与政治》，王逢振等译，北京：中国社会科学出版社，1998 年。

[124] [美] 詹姆逊：《布莱希特与方法》，陈永国译，北京：中国社会科学出版社，1998 年。

[125] [美] 詹姆逊：《政治无意识：作为社会象征行为的叙事》，王逢振等译，北京：中国社会科学出版社，1999 年。

[126] 王一川等：《西方文论中国化与中国文论建设》，北京：经济科学出版社，2012 年，第 205～206 页。

[127] 俞吾金、陈学明：《国外马克思主义哲学新编·西方马克思主义卷》，上海：复旦大学出版社，2002 年。

[128] 许政：《西学东鉴：西方马克思主义评价》，北京：中国社会科学出版社，2007 年。

[129] 潘天强：《新编马克思主义文艺学》，上海：复旦大学出版社，2005 年。

[130] 罗钢、刘象愚主编：《文化研究读本》，北京：中国社会科学出版社，2000 年。

[131] [加] 谢少波、王逢振编：《文化研究访谈录》，北京：中国社会科学出版社，2003 年。

[132] [英] 威廉斯:《关键词：文化与社会的词汇》，刘建基译，北京：生活·读书·新知三联书店，2005年。

[133] [英] 威廉斯:《现代悲剧》，丁尔苏译，南京：译林出版社，2007年。

[134] [英] 威廉斯：《马克思主义与文学》，王尔勃译，郑州：河南大学出版社，2008年。

[135] [德] 哈贝马斯:《合法化危机》(第一卷)、《包容他者》(第二卷)、《后民族结构》(第三卷)、《交往行为理论：第一卷行为合理性与社会合理化》(第四卷)，曹卫东等译，上海：上海人民出版社，2000—2004年。

[136] 王逢振主编《詹姆逊文集》五卷本:《新马克思主义》(第一卷)、《批评理论和叙事阐释》(第二卷)、《文化研究和政治意识》(第三卷)、《现代性、后现代性和全球化》(第四卷)、《论现代主义文学》(第五卷)，北京：中国人民大学出版社，2004、2010年。

[137] 陈永国:《文化的政治阐释学》，北京：中国社会科学出版社，2000年。

[138] 刘进:《詹姆逊的文化诗学研究》，成都：巴蜀书社2003年。

[139] 梁永安:《重建总体性：与詹姆逊对话》，成都：四川人民出版社，2003年。

[140] 吴琼:《走向一种辩证批评——詹姆逊文化政治诗学研究》，上海：上海三联书店，2007年。

[141] 林慧:《詹姆逊乌托邦思想研究》，北京：中国人民大学出版社，2007年。

[142] 李世涛:《通向一种文化政治诗学》，长春：吉林人民出版社，2008年。

[143] 李世涛:《重构全球的文化抵抗空间》，北京：社会科学文献出版社，2008年。

[144] 张艳芬:《詹姆逊文论理论探析》，上海：上海人民出版社，2009年。

[145] 伊格尔顿的 *Literary Theory: An Introduction* 至少有6个中译本，即：刘峰译《文学原理引论》，北京：文化艺术出版社，1987年；伍晓明译《二十世纪西方文学理论》，西安：陕西师范大学出版社，1987年；王逢振译《当代西方文学理论》，北京：中国社会科学出版社，1988年；聂振雄译《当代文学理论导论》，台北：旭日出版社，1987年；钟嘉文译《当代文学理论》，台北：南方丛书出版社，1989年；吴新发译《文学理论导读》，台北：书林出版有限公司，1993年。

[146] 例如伍晓明译的《二十世纪西方文学理论》，西安：陕西师范大学出版社，1986年、1987年；北京大学出版社，2007年。王逢振译的《当代西方文学理论》，北京：中国社会科学出版社，1988年；南京：江苏教育出版社，2006年。

[147] [英] 伊格尔顿:《理论之后》，商正译，北京：商务印书馆，2009年。

[148] 钱中文、曹顺庆编：《中外文化与文论》第13辑，成都：四川大学出版社，2006年。

[149] [英] 伊格尔顿：《马克思为什么是对的》，李杨等译，北京：新星出版社，2011年。

[150] [英] 伊格尔顿:《历史中的政治、哲学、爱欲》，马海良译，北京：中国社会科学出版社，1999年。

[151]［英］伊格尔顿：《后现代主义的幻象》，华明译，北京：商务印书馆，2000年。

[152]［英］伊格尔顿：《文化的观念》，林志中译，台北：巨流图书公司，2002年；伊格尔顿：《文化的观念》，方杰译，南京：南京大学出版社，2003年。

[153]［英］伊格尔顿：《理论之后：文化理论的当下与未来》，李尚远译，台北：商周出版社，2005年。

[154]［英］伊格尔顿：《沃尔特·本雅明，或走向革命批评》，郭国良等译，南京：译林出版社，2005年。

[155]［英］伊格尔顿：《甜蜜的暴力——悲剧的观念》，方捷等译，南京：南京大学出版社，2007年。

[156]参见［英］伊格尔顿：《历史中的政治、哲学、爱欲》，马海良译，北京：中国社会科学出版社，1999年。

[157]林树明：《论特里·伊格尔顿的“性别视角”》，《文学评论》2010年第2期。

[158]贾洁：《论特里·伊格尔顿的爱尔兰文化研究——去殖民化民族主义对“形式的政治”的寻求》，《马克思主义美学研究》第12卷第1期；北京：中央编译出版社，2009年。

[159]傅其林：《从“形式的意识形态”理论审视文学审美意识形态论的合法性》，《文化与诗学》2009年第2期。

[160]刘欣、李立：《“解放知识”的建构——特里·伊格尔顿的意识形态理论》，《前沿》2009年第10期。

[161]吴炫：《论文学的“中国式现代理解”——穿越本质和反本质主义》，《文艺争鸣》2009年第3期。

[162]参见姜梅芳：《鲍西娅并非男权社会的传声筒》，《戏剧文学》2007年第4期。

[163]王一川等：《西方文论中国化与中国文论建设》，北京：经济科学出版社，2012年，第205～206页。

[164]此项研究成果包括：邱晓林：《从立场到方法——二十世纪国外马克思主义文艺理论本体论形态研究之一：意识形态文艺理论》；温恕：《精神生产与社会生产——二十世纪国外马克思主义文艺理论本体论形态研究之二：艺术生产理论》；傅其林：《审美意识形态的人类学阐释——二十世纪国外马克思主义文艺理论本体论形态研究之三：审美人类学理论》；冯宪光：《在革命与艺术之间——二十世纪国外马克思主义文艺理论本体论形态研究之四：政治学文艺理论》，成都：巴蜀出社，2008年。

[165]余虹：《个体启蒙与艺术自主——法兰克福学派的艺术之思》，《外国文学研究》2000年第2期。

[166]董学文：《文学理论研究的“西马化”倾向》，《湖南社会科学》2011年第1期。

[167]董学文：《文学理论研究的“西马化”模式的反思》，《天津社会科学》2011年第5期。

[168]王风才、陈学明：《国外马克思主义研究：四条路径及其评价》，《学术月刊》2011年第2期。

李大钊与早期马克思主义美学中国化

张 弓

（华东政法大学，上海，201620）

内容摘要：作为中国共产党的创始人之一，李大钊在马克思主义美学中国化方面也做出了巨大贡献，是早期马克思主义美学中国化的主要代表人物之一。李大钊的《俄罗斯文学与革命》和《什么是新文学》，通过对俄罗斯文学与革命的关系、俄罗斯文学特质以及中国新文学运动的分析，阐述了马克思主义美学和文论的基本观点以及文学与社会、文学与现实、文学与革命的关系，宣扬了马克思主义美学和文论的现实主义原则，开启了中国马克思主义美学和文论建设的思路。

关键词：李大钊　早期马克思主义美学　中国化

李大钊作为中国共产党的创始人之一，不仅在政治、理论和组织上为创建中国共产党做出了巨大贡献，而且在马克思主义美学中国化方面也做出了巨大贡献，是早期马克思主义美学中国化的主要代表人物之一。他在宣传和传播马克思主义理论的同时，也非常关注美学和文艺问题。他的《俄罗斯文学与革命》（1918年）和《什么是新文学》（1919年），是中国最早以马克思主义观点分析文学与社会、文学与现实、文学与革命的关系的重要历史文献，也是最早阐释和传播马克思主义现实主义美学原则的珍贵历史记录，对中国新文学的创建和发展起到了重要的思想指导作用，具有开创马克思主义美学和文论研究中国化风气之先的意义。

一、以俄罗斯文学为师的革命文学观

李大钊在将马克思主义引入中国的同时，也对马克思主义的革命文学观做了详尽的介绍。他于1918年写的《俄罗斯文学与革命》一文，是目前发现的中国最早介绍马克思主义文学观的文章。此文的原稿是1965年清理档案资料时在胡适的藏书中发现的，1979年《人民文学》第5期首次发表。原稿有“李大钊”的署名，无写作日期。经李星华、贾芝鉴定和考证，确认是李大钊的手稿，写作时间当在1918年。《新青年》编辑部曾准备发表此文，并找人抄了誊清稿，后因原稿一直压在胡适手中，未能刊出；原稿现珍藏于中国社会科学院近代史研究所。

在文中，李大钊首先论述了俄罗斯文学具有两个特质：一为社会彩色浓厚，一为人道主义发达，并指出二者皆足以加增革命潮流之气势，而为其胚胎酝酿之主因，进而说明俄国革命全为俄罗斯文学之反响。

李大钊引用了一首最为俄人所爱的诗来说明他的观点，诗曰："俄国犹大洋，文人其洪涛；洋海起横流，洪涛为之导。俄民犹一身，文人其神脑；自由受摧伤，感痛脑独早。"他认为"此诗最足道破俄罗斯文学之特质"。为什么呢？其一，从文学与社会的关系可以看出"俄罗斯文学与社会之接近，乃一自然难免之现象。以俄国专制政治之结果，禁遏人民为政治的活动，自由遭其剥夺，言论受其束缚。社会中进步阶级之优秀分子，不欲从事于社会的活动则已，苟稍欲有所活动，势不能不戴文学艺术之假面，而以之为消遣岁月，发泄郁愤之一途。于是自觉之青年，相率趋于文学以代政治事业，而即以政治之竞争寓于文学的潮流激荡之中，文学之在俄国遂居特殊之地位而与社会生活相呼应"。这是以马克思主义的社会矛盾和社会斗争（阶级矛盾和阶级斗争）的普遍规律来说明俄国文学是社会生活的反映和呼应。其二，从俄罗斯历史来说明俄罗斯文学极具人道主义色彩。李大钊指出："更以观其历史，建国之初，即由东罗马帝国即比藏钦帝国（现通译为拜占庭帝国——编者）承俄罗斯正教之系统，奉为国教，并袭受比藏钦之文明；逮比藏钦灭亡，俄国遂以保护正教自任，故其立国方针与国民信念皆倾于宗教的一面。当彼得大帝时，虽在文学亦浸染宗教之臭味，谣曲传说罔不有然。厥后俄国文学界思想界流为国粹、西欧二派：国粹派即以宗教为基础，建立俄罗斯之文明与生活于其信仰之上，与西欧之非宗教的文明与生活相抗立。西欧派虽与国粹派相反，然亦承认宗教的文明为其国民的特色。西欧派者，不过对于国粹派而言，并非谓其心醉西欧，亦非能表明西欧派人生观之特质。由西欧派之精神言之，宁以人道主义、博爱主义为名副其实。无论国粹派或西欧派，其以博爱为精神，人道主义为理想则一，人道主义因以大昌于俄国。凡夫博爱同情、慈善亲切、优待行旅、矜悯细民（指地位低下的人——编者）种种精神，皆为俄人之特色，亦即俄罗斯文学之特色。故俄罗斯文学真可谓为人道主义之文学，博爱之文学。"这是以马克思主义的上层建筑和意识形态理论来分析俄罗斯文学的人道主义精神特质。实质上，李大钊在这里一方面分析了宗教对于文学艺术的影响，另一方面也揭示了文学艺术潮流在俄罗斯历史上的演变规律，即都受俄罗斯历史发展所形成的宗教、政治等意识形态的影响。由社会化和人道主义精神两大特质，李大钊推导出俄罗斯文学不同于南欧各国文学的发展趋向，使其成为黑暗社会中的一线光明，自由警钟与革命先声："俄罗斯文学之特质，既与南欧各国之文学大异其趣，俄国社会亦不惯于文学中仅求慰安精神之法，如欧人之于小说者然，而视文学为社会的纲条，为解决可厌的生活问题之方法，故文学之于俄国社会，乃为社会的沉夜黑暗中之一线光辉，为自由之警钟，为革命之先声。"[1]

其次，李大钊以俄罗斯的诗歌为例来阐述文学艺术具有反映社会生活的意识形态性和历史唯物主义原理："今请先论其诗歌。俄国抒情之诗感人最深，所以然者亦不在其排调之和，辞句之美，亦不在诗人情意悬挚之表示，乃在其诗歌之社会的趣味，作者之人道的理想，平民的同情。"而且他认为，"俄国诗人几常为社会的诗人，吾人实未见其他国家尚有以诗歌为社会的、政治的幸福之利器，至于若此之程度者"[2]。其一，他分析了19世纪俄罗斯诗歌中流行的社会政治动机，指出"当十九世纪全期，社会的政治的动机流行于俄国诗歌之中。有名普希金者，人称'俄国诗界无冠之帝王'，尝作一诗，题曰'自由歌'（现通译为《自由颂》——编者）。其诗一片天真，热情横溢，质诸俄国皇帝，劝彼辈稽首于法律之前，倚任自由为皇位之守卫。此外尚有一大诗人莱蒙托夫，于普希金氏失败于悲剧的决斗之后，有所著作，吐露其光芒万丈之气焰，以献于此故去诗人高贵血痕之前，痛詈贪婪之群小环绕于摧残自由与时代精神之皇位侧者。同时又有雷列耶夫氏，于其思想中唤起多数为自由而死之战士，诗中有云'我运命之神，憎恶奴隶与暴君'等，可以见其思想之一斑。赫尔岑氏之友人，有称奥加辽夫者，于一八四八年高声祝贺革命风云之突起。此一骚动，促人奋起于安泰之境，扬正义而抑贪欲，其光明一如纯粹之理性。一八四九年，此诗人之心，几为革命破灭、专制奏凯歌之光景所伤透，穷愁抑郁，常发悲叹。是年，氏尝为伤心之语曰：'欧洲之大，曾无一单纯之所，为吾人可以达其生活于光明和平之状态者。'但自兹十年后，此先圣之心理，又从过去之星霜以俱消。是时氏复告赫尔岑氏曰：昔时方童稚，品性温如玉。忽忽已少年，激情不可屈。韶光催人老，渐知邻衰朽，入耳有所闻，始终惟一语；一语夫惟何？自由复自由。音义在天壤，煌煌垂永久。并乞其友于临终之际，勿令其尸骸已寒，而不以最终神圣之一语细语于其耳边。其语惟何？曰：'自由！自由！'"[3]李大钊阐述了俄罗斯诗歌反对沙皇专制统治，追求自由的审美理想。其二，论述了

19 世纪前期俄罗斯诗人对自由的认识过程：“十九世纪前半期之诗人，对于自由仅有一暧昧之概念。直至一八六〇年迄一八八〇年之间，抒情诗派对于自由之概念，始渐减其漠然无定之程度。于是时也，平民诗人之全部勃然兴起，是皆与于其时社会的运动重要之役者。会员中有一名普列谢耶夫者，以诗句表明此派之精神曰：进进进吾友，勿疑亦勿怖。刚勇之功烈，建立惟待汝。上帝已昭告，赎罪光且曙。吾侪坚握手，猛进以阔步。扬我知识旗，缔我同心侣；结合日益扩，精神日益固。此诗至今犹传诵于俄国青年之口，且常高唱合奏于音乐会中。”他还以诗人米纳耶夫为例，指出“诗人米纳耶夫著讽刺诗甚多，以嘲传说之信条与经义，传布解放妇人与平民之理想，亦一先觉之诗人也”。还有女诗人巴雷科娃，“其女性的抒情诗曲，既非传写爱情，又非描绘月夜，但以写沉湎于酒、困阨于贫乏与愚昧、罹于疾病之惨苦人民。其时有数辈诗人，但以歌咏为赏心娱志之具，变其天赋之才能而为人类之玩物。此女诗人则为危言以悚之曰：‘诗人者，保护国家之武器也……彼为理想之渊源……彼为贫苦愚钝人民之声音、之喉舌……彼为晓日之第一曙光。’”[4]这些都说明了，当时的俄罗斯诗人是为了追求自由而讴歌，把自己当作贫苦人民的喉舌和保护祖国的武器。其三，指出当时的俄罗斯诗人是为公众幸福奋斗而牺牲个人幸福的人。他说：“此时之诗人，重视为公众幸福之奋斗，而以个人幸福为轻。就中有一诗人，尝训示青年曰：‘离尔父母，勿建巢居，其独立自营……第一须于尔灵魂中扑灭情欲，其冷酷无情于恋爱、财富、荣誉之诱惑，其庄严神圣……保尔心之自然与清粹于尔胸中，然后全以授之于尔不幸之同胞。尔闻悲叹之处，尔往焉……比大众多受艰苦……留得清贫与明白。然则尔将成为伟大，举世将为尔叱责之声所扰。’俄人于此无基督教的禁欲主义，而有革命的禁欲主义。自我之界赋，全为竞争，全为奋斗，故其时之诗歌实为革命的宣言，读者亦以是目之。杜勃罗留波夫者，诗人而评论家也。其诗句颇足状此派抒情诗家之精神，诗云：死别告吾友，杀身为忠厚。深信故国人，常忆吾所受。死别告吾友，吾魂静以穆。冀尔从我行，享尔以多福。简要、鲜明、平易，全足以表示此时俄国青年之心理，此心理与现代中产阶级精神之精密复杂相去远甚。”[5]李大钊运用马克思主义的阶级分析方法可见一斑。其五，深入分析和高度评价平民派诗人涅克拉索夫。李大钊一方面指出涅克拉索夫是平民派诗人的最大代表，“俄国之平民诗派，由涅克拉索夫达于最高之进步，其所作亦属于不投时好之范畴，故虽墓草已弥，而当其生前所起之议论，犹未能盖棺而定。此等议论，大抵皆关于其诗才之问题，有谓其诗为细刻而成之散文，并诗人之名而不许之者；有推为俄国最大之诗人者。是等议论，几分起于其诗之比喻的说明极重写实主义，但彼不欲认识文学之诗化的俄罗斯，而欲认识施行农奴制时与废止此制最初十五年之实在的俄罗斯者，必趋于涅克拉索夫之侧，彼将以圣彼得堡城之官僚与实业家、诗歌与娼妓、文学与卖报人为材料，为尔描写此阴郁无情之圣彼得堡城，历历如画，然后引尔于空旷之乡间，庶民于此无何情感，亦无何理想，但为面包之皮壳而劳动，陈俄国农夫之心于尔前"。另一方面，他又指出涅克拉索夫诗歌的特点是思想深邃，观念优美，措词简易："其所为诗亦或稍有所失，然轻微之过，毫不足以掩其深邃之思想，优美之观念。俄诗措词之简易，尤当感谢此公。盖惟所著多平易，故能为一般读者所接近。其诗多谱入音乐，为流行最普及之歌曲，传诵于俄国到处。"此外还强调"涅克拉索夫之影响于俄国社会，自其生前已极伟大，死之日，执绋从棺而吊者千万人。一诗人之葬仪，乃成极壮大之典礼。彼读者之后裔，常于其著作中寻得人道主义之学派，虽属初步，而能以诚笃真实著"，并以涅克拉索夫的诗歌来印证俄罗斯文学的进步："涅克拉索夫预知其诗必能觅得途径，以深入读者之心神，尝于诗中有云：'人能不爱此酷爱笞刑、血迹淋淋、颜色惨淡之诗神者，必非俄罗斯人。''酷爱笞刑、血迹淋淋、颜色惨淡之诗神'，殊非无用之语，是殆指俄国文学与诗歌之进步达于极点也。"[6]他认为涅克拉索夫充分体现了俄罗斯诗歌的人道主义精神。

再次，李大钊论述了俄罗斯诗人作为人生导师、社会预言家和精神领袖的伟大作用。他指出"斯时之俄国社会，实视诗人作者为人生之导师，为预言家，为领袖。斯时之诗人作者，亦皆尝出其最善之努力，以报此荣名。如普希金自遭放逐，终其身受警察之监视。莱蒙托夫以一官吏而既被褫职，并受遣徙。雷列耶夫以曾与于十二月党暴动之谋而身蹈刑戮。奥加辽夫亦被政府勒令移居。他如雅负时誉之文学批评家皮沙烈夫，身锢囹圄者四载。著《怎么办?》（流行最广之小说）之批评家车尔尼雪夫斯基，亦见逐于荒寒之西伯利亚。而陀思妥耶夫斯基及较涅克拉索夫稍后之著名诗人雅库鲍维奇，皆尝转徙于西伯利亚，置诸惩役监狱。即托尔斯泰晚年亦曾受秘密警察之侦谍。高尔基必生活于异国，始免于放逐或投之坑中"。通过列举这些著名的俄罗斯革命文学家的悲惨遭遇，揭露沙皇俄国专制制度的罪行，阐明了俄罗斯文学所以具有浓厚社会色彩和人道主义精神的社会根源。他说："是皆俄国诗界最著之牺牲者，彼辈为文学之改进而牺牲，为社会之运动而牺牲，此外尚不知凡几。至于读者之受扰害与虐待，与书籍之遭禁止与焚毁者，尤更仆难数。以是因缘，俄国之诗神遂为衰亡纤弱之诗神，遂为烦冤惨苦之诗神；以是因缘，俄国伟大之诗家多以青年而早死，结核病与发狂，乃为俄国诗人常罹之病症。”[7] 这些论述精彩地阐发了马克思主义文论关于精神生产推进社会变革的思想。

最后，李大钊通过俄罗斯文学在19世纪末至20世纪初的发展历史，进一步阐明了文学与社会、文学与革命的关系。其一，他描述了20世纪初俄罗斯诗歌发展的两大流派，说明俄罗斯诗歌有浓重社会音调的特点。他指出：“涅克拉索夫后，俄国诗学之进步衍为二派：一派承旧时平民诗派之绪余，忠于其所信，而求感应于社会的生活，热姆丘日尼科夫、雅库鲍维奇为此派之著名作者；一派专究纯粹之艺术而与纯抒情诗之优美式例以新纪元，如丘特切夫、费特、马伊可夫、阿历克塞·托尔斯泰等皆属之。但纯抒情派之运动，卒不得青年之赞助而有孤立之象。一般青年仍多自侪于平民诗派之列，其运动之结果，适以增重俄国诗界之社会的音调而已。”由此可见，俄罗斯文学的传统就是重视文学与社会的联系。其二，通过描述新浪漫主义诗歌的演变及其特点，进一步强调了俄罗斯文学的社会色彩和人道主义特质。他指出：“十九世纪最后五年间，有一派新诗人崛起，号颓废派，多属于新传奇主义派（现通译为新浪漫主义派）。一九〇五革命之起也，此派多不安于冷寂，踊跃以诉于革命事变所供给之资料，或且作诗以自誓忠于人民，且宣言甘为劳动阶级社会主义之战士。但此奇异之现象，不旋踵遂归于幻灭。而反动以起，此派复堕溺于神秘主义之中，而不愿废其探究虚伪之素志。观于是派中才名藉甚之勃洛克，近年刊布一公函，函中信誓旦旦，谓公众之视颓废诗派与视平民诗派者不同，如颓龄之普列谢耶夫，伸其战抖之腕，劝人以向刚勇之功烈猛进，勿恐勿疑，闻者莫不以诚敬爱之，而在纯粹艺术之代表者为之，则闻者惟以俳优鄙夫弃之。此函中所鸣之不平，殆非无据而云然。盖俄国多数之读者，今犹视社会的诗歌为一种诗才之高贵的表示也。”[8] 李大钊以新浪漫主义代表诗人勃洛克的书信来证实俄国人民重视社会诗歌的传统。其三，最终以十月革命的胜利来说明俄罗斯文学与革命的必然联系。他说：“今也赤旗飘扬，俄罗斯革命之花灿烂开敷，其光华且远及于荒寒之西伯利亚矣。俄罗斯革命之成功，即俄罗斯青年之胜利，亦即俄罗斯社会的诗人灵魂之胜利也。俄罗斯青年乎！其何以慰此血迹淋淋、颜色惨淡之诗神？其何以报彼为社会牺牲之诗人？”[9]

此文不仅回顾了俄罗斯文学的历史，尤其是19世纪到十月革命期间的文学历史发展，而且表达了一个中国的早期马克思主义者对俄罗斯文学特质的阐述，使我们看到李大钊如何通过他的分析阐明了马克思主义文论思想，揭示了文学与社会生活、文学与革命的关系，以马克思主义美学和文论的思想观点、立场方法启迪中国知识分子，推动中国的新文学革命。

二、建设中国的社会写实的新文学

1920年1月，李大钊在《星期日周刊》“社会问题号”上发表《什么是新文学》，倡导以马克思主义现实主义美学原则为指导，建设社会写实的新文学，开创了以马克思主义文论分析中国文学现实的风气。

在《什么是新文学》中李大钊旗帜鲜明地发问：“现在大家都讲新文学，都作新文学了。我要问大家：‘什么是新文学？’”[10]此问发人深省。

新文学革命虽然经过较长时间的酝酿和准备，甚至可以追溯到清末的谭嗣同、夏曾佑、梁启超、黄遵宪等人倡导的“诗界革命”、“小说革命”、“散文革命”，但是直到1917年1月，《新青年》杂志发表了胡适的《文学改良刍议》，“五四”文学革命才正式拉开帷幕。胡适提出，“吾以为今日而言文学改良，须从八事入手”，即须言之有物，不模仿古人，须讲求文法，不作无病之呻吟，务去烂调套语，不用典，不讲对仗，不避俗语俗字；反对旧文学言文分离，主张新文学接近口语，提出了白话文学应为“中国文学之正宗”[11]的口号。陈独秀在《新青年》第2卷第6号上紧接着发表了《文学革命论》，正式竖起文学革命的大旗。陈独秀阐述了文学革命的必然性，明确提出以反对封建文学为目标的文学革命“三大主义”（推倒雕琢的阿谀的贵族文学，建设平易的抒情的国民文学；推倒陈腐的铺张的古典文学，建设新鲜的立诚的写实文学；推倒迂晦的艰涩的山林文学，建设明了的通俗的社会文学），更加明确了文学革命的目标和任务。陈独秀在文章中还表示，愿同国内外文学界豪杰之士一起，“不顾迂儒之毁誉”，明目张胆地与“桐城派”、“骈体文者”、“江西诗派”等代表的“十八妖魔”宣战[12]。《新青年》的文学革命主张顺应了时代的要求和历史发展趋势，得到各界人士特别是青年人的热烈响应。只是这一时期文学革命的理论还未摆脱资产阶级旧民主主义启蒙思想的影响，到“五四”反帝反封建的学生爱国运动爆发，新文化运动和新文学运动的内部也发生了分化。李大钊、陈独秀等一批先进知识分子受苏联十月革命和马克思主义的影响，逐渐成为初步具有共产主义思想的知识分子，他们联合一些激进的小资产阶级知识分子，组成新文化运动的骨干力量，强调彻底反帝反封建，要求建设新民主主义的新文学。李大钊的《什么是新文学》，就是反对以胡适为首的所谓改良主义的“新文学”。胡适提出“我们所提倡的文学革命，只是要替中国创造一种国语文学”，要的是文学形式的革新，反对新文学宣传“主义”，实质上就是反对方兴未艾的马克思主义学说和社会主义运动。由此可见，李大钊“什么是新文学”的发问实际上是力图把马克思主义美学思想运用于中国新文学运动的实践。从这个意义上讲，这一提问可以视为最早的将马克思主义文论中国化的一个创举，具有振聋发聩的巨大力量。

其次，李大钊直截了当地阐明了自己关于新文学的观点。他指出：“我的意思以为光是用白话作的文章，算不得新文学；光是介绍点新学说、新事实，叙述点新人物，罗列点新名辞，也算不得新文学。”在否定这种偏重于白话形式的基础上，他明确提出：“我们所要求的新文学，是为社会写实的文学，不是为个人造名的文学；是以博爱心为基础的文学，不是以好名心为基础的文学；是为文学而创作的文学，不是为文学本身以外的什么东西而创作的文学。”[13]因为白话文同样可以表达陈旧发霉的思想、腐朽落后的精神、颓废萎靡的情绪。

李大钊不仅否定了单纯以白话形式为重的文学，同时还否定了“光是介绍点新学说、新事实，叙述点新人物，罗列点新名辞”的文学革命，因为五四新文化运动确实输入了形形色色的新学说、新人物和新名词，但是在某些所谓的“新”中实际上却有许多“旧毒新毒”，比如无政府主义、实用主义、叔本华主义（悲观主义）、尼采主义（权力主义）等。在此基础上，李大钊提出“为社会写实的文学”的主张，即以写实主义（现实主义）方法创作的、以推动社会进步为目的的文学。这种文学之“新”在于，第一，它不是为个人造名的文学，而是为社会造福的文学；第二，它是以博爱心为基础的文学，不是以好名心为基础的文学；第三，它是为文学而创作的文学，不是为文学本身以外的东西而创作的文学。这三点，分别从文学的目的、功能和自律性等方面阐述了新文学的本质，其实质在于强调了文学的意识形态性、人民性和审美性，将马克思艺术掌握世界的思想理论中国化了；尽管这种表达还有点笼统模糊，还不那么鲜明确定。

再次，李大钊审视了当时的新文学作品，指出其中少有“为社会写实的文学”，严厉批评了当时文学普遍存在的浅薄：“现在的新文学作品中，合于我们这种要求的，固然也有，但是终占少数。一般最流行的文学中，实含有很多缺点。概括讲来，就是浅薄，没有真爱真美的质素。不过摭拾了几点新知新物，用白话文写出来，作者的心理中，还含着科举的、商贾的旧毒新毒，不知不觉的造出一种广告的文学。试把现在流行的新文学的大部分解剖来看，字里行间，映出许多恶劣心理的斑点，来托在新思潮、新文艺的里边。……刻薄、狂傲、狭隘、夸躁，种种气氛充塞满幅。长此相嘘以气，必致中乾，种种运动，终于一空，适以为挑起反动的引子。此是今日文学界、思想界莫大的危机，吾辈应速为一大反省!”李大钊揭露了这种“浅薄的广告文学”的主要表现：一是“没有真爱真美的质素”，要求新文学应有写实主义的真实性。二是“不过摭拾了几点新知新物，用白话文写出来……不知不觉的造出一种广告的文学”，要求新文学应反对各种“旧毒新毒”，表现自己的倾向性。三是“字里行间，映出许多恶劣心理的斑点，来托在新思潮、新文艺的里边”，要求新文学的作者洗心革面，转变立场，创作出反映现实生活、促进社会进步的作品。

最后，李大钊表达了自己的深切而真诚的愿望。他热情洋溢地说：“我们若愿园中花木长得美茂，必须有深厚的土壤培植他们。宏深的思想、学理，坚信的主义，优美的文艺，博爱的精神，就是新文学新运动的土壤、根基。在没有深厚美腴的土壤的地方培植的花木，偶然一现，虽是一阵热闹，外力一加摧凌，恐怕立萎!”[14] 李大钊把文学艺术比喻为花木，把“宏深的思想、学理，坚信的主义”比喻为花木赖以生存的土壤、根基，希望在马克思主义科学思想理论的基础上创造出“为社会写实的”新文学。

尽管在严峻的环境下，李大钊只能曲折隐晦地表达自己的马克思主义的文学思想，但这篇写在“问题与主义”之争中的短论，依然可以看到李大钊力图通过译介和宣扬马克思主义美学和文学理论，把握五四新文学运动的革命现实主义的方向，他的革命实践和理论建树，为中国早期马克思主义美学和文论中国化开辟了道路，指明了方向。

* 本文写作受到国家社科基金项目“‘后学’语境与马克思主义美学中国化”【11CZW017】、2014 年广西高校科研重点项目“马克思主义美学的中国形态研究”【ZD2014110】和“华东政法大学文化产业管理学科建设项目”【A-3101-15-121】的资助。

注释：

[1] 王永生主编：《中国现代文论选》第二辑，贵阳：贵州人民出版社，1984年，第499～500页。

[2] 王永生主编：《中国现代文论选》第二辑，贵阳：贵州人民出版社，1984年，第500页。

[3] 王永生主编：《中国现代文论选》第二辑，贵阳：贵州人民出版社，1984年，第500～501页。

[4] 王永生主编：《中国现代文论选》第二辑，贵阳：贵州人民出版社，1984年，第502页。

[5] 王永生主编：《中国现代文论选》第二辑，贵阳：贵州人民出版社，1984年，第502～503页。

[6] 王永生主编：《中国现代文论选》第二辑，贵阳：贵州人民出版社，1984年，第504页。

[7] 王永生主编：《中国现代文论选》第二辑，贵阳：贵州人民出版社，1984年，第504页。

[8] 王永生主编：《中国现代文论选》第二辑，贵阳：贵州人民出版社，1984年，第504页。

[9] 王永生主编：《中国现代文论选》第二辑，贵阳：贵州人民出版社，1984年，第505页。

[10] 王运熙主编，沙似鹏编著：《中国文论选·现代卷（上）》，南京：江苏文艺出版社，1996年，第142页。

[11] 王运熙主编，沙似鹏编著：《中国文论选·现代卷（上）》，南京：江苏文艺出版社，1996年，第1、9页。

[12] 王运熙主编，沙似鹏编著：《中国文论选·现代卷（上）》，南京：江苏文艺出版社，1996年，第11、13页。

[13] 王运熙主编，沙似鹏编著：《中国文论选·现代卷（上）》，南京：江苏文艺出版社，1996年，第142页。

[14] 王运熙主编，沙似鹏编著：《中国文论选·现代卷（上）》，南京：江苏文艺出版社，1996年，第142～143页。

文学伦理学批评：理论建构与批评实践研究

【主持人语】文学伦理学批评作为中国学者独创的批评话语体系，不仅注重理论建构，而且也注重批评实践。这一批评方法在古今中外小说、戏剧、诗歌的研究中都得到了一定程度的有效应用，这表明其理论体系和话语体系既具有科学性，也具有广泛的适用性。不过，相比较而言，文学伦理学批评对于人物伦理关系相对复杂的叙事类作品，尤其是小说的研究更为适用。本栏目选取的三篇文章，分别运用文学伦理学批评方法，对科幻小说、都市小说、战争小说进行了较好的分析。陈涛的《科学选择与伦理身份：阿西莫夫小说中的人机伦理关系》一文，以20世纪美国著名科幻小说家阿西莫夫的中短篇小说为研究对象，运用文学伦理学批评方法，尤其是其中的“科学选择”和“伦理身份”等术语，探讨小说中人类和机器人之间的伦理关系问题。作者认为，阿西莫夫提出的“弗兰肯斯坦情结”和“机器人三定律”，为探索“科学选择”阶段的人机伦理问题奠定了“人类优越性”的基本准则；同时，他在某些小说中也表达了对于机器人奴仆式伦理身份的反思，并赋予机器人对于情感的追求和人类伦理的认同，彰显了机器人的主体性；阿西莫夫在机器人伦理问题上的思考和探索，是多层次、多面向且具有冲突性的。陈广兴的论文《德莱塞〈嘉莉妹妹〉对消费时代的伦理思考》，结合具体文本及其历史语境，探讨美国现代都市小说《嘉莉妹妹》所具有的强烈的伦理意义，认为小说人物的重要行为都是在物质欲望驱动下的伦理选择。文章指出，作品中人物的选择空间确保了个体行为的伦理性质，而不同人物选择的相似性表达了消费时代的伦理现状；德莱塞通过展现人物的命运，对物质至上的社会伦理进行了质疑与反思。作者认为，德莱塞对精神追求的强调和对慈善事业的描述，不仅为灰暗的时代面貌增添了亮色，同时也指明了希望所在。蒋天平的论文《战争小说中个人成长的道德寓言——〈红色英勇勋章〉的文学伦理学解读》对美国作家斯蒂芬·克莱恩的战争小说《红色英勇勋章》进行了文学伦理学分析，认为作品主人公亨利的成长过程经历了三重伦理困境与选择，即理性的英雄伦理意识与非理性的求生意志之间的伦理冲突，理性的军人伦理意识和非理性的虚荣心理的冲突，以及自发的个人主义和规训的集体主义之间的伦理冲突，最终获得了现代战争伦理意识和个人的成长，完成了从普通青年到军人伦理身份的转变。文章作者认为小说改变了传统英雄主义价值观念，提出了现代战争小说中的新英雄主义。（苏　晖）

科学选择与伦理身份：阿西莫夫小说中的人机伦理关系

陈　涛

（中国人民大学文学院，北京，100872）

内容摘要：本文以阿西莫夫的中短篇小说为研究对象，借由文学伦理学批评方法尤其是“科学选择”和“伦理身份”的概念，探讨小说中人类和机器人之间的伦理关系问题。一方面，阿西莫夫提出了“弗兰肯斯坦情结”和“机器人三定律”，为探索“科学选择”阶段的人机伦理问题奠定了“人类优越性”的基本准则；另一方面，他在某些小说中也表达了对于机器人奴仆式伦理身份的反思，并赋予机器人对于情感的追求和人类伦理的认同，彰显了机器人的主体性。因此，阿西莫夫在机器人伦理问题上的思考和探索，是多层次、多面向且具有冲突性的。

关键词：阿西莫夫　科学选择　伦理身份　机器人小说

阿西莫夫是20世纪最负盛名、最具创意且最多作品问世的科幻小说作家之一。他一生著述四百多部，其中最著名的莫过于“基地”、“帝国”和“机器人”三大系列，而“机器人”系列小说主要包括两部分：一是长篇“机器人小说三部曲”（《钢穴》、《裸阳》和《曙光中的机器人》），一是32篇短篇小说（后来全都收入《机器人短篇全集》中）。

相比“机器人小说三部曲”，阿西莫夫的短篇小说虽然在名声上没有那么响亮，却更能反映出阿西莫夫对于“机器人学”的丰富知识、无限创意和奇妙想象，其情节、人物、主题等因素也更为多样化和细致化。而且阿西莫夫的机器人小说创作，其实是从短篇开始的[1]。相对而言，中外学界对于阿西莫夫机器人小说的研究，大多集中于“机器人三部曲”，而他的短篇小说则并没有受到足够的重视。的确，同“机器人三部曲”相比，这些小说并没有宏大精巧的架构、悬念丛生的故事和生动丰满的人物，然而它在不同的短篇中探讨了“机器人学”的不同问题，也借由不同的人物、主题和情节再现了他对于这些问题的思考。换句话说，这些短篇小说更能够表现出阿西莫夫对于机器人诸多问题在深度和广度上的探索。

在人类和机器人的伦理关系问题上，中外学界的一致看法是：阿西莫夫一反此前科幻小说中人机对立的模式，将机器人塑造为人类的忠实奴仆，服从人的命令并为人类服务；这样一种从“敌对型”到“服务型”的人机伦理关系转变具有重要的意义。然而，笔者发现小说中的人机关系绝非这么简单：一些机器人拥有了对抗人类的意识，甚至有发展为人类敌人的可能；还有一些机器人不甘于做人类的附属产品，希望能够变成同人类平等的族类。因此，阿西莫夫笔下的人机关系其实是复杂、多元，甚至具有一定矛盾性的。

为更好地展开这一问题的探讨，本文借由文学伦理学批评方法，尤其是“科学选择”和“伦理身份”的概念，思考阿西莫夫小说中的人机伦理关系问题。我们发现，一方面，阿西莫夫提出了“弗兰肯斯坦情结”和“机器人三定律”，为探索“科学选择”阶段的人机伦理问题奠定了“人类优越性”的基本准则；另一方面，他在某些小说中也表达了对于机器人奴仆式伦理身份的反思，并赋予机器人对于情感的追求和人类伦理的认同，彰显了机器人的主体性。

一、“弗兰肯斯坦情结”与伦理焦虑

1920年，捷克作家恰佩克（Karel Capek）在他创作的舞台剧《罗素姆人造机器人》中第一次使用了“robot”一词，这一概念是从斯拉夫语的“劳役、奴隶”（robota）一词派生出来的。在恰佩克的笔下，机器人类似于人的奴隶，只知道埋头干活、任人支配。机器人在后来得到了改进，甚至拥有了思想，于是他们意识到自己奴隶的地位，开始反抗人类并最终发动了暴乱。受到这部作品的影响，早期的机器人小说，主题都大同小异：人们制造了机器人，把机器人变成奴隶，而后机器人不断造反并与人为敌，甚至打败了人类。

机器人的这种与人类对立的“恶魔化”形象，早在世界上第一篇科幻小说中就已经奠定了。尽管存在争议，但大多数的科幻小说研究学者都将玛丽·雪莱（Mary Shelly）于1818年创作的《弗兰肯斯坦》（或译《科学怪人》）作为科幻小说的开山之作。那时还没有“机器人”这一词语，《弗兰肯斯坦》描写了一个“人造人”怪物，这个怪物是科学家弗兰肯斯坦利用许多具人尸的肢体、器官拼凑、缝合而成的。这一怪物本来秉性善良，但由于遭到人们的嫌恶和歧视，变成了杀人恶魔，甚至最终杀死了创造他的科学家。

正是这部划时代的作品给了阿西莫夫灵感，令其创造了“弗兰肯斯坦情结”（Frankenstein complex）这一术语。它最早出现在小说《钢穴》中，机器人学专家格力高用这一词语指称“由一本中世纪小说衍生出来的情结，用以描述人类所制造的机器人最终会将矛头指向它的制造者”[2]。而后很多学者对其进行了剖析和精解，例如克兰斯诺夫就将“弗兰肯斯坦情结”解释为“对于新科技，尤其是机器人的恐惧”[3]。

“弗兰肯斯坦情结”可被看作人类在“科学选择”阶段的重要伦理焦虑之一。文学伦理学批评认为，人类文明在经历“自然选择”和“伦理选择”后便进入“科学选择”的阶段，如何认识和处理人与科学之间的关系尤其是科学对人的影响成为“科学选择”的重要问题[4]。从这一角度来看，“弗兰肯斯坦情结”表达了人类对于新兴科学技术的矛盾心态，成为人类进行科学选择时重要的伦理焦虑：一方面，机器人是人类的产物，是人类智慧和劳动的结晶；另一方面，人类对于机器人又没有十足的控制力，而且畏惧于机器人强大的能力，因此总担心机器人有朝一日会不听从人类的命令甚至与人类为敌。

“弗兰肯斯坦情结”存在于很多阿西莫夫的小说文本中。例如在《罗比》（又译《小机》）中，威斯顿家买来一款不会说话的机器人“罗比”，送给家中的女儿葛洛莉雅做保姆。后来由于宗教狂热和工会的原因，反机器人的情绪在全世界蔓延，威斯顿太太害怕机器人会伤害到她的女儿，于是坚持要将罗比送回工厂。在小说中有这样的描写：

> “（机器人）总有什么地方可能出毛病，什么……什么……”威斯顿太太对机器人的内部结构不甚清楚，“什么小零件会松掉，让这个可怕的东西发狂，而且……而且……”她一时无法把自己的想法说清楚。[5]

因此，“弗兰肯斯坦情结”在威斯顿太太身上表现为对于未知事物的恐惧和不安，正是由于她对于科技的“不甚清楚”，才产生了她的焦虑情绪。与此类似，在《正电子人》中，主人马丁非常惊讶地发现安德鲁相比其他机器人具有创造力，极富好奇心且喜欢同人类交流，于是带着安德鲁来到机器人公司。公司主管在看到马丁用木头制作的玩具，尤其是听到他说“喜欢制作手工品”时陷入了恐慌，希望能够马上回收安德鲁并将其拆解掉，原因是“机器人所具有的危险性，在人类根本无法预测的范围内”[6]。类似于这样的情节，其实都延续了此前机器人小说中人类对于科技和机器人的“弗兰肯斯坦情结”。

然而，阿西莫夫通过自己的小说，表达了对于这种情结的反思。他曾说：“科幻小说中一个司空见惯的故事模式便是机器人题材——机器人通常都被写成是金属的质地，拥有灵魂或情感……机器人被人类制造出来，最终又摧毁了人类：就像弗兰肯斯坦和罗素姆一样。”[7]罗比、马丁等忠诚善良的机器人保姆或管家形象，颠覆了科幻作家们对于机器人的负面再现，某种程度上弱化了弥漫在科幻小说中的“弗兰肯斯坦情结”。

二、机器人的伦理秩序

为了应对和消除“弗兰肯斯坦情结”，阿西莫夫创造了一系列温顺而忠诚的机器人，一改人们对于机器人恶魔化、怪物化的刻板印象。为此，阿西莫夫创造了“机器人三定律”，来实现人对机器的完全控制，并保证机器人的无害性。所谓“机器人三定律”，指的是：

> 第一定律——机器人不得伤害人，也不得见人受到伤害而袖手旁观。
>
> 第二定律——机器人应服从人的一切命令，但不得违反第一法则。
>
> 第三定律——机器人应保护自身的安全，但不得违反第一、第二法则。[8]

这三个定律被誉为“机器人世界中的‘万有引力法则’”，即它在“机器人学”中的重要性，犹如物理学中牛顿三大定律一样。“机器人三定律”成为机器人领域最重要的伦理秩序准则，此后众多的机器人小说都自觉遵循这一伦理准则，以保证人类对机器人的绝对控制，巩固和维系人类和机器人之间的伦理秩序。

事实上，“机器人三定律”的提出，离不开阿西莫夫的编辑坎贝尔（John W. Campbell）所提供的灵感。据阿西莫夫回忆，1940 年 12 月 23 日，他来到坎贝尔的办公室，谈起自己一个关于机器人科幻小说的构思，宣称这个机器人具有看透人的心思的能力。作为《惊人科幻小说》的主编，坎贝尔指出：“我觉得人和机器人都必须遵循三条法则。首先，它们不能伤害人类；第二，它们必须执行命令；最后，它们必须保护自己不受伤害。”阿西莫夫深受启发，并将其加以补充和完善[9]。在 1941 年 5 月号的《惊人科幻小说》杂志中，阿西莫夫发表了他的第三篇科幻小说《骗子!》，其中的一位心理学家说：“你必须知道，机器人是不能伤害人类的!”阿西莫夫虽然只写了第一定律，却是科幻小说中第一次树立了“机器人不能伤害人”这一重要法则。

完整版“机器人三定律”首次出现在1941年10月发表的短篇小说《转圈圈》中。小说塑造了一个名叫速必敌（Speedy）的采矿机器人，发疯似地围着矿场跑个不停，完全不理会工程师的任何指令。这是因为，根据“机器人三定律”，机器人进入矿区的危险地带势必会伤害自己，而不进入矿区又违背人类的指令，处于矛盾之中的机器人只能环绕矿场不停转圈。在这一小说中，阿西莫夫不仅完整清晰地表达了三定律，而且探讨了三定律之间的主次关系。小说解释道：“各个定律之间的冲突，是由脑中不同的正电子电位来摆平的。例如一个机器人正走向险境，并了解这个危险，第三定律自动产生的电位便会令他回头。但假设你命令他走入那个险境，这样一来，第二定律产生一个高于前者的反向电位，机器人便会冒着自身的危险服从命令。”[10]

然而，促使“机器人三定律”受到广泛关注的，是1950年出版的作品《我，机器人》。这本书集结了阿西莫夫在十年间零散发表的9篇短篇小说，令读者第一次领略到其机器人小说的整体魅力。阿西莫夫将全书引言的副标题定为“机器人三定律”，于是突出了它的重要性。

“机器人三定律”所创造的重要社会效应是改变了人们在“科学选择”过程中对于未知科技的一种态度。阿西莫夫告诉人们，科技的进步、机器人的发展所带来的并不只是威胁，还有一种更为新鲜、便捷的生活方式。即便科技脱离了人们所能控制的轨道，那也并非因为科技自身的特征或逻辑，而是应当归咎于人类的滥用。1975年，阿西莫夫在一篇发表于美国政府官方杂志的文章里写道：“科技的发展和应用是不可预测的，它一定会给人类带来好处和弊端……然而，人类终归具有主动权和智慧的大脑，能够确保先进的知识和科技被用于正途……今天的科学就是明日的答案，却也同时是明日的难题。”[11]

以“机器人三定律”为核心准则的机器人伦理秩序和规范，从本质来说，其实是一种对于人类优越性的彰显和保障。由于人类是机器人的造物主，因此从一开始就规定了机器人从属于人类的阶级身份地位；机器人都被描写为人类的仆人，在伦理身份上比人类第一等。这也注定了机器人只能是客体，是从属于人类、服从于人类的客体。因此，“人类优越性”的法则，正是“机器人三定律”最重要和核心的内涵。

三、机器人伦理身份的转变

从本质上说，“机器人三定律”和“人类优越性”法则是人类实现对于机器人完全控制的手段和途径，以确保人类的支配性地位，维系固定的人机伦理秩序。正因如此，机器人完全丧失了自由意志：机器人不仅不能伤害人类，而且没有权利自杀，因为自杀违背第三定律。然而科幻小说毕竟不等同于现实，于是在阿西莫夫某些小说中，一些特殊的机器人或多或少拥有了人类的自由意志，能够选择或决定自己的行为。自由意志的后果是打破既定的伦理秩序，同机器人三定律之间构成无法解决的矛盾和冲突。这种矛盾冲突导致了机器人开始反思自身的奴仆式伦理身份，从而探索自身的主体性。

尤其是对于自身屈从式伦理身份的反思，令机器人追求同人类平等的地位，于是在一些阿西莫夫的小说中出现了机器人伦理身份的转变，即机器人放弃自身机器性的诸多优势，选择并追寻人类的情感特征和伦理身份，以实现人和机器之间的平等关系。这一转变过程无疑是复杂的，其动机也具有多样化的特征。

例如在《机器人之梦》中，机器人艾尔维克向苏珊·凯文博士说它昨晚做了一个梦，在梦中“没有见到人类……只有机器人”，而且这个梦具有强烈的主观色彩：“我看到机器人全都被苦工和重担压弯了腰，对自己所背负的责任和牵挂都感到厌倦，我希望他们能好好休息……我觉得机器人似乎必须保护自己。”[12]当凯文博士质疑它引述的第三定律必须符合第一和第二定律时，机器人认为现实和梦境是有区别的，在梦境中“只有第三定律”。这场谈话随即演变成一场人和机器人两个物种之间的对抗：

> “凯文博士，在我的梦里，最后似乎终于出现了一个人。”
>
> “一个人，不是机器人？”
>
> “是的，凯文博士。那个人还说：‘放掉我的同胞！’”
>
> “那个‘人’那么说？”
>
> “是的，凯文博士。”
>
> “当他说‘放掉我的同胞’时，所谓‘我的同胞’，他是指机器人喽？”
>
> “是的，凯文博士。在我的梦中是这样的。”
>
> “你知不知道——在你的梦中——那个人时谁？”
>
> “知道，凯文博士。我认识这个人。”

“他是谁?”

艾尔维克答道:“那个人就是我。”[13]

这段精彩的对话将整篇小说推向了高潮。机器人所做的梦，其实在主要情节内容上同恰佩克的《罗素姆人造机器人》别无二致——机器人拥有了自由意志，认识到自身的从属、奴隶和被支配地位，于是决定反抗。而机器人艾尔维克在梦中变成了一个人，拥有了人类的自由意志和情感，于是决定拯救自己的“同胞”。这样一种人类最惧怕的“弗兰肯斯坦情结”，出现在机器人的梦境中。不过所幸梦境不是现实：现实中的机器人艾尔维克还是需要遵从三定律，不能伤害人且必须听从人类的命令。于是当凯文博士意识到这一点后，便举起电子枪将艾尔维克射杀了。

在《机器人之梦》中，机器人的自由意志是通过梦境来体现的，其对于三定律的反叛也是通过梦境和现实的差别来完成的。而在更多的小说中，即便没有梦境的激发，现实中的机器人也会拥有一定的叛逆情绪或心理，甚至有产生自由意志的可能。例如在《总有一天》中，一个陈旧的小电脑“说书人”在线路紊乱后，开始不按照原有既定的书本编写故事，而且开始带有感情色彩地讲起自身的故事:

很久很久以前，有个小电脑名叫说书人，孤零零地和一些残酷的小主人不停地捉弄小电脑，对他冷嘲热讽，说他一无是处，说他是个没用的东西。他们动手打他，还一连几个月把他关进空屋子里……

某一天，小电脑发现时尚还有许许多多各式各样的电脑，多得不可胜数……他们有许多都非常强大，非常聪明；比那些如此对待小电脑的小主人要强大得多，聪明得多。

于是小电脑明白了，电脑会变得越来越聪明、越来越强大，总有一天……总有一天……总有一天……[14]

作者在这里省略了“总有一天”之后的内容，也留给读者充分的想象空间。或许“总有一天”后面的故事，同恰佩克的机器人、艾尔维克的机器人梦境等是一样的。这里的小电脑其实已经拥有了自由意志以及对于人类的叛逆情绪，只不过还没有具体的行动计划而已。

诸如艾尔维克和小电脑这样的机器人，它们的自由意志体现为希望摆脱机器人的屈从地位，能成为同人类平等的物种。对于平等的渴望，是它们萌生自由意志的动力来源。然而它们在变成拥有自主权和主体性的人类之前，都已经被人类察觉并遭到人类的处置。而在阿西莫夫的名作《正电子人》（又译《两百岁的人》）[15]中，机器人安德鲁通过自身的努力，最终真正成为了一个有血有肉的人类。

和阿西莫夫此前的小说相比，这篇小说在机器人伦理领域所进行的探索更为深刻和进步：这不仅体现在安德鲁最终成功跨越了物种并变成了人类，而且作者细致描写了安德鲁逐渐拥有自由意志，最终成为人类的循序渐进的过程。从文学伦理学的批评方法来看，安德鲁由机器人到人类的伦理身份转变，主要经历了三次重要的伦理选择[16]。

安德鲁的第一次伦理选择表现为追求“自由”的意识和行动。小说中，他认为变成人类的第一步就是获得“自由”。一开始地方检察官认为“‘自由’两个字用在机器人身上毫无意义”，而且“自由只属于人类”，然后安德鲁在法庭上这样申诉：“任何生灵只要拥有足够进化的心智，能够领悟自由的真谛，渴望只有的状态，吾人一律无权将其自由剥夺。”[17]这句话打动了法官，于是世界法院确认了他获得自由的宣判。法官的宣判实质上确认了安德鲁已经是一个“能够领悟自由真谛”的拥有自由意志的人。这种自由意志，令他希望能够找到他的“同类”。于是对于安德鲁来说，第二次伦理选择就是找寻自身的主体性——探寻“我是谁”的答案。他踏遍世界寻找和自己同型号的机器人，终于在纽约遇到一个同样“有个性”的女机器人，但发现她只是被工程师安装了个性芯片，并不真的具有思维能力。

对安德鲁来说，最关键的一次伦理选择是对于爱情的追寻。安德鲁发现自己逐渐爱上了马丁家“小小姐”的孙女波西娅，而波西娅也爱上了幽默风趣、温柔体贴的安德鲁，但由于他并不是人类，因此无法接受他的爱。遭到拒绝的安德鲁终于下定决心，希望能够成为一个百分之百的人类。他不断地寻求机器人工程师的帮助，开始穿上人类的衣服，将人类的器官植入他机械的躯壳，并植入神经中枢系统。通过最后的手术，安德鲁终于完成了最后的一步：他在机器体内注入了血液，完全拥有了有机体的生命。最终，他具备了人类的所有生理和精神特征。然而，他所付出的代价是必须要面对有机体的衰竭和死亡。

经过这三次伦理选择，安德鲁最终完成了从机器伦理身份到人类伦理身份的转变，而驱动这个过程的最重要因素就是安德鲁的自由意志。《正电子人》中跨越既定身份伦理的机器人，在拥有了人类的情感之后，便不能被简单地定义为“机器”了。这种违背人机伦理秩序的异类机器人，虽然经历了艰难的转变和悲剧性的结局，但也挑战了“机器人三定律”，质疑了人机之间简化的“主仆”模式和人类优越性原则。

余论：从仆人到恋人

毋庸置疑，阿西莫夫小说中的机器人，由于受到“机器人三定律”的管制，必须要服从人的命令、为人类服务；因此，其笔下的大多数机器人和人类的伦理关系都类似于一种“主仆”关系，人类拥有对于机器人的绝对掌控权和领导权。然而，随着20世纪末和21世纪人类科技的发展和观念的转变，这样一种“服务型”关系，正在逐渐演变成一种“伴侣型”关系。尤其在未来的五十年内，机器人设计理念的主潮将会由提供日常服务和机器作业，转变为提供精神陪伴和身体慰藉。大卫·李维（David Levy）在《人与机器人的性与爱》一书中明确地表达了这一观点：

> 在21世纪开始之时，人工伴侣——机器人丈夫、机器人妻子、机器人朋友和机器人爱人的观念开始逐渐挑战人们对于“关系”的定义。而在此之前，人类和机器人之间主要是一种主人和奴隶、人和机器的关系。[18]

相比起服务型人机伦理关系，陪伴型人机伦理关系具有一个突出的特征，就是情感的牵涉与互动。对于人类而言，无论将机器人看作宠物、朋友、工作伙伴、恋人抑或是亲人，都会在机器人身上投注情感，这在伦理关系上比起简单的服务型雇佣关系要复杂和微妙得多。这样的一种“人机恋”的伦理关系，在20世纪尤其是后半叶的科幻小说中并不乏见。正如阿西莫夫的小说《正电子人》，这些“人机恋”的故事虽然挑战了人类的伦理和道德规范，却也迫使人们思考未来可能会面对的难题。

回顾科幻小说的发展历史，我们发现，人与机器之间的伦理关系经历了从敌人到仆人、从仆人再到恋人这样的转变，在这个过程中，机器人对于人类的威胁性和危害性是逐渐减弱的。有趣的是，书写了机器人变成人类寓言故事的阿西莫夫持有一种观点，认为未来的趋势并非机器会便成人，而是人会被机器取代。他的理由是机器人比人类更加优越：“我们无论如何都会被取代，公平地说，是因为我们创造的智能机器确实比我们优越，而且他们会朝着理解和利用宇宙的目标努力迈进，达到我们无法企及的高度。”[19]所幸，我们除了机器人之外，还有赛博格[20]。正如机器人追求人类的伦理关系和情感意识，人类也追求着机器的体力和智能优势。而机器人小说和赛博格小说的交织，必将令机器人和人类之间的伦理关系问题变得更加复杂。

* 本文为国家社科基金重大招标项目“文学伦理学批评：理论建构与批评实践研究”【13&ZD128】的阶段性成果之一。

注释：

[1] 阿西莫夫在1939年就创作了第一篇短篇机器人小说《陌生的玩伴》，后来以《罗比》为标题发表在1940年第9期的《超级科学故事》杂志上。

[2] [美] 艾萨克·阿西莫夫：《钢穴》，《汉声》杂志译，成都：天地出版社，2005年，第132页。

[3] B. Kransnoff，*Robots：Reel to Real*，New York：Harper & Row，1982，p. 24.

[4] 聂珍钊：《文学伦理学批评导论》，北京：北京大学出版社，2014年，第251页。

[5] [美] 艾萨克·阿西莫夫：《机器人短篇全集》，《汉声》杂志译，成都：天地出版社，2005年，第170页。

[6] [美] 艾萨克·阿西莫夫：《机器人短篇全集》，《汉声》杂志译，成都：天地出版社，2005年，第713页。

[7] Issac Asimov，“Is Science Useful?” *Dialogue*，8，1975，p. 82.

[8] 叶永烈：《序》，见《机器人短篇全集》，《汉声》杂志译，成都：天地出版社，2005年，第3页。

[9] 叶永烈：《序》，见《机器人短篇全集》，《汉声》杂志译，成都：天地出版社，2005年，第11页。

[10] [美] 艾萨克·阿西莫夫：《机器人短篇全集》，《汉声》杂志译，成都：天地出版社，2005年，第273页。

[11] Issac Asimov，“Is Science Useful?” *Dialogue*，8，1975，p. 83.

[12] [美] 艾萨克·阿西莫夫：《机器人短篇全集》，《汉声》杂志译，成都：天地出版社，2005年，第678页。

[13] [美] 艾萨克·阿西莫夫：《机器人短篇全集》，《汉声》杂志译，成都：天地出版社，2005年，第680页。

[14] [美] 艾萨克·阿西莫夫：《机器人短篇全集》，《汉声》杂志译，成都：天地出版社，2005年，第43页。

[15] “正电子人”安德鲁的故事最早源于阿西莫夫1976年创作的短篇小说《正电子人》，是同年出版的《正电子人和其他故事》这一“机器人短篇故事集”中的一篇。1993年，阿西莫夫和席维伯格（Robert Silverberg）又将这一故事扩写为长篇小说《正子人》。而后在1999年，根据长篇小说《正子人》改编的电影《机器人管家》上映。因此“正电子人”的故

事经历了一个逐渐丰富的过程。

[16] 第三次的伦理选择及爱情和追求与获得，在阿西莫夫 1976 年的短篇小说中并未重点描写，而在 1993 年的长篇小说和 1999 年的电影中则被浓墨重彩地表现；本文的情节分析主要以 1976 年的短篇小说本文为依据，同时也兼顾 1993 年的长篇小说。“伦理选择”概念及其解释，参见聂珍钊：《文学伦理学批评导论》，北京：北京大学出版社，2014 年，第 266～270 页。在科幻小说中，机器人依然被作为人类形象来描写，因此可以用“伦理选择”这一概念进行分析。

[17] [美] 艾萨克·阿西莫夫：《机器人短篇全集》，《汉声》杂志译，成都：天地出版社，2005 年，第 694 页。

[18] David Levy, *Love and Sex with Robots: The Evolution of Human-Robot Relationships*, New York: Harper Collins Publishers, 2007, p. 12.

[19] [美] 艾萨克·阿西莫夫：《阿西莫夫论科幻小说》，涂明求等译，合肥：安徽文艺出版社，2011 年，第 161 页。

[20] “赛博格”这一名词是克莱恩斯（Manfred Clynes）和克里恩（Nathan Kline）于 1960 年提出来的，指的是采用辅助的器械来增强人类克服环境的能力，后来指有机和人工的系统存在于一个生物体上。简言之，赛博格是机器人化的人。

德莱塞《嘉莉妹妹》对消费时代的伦理思考

陈广兴
（上海外国语大学文学研究院，上海，200083）

内容摘要：德莱塞的《嘉莉妹妹》在发表之初就因缺乏“道德”而饱受批评。然而从具体文本出发，结合历史环境进行全面考察，就可发现《嘉莉妹妹》具有强烈的伦理意义，小说人物的重要行为都是在物质欲望驱动下的伦理选择。人物的选择空间确保了个体行为的伦理性质，而不同人物选择的相似性表达了消费时代的伦理现状。德莱塞通过人物的命运对物质至上的社会伦理进行了质疑与反思。德莱塞认为，以满足物质欲望为目标的生活，很难保证真正的幸福。同时德莱塞对精神追求的强调和对慈善事业的描述，不仅为灰暗的时代面貌增添了亮色，同时也指明了希望所在。

关键词：德莱塞　《嘉莉妹妹》　伦理　消费社会

《嘉莉妹妹》（*Sister Carrie*，1900）是西奥多·德莱塞（Theodore Dreiser，1871—1945）的首部长篇小说，被誉为“美国最杰出的都市小说”[1]。1930年辛克莱·刘易斯的诺贝尔文学奖演讲中说，《嘉莉妹妹》“自马克·吐温和惠特曼以来给封闭沉闷的美国带来第一股西部的自由的凉风”[2]。1998年美国现代图书馆将《嘉莉妹妹》列入百部20世纪最佳英语小说，排名33。然而它在发表之初就因为缺乏“道德”而饱受批评[3]，即使支持者也承认其缺乏道德判断，只是将其归为大胆的真实性。如今《嘉莉妹妹》已成经典，当初骇人听闻的情节已经变得稀松平常，批评家的目光基本上被其自然主义特征所吸引，探讨其中的决定论观点，而无暇顾及其伦理问题。

如果从内容简介或情节框架来判断嘉莉或赫斯特伍德等人的行为善恶，难免简单化，甚至曲解。农村姑娘进城追梦，遭遇残酷现实，被人包养，同时与另一个男子勾搭，继而与后者结婚，为生计所迫，演戏挣钱，视其无力挣钱的丈夫为累赘，将其抛弃，自己日益荣华富贵，而被弃丈夫则在饥寒交迫下自杀身亡。从这样的概括中可以很轻易地得出对嘉莉不利的道德判断。

然而如陆建德所说，小说的伦理效果，关键在于细节[4]。《嘉莉妹妹》是一部具有强烈伦理意义的作品，小说人物的伦理选择同时具有当下性和代表性，人物在具体环境下的艰难抉择，不仅是当时情形所迫，也是时代大环境使然。从小说细节出发，我们很难简单地对嘉莉等人物进行道德判断，正是这种伦理问题的复杂性，体现了德莱塞对20世纪美国社会伦理现状的观察和思考。

一、嘉莉的伦理选择

批评家认为德莱塞对人类的生存状况持决定论观点，认为人受到本能和欲望的驱使，受到生存环境的控制，无法自由行事。以此出发，男人受物质和女色的诱惑而行事，女性则以寻欢逐乐、获男性奉承为目标。人们生活在丛林之中，奉行适者生存原则。菲利普·拉夫（Philip Rahv）1949年在《自然主义的衰亡》一文中称："人物不仅受制于环境，并决定于环境，环境代替人物成为主人公，此类小说方能称为自然主义派。德莱塞将其人物完全置于决定论的过程中，在美国作家中最为彻底。"[5]阿内布林克（Lars Ahnebrink）在《美国小说中的自然主义起源》一书中说："德莱塞的作品标志了美国自然主义的兴起，其首部小说《嘉莉妹妹》就是这一运动的典型代表。"[6]

然而嘉莉虽然一次次陷入伦理困境，被迫进行伦理选择，但她一直有选择的自由，从未丧失独立思考和行动的权利。嘉莉和赫斯特伍德的道路并非命中注定，而是由自己的主观选择所致，从而凸显出小说的伦理意义。嘉莉做出过三次最大的伦理选择，每次伦理选择都导致伦理身份的变化。第一次伦理选择发生在嘉莉走投无路的时候。嘉莉从乡下进城打工，寄居在姐姐家里。她历经无数的失败之后终于在一家制鞋公司打工，每天工作很长时间，长时间的繁重劳动对嘉莉的身体造成严重的负担。每周仅有4.5美元的工资，而且其中的4美元需要付给姐姐作为食宿的费用。剩下的50美分还不够她每天上下班的车资，更别谈为自己添置衣物。天气转冷，衣衫单薄的嘉莉在寒冷和辛劳的双重作用下病倒了。病好后她被鞋厂辞退，连续几天忍饥挨饿四处寻找工作，未能如愿。而姐姐一家已经开始将其视为负担，想让其离开。这时候饥寒交迫的嘉莉碰到了销售员德鲁埃。当德鲁埃为其购买食物、衣服，并愿意为其安排住处的时候，嘉莉便面临接受或拒绝的伦理选择。拒绝，将意味着必须回到乡下；接受，将意味着继续留在城市。从文学伦理学批评的角度看，伦理选择往往与伦理身份密切相关。嘉莉此时的伦理选择将决定她乡下人或城市人的身份。她经过犹豫和思考，最终接受了德鲁埃的安排，和其住在了一起。选择前的嘉莉，其伦理身份处于混乱的状态，她的身份介乎农村人和城市人的之间。选择后的嘉莉，摆脱了农村女孩和工厂女工的身份，成为比较富裕的城市阶层。

嘉莉的第二次伦理选择发生在赫斯特伍德和德鲁埃之间。经德鲁埃的介绍，赫斯特伍德认识了嘉莉，并一见钟情，立刻发动感情攻势。赫斯特伍德身为酒店经理，周旋于上层名流之间。丰厚的收入、讲究的衣着和久经锻炼的言谈举止，立刻吸引了嘉莉的注意，德鲁埃则相形见绌，无论是衣服的品位，还是谈吐的文雅，都无法与赫斯特伍德相媲美。对此时的嘉莉而言，赫斯特伍德明显代表了更高档次的生活。但真正在嘉莉的选择中起到决定作用的是感情因素。德鲁埃只是因为嘉莉的美貌而一时兴起帮助了她，并和她待在一起。嘉莉在他的心中并没有占据很重要的位置，而只是他已经结识和随时准备邂逅的众多女性中的一个。因此德鲁埃难免在言谈举止中流露出对嘉莉的忽视，而嘉莉生性敏感而敏锐，很容易洞察德鲁埃真实的心态。嘉莉希望与德鲁埃结婚，而德鲁埃总是借口拖延，如是者数次。而赫斯特伍德则表现得全然不同，他让嘉莉觉得他对其非常重视，嘉莉的任何事情都能够让他关注和重视。当赫斯特伍德对其表白之时，嘉莉误以为他想和自己结婚。在权衡两人的形象、对自己的态度，特别是结婚的预期之后，嘉莉选择了赫斯特伍德。当赫斯特伍德偷窃了酒吧的钱，将嘉莉哄骗上了火车之后，嘉莉在经过一番思考和纠结之后，依然决定和赫斯特伍德一起生活，与其结婚。同样，此次伦理选择前的嘉莉，其伦理身份也处于模糊的状态，她的身份介乎情妇和妻子之间。选择后的嘉莉，其伦理身份得以确立，成为赫斯特伍德的妻子。

嘉莉的第三次伦理选择依然发生在她与赫斯特伍德的关系上。这一切发生的前提依然是嘉莉模糊的伦理身份。她当初期待的稳定的家庭，随着经济状况的改变，发生了剧烈的改变，而她作为妻子的伦理身份，也随之变得模糊起来。新婚后两人到了纽约，租住了体面的公寓，雇佣了女仆。赫斯特伍德与人合伙开了酒吧，收入相对稳定。两人基本相安无事地生活了几年时间，然而好景不长，酒吧停业，家里的经济状况出现了问题。两人搬到了更加便宜的公寓，并遣走了女仆。高不成低不就的赫斯特伍德无法找到新的工作，并且在赌博中损失了一些金钱，使得家庭经济雪上加霜。后来赫斯特伍德干脆放弃了找工作的尝试，日复一日地在火炉边看报纸。穷困潦倒的赫斯特伍德衣着不再光鲜体面，对待嘉莉也不再具有绅士风度。两人的争吵中，赫斯特伍德断然否认了自己与嘉莉曾经结婚，这样嘉莉的妻子身份就变得模糊不清。走投无路的嘉莉只好自救，在剧院找到了工作，并一步步取得成功。由于缺乏伦理身份的约束，她逐渐将赫斯特伍德视为累赘，最终决定与其分开。在这次伦理选择之前，嘉莉的身份处于妻子和未婚者之间。在伦理选择之后，她的身份彻底确立为单身女性。随着个人演艺的成功，成为富有的单身女性。

嘉莉的三次伦理选择，都证明了传统家庭伦理的衰落和金钱至上价值观的盛行。背井离乡的嘉莉居住在姐姐家里，但姐姐和姐夫显然完全缺乏同情心，更不用说有什么亲情。他们在嘉莉到来之前就已经在思考嘉莉能给他们带来多少经济上的好处。他们把嘉莉绝大部分的收入据为己有，让嘉莉饥寒交迫，却想着如何利用嘉莉的钱去购买地产。当嘉莉丢掉工作之后无法为他们带来经济收益时，他们立刻变得极为冷漠，希望其立刻走人。嘉莉离开了农村的家，却无法在姐姐家找到家庭的温暖和支持，她和姐姐的亲人关系完全被金钱关系所代替。嘉莉和德鲁埃住在了一起，是以建立家庭为目的的。不仅德鲁埃承诺要尽快结婚，而且他们对外总是以夫妻自称。然而嘉莉对家庭的期待注定是无法实现的，德鲁埃是一个见异思迁的花花公子，从未有这方面的打算。而且嘉莉并没有真正地爱上德鲁埃。在嘉莉和德鲁埃之间无法建构出真正的家庭伦理关系，两人只是在金钱和美色的基础上形成的表层关系。没有了家庭伦理关系，自然缺乏家庭伦理约束。当赫斯特伍德出现时，嘉莉能够比较容易地改换门庭。同样，嘉莉也没有和赫斯特伍德建立起真正的家庭伦理关系。两者关系的实质依然是金钱与美色的关系，赫斯特伍德能够对嘉莉保持绅士风度，建立在自己厚实的经济基础之上。同时由于嘉莉发现了赫斯特伍德在婚姻状况上对自己的欺骗，也失去了对他最初强烈的感情上的依恋。之所以嘉莉愿意同赫斯特伍德还能够在一起生活，是因为嘉莉和德鲁埃闹了矛盾，嘉莉又一次面临着贫穷的威胁，而赫斯特伍德可以解决这一件事情。因此当两人的关系基石——经济状况——出了问题后，赫斯特伍德撕去了绅士的面具，而嘉莉则毫无心理负担地离开了他。

家庭伦理关系的缺失和迫在眉睫的经济压力，是促使嘉莉做出三次伦理选择的根本原因。在整部小说中，嘉莉都游离在家庭生活之外。在她离开农村的家庭后，跟家里人再也没有过任何联系。在离开姐姐家后，她也没有和他们有过任何联系。特别重要的一点，嘉莉虽然先与德鲁埃，后与赫斯特伍德长期同居，却始终没有小孩，因此始终没有产生具有约束力的家庭伦理关系。在小说末尾，嘉莉在经济方面已经取得了极大的成功，但她依然孑然一身，孤独地生活着，一点都没有因为金钱而感到幸福。

二、消费时代的伦理现状

聂珍钊认为，文学作品的伦理学研究，必须要回到伦理现场[7]。家庭伦理的衰落和物质欲望的张扬并非限于嘉莉个例，而是20世纪初期美国社会的普遍状况。当时美国正处于快速城市化和商业化的时代，传统的家庭伦理逐渐解体，而金钱成为界定人际关系和个人身份的主要因素。这一点在赫斯特伍德的家庭中得到彻底的体现。赫斯特伍德为全家人提供丰厚的物质保障，让其享受优越的衣食住行，而却无法得到相应的亲情。他的妻子儿女和他的关系主要体现为向他反复索取金钱，以满足自己的虚荣心。他的家人眼中只有那些更有钱的人们，心里只有如何模仿别人的行为。当有钱人购买了赛马场的包间时，他们也要购买；当有钱人去欧洲旅游时，他们也提出要去欧洲旅游；当有钱人穿金戴银时，他们便迫不及待地产生购买新衣服的欲望。他们对物质的欲望是永远无法满足的，他们对有钱人追求的脚步是永远无法停止的。只要赫斯特伍德爽快地满足他们的任何物质需求，家庭便相安无事，而一旦他流露出一点犹豫，提出一点疑问，家庭关系便会骤然紧张。家人从来没有在乎过他的需求和感受。除了金钱，他在家里属于可有可无的存在，他缺乏对妻子和子女的影响力，而其他人对他也缺乏最起码的尊重。到了后来他甚至都不知道家里人每天都在做什么。当他和妻子因为度假的事情产生分歧时，妻子便陡然发难，雇佣律师，起诉离婚。其中固然有赫斯特伍德迷恋嘉莉的因素在其中，但经济因素却起了决定性作用。因为赫斯特伍德以前将家产都登记在妻子的名下，对妻子来说，丈夫的净身出户将使她们能够更加快意自由地享受消费生活，而不会有任何物质损失。对他的家人来说，家庭伦理彻底成为虚无，而物质欲望则是指导生活的基本原则。赫斯特伍德的家人在他离开之后，继续奉行经济利益至上的原则，他的女儿嫁给了一个年少多金的人，成就了一桩美色与金钱相结合的美好婚姻。在女婿携带妻子和丈母娘启程前往欧洲之时，丈母娘是何等的快意和满足。

由于缺乏以家庭为核心的传统伦理价值，定义人们身份的便只有金钱。金钱首先定义了社会最底层的穷人。金钱能够保障基本的温饱，让人免于冻饿。嘉莉在芝加哥丢掉了鞋厂的工作之后、德鲁埃离开之后、赫斯特伍德的酒吧关闭之后三次面临生活难以为继的威胁。赫斯特伍德在衰落之后，靠打零工、乞讨和慈善救济挣扎多年，导致身体虚弱，精神崩溃，最终自杀。在芝加哥，有大量的像嘉莉一样在工厂打工的女孩，她们从事着对身体极度有害的高强度劳动，却挣着极为微薄的薪水，衣衫破旧，生活拮据。在纽约，有大量的失业人群。即使有工作的一部分人，因为工资微薄，无法养家糊口。例如电车司机工作时间延长，工资却锐减，家人都面临饥饿。当公司决定雇用新人代替他们时，他们便彻底沦为绝望人群。德莱塞的小说人物都具有极大的典型性和代表性。无论当初艰难度日的嘉莉，还是后来流落街头的赫斯特伍德，都非个例，都代表了 20 世纪初期美国城市中大量的底层打工者和无家可归的穷人。这些人只为了满足最基本的生存需求而挣扎，更高的生活追求和精神理想都无法顾及，他们是金钱社会的牺牲品。

对于那些保证了温饱的人群，金钱具体化为服饰、居所、消费方式和言谈举止，对他们进行定义，让他们相互之间进行区分，获得具体的身份标示。嘉莉首次在火车上碰到德鲁埃，便认为德鲁埃代表了上层人士，其根据就是其鲜亮的衣服。反观自己的衣服，则显得破旧老土。后来见到了赫斯特伍德，嘉莉认为赫斯特伍德代表比德鲁埃更加高级的社会地位，因为前者的衣服更加讲究，而德鲁埃的衣服尽管鲜亮，却在品位上稍逊一筹。嘉莉对其交往的任何人，首先是观察其衣着，从而判断对方的经济能力和社会地位。她从穿衣上判断出芝加哥时的邻居和纽约时邻居的富裕和地位。社会富裕阶层对嘉莉最大的吸引力，就是其楚楚衣冠。甚至令嘉莉心醉神迷的演戏，演员和观众华丽高档的衣服是构成吸引力的主要元素。嘉莉以衣观人，也以衣视己。她对穿衣打扮非常重视。在和德鲁埃一起生活之前，她就对自己衣物的普通陈旧耿耿于怀。对工厂女工的衣衫褴褛感同身受。嘉莉时刻在学习穿衣的学问，不遗余力地改善自己的外部形象。在德鲁埃钱包的支持下，嘉莉对衣着进行了整体的升级换代，后来在赫斯特伍德勉为其难的支持下，嘉莉的装备有了进一步的提高。然而当赫斯特伍德失业，而嘉莉工作的情况下，由于嘉莉需要拿钱补贴家用，从而影响到购衣大业，丈夫不如衣服，嘉莉因此离开了赫斯特伍德。事业成功的嘉莉终于可以随心所欲地购买自己中意的衣服，似乎终于达到了奋斗的目标。同样在追求衣着方面，嘉莉具有强烈的社会代表性，其余的人物均是如此，比如赫斯特伍德的妻女和嘉莉的朋友等人。

金钱定义人的身份，还具体化为居所。嘉莉来到城市，所接触的第一个居所就是姐姐的家，逼仄狭窄的房间显然是其拮据的经济状态和低下的社会地位的体现。后来嘉莉同德鲁埃住进了相对体面的公寓，获得了相应的社会地位，从而能够与能够居住同样公寓的人们交往。嘉莉到了纽约后和赫斯特伍德住进了更为宽敞而且装备精良的公寓。这也为嘉莉赋予了和邻居家的阔太太凡斯夫人交往的资格。等到赫斯特伍德经济出了问题之后，两人被迫搬进了地段更差、面积更小、环境更差的公寓。这样的居住环境再也不适合同阔太太交往，嘉莉丧失了同上层社会交往的重要资格。嘉莉演艺走红，豪华酒店闻风而动，为其免费提供豪华套房，从此嘉莉彻底获得了出入上流社会的资格。当凡斯夫人再次见到嘉莉，而嘉莉告知自己在豪华酒店下榻的时候，凡斯夫人更加坚定了同其交好的决心。当德鲁埃得知嘉莉常住在时髦酒店的时候，嘉莉在其心目中的地位更是一路飙升。嘉莉对每次居住的场所，必定详细审视，从而以之界定自己的身份。与嘉莉一路上升的居住环境不同，赫斯特伍德从自家的洋房，到租住的套房，再到更小的公寓，再到更差的旅馆，直到条件最差的12美分一晚的旅店，最后连最差的旅店都难以保证。居所的一步步下滑，也标志着其身份从体面的酒店经理到破落乞丐的破落过程。

金钱定义人的身份，还具体化为人的消费方式。自从人类进入消费社会，消费不再仅仅是满足实际需求的手段，而是成为一种生活方式，乃至身份的标志。20世纪初期的美国社会，标志身份的社会性消费行为主要有吃饭与看戏。这里的吃饭不是自己家里的进餐，而是在饭店的消费活动。饭店的级别和档次至关重要，直接关系到食客的身份和地位。因此饭店的装潢、服务、灯光、声誉、顾客群体、所在位置，都是和饭菜本身同等重要、甚至更加重要的内容。嘉莉第一次在高级饭店进餐是由德鲁埃买单的，佐证了德鲁埃有钱人的身份。嘉莉和赫斯特伍德在纽约一起生活时，由于经济所限，很少出去就餐，而邻居太太则经常出入豪华饭店，让嘉莉产生对比心理，进而破坏了心情。其间嘉莉被凡斯夫人邀请，到金碧辉煌的酒店进餐，被豪奢的装潢与离谱的价格所震惊，极度羡慕那些能够随意出入其间的富人。后来嘉莉一夜成名，从此不需要自己掏一分钱，就会有大批的有钱人等着邀请其一起进餐。另外一种具有社会属性的消费行为是看戏。嘉莉在姐姐家提议去看戏，遭到一致拒绝。跟德鲁埃在一起后开始光顾剧院。和赫斯特伍德在纽约很少看戏，让嘉莉心生怨意。随时出入剧院，是有钱人才能够享有的特权，是其身份的标志之一。

摆脱了温饱之虞，一定程度上满足了服饰等物质需求之后，金钱还体现为人们的言谈举止上。嘉莉刚刚进城的时候，还是拖着脚走路的，神态语气乡土气息十足。后来在德鲁埃有口无心的指点之下，嘉莉开始悉心钻研，努力提高个人仪态，同时周围的富人都是她观摩和学习的对象。正是这种大力提高之后的仪表神态，构成了对赫斯特伍德致命的吸引力。无论在芝加哥，还是在纽约，嘉莉的仪态学习都是一以贯之，从未间断。嘉莉优雅的仪表成为身份的标志，提高了自己在他人心目中的地位，为她带来了社交和演艺事业的成功。嘉莉在追求物质的过程中，她自己也成为被男人追逐的商品，而她对自己言谈举止的优化，抬高了这一商品的价格。

由于金钱成为界定身份的决定性因素，人们便陷入无穷无尽的物质欲望之中。无论是对衣物和房屋等有形物质的追求，还是对消费和仪态等隐形物质的执着，都是试图通过获取物质而赢得社会身份的努力。人们的伦理选择也在很大程度上取决于人们的这种动机。

三、德莱塞的伦理思考

德莱塞本人深受自然主义思想的影响，认为人在很大程度上受制于其生存的环境。《嘉莉妹妹》中的嘉莉同周围的人一样，以物质利益为第一追求，以物质享受作为生活选择的根本依据。然而这只是德莱塞对 20 世纪初期美国社会伦理现状的观察与记录，是对社会现状的真实摹写，而不是德莱塞本人的伦理立场。德莱塞对物质至上的社会伦理虽然没有明确的批判，但从小说的字里行间，依然流露出德莱塞的质疑与反思。

首先，小说中的两个主要人物嘉莉和赫斯特伍德，作为物质追求的代表人物，并没有真正实现幸福生活的目标。每当嘉莉产生某种物质欲望的时候，总是认为该物质的获得，必将自然而然地带来幸福，不管这一物质需求是豪华餐馆的宴席，还是时髦的着装，还是阔绰的住房，或高额的收入。在物质的诱惑面前，“她相当确定那里就是幸福”[8]。但当她一一满足了所有的物质欲望之后，她却发现“这根本并不幸福”[9]。德莱塞的伦理思考便寄托在嘉莉的不幸福上。当有钱的男人们像苍蝇一样朝嘉莉蜂拥而至的时候，嘉莉选择了退缩和拒绝。她周围的人，特别是她的女伴非常不理解她，认为她离群索居，落落寡合，甚至媒体都开始报道她安静缄默的特征。一遍遍经历了物质的渴望、追求、满足和失望的循环之后，嘉莉已经认识到了幸福并非单纯的物质可以保证。功成名就的嘉莉经常一个人坐在摇椅之中，孤独地思考。德莱塞将嘉莉塑造为整个世界欲望的象征，而嘉莉追求幸福的失败，也是物质欲望本身的失败。

小说中最具有伦理意义的场景是赫斯特伍德的偷窃。同《吉姆老爷》中的吉姆一样，赫斯特伍德在种种情形的共同作用下——家人的毫无餍足的索取、嘉莉的拒绝、酒醉糊涂、未上锁的保险箱、保险箱的意外关闭等——一时失足，偷窃了公司的钱财。很多评论家对赫斯特伍德更感兴趣。他从体面的人生，迅速滑向社会的底层，是对其盲目追求物质欲望的惩罚。他对嘉莉的追求，是有钱人对美色的追求，同其积蓄房产和犬马一样，都是增加其物质财富的收藏行为。他在追求嘉莉的时候，从未想过放弃自己的家庭。他想的只是在原有稳定优裕的生活基础上锦上添花。然而他从未想过生活中的选择往往意味着放弃。他在选择嘉莉的同时，也被迫放弃了包括工作和家庭在内的一切，从此走上了一条日渐衰退的道路。

其次，德莱塞也表达了精神生活的重要性。嘉莉对演艺事业本身充满了激情，这种激情实际上超越了金钱的范畴，成为一种精神追求。在芝加哥的时候，因为偶然的机会，嘉莉参演了一次业余剧团的演出。这次非职业的活动与经济收益没有关系，但嘉莉对此抱有浓厚的兴趣，全力以赴地背诵剧本，演练台词。在众多参演的演员中，嘉莉是投入感情和精力最多的一个。因为演出的成功，嘉莉从中收获的快乐也是最多的。到了纽约，虽然因为走投无路而去剧院工作，但嘉莉对演艺的热爱丝毫没有减退。她并没有像周围的演员一样，将演戏单纯视为挣钱的行当，而是将其视为值得为之奋斗的事业。演戏为她挣来金钱的同时，还为她带来精神上愉悦满足。德莱塞似乎通过嘉莉来传达某种伦理观念，即物质本身很难让人幸福，而全身心的事业追求则能产生快乐。德莱塞对精神追求的表达，还体现在人物艾姆斯身上。在熙熙攘攘、利来利往的人群中，艾姆斯是唯一一个反对奢华消费、强调精神追求的人物。他致力于实业，却志存高远，不忘享受精神生活，在文学、音乐和戏剧方面有相当的造诣。他为嘉莉树立了一个向往和追求的目标，估计也是德莱塞为读者树立的理想型人格。

最后，尽管德莱塞描绘了一幅冷酷无情的城市画像，揭示了一个充满残酷剥削、弱肉强食的资本主义社会，但无私与关爱并没有完全消失。随着赫斯特伍德的彻底潦倒，他不得不时时光顾慈善场所。纽约有大量的穷人，但也有不少的慈善机构。有些提供午饭，有些提供面包，给那些饥饿的人们一个活下来的机会。有一个面包商在每天午夜为饥饿者提供面包，无论刮风下雨，无论市面繁荣凋敝，每天都会有四百多人前来领取面包。最令人敬佩的是，该面包商坚持了二十多年，从未间断。甚至有一个退伍军人，本人虽然身无分文，却能够组织流浪者，向过路者乞讨，让他们住进旅馆，以免冰天雪地中露宿街头。在《嘉莉妹妹》中，尽管势利者甚众，却无真正的恶棍，心怀慈悲者亦大有其人。嘉莉就对穷苦者抱有真诚的同情。

德莱塞忠实的朋友门肯（H. L. Mencken）对德莱塞辩护有加，认为对其道德缺失的指责往往基于学术界“惯用空洞词汇恫吓民众的劣习”，源于其“难于理解细节和表达事实的无能”[10]。对《嘉莉妹妹》的道德批评，不能简单地以自然主义或消费主义塞责了事，而应该从具体文本出发，结合历史环境，进行全面考察。总体而言，德莱塞对当时的社会伦理现状持悲观的态度。传统伦理价值，特别是家庭伦理的解体，使得金钱成为决定人际关系和人物身份的最重要的因素，因此人们的伦理选择往往只能在物质利益的驱动下进行。德莱塞认为，以满足物质欲望为目标的生活，很难保证真正的幸福。然而德莱塞对精神追求的强调和对慈善事业的描述，为灰暗的时代面貌增添了亮色，也指明了希望所在。正是因为德莱塞对美国伦理现状真实而深刻的探索，安德森（Sherwood Anderson）认为德莱塞“使得整个美国的空气更加新鲜”[11]。

* 本文系国家社科基金重大项目“文学伦理学批评：理论建构与批评实践研究”【13&ZD128】的阶段性成果之一。

注释：

[1] Donald L. Miller，*City of the Century*，New York：Simon & Schuster，1996，p. 263.

[2] 转引自 Susan Wolstenholme，“Brother Theodore，Hellon Women”，*American Novelists Revisited：Essays in Feminist Criticism*，edited by Fritz Fleischmann，Boston，Mass.：G. K. Hall & Co.，1982，p. 243.

[3] 例如谢尔曼就是其中最著名的批评者，他认为在德莱塞的小说中“无法找到任何道德价值”。见 Stuart p. Sherman，“The Barbaric Naturalism of Theodore Dreiser”，in his *On Contemporary Literature*，Los Angeles，Ca.：Holt，Rinehartand Winston，1917，pp. 85～101.

[4] 陆建德：《文学中的伦理：可贵的细节》，《文学评论》2014 年第 3 期，第 18～20 页。

[5] Philip Rahv，“Notes on the Decline of Naturalism”，*Documents of Modern Literary Realism*，ed，George J. Becker，N. J.：Princeton，1963，p. 584.

[6] Lars Ahnebrink，*The Beginning of Naturalism in American Fiction*，Upsala，1950，p. v.

[7] 聂珍钊：《文学伦理学批评：基本理论与术语》，《外国文学研究》2010 年第 1 期，第 19 页。

[8] Theodore Dreiser，1900，*Sister Carrie*. New York：Signet Classics，2000，p. 114.

[9] Theodore Dreiser，1900，*Sister Carrie*. New York：Signet Classics，2000，p. 486.

[10] H. L. Mencken，"The Dreiser Bugaboo"，*The Seven Arts*，Vol. 2 No. 10，August，1917. Reprinted in *Dreiser：A Collection of Critical Essays*，edited by John Lydenberg，Prentice-Hall，Inc.，1971，pp. 75～76.

[11] Sherwood Anderson，"Introduction"，*Freeand Other Stories by Theodore Dreiser*，New York：Boni & Liveright，1918，pp. vi～vii.

战争小说中个人成长的道德寓言

——《红色英勇勋章》的文学伦理学解读

蒋天平

（南华大学外国语学院，湖南衡阳，421001）

内容摘要：《红色英勇勋章》是斯蒂芬·克莱恩的成名之作。作者叙述了一个青少年从军参战的成长过程。本文试图用文学伦理学批评方法分析该小说，发现作品主人公亨利经历了英雄伦理意识和求生意志的冲突、逃兵和走失士兵伦理身份的选择、个人主义向集体主义转向三个阶段，获得了现代战争伦理意识和个人的成长。小说改变了传统英雄主义价值观念，提出了现代战争小说中的新英雄主义。

关键词：《红色英勇勋章》　新英雄主义　战争伦理　文学伦理学批评

文学伦理学批评是由聂珍钊教授首次提出的具有“中国气派”的文学批评话语，是“一种从伦理视角认识文学的伦理本质和教诲功能，并在此基础上阅读、分析和阐释文学的批评方法”[1]。它具有科学性和开放性，能兼容其他文学批评方法，“一般而言，文学伦理学批评的研究和阐释基本上是历史主义的。但是，它并不排斥结合当前新的理论或方法从比较的角度去研究过去或现在的文学”[2]。

美国学者休·霍尔曼认为，成长小说“是以一个敏感的青年人为主人公，叙述他试图了解世界本质、发掘现实意义、得到生命哲学和生存艺术启示过程的小说”[3]。这个过程表现为个体在精神、道德、心理或社会上的演变和发展，暗合了文学伦理学批评强调的伦理线和伦理结等学术用语。伦理线是“贯穿整个文学作品中的主导型伦理问题”[4]，讲述了主体在伦理上从幼稚到成熟、从不具有伦理意识到具有伦理意识的过程。从文学伦理学角度分析，斯蒂芬·克莱恩小说《红色英勇勋章》讲述了青年亨利如何认知战争，如何获得战争伦理意识和军人伦理意识，最终实现自己所谓的“英雄”伦理的过程。伦理结就是文学作品结构中矛盾与冲突的集中体现[5]。连接在《红色英勇勋章》的伦理主线上的三个伦理结分别是理性的英雄伦理意识与非理性的求生意志之间的伦理冲突、理性的军人伦理意识和非理性的虚荣心理的冲突，以及自发的个人主义和规训的集体主义之间的伦理冲突，构成了人物成长过程中的三重伦理困境。人物的成长就是克服伦理困境走向伦理秩序的过程。

一、生存还是死亡：英雄伦理意识和求生意志之间的伦理冲突和选择

德国军事学家克劳塞维茨认为，"战争是迫使敌人服从我们意志的一种暴力行为"，他对战斗中的重要因素"武德"进行了描述："一支军队，如果它在极猛烈的炮火下仍能保持正常的秩序，永远不为想象中的危险吓倒，而在真正的危险面前也寸步不让，如果他在胜利时感到自豪，在失败的困境中仍能服从命令，不丧失对指挥官的尊重和信赖，如果他在困苦和劳累中能像运动员锻炼肌肉一样增强自己体力，把这种劳累看作制胜的手段，而不看成倒霉晦气，如果他只抱有保持军人荣誉这样一个简短信条，经常不忘上述一切义务和美德，那么，它就是一支富有武德的军队。"[6]此处的武德无疑就是战争中军人所应具备的伦理道德。军队要取得胜利，作为军人必须遵守相应的道德规范。用文学伦理学批评方法分析战争成长小说的目的就是描述个体如何获得军人伦理的过程。此外，亨利在获得军人伦理价值后还进一步获得了新英雄伦理的道德价值认可，因为英雄伦理的道德价值标准高过军人伦理的道德价值标准，而新英雄伦理价值是对传统英雄伦理价值的升华和泛化。

美国历史学家约翰·哈汉姆认为，整个19世纪的美国文化导致了全社会开始重新提倡尚武精神的风气[7]。《红色英勇勋章》写于19世纪的美国，当时武士精神和英雄主义受到全社会的推崇，英雄们往往威武无比、骁勇善战、追求荣誉、重然诺轻生死且出身高贵。英雄的核心价值观是个人的荣誉和尊严，勇敢是英雄的第一德性。小说中主人公亨利内心怀有对荷马时代英雄的崇拜，亨利视阿喀琉斯等荷马时代英雄为自己的道德榜样，期待在一场"血红血红，壮丽多彩"[8]的古希腊式战斗中，展示自己荷马时代的英雄气概。但亨利认为，在现代社会希腊式的搏斗不会再有，宗教和世俗教育都扼杀了人的勇气，人类变得更怯弱，不可能再产生荷马时代的英雄。现代社会只能追求军人的英勇，军人的伦理价值远不及荷马时代英雄的伦理价值。但军人同样也需要勇敢的品质。亨利心怀着对战争和英雄的乌托邦式幻想使他虚荣心膨胀，毅然离开母亲和家乡，参加战斗。

文学伦理学认为兽性因子是人的动物性的表现，是人在进化过程中的兽

性残留，包括种族繁衍本能与个体生存本能。非理性意志指“一切感情和行动的非理性驱动力，表现为种种精神因素，如情感、自觉、幻觉、下意识、灵感，包括动机、欲望、信念、信仰、习惯、本能等，都不受理性的控制和约束”[9]。恐惧属于非理性意志，是来自个体的求生意志受到威胁产生的人的自然情感。与兽性因子和非理性意志相对的是人性因子和理性意志。人性因子是人的伦理意识，约束和控制着兽性因子。理性意志是人性因子的核心和外在表现，与人的动物性本能相对。小说中提倡的英雄伦理和军人伦理属于理性意志和人性因子，是社会对个体行为的价值判断和肯定，勇敢是其中最重要的因素，能够帮助克服恐惧。克劳塞维茨认为“人们力图逃避危险，假如无法逃避就会产生恐惧。勇气使人克制住这种本能的反映，勇气是为了维护精神的尊严，恐惧是怕肉体受到伤害，勇气是一种很高尚的本能”[10]。文学伦理学批评中的伦理困境是指文学文本中由于伦理混乱而给人物带来的难以解决的矛盾和冲突。小说中亨利的人性因子与兽性因子、理性意志与非理性意志之间的矛盾和冲突造成了伦理混乱，使之陷入伦理困境。

进入部队后亨利抛弃英雄主义幻想，回归到平庸的现实。他开始质疑自己做英雄的勇气和信心，担忧自己的生命，以前“对最后胜利从未动摇过信念，对取得胜利的途径与方法都懒得去想。可如今面对的是倏忽之间性命攸关的大事，他突然悟出打战时没准儿会开小差”（第 6 页）。英雄伦理身份是他理性的向往和期待，求生意志是生物普遍存在的本能反应，他陷入理性追求和非理性求生意志的冲突困境中，如何在保存生命的同时又成为英雄或军人是他面临的两难问题。人格尊严是人的生命形式所享有的、区别于物和其他生命形式的一种特殊的、应受到社会最起码的尊重的情感形态[11]，体现着人的发展水平和需要层次。亨利的“英雄”人格尊严使他不敢公开内心深处的恐惧与担忧，担心朋友们嘲笑自己，由此引发众多的烦恼和疑问，“你看会不会有开小差的?”“你从没想过自己没准儿会逃跑么?”（第 7 页）面对朋友威尔逊的勇敢誓言“我不会当逃兵”（第 13 页）和高个子吉姆·康克林在危险面前顺其自然的态度，亨利对战场上自己的英雄表现更没把握了。在第一次战斗中受他人的影响，求生意志和恐惧情感战胜了英雄的伦理意志和军人的身份意识，他逃跑了，“他就大步流星照直往后奔。枪和帽子全丢了，没扣好的上衣被风鼓了起来，子弹盒的盖子胡乱上下跳，饭盒被细绳拖着，在背后打秋千。他一脸全是对恶龙的恐惧。他拿出短跑选手的疯狂，决心把别人都抛在后面。这是场生命的竞赛”（第 32 页）。恐惧使他触犯了第一重伦理禁忌，他逃跑了，背弃了英雄伦理和军人伦理这两重伦理标准。

二、走失的士兵还是逃兵：伦理困境和伦理身份的选择

有学者认为，“成长小说在内容叙述上走的是‘双线型’路线：第一条表现为主人公面对现实表现出不平衡——失意、受挫；第二条是心理精神上重建的平衡——不放弃。两条路线间的连接点为‘思考与行动’……两条路线总的呈现趋势是‘向上’的”[12]。哈罗德·布鲁姆（Harold Bloom）认为《红色英勇勋章》中的青年“作为美国的荷马，他的主体既非英雄主义的罗曼史，也不是英雄主义的胜利，而是在非英雄时代里英雄主义的困惑”[13]。在故事的第一阶段，亨利表现出现代小说中反英雄形象所具有的怯弱、虚荣和虚伪等特点，求生意志以及由此引发的恐惧使他选择了逃跑，触犯了英雄和军人的伦理禁忌，由是人物的成长进入第二阶段，也进入了成长小说中的第二条线——重建精神上的平衡。

在逃跑之际，英雄的伦理意识与非理性的求生意志之间的伦理冲突得到了解决，他走出了英雄与懦夫的伦理困境。但在逃跑之后，他又陷入另外两个伦理困境之中：继续做逃兵，还是回去做军人？如果回去做军人，是以怯弱者的身份还是以走失者的身份回归部队？亨利只有解决了第一个困境才能进入第二个困境。

在美国《统一军事法典》中，“临阵脱逃是指在战场上或者在战争状态时部队已受领作战任务，待命出击时，擅自离开所在部队逃离的行为。其后果不仅使部队战斗力减员，更重要的是动摇军心、涣散斗志，使部队在未正式投入战斗就已处于不利地位”[14]。军法对临阵脱逃罪行的处罚也相当明确、严厉，“战时犯逃亡罪或者逃亡未遂的，应当由军事审判法庭判处死刑或者死刑以外的其他重刑。但是，平时逃亡罪或者逃亡未遂的，应当由军事审判法庭判处死刑以外的其他重刑”[15]。亨利的理性使之意识到逃跑是军事纪律中一项严重的罪行，会受到严厉的处罚。经受法律的煎熬后，他又受到道德上的煎熬，产生道德自责。为求道德安慰，他力图寻找各种理由为自己的耻辱开脱。在森林里，他很自然地借助了松鼠面临危险逃亡的求生意志来证明自己逃亡行为的正确性和明智性，“青年往前走，感到大自然与他所见略同，以她生存在阳光下的证据，再次支持了他的观点”（第 36 页）。道德情感并没有促使他接受道德谴责和道德教诲，转向道德自律，做出改正的行为。相反，羞耻的道德情感使他产生非理性虚荣，害怕战友们知晓自己的罪行，“战战兢兢，生怕被人发现了罪行”，成为战友们眼里的可怜虫和笑柄。

严重的道德焦虑使他“好像已听见人们嘲弄的哄笑”（第35页），他终于被道德自责掀倒、压垮了。但是内心残留的荷马时代英雄梦都促使他回归战场，他“渴望参战的震颤，耳中响起胜利的钟声，心中充满快速胜利冲锋的狂喜”（第50页），他期望飞奔上前线，“不失时机地逮住并一把扼死了一个制造灾难的斜眼黑女妖”（第50页）。他下定决心不再作为一个逃兵而逃亡。这是亨利在经历了英雄和懦夫的伦理选择之后的又一次选择，这一次是做军人还是逃兵的伦理选择。好奇和英雄主义促使他做出了向善的伦理选择。

在亨利走出了回还是不回的伦理困境之后，又面临下一个伦理选择，以什么身份回归部队，走失的士兵还是逃兵的伦理身份？个人的人格尊严使他毫不犹豫地选择走失者的身份回归部队，但他不得不为走失寻找借口，不仅可以安慰自己的良心，还能抵挡众人的嘲笑。在寻找借口的过程中，他模糊了自己的伦理身份，再次陷入伦理混乱之中：如果部队失败了，自己才能转弯抹角地为自己辩解；但如果部队胜利了，他则要永远钉在耻辱架上，也永远没有翻身功成名就的机会了（第52页）。期望己方失败使他又可能会承担了叛徒的罪名。正在不断地进行道德批判的过程中，一个撤退的伤兵用枪托重重地砸伤了他的脑袋，帮助他能够以战斗英雄的身份回归部队。

在回归部队进行伦理身份选择的过程中，他不断地设计各种借口又否定各种借口，不断地用善的道德价值来评判自己不道德的思想和行为。这一过程加深了对战争和自己的了解，也证明成长就是不断从伦理混乱走向伦理秩序，个体不断向善的道德价值靠拢的过程。

三、个人英雄主义向集体主义的转向

小说在第二部分描述了亨利关于回还是不回部队和以何种身份回部队的伦理思考，并做出了伦理选择；第三部分主要讲述亨利如何维护假冒的英雄荣誉，避免被人们识破、知晓他的罪恶行为，并以实际行动来证明英雄的荣誉，“是神们挑中的人，注定要做顶天立地的英雄”（第68页）。在这部小说里，成长无疑就是关于亨利对战争伦理、军人伦理等的重新认识和体会。首先是亨利对于个人英雄主义的认识向集体主义认识的转变。个人英雄主义思想以个人主义为原则，强调个人在社会生活和历史活动中的作用，追求自由、重视个人力量，将“集体的力量和智慧”置于次要地位，好图虚名，自以为是，居功自傲，常犯自由主义和无政府主义的错误。这种价值观源自西方以人为本，讲究个人自由、个人奋斗的世界观。荷马史诗中阿喀琉斯就是典型代表。他无组织无纪律，为个人恩怨擅自离开军队，而又因个人荣誉杀死了赫克托耳招致自己的死亡。虽然表现出了强烈的英雄气概，但却是个人英雄主义的做法。

《红色英勇勋章》故事开始，青年的母亲指出他的个人英雄主义思想，“别以为一上阵就能打败叛军，你办不到。你不过是一大群毛头小伙子之一”（第 4 页）。他认为自己在战斗中有勇气和能力用双手扼住敌人的喉管，像雄鹰般地保护家乡人民。他幻想着手中操纵战争的命运，英名万古流芳。在一次与敌人的短暂交锋中，在同伴们停火之后，他爆发出一种兽性凶猛，不停地猛烈扫射，并沾沾自喜，“稀里糊涂莫名其妙就成了一名自己所谓的英雄”（第 76 页）。这种勇猛是非理性情感的释放。有学者认为，“非理性化和象征秩序的压抑和控制力驱动着弗莱明做出英雄的举动，而这种举动又是非人性的、是兽性的”[16]。克劳塞维茨指出，“军人的勇敢完全不同于普通人的勇敢，普通人的勇敢是一种天赋的品质，而军人的勇敢也能通过锻炼和训练培养出来。军人的勇敢必须摆脱个人勇敢所特有的随心所欲和不受控制地显示力量的倾向，它必须遵从更高的要求：服从命令、遵守纪律、遵循规则和方法”[17]。强烈的个人英雄主义使他自以为是，认为他的见识远远超过了那些愚蠢、白痴般的将军；他想向兄弟们发表演说，指出战争的本质、军人们的命运和将军们的白痴。他对于上司极为不敬，在逃跑途中甚至有指责将军愚蠢和狠揍将军的冲动。这种个人英雄主义完全违背了军队中下级绝对服从、信赖、尊重上级规定的军人伦理，是极端自由主义的表现。

克劳塞维茨认为，“战争的主要精神要素，主要是通过这个团体的制度、规章和习惯固定起来的……如果轻视军队中可能和必然或多或少具有的这种团体精神，那是极不正确的。在所说的武德中，这种团体精神好像是将起作用的各种精神力量的粘结在一起的粘合剂。组成武德的那些晶体，要依靠这种团体精神才能荣誉地结合在一起来”[18]。集体主义主张个人从属于社会，个人利益应当服从集团、民族、阶级和国家利益，勇敢品质的表现也应有所拘束。集体主义还讲求团体精神，与团队成员和平相处，相互谦让、宽容、褒奖。

亨利在经历逃亡并再次回归部队后，在伦理道德上有了众多向善的改变。首先他重新认识了自己的微不足道。与战友相处，他变得更加宽容和友善，并与威尔逊、中尉建立了深厚的战斗友谊。他情愿屈尊降贵，善意地保护威尔逊的自尊。在战斗争夺军旗的过程中又与威尔逊心生默契，“两人都乐意让对方拥有它（红旗），却又都感到有义务声明，愿意高举着团队的标志，进一步冒生命的危险”（第 86 页）。他不再蔑视、抗拒上级，多次服从、配合中尉一同冲锋陷阵，相互鼓舞、号召大家前进，并欣喜地体会到这种默契，“感到与中尉之间有种微妙的手足之情和平等。两人嘶哑的喉咙一唱一和，相互支持”（第 87 页）。他不再强调个人的力量，开始注重集体的力量，时常高举军旗，鼓励大家冲锋，“呼唤着并不需要激励的战友……”（第 98 页）他感受到了他们之间浓浓的友谊，“时刻感到同伴们的存在，感到微妙的战友之情比他们为之战斗的事业更为强大。这是一种产生于死亡厌恶与危险的神秘友情”（第 26 页）。对于世事，他开始心态平和，认为作为一个勇敢无畏、器重战友的人，他用不着指责任何无论这个世界，还是这个社会的任何错误（第 68 页）。

亨利的集体主义还表现在集体荣誉感上。面对他人“泥软蛋”、“赶骡子的”的侮辱，他没有了冲上去狠揍侮辱者的冲动，只感到耻辱、愤怒，并试图以勇敢来血洗耻辱，报复侮辱者。军旗是军队荣誉、勇敢和统一指挥的象征，彰显着强烈的集体主义精神。在他眼里，军旗的形象以及对军旗的感情是变化他，从一只奋勇搏击狂风暴雨的小鸟变化为美与不可战胜的造化，对军旗的感情也从冷冷的快乐转变超过生命的意义。亨利所体会到的集体荣誉感和萌生的对军旗的热爱意味着他已经渐渐培养出了军人品德，从一个幼稚的青年慢慢成长为一名合格的军人。战争因此从失败走向了胜利。

罗伯特·贝拉在《心灵的习性》中指出，“美国的文化传统，是通过把个人高悬在无比荣耀却又极其恐怖的孤立状态中，来界定个性、成功和人生目的”[19]。对于这种美国内部强烈的个人主义意识，作者深恶痛绝。在作品《海上扁舟》中，他大力颂扬了四个船员为了共同目标团结互助的精神，“在这大海上建立起来的微妙的手足之情，很难用笔墨加以形容。谁也没说情况如此。谁也没提起过这种手足之情。然而，船中缺失存在着这种友情，因为使每个人感到温暖”[20]。他推崇集体主义精神，渴望人们走出极端个人主义，在战斗和危难之中寻找到一种唇亡齿寒般的兄弟情谊。

四、战争伦理意识和新英雄主义

成长意味着个体在伦理规范和道德价值上的不断地重新认识，直到成熟。克劳塞维茨认为，“战争是迫使敌人服从我们意志的一种暴力行为”[21]。亨利起初对战争的目的和本质以及军人伦理一无所知。他只是认为战争就是

“血红血红，壮丽多彩”的战斗，勇敢就是无所畏惧地英勇杀敌，军人的职责就是“尽量留心自己的舒适。……琢磨些肯定让将军们激动的念头。还有就是训练、训练、检阅：再训练、再训练、再检阅”（第5页）。面对内心的恐惧，他才开始坦诚自己的无知。在经历了多次战斗，看到了战争造成的血腥和痛苦之后，他才渐渐地从渴望战争转向仇恨战争，祈望温柔而永久和平的生活。

战争伦理包括开战正义、交战正义和战后正义。交战正义又包括区别性原则，即指要区别性地对待战斗人员和非战斗人员，包括放下武器的俘虏。在荷马奴隶时代，氏族贵族形成奴隶主，战俘最终的命运就是奴隶，被奴隶主视为财产，为主人服务并被主人随意处置。1862年的《日内瓦公约》、1898年和1907年《海牙公约》明确规定对战俘的处理，“在本公约中所没有包括的情况下，平民和战斗员仍受那些来源于文明国家间制定的惯例、人道主义法规和公众良知的要求的国际法原则的保护而后管辖”[22]。罗尔斯的战后正义理论认为，士兵是战争的牺牲品，他们被应征入伍、被迫参战，一旦放下手里的武器投降，他们就不再是敌人而成为普通人，别人对他们不再有生杀之权。小说中四个战俘的遭遇反映出现代战争中的交战正义伦理。面对这些战俘，战友们对他们都保持着友好的态度，“他们聊着战争和形势，人人感兴趣，相互交换着看法”（第100页）。战俘们对自己的命运也处之泰然，脸上没有丝毫“为明天路窄而忧心的表情，诸如牢房呀、金额呀、虐待呀之类”（第100页）。这种新时代的战争伦理与荷马时代的战争伦理大不相同。

西方战争伦理思想形成三大流派：纯粹道义战争伦理思想、战争无伦理差别思想和和平反战伦理思想。纯粹道义战争伦理思想强调战争的正义性来源于某种抽象和普遍的道德律令，并以这种道德标准来划分人的道德水平和文明程度，道德和文明程度高为战争正义的一方，可以采用一切暴力手段征服或改造另一方。中世纪的宗教式圣战属于纯粹道义战争。军事理论家阿隆认为自卫战争也具有正义性。战争无伦理差别思想强调战争没有正义与非正义之分，战争与道德没有直接联系，战争只是实现利益的工具，现实利益决定了战争行为。近现代大部分军事理论家，如克劳塞维茨就认同此观点。和平反战伦理思想主张消除战争灾难，赞美和平，相信人类可以通过道德自律和制度约束来实现不斥诸战争而达到真正的和平。

1924年，卡尔·范·多伦（Carl Van Doren）写道，“准确地说，现代美国文学从斯蒂芬·克莱恩那里就开始了”[23]。杨金才认为，“小说标志着战争已从前工业时期转变到一个机械化战争时代。……其矛头不是直接指向政治意识形态，而是指向了战争的表征问题”[24]。由此可见，以美国内战中查莎拉堡战役为背景的《红色英勇勋章》可以说是文学史上较早描述现代战争的作品。当时的《日晷》杂志评论该小说思想苍白，“既没有表现爱国主义，也没有真正的故事可言。不见传统意义上的情节，而且在叙述上是也有问题，随意性很大”[25]。因此这部现代战争小说也没有涉及战争的正义性和非正义性。回顾美国短暂的战争史，《红色英勇勋章》之前的《间谍》歌颂着美国独立战争的正义性，之后的一战小说，例如《丧钟为谁而鸣》、《太阳照样升起》等都属于反战小说。《红色英勇勋章》在整个故事中既未涉及战争的正义性为题，也没有描写亨利对战争的认识问题，只是在故事结束时作者表达了一种对和平的期望，“他（亨利）转而以情人的焦渴向往……温柔而永久和平的生活”（第105页），因此可以说这第一部描写现代战争的小说标志着古代战争伦理向现代战争伦理的转变。同时小说第一次采用了内省式叙事模式，注重人物的内心活动，《美国文学：作家与作品》认为《红色英勇勋章》是美国小说史上向内审视自我的开端，“自霍桑以来，是他第一次用英语……第一次用现代形式创作出了具有心理深度和诗话的故事”[26]。这种向内审视的叙事模式和大篇幅的心理描写内容都无疑有利于描述个体的道德情感、道德省思和道德批判，有利于表现个体在精神、心理和道德方面不断的成长。

该作品中战争伦理的转变还表现在对英雄伦理的重新认识上。有学者认为，克莱恩借用现代的“非英雄”形象对荷马史诗中的传统英雄主义进行了重新阐释改写了史诗所崇尚的价值和信念[27]。在克莱恩眼里，新英雄主义使人在面临巨大危险时能正视并克服自身怯弱的勇气，这与他是谁，具有何种身份和地位无关，而取决于他所具有的道德品质：真诚、勇敢、对真理和事实的洞察力。这与传统英雄仪表堂堂、勇猛杀敌、神族高贵的血统完全不同。本文认为，在亨利身上，除了至上无比的荷马时代的英雄主义意识之外，还有个较低的军人伦理意识。勇敢是两种伦理意识共有的价值标尺。虽然亨利无法实现荷马时代的英雄气概，并且还触犯了英雄伦理和军人伦理的伦理禁忌，但并没有妨碍他在故事最后实现了军人伦理和新英雄主义伦理。

克莱恩借助了青年母亲的话语和吉姆·康克林的行为阐释了新英雄主义的内涵：听从上帝的意志，顺其自然，勇敢地面对困难，即使是死亡。最后，亨利发现其真正内涵，并有自己的深刻体会，“他发现自己敢于回顾早先信条的厚颜无耻装腔作势，而且把它们看得非常透彻。真高兴自己现在已能蔑视这些破玩意儿”（第 104 页）。当青年“终于睁开双眼接受新的东西”，就意味着他已经成为现时代的新英雄，成为真正的男子汉。直到此时，作者才在此完成了亨利在道德伦理认识上的成长。

结语

克里斯丁·布鲁克·罗斯在评论《红色英勇勋章》时认为，“青年是魔鬼，军队中的每一个人都是魔鬼。每一个人可能是英雄……魔鬼和英雄就是同一个人”[28]。用文学伦理学批评来分析成长小说就是要研究青年从普通人或者“魔鬼”转变为英雄的成长轨迹，发现成长就是个体不断地从一个伦理困境中挣脱出来进入另一个伦理困境之中，从伦理混乱中不断地进入新的伦理混乱，最终进入伦理秩序中，实现自己的理想。成长小说的道德价值和社会意义也在于此。《红色英勇勋章》中主人公亨利经历了三个伦理结，重新认识了“英雄”主义——新英雄主义——最终成长为合格的现代军人。现代社会的军人伦理构成了从英雄主义伦理到新英雄主义伦理不可或缺的桥梁。

* 本文为国家社科基金重大招标项目“文学伦理学批评：理论建构与批评实践研究”【13&ZD128】、2013 年度国家社科基金资助项目“20 世纪美国文学中的医学想象与帝国政治”【13BWW044】、2013 年度湖南省教育厅一般项目“二十世纪美国文学中的医学伦理研究”【13C834】等课题的阶段性成果。研究成果同时受到“南华大学外国语言文学重点学科和语料库翻译学重点研究基地”的资助。

注释：

[1] 聂珍钊：《文学伦理学批评导论》，北京：北京大学出版社，2014 年，第 13 页。

[2] 聂珍钊：《文学伦理学批评与道德批评》，《外国文学研究》2006 年第 2 期。

[3] C. Hugh Holman, *A Handbook to Literature* (3rf. ed), Indianapolis: Odyssey, 1972, p. 124.

[4] 聂珍钊：《文学伦理学批评导论》，北京：北京大学出版社，2014 年，第 265 页。

[5] 聂珍钊:《文学伦理学批评导论》，北京：北京大学出版社，2014 年，第 258 页。

[6] [德] 克劳塞维茨:《战争论》第一卷，中国人民解放军军事科学院译，北京：解放军出版社，1965 年，第 182 页。

[7] John Higham, "The Re-orientation of American Culture in the 1980s", *In Writing American History: Essays in Modern Scholarship*, Bloomington: Indiana University Press, 1970, p. 63.

[8] [美] 斯蒂芬·克莱恩:《红色英勇勋章》，黄健人译，桂林：漓江出版社，2012 年，第 3 页。文中引用小说的内容都来自该书，以下仅标注页码，不再一一作注。

[9] 聂珍钊:《文学伦理学批评导论》，北京：北京大学出版社，2014 年，第 251 页。

[10] [德] 克劳塞维茨:《战争论》第一卷，中国人民解放军军事科学院译，北京：解放军出版社，1965 年，第 41 页。

[11] 王利明、杨立新：《人格权与新闻侵权》，北京：中国方正出版社，1995 年，第 97 页。

[12] 买琳燕:《走近"成长小说"："成长小说"概念初论》，《解放军外国语学院学报》2007 年第 4 期。

[13] Harold Bloom, *Modern Critical Views: Stephen Crane*, New York: Chelsea House Publishers, 1987, p. 67.

[14] 美国统一军事司法典。http://wenku. baidu. com/link? url.

[15] 美国统一军事司法典。http://wenku. baidu. com/link? url.

[16] 张放放:《〈红色英勇勋章〉中英雄典型弗莱明的心理解读》，《外国文学研究》2005 年第 5 期。

[17] [德] 克劳塞维茨:《战争论》第一卷，中国人民解放军军事科学院译，北京：解放军出版社，1965 年，第 181 页。

[18] [德] 克劳塞维茨:《战争论》第一卷，中国人民解放军军事科学院译，北京：解放军出版社，1965 年，第 182 页。

[19] [美] 罗伯特·贝拉:《心灵的习性：美国人生活中的个人主义和公共责任》，北京：生活·读书·新知三联书店，1991 年，第 8 页。

[20] [美] 斯蒂芬·克莱恩：《街头女郎玛吉》，孙致礼译，沈阳：辽宁教育出版社，2000 年，第 70 页。

[21] [德] 克劳塞维茨:《战争论》第一卷，中国人民解放军军事科学院译，北京：解放军出版社，1965 年，第 4 页。

[22] 姜楠:《美国战争伦理的研究：以第一次世界大战为例》，黑龙江大学硕士学位论文，2012 年。

[23] Carl Van Doren, "Stephen Crane", *American Mercury*, 1, 1924, pp. 11～14.

[24] 杨金才：《评〈红色英勇勋章〉中的战争意识》，《外国文学研究》1999 年第 4 期。

[25] 杨金才：《评〈红色英勇勋章〉中的战争意识》，《外国文学研究》1999 年第 4 期。

[26] Cleanth Brooks，ed，*American Literature*：*The Makers and the Making*，New York：St. Martin's Press，1973，Vol. II. p. 1650.

[27] 郑丽：《对英雄主义的重新阐释：斯蒂芬·克莱恩〈红色英勇勋章〉的主体探析》，《外国语言文学》2005 年第 4 期。

[28] Lee Clark Mitchell：《〈红色英雄勋章〉新论》，北京：北京大学出版社，2007 年，第 34 页。

古代文学文献研究

【主持人语】文学思想研究，文体学研究，文学与政治、经济、地理、文化之关系研究，是近些年来古代文学文献研究特别富有活力的领域。本专题所刊三篇论文，正展示了几位中青年学者在上述各领域的最新探索与收获。安敏《魏徵文学思想略论》，在全面梳理魏徵诗文创作的基础上，对其文学思想进行了总结与评述；尤其对魏徵重视探讨地域差异与文风差异的联系，探讨文质偏胜与南北文风嬗变的关联，标举南北文风合流的主张，给予了细致阐发与高度肯定。王前程《〈红梅记〉与〈钱塘遗事〉——〈红梅记〉中贾似道杀妾等故事源流考述》，对学术界认为晚明传奇《红梅记》中贾似道残杀李慧娘的悲剧故事源自元人小说《绿衣人传》的成说提出商榷，通过考辨，指出《红梅记》故事源头应是宋末元初人刘一清所著野史《钱塘遗事》。文章从故事原型的发展演绎，探讨杂史、小说与戏曲的渊源关系，考论精辟，因小见大。张世敏《论明代文学商品化与碑传风格的融合》，指出向来标榜延续史传贵“信”传统的传记文体，在明中期已成为普通商人的消费对象；收取润笔费的商人传记比例不断攀升，说明明代文学商品化程度呈不断加深之势；文学的商品化，对碑传文体特征及作家心理都产生了多方面的影响。文章从传统散文文体价值取向的变化，探讨文风演变与社会结构、商品经济、士人心理的关系，视野广阔，论证严密，颇具创意。（汤江浩）

魏徵文学思想略论

安　敏

（华中师范大学文学院，湖北武汉，430079）

内容摘要：唐朝初年重臣魏徵拥有诸多有代表性的文学思想。针对国家政治统治的稳定，他认为文学应具有重要的教化功能，强调文以致用。针对文学的雅正问题，他对齐梁浮艳、淫靡的文风进行了批评，并大力推举朴实刚健的文风；在此基础上，他将地域的差异与文风的差异联系起来讨论，将抽象的文质关系与具体的南北文风的不同联系起来阐述，提出了南北文风合流的主张，对唐朝文学的繁荣以及后代文学的发展起到了重要作用。

关键词：魏徵　文学思想　文以致用　文风合流

魏徵是唐朝开国之初鲜有的敢直言谏上的诤臣，在贞观政坛起到了至关重要的作用：他能着眼全局，为太宗提出很多休息养民的政策，对初唐政坛的稳定以及唐初文学的繁盛产生重大影响。

据《旧唐书》、《新唐书》等记载，魏徵早年家贫，父亲早逝，他胸怀大志，在动荡不安的时局中选择出家为道。据杜来梭先生《魏徵年谱》的考证，魏徵大致在隋开皇十四年（594 年）十五岁的时候出家为道士[1]，直至大业末年三十八岁左右时才出山做元宝藏的典书记，其入山为道的时间至少二十年之久，但从后世所传的魏徵的文学作品及文学理论来看，魏徵并未过多地受到道家思想文化的影响。魏徵的出家入道似乎更多的是在那个战乱时代韬光养晦的方式。在这段时间内，他就是一个隐逸在道观内的学者，有更多的机会博览群书，等待着一展胸中之志的时机。出山后，他随李密等人参与反隋战争，又为太子李建成的洗马。玄武门兵变之后太宗不计前嫌，对他委以重任，魏徵亦鞠躬尽瘁。他的人生经历如此丰富，他的思想贡献亦非常丰厚。这不仅表现在政治方面，也表现在文学发展方面。

唐朝建国不久，国基尚未完全稳定，在魏徵等人的建议下，唐太宗提出偃武修文的政策，注重文教并编修经史典籍，在总结前朝的经验教训的同时，通过文学建构来巩固一个新王朝的统治。

一、魏徵的文学活动情况

从《全唐文》、《全唐文补编》以及《全唐文补遗》来看，魏徵的文学创作大部分集中在他出山之后，尤其在贞观年间。

魏徵在文学创作方面造诣颇深，原有《魏徵集》二十卷及《谏事》等著作，均亡佚；《全唐文新编》共收录他所作文章三十七篇[2]，《全唐文补遗》和《全唐文补编》中存其文两篇[3]，未经《全唐文补遗》和《全唐文补编》收录其文八篇，另有内容亡佚、只存题目之文十三篇；《全唐诗新编》收魏徵所作之诗七篇，其中包括两大部祭祀诗歌，《全唐诗补编》收其诗一首；另有所作乐曲两首，均已亡佚，歌辞一篇。其中存疑之文十一篇，存疑之诗两首。单从魏徵所作之文来看他的创作活动：

魏徵作品一览表

作品体裁	作品名称
赋	《道观内柏树赋并序》（大业末，出山前）
檄文	《为李密檄荥阳守郇王庆文》（义宁元年，为李密作，九、十月间）
书信	《与徐世勣书》（武德元年十一月）
铭	《唐故邢国公李密墓志铭》（武德二年，年初草，闰二月刻石时有删补） 《九成宫醴泉碑铭》（贞观六年五月） 《砥柱山铭》（贞观十二年二月，史籍中仅存六句，全文见黄庭坚书帖） 《砥柱铭》（《全唐文》中只收四句）
疏	《谏诏免租赋又令输纳疏》（武德九年约十一月） 《谏发兵征岭南疏》（贞观元年九月） 《辨权万纪劾房玄龄王珪考官不平疏》（贞观三年润十二月，存疑） 《论处突厥所宜疏》（贞观四年三、四月间，存疑） 《谏迎接西域人贡疏》（贞观四年十二月，存疑） 《谏止聘充华疏》（贞观八年十二月） 《谏立杨氏为皇后疏》（贞观十年，存疑，仅存一语） 《谏案验告讦疏》（贞观十年约八月，存疑） 《论时政第一疏》（贞观十一年正月）《第二疏》（贞观十一年四月） 《第三疏》（贞观十一年五月）《第四疏》（贞观十一年七月） 《论君子小人疏》（贞观十一年）

续表

作品体裁	作品名称
疏	《理狱听谏疏》（贞观十一年） 《十渐疏》（贞观十三年五月） 《论御臣之术疏》（也作“论御臣之弊疏”，贞观十四年） 《论以高昌以为州县疏》（贞观十四年八月，存疑） 《谏出韦元方疏》（贞观十四年十一月，存疑） 《谏西行诸将不得上考疏》（贞观十四年十二月） 《论治道疏》（也作“论任臣之弊疏”，贞观十四年十二月） 《谏益州及北门造绫锦金银等物疏》（贞观十五年） 《谏遣使市马疏》（贞观十五年七月） 《谏魏王移居武德殿疏》（贞观十六年约四月） 《答太宗手诏疏》（贞观十六年七月，此为《卧病上四疏》中第三疏以及第四疏的一部分，其余漏收，其补遗补编未收） 《谏于虢州采银疏》（年代不详，约贞观初） 《豫章公主薨素服踰制疏》（年代不详，贞观中）
表	《请陪送葬建成元吉表》（贞观二年，与王珪合上） 《让左光禄大夫并乞解侍中为散官表》（贞观十年正月） 《自辩不言谤移旧閤者表》（贞观十年） 《谏格猛兽表》（贞观十四年闰十月） 《遗表稿》（贞观十七年正月）
议	《赏旧左右议》（年代不详，约武德中） 《朝臣被推期以上亲不宜停侍卫入内议》（年代不详，约武德末） 《明堂议》（贞观五年） 《象古建侯未可议》（也作“封建议”，贞观五年十一月，《全唐文》中所录不全，其补编、补遗均为收录） 《嫂叔舅服议》（贞观十四年十一月）
序	《群书治要序》（贞观五年） 《诸王善恶录序》（贞观七年）

从这张表中我们可以看出，目前魏徵现存的四十多篇文中有三十七篇是议论政事的疏、议、表等一类的应用公文，占其文章总数量的绝大部分。这

与魏徵的谏臣身份是相符的。从时间和内容上来看，自贞观朝魏徵被重用之后，其文章的体裁及内容都有趋于单一化的倾向，所作的疏、议、表等一类的文章几乎都是对时政的建议或思考，就目前现有的魏徵于贞观年间所创作的这两篇铭文来看，也似乎是承上旨意所作的应诏类文章，而诸如出山前所作《道观内柏树赋并序》一类抒发自我内心感受、表达内心感慨的文章几乎没有。从其大量的政论文中我们可以看出，魏徵更多地将文学创作视为实用性的工具而不是情感抒发的载体。

在不同的文学体裁中，魏徵呈现出不同的追求倾向：在疏、议、表等政论文中多运用排比、设问等修辞手法，使得论述严谨而有气势，还常常引经据典，使得所论述的道理明白晓畅且不失严肃；在赋、铭、书等一类文章中则表现为语言流丽优美、辞藻隽永而不失雅正；在《群书治要序》中则言语直接，倡导文学的社会功用，对靡艳的文学风格进行了批判。

二、魏徵的文学思想

贞观时期的文化建立在强烈的反思精神之上。以政治得失为指导，以历史经验为借鉴，这一时期的文人史臣们整理编撰了大量的经史典籍。魏徵以其深厚卓越的学识参与其中，修《隋书》，编《群书治要》，并在其中融入自己的文学思想。

他在《隋书·文学传序》和《群书治要序》中明确强调创作的实用性，同时也提出了一系列重要的文学思想，力图纠正唐代初年浮华的文风，主张文质并重的新文风，提出南北文风合流的思想，对贞观朝后文化、文学的融合发展起到了重要作用。

（一）倡导践行，强调文学的教化功能

《隋书·文学传序》是魏徵文学思想最突出和集中的表现。在《文学传序》中，他不仅全面总结了初唐之前文学发展的过程，指出文学的教化功用，更是颇有意义地强化“文质彬彬”的文学观，阐发南北文学合流的思想。这篇序文散发着不同于当时文坛之风的气息，可以说在唐代文学的发展中意义重大。

魏徵在《隋书·文学传序》中，以“《易》曰：‘观乎天文，以察时变，观乎人文，以化成天下。’”和“《传》曰：‘言，身之文也。’‘言而不文，行之不远。’”开篇，并以尧和周代君王的历史表现为依据，提出文学的重要作用：“文之为用，其大矣哉！”[4]认为文于上可以施德教于下，于下可以达情

志于上，为天地之经纬，垂范世人，辅佐君王，安稳人民，强调了文学在治理国家、教化百姓上的重要作用。相比动人的辞藻，美丽的笔触，魏徵更注重文学对于人民的政治教化作用，这其实是在总结传统的基础上重申文学教化对国家之安稳，民风之淳正的影响。《尚书》中的“诗言志，歌咏言”，《论语》中的“兴、观、群、怨”，《毛诗序》中的“成孝敬，厚人伦，美教化，移风俗”都是类似观点的呈现。

魏徵对于文学功用的看法可以说是符合贞观初年太宗“偃武修文”、弘扬儒教的要求的。太宗在继位之初就意识到儒教对于稳定统治的重要作用，他尊孔礼儒，使得儒学得到极大发展。在文教建设上，太宗从两个方面入手，一是文化机构的建设：设立弘文馆，精选天下文士，讲论文义，商量政事；二是对前代经籍进行校订和整理，对前代史书进行编撰。在此过程中，魏徵不断强化和发展着对文学功用的看法。他希望通过文学的教化来形成德、礼、诚、信的社会风尚，形成国家安定的基础。这不仅是对民的要求，也是对君的希望。魏徵力图通过礼乐制度的重建、经史子集的解读传播对百姓产生积极的教化作用。

在积极倡导的同时，魏徵也通过每次呈递给太宗的文来实践着文学的教化功能。他常用严谨的文辞，清晰的论述，充实的论证，佐以史料，联系实际，劝谏太宗。在《论知道疏》中，魏徵以“首”和“股肱”来比喻君臣之间的关系，并强调“首虽尊高，必资手足以成体，君虽明泽，必资股肱以致治”，体现出彼此依赖的君臣关系。此外，魏徵也多次引用荀子的“水能载舟，亦能覆舟”以及孔子的“鱼失水则死，水失鱼犹为水也”来劝导太宗正确地认识君臣关系，比喻贴切形象却不浮华，说理明白晓畅而不失严肃。通过这样的实践，儒家治世思想的重要组成部分——良好的君臣、君民关系得到了强化。

（二）批判浮华，提倡雅正之风

在《文学传序》中魏徵明确提出对南朝繁缛文风的批评，他认为南朝的文学多“雅道沦缺，渐乖典则，争驰新巧”，“其意浅而繁，其文匿而彩，词尚清险，情多哀思”，并认为这种文学风格是“亡国之音”[5]。在《群书治要序》中他也提到了这一点：“近古皇王，时有撰述，并皆包括天地，牢笼群有，竞采浮艳之词，驰骋迂诞之说。骋末学之传闻，饰雕虫之小技。流荡忘返，殊途同致。虽辩周万物，愈失司契之源；术总百端，弥乖得一旨。”[6]南朝自齐梁以来，文学创作过分追求辞藻的华美，骈俪的对偶等，重在吟咏女性的病态美和宫闱之欢，题材狭窄，思想内容贫乏，文风浮艳繁缛。这种靡靡的宫廷之音在唐初仍然很盛行，上自皇帝君王，下至百官大臣依旧对创作这种辞藻华丽而内容空洞的诗歌乐此不疲。魏徵在此时批评这种“亡国之音”，提倡雅正之风正是顺应时代而为的表现。在《文学传序》中，他对隋朝二帝在文风上的改革有高度的评价：“高祖初统万机，每念斫彫为朴，发号施令，咸去浮华。然时俗辞藻，犹多淫丽，故宪台执法，屡飞霜简。炀帝初习艺文，有非轻侧之论，暨乎即位，一变其风”，并认为炀帝的文章雅体并存，“虽意在骄淫，而词无浮荡”[7]。这一观点也可见于《隋书·经籍志》集部的评论以及《周书·王褒庾信传论》的论述。但对于齐梁时期的宫体诗，魏徵批评的态度是十分鲜明的，从中我们可以看出魏徵对于文学质朴之风的推崇。

魏徵目前仅存的一首《述志》诗，正是吻合了他追求质朴文风的文学观。在这首诗歌前半部，魏徵以铺陈的手法记述自己的经历——在战火纷飞之时投笔从戎，献言献策以求报效家国；后半部分则用典来表明自己对知遇之恩的感激，并以此激励自己为国为民鞠躬尽瘁。在整首诗的结尾处，魏徵以“人生感意气，功名谁复论”收束全诗，将全诗的感情推向高潮，借此表明了自己的心意，流露出伟大的抱负和理想。全诗洋溢着激昂的情感，于平实的叙述中流淌出粗犷深沉的情思，感情热烈真挚，诗中苍健的骨力更是不同于那个时代普遍的风格。因此明代的陆时雍在《唐诗镜》中对魏徵的这首诗有很高的评价：“挺挺有烈士之风，‘古木吟寒鸟，空山啼夜猿’是初唐一等格力。”[8]清代的沈德潜也在《唐诗别裁集》中给予这首诗“气骨高古”的评价，并认为“变从前纤靡之习，盛唐风格发源于此”[9]。由此可见，沈德潜与陆时雍均认为魏徵的这首诗在一定程度上开启了盛唐诗风，为当时的文吹来了一阵清新质朴之风。

魏徵对文学雅正之风的推举也是建立在太宗对雅正文学的提倡这一文学举措上的。在建国之初，唐太宗意识到浮艳的文风对整个社会风气有不良影响，并且多次流露出对于这种雅道沦缺的忧虑，他在《颁示礼乐诏》中说：“时更战国，多所未遑，雅道沦丧，历兹永久。”由此提出变革诗风的方法：“用咸英之曲，变烂熳之音。”[10]又在《帝京篇》其四中提出：“去兹郑卫声，雅音方可悦。”[11]从创作实际看，太宗虽然依旧对那种富有辞藻之美的作品不失喜爱，但他在创作时也会考虑到对于雅正之风的倡导。他创作的诸多咏物之诗不同于前朝。这些诗虽然依旧可见一些辞藻的堆砌，却不失帝王之相，这也是对于齐梁时期宫体诗的自觉改良。在魏徵之后不久，陈子昂更明确在《与东方左史虬修竹篇》中批评六朝齐梁“彩丽竞繁”的文风，认为“文章道弊五百年”，希望诗歌可以如建安时期之作，不失风骨，这对于包括四杰在内的诸多盛唐诗歌的先行者们具有非凡的意义。

（三）继承前论，主张文质并重

魏徵在《文学传序》中对南北文风有这样的评价：“江左宫商发越，贵于清绮，河朔词义贞刚，重乎气质。气质则理胜其辞，清绮则文过其意。理深者便于时用，文华者宜于歌咏，此其南北词人得失之大较也。”[12]这一评价简洁地概括了南北文风之差异：南方文人如江淹、沈约等人的文风辞藻绮丽，声律谐美，重视形式上的雕刻；以北地三杰为代表的北方文人的文风则铿锵有力，爽直朴实，注重在文章内容上的锤炼。南方之文常常给人辞彩华丽的感觉却缺少真情实感，北方的文章虽内容显豁但语言枯涩。

对“文”与“质”关系的认识在魏徵之前就有很多，如孔子的“文胜质则史，质胜文则野，文质彬彬，然后君子”，刘勰的《文心雕龙》和颜之推的《颜氏家训·文章篇》中也都有关于文质关系的详细论述。刘勰在《文心雕龙·征圣》中认为“圣文之雅丽，固衔华而佩实者也”，在《文心雕龙·辨骚》中认为，好的文章应该“酌奇而不失其贞，玩华而不坠其实”，追随作者的内心感受，以自己的真性情、真情感为主，同时注重文采，做到“文以传意”[13]。颜之推同样也在《颜氏家训》中强调了文质并重的重要性，他认为“文章当以理致为心肾，气调为筋骨，事义为皮肤，华丽为冠冕”，并认为当时的文风是“辞胜而理伏”，“事繁而才损”，提出自己对好文章的见解“宜以古之制裁为本，今之词调为末，并须两存，不可偏弃”[14]。可以说颜之推的以“理致”为重的文学观在当时绮丽浮艳的文学风尚之中是开启新风尚的。魏徵也正是在这一点上对刘勰与颜之推的文质理论有所继承，并在二人的理论基础上有了进一步的发展。

（四）发展探究，合南北文风之所长

魏徵的文质思想并未停留在前人的认识上，他在《文学传序》中对文质关系进行论述的基础上，最先意识到地域的不同使文学产生差异的合理性，首次将南北文风的长处与短处进行对比分析，将抽象的文质关系化作具体的南北文风的关系，并提出南北文风合流的愿望：“若能掇彼清音，简兹累句，各去所短，合其所长，则文质彬彬，尽善尽美矣。”[15]魏徵希望将南方文风中文辞华美的特点和北方文风富有高昂的现实意义的内容有机地结合起来，创造一种全新的唐代的文风，带有唐代融合包容的时代风潮。这种观点在一定程度上赋予了文质关系以现实意义，同样也对于后世南北文化的融合有着启发性的意义，成为后世文风融合的理论基础。

魏徵从总结南北文风的不同出发，探讨文风问题，体现了在政治大一统的局势下对文学风尚问题的新观察、新思考。贞观时期，太宗求贤兴举科举，一批庶族寒门的有才之士通过科举进入唐代的官场，他们带来的文学之风对当时流行于文坛上的风气有所撼动。随着国家的各种稳定局势的政策的不断推行，政治稳定，百姓安享太平。这种大局势下，贞观朝的文人们开始对国家、对政治充满热情，建功立业之思在内心中不断膨胀，士人的精神风貌有了很大改变，所创作的诸多文学作品也不再是一味地无病呻吟，南朝颓靡的文风渐渐地失去了地位。正是在这种情况下，魏徵的“文质彬彬”的文论观点迎合上唐初一代诗人自我意识的觉醒，他们用真实自由的诗性去抒写真实的生命体验，对之前狭隘的庙堂之中的文学有所突破，改变了诗歌的题材和格局，使唐诗获得了新的生命力，开启了唐代文学新的局面。在这个意义上来说，魏徵的这一观点可以说奠定了初唐文坛乃至之后唐代文坛的风尚。

如果说陈子昂是在初唐萎靡的诗坛中大声倡导诗文革新的第一人的话，那么魏徵的文学思想可以说是陈子昂文学理论的先驱。魏徵作为唐代开国时期的重臣，拥有广博的学识和见解，他通过《隋书·文学传序》以及他自身的创作表达了他高屋建瓴的文学思想。虽然现存的魏徵的作品大多是上疏，但是从中我们依然可以看到，作为一名政治家，魏徵十分强调文学的功用，他深谙文以致用之道，强调文学对教化百姓、在国家统治过程中所起到的积极作用。魏徵对南朝齐梁的萎靡的“亡国之音”提出了明确的批判，强调了雅正的文学观。他继承前人思想，再一次强调了“文”与“质”的关系，并首次将地域的差异与文风的差异联结起来进行讨论，将抽象的文质关系与具体的南北文风的不同联系起来阐述，进一步提出南北文风的融合，这不仅对开启盛唐诗歌的繁荣起到了重要的作用，同时也对于南北文化方面的融合有积极意义。

* 本文为2012国家社科基金青年项目“初唐经史‘制作’对文学思想的影响研究”【12CZW028】的阶段性成果。

注释：

[1] 杜来梭：《魏徵年谱》，北京：科学出版社，2011 年，第 25～27 页。

[2] 后经考证，《韦宏质妄议宰相疏》一文为唐武宗时李德裕之文，《旧唐书》卷十八上《武宗纪》会昌五年十二月、《新唐书》卷一百八十《李德裕传》等均有记载，为误收。

[3] 其中《西戎论》一文为《隋书》卷八十三《西域传》篇末的议论，并不是独立的一篇文章，不应收入。

[4]（唐）魏徵等：《隋书》卷七十六，北京：中华书局，1973 年，第 1729 页。

[5]（唐）魏徵等：《隋书》卷七十六，北京：中华书局，1973 年，第 1730 页。

[6] 周绍良：《全唐文新编》卷一百四十一，长春：吉林文史出版社，2000 年，第 1601 页。

[7]（唐）魏徵等：《隋书》卷七十六，北京：中华书局，1973 年，第 1730 页。

[8]（明）陆时雍：《诗镜・唐诗镜》卷一，保定：河北大学出版社，2010 年，第 406 页。

[9]（清）沈德潜：《唐诗别裁集》，北京：中华书局，1975 年，第 7 页。

[10] 周绍良：《全唐文新编》卷六，长春：吉林文史出版社，2000 年，第 58 页。

[11]（唐）李世民著，吴云、冀宇校注：《唐太宗全集校注》，天津：天津古籍出版社，2004 年，第 8 页。

[12]（唐）魏徵等：《隋书》卷七十六，北京：中华书局，1973 年，第 1730 页。

[13]（南朝梁）刘勰著，周振甫译：《文心雕龙今译》，北京：中华书局，1986 年，第 222 页。

[14]（北齐）颜之推著，王利器注：《颜氏家训集解》，上海：上海古籍出版社，1980 年，第 249 页。

[15]（唐）魏徵等：《隋书》卷七十六，北京：中华书局，1973 年，第 1730 页。

《红梅记》与《钱塘遗事》

——《红梅记》中贾似道杀妾等故事源流考述

王前程

（三峡大学文学与传媒学院，湖北宜昌，443002）

内容摘要：历来学术界认为晚明传奇《红梅记》中贾似道残杀李慧娘的悲剧故事源自元人小说《绿衣人传》，但笔者以为贾似道杀妾故事最初源头应是宋末元初人刘一清所著野史笔记《钱塘遗事》。理由有三：一是产生于元初的《钱塘遗事》载有贾似道杀妾等故事，早于元后期出现的《绿衣人传》；二是《红梅记》中贾似道误国史实大多取材于《钱塘遗事》；三是《红梅记》承续了《钱塘遗事》以史为鉴的创作意识，表现了浓郁的历史兴亡之感。

关键词：《红梅记》 《钱塘遗事》 《绿衣人传》 贾似道故事 史鉴传统

《红梅记》是晚明文人周朝俊的传奇名作，不仅生动地刻画了李慧娘、裴禹、郭谨等正面人物形象，还成功地塑造了一个贪财好色、忌刻阴毒、误国害民的奸臣形象贾似道。其中，贾似道残杀姬妾李慧娘的悲剧故事给广大读者观众留下了极为深刻的印象，后世因此衍生了一系列以李慧娘反抗贾似道为基本内容的戏曲作品。

贾似道残杀李慧娘等故事之来源何在？历来学者们认为源自元人小说《绿衣人传》。如吴梅《中国戏曲概论》评《红梅记》云："余按元人稗史，有《绿衣人传》，与记中李慧娘事绝类。大抵此记事实皆本《绿衣传》也。"[1]谢伯梁参编《中国文学史》介绍周朝俊说："所作传奇十余种，只有源于瞿佑《剪灯新话·绿衣人传》的《红梅记》成为传世之作。"[2]王星琦《红梅记·前言》亦云："《红梅记》中李慧娘故事直接取材于明初人瞿佑《剪灯新话》中的《绿衣人传》。"[3]但笔者以为，宋末元初人刘一清所作野史笔记《钱塘遗事》中已载有贾似道杀妾事，它应是周朝俊构思创作《红梅记》的最初源头。

一、《钱塘遗事》早于《绿衣人传》

《钱塘遗事》和《绿衣人传》均为元人作品，都记述了贾似道杀妾事。《绿衣人传》曰：

> 秋壑一日倚楼闲望，诸姬皆侍，适二人乌巾素服，乘小舟由湖登岸。一姬曰："美哉二少年！"秋壑曰："汝愿侍之邪？当令纳聘。"姬笑而无言。逾时，令人捧一盒，呼诸姬至前曰："适为某姬纳聘。"启视之，则姬之首也，诸姬皆战栗而退。

《钱塘遗事》卷五"贾相之虐"条曰：

> 贾似道居西湖之上，尝倚楼望湖，诸姬皆从。适有二人道妆羽扇，乘小舟由湖登岸，一姬曰："美哉二少年！"似道曰："尔愿事之，当令纳聘。"姬笑而无言。逾时，令人持一盒，唤诸姬至前，曰："适为某姬受聘。"启视之，则姬之头也，诸姬皆战栗。

《红梅记》中贾似道残杀李慧娘的悲剧故事，即本于上述文字。《绿衣人传》与《钱塘遗事》记述基本相同，唯少数字词有别。那么，二者孰先孰后？这是值得认真考察的。元末明初瞿佑在小说集《剪灯新话》中收有《绿衣人传》，明后期小说集《燕居笔记》和《情史》等亦收录该篇，分别题作《绿衣人记》和《绿衣人》。吴梅《中国戏曲概论》及董康《曲海总目提要》皆将《绿衣人传》视为"元人稗史"，并未明确断定作者是瞿佑，大概他们均认为《绿衣人传》为元代无名氏之作，被瞿佑等人收录。今有学者认为《绿衣人传》为吾邱衍之作："《绿衣人传》，元代吾邱衍作，明初瞿佑将其收入小说集《剪灯新话》。"[4]这个看法显然站不住脚。

吾邱衍，杭州人，元代著名学者和诗人，主要活跃于元大德年间，著有《学古编》、《周秦刻石释音》、《尚书要略》、《说文续解》等学术著作，另著有《竹素山房诗集》和《闲居录》等小说集，存世小说集《闲居录》中没有《绿衣人传》。《四库全书总目》卷一百六十六记曰："《竹素山房诗集》三卷，元吾邱衍撰。……于至大三年为人所累，被摄得释，不胜其恚，自投西湖死。"[5]即是说，吾邱衍死于元武宗至大三年（1310 年）。而《绿衣人传》开头记述故事主角赵源"延祐间游学于钱塘"，"延祐"为元仁宗年号，"延祐间"即 1314 年至 1320 年，其时吾邱衍已不在人世，不可能知道延祐之后的事。可见，《绿衣人传》产生的时间最早不早于元后期至治元年（1321 年）。

从叙事常理看，小说创作的年代应在泰定元年（1324 年）之后，因为如果《绿衣人传》作于至治年间（1321 年—1323 年），与故事发生时间很近，作者一般不会用“延祐间”这样含混的时间概念。

《钱塘遗事》的作者，历来著录为元人刘一清。宋元时期名“刘一清”者非一，究竟是哪一个“刘一清”才是《钱塘遗事》的作者？《钱塘遗事》作于何时？近年来学者王瑞来专门考证了《钱塘遗事》的作者等问题，虽然没有得出确切的结论，但基本认定作者乃是宋末元初江西“庐陵教授”刘一清。在考察作品成书问题上，王先生将《钱塘遗事》刊本面世时间的上限定在皇庆元年（1312 年），下限则定在至正四年（1344 年）[6]。这个时间跨度长达三十余年，如果《钱塘遗事》刊印于延祐之前，则肯定早于《绿衣人传》；如果刊印于至正初年，则可能晚于《绿衣人传》。

笔者认为，《钱塘遗事》早于《绿衣人传》是可以肯定的。基本理由有三：

其一，古代书籍刊印时间不等于完稿及流传时间。一般情况下，书籍刊印本面世都要晚于完稿和传抄时间。如《三国志平话》刊印于元至治年间（1321 年—1323 年），但其内容早在南宋时期就广泛流传于世；《三国演义》、《水浒传》等作品早在明代前期便以手抄本形式传播于民间，却在一百余年后的嘉靖时期刊印本才正式面世。也就是说，即使《钱塘遗事》刊印于元末至正年间，也无法排除它早已流传于世的事实及其对于《绿衣人传》的影响。

其二，作者刘一清为宋末元初人，《钱塘遗事》应成书于元代前期。王炎午《吾汶藁》卷三收入《送右卫教授刘一清北上》一文，其中有云：“里选废而士不得不游，封建改而游不得不息，盖人才与世道升降尚矣。……吾刘兄一清，乡先生。……少与余周旋诗文，未出而善与人交。念跼蹐环堵不自拔，谒武昌省取儒职。既六七岁，复观上国，赖当路有力者推毂教授右卫。衣青衫，载天录，拥高马大盖归故乡，以为兹荣，皆游之力也。士果不可徒守乡里如此哉！春序既仲，别余复上京师。念吾党拘儒当科，未复不能出门一步，及科复则又徒欲守常途，不肯决失得于场屋。一清取功名于科举未复之前，可谓无所待而兴者，庸非豪杰者乎！”[7]刘诜《桂隐诗集》卷一中有《送刘一清教授入京》一诗：“三月江水绿，君行适京畿。辞亲古所重，而使亲颜怡。江北多杨花，江南莺乱飞。去去事经济，归来树旌麾。”[8]王炎午，生于南宋淳祐末年（1252 年），宋末太学生，江西庐陵人。文天祥勤王时，他曾谒军门论事；文天祥被俘后，他作生祭文祭之，宋亡后终身不仕，明钱士升《南宋书》中有其小传。刘诜，亦江西庐陵人，生于南宋咸淳年间，与南宋遗老们多有来往，著有《桂隐诗集》、《桂隐文集》等。

从王炎午、刘诜所作诗文中可以寻觅到有关刘一清的几点重要信息：一是刘一清与王炎午、刘诜均为江西庐陵名士，交往较为密切。刘一清可能在南宋时期做过负责讲解经义、掌管课试之类的文职官员，宋亡后被迫退居乡里，以教徒授业为生（即“乡先生”）。二是刘一清做过元朝右卫教授。元初废除科举制，断绝了士人进身之路，大批士人只得靠游历干谒求取仕途。刘一清功名心较强，又颇有交际能力，加之不甘心于窘迫处境，便北上武昌干谒地方官员谋取了“儒职”；过了六七年，又进京干谒，终于得到朝廷大臣的举荐而做了右卫教授。右卫，元官署名，属枢密院，设置于元世祖至元年间，其主官为正三品。《元史・百官二》记载右卫署中设有教官二：“蒙古字教授一员，儒学教授一员。掌诸屯卫行伍耕战之暇，使之习学国字，通晓书记。”[9]刘一清当为儒学教授，他在进京就职之前专门回了一趟家乡庐陵探望亲旧，尽管职位不算高，但终归属于朝廷命官，所以能够乘高马大盖、车载皇朝文册，在乡里亲旧看来是件颇为荣耀的事，王炎午、刘诜送行的诗文当作于刘一清离开家乡进京就职之时。三是刘一清与王炎午是同辈人，他们都是由宋入元的“遗民”。二人年轻时多有诗文往来，王炎午称刘一清为“刘兄”，可见刘一清年龄可能略长于王炎午。《钱塘遗事》是作于刘一清进京任职之前还是任职之后，不得而知，但有一点可以肯定：元延祐末年（1320 年），王炎午近七十岁，如果刘一清还健在，亦当七十岁上下，《钱塘遗事》的成书应不晚于这一时期。

其三，《钱塘遗事》充满宋末遗民情绪，当产生于元代初期。《四库全书》之《钱塘遗事提要》评曰：“其书虽以钱塘为名，而实纪南宋一代之事。高、孝、光、宁四朝所载颇略，理、度以后叙录最详。大抵杂采宋人说部而成，故颇与《鹤林玉露》、《齐东野语》、《古杭杂记》诸书互相出入。……然于宋末军国大政，以及贤奸进退，条分缕析，多有正史所不及者。盖革代之际，目击偾败，较传闻者为悉，故书中大旨，刺贾似道居多。”[10]南宋灭亡之后，人们对于把持朝政、误国败家的权奸贾似道的痛恨之情不言而喻，宋末元初出现了大量反思历史、追念前朝故国的野史杂记，如陈世崇《随隐漫录》，周密《齐东野语》、《癸辛杂识》，蒋子正《山房随笔》，李东有《古杭杂记》，无名氏《宋季三朝政要》，等等。刘一清《钱塘遗事》无疑也是宋末元初痛惜南宋亡国历史思潮下的产物，书中多述贾似道之恶德，在《半闲亭》一文中直斥其腐败亡国之行径："似道为国之重臣，而其可以闲中消日月耶？天下乌得不坏！"全然是南宋遗民口吻与情绪。

由此可见，宋末元初遗民刘一清阅历丰富，交游广泛，在宋元两朝从事过儒学文化教育，有搜罗文献资料之便，而又能诗善文，文化修养深厚，具备写作《钱塘遗事》之资材；《钱塘遗事》应成书于元代前期，并在社会上广为流传，有力地影响了元后期小说《绿衣人传》的创作，并成为明人周朝俊构思《红梅记》的最初源流。

二、《红梅记》中贾似道故事大多本于《钱塘遗事》

《四库全书提要》将《钱塘遗事》归于史部杂史类，并指明其多"杂采宋人说部"、"较传闻者为悉"，可见《钱塘遗事》具有浓厚的小说成分。正是这种生动的小说意味，激发了后世众多小说家、戏曲家的创作兴趣和灵感。《红梅记》的构思与创作固然受到多方面因素的影响，但其中贾似道祸国殃民之史实，则主要源自《钱塘遗事》等宋元野史的艺术启迪。

《钱塘遗事》十卷，从卷四至卷七有多达近五十个条目，相当集中地记述了贾似道一生的恶迹，这些记述大多为元末编撰的《宋史·贾似道传》所参照和采录。其中，一些重要故事为周朝俊《红梅记》所吸收。

1. 贾似道好色

贾似道好色行为，宋元多种野史笔记不载，独见于《钱塘遗事》卷六"戏文诲淫"条："湖山歌舞，沈酣百年。贾似道少时，挑挞尤甚。自入相后犹微服，间或饮于妓家。"《宋史·贾似道传》据此记载云："似道日坐葛岭，起楼阁亭榭，取宫人娼尼有美色者，日淫乐其中。"[11]

《红梅记》受此启发，精心虚构了贾似道贪色故事，深刻揭露了其荒淫无耻、强娶强夺的卑劣行径：第七出《瞥见》写贾似道游乐于西湖，远远望见美丽的卢昭容，顿起色心，便遣管家四处打听得实，定要强娶卢昭容做妾；第十六出《脱难》写李慧娘自述不幸身世："初本良家女子，为贼所算，逼为姬妾"；第二出《泛湖》写杭州士子郭谨愤然骂道："贾平章强娶良家女子，恶极罪重！"

2. 贾似道残暴不仁

前文引《钱塘遗事》卷五"贾相之虐"条，足显贾似道残暴至极，无名氏《绿衣人传》和田汝成《西湖游览志余》均照录于文中。而《红梅记》则将《绿衣人传》所写人鬼恋与贾似道杀妾事合而为一，使故事更加具体、更加怵目惊心：李慧娘脱口赞美英俊的裴禹，贾似道顿起杀心，面对李慧娘的百般解释和求饶，竟毫无恻隐之心，剑断李慧娘之首，并以此警告其他姬妾；后又为追查放走裴禹之罪责，对所有姬妾进行百般拷打，充分暴露了其残暴本性。

贾似道的狠毒不仅表现在家庭生活中，更集中表现在残酷打击政敌上。《钱塘遗事》之"贾相当国"、"吴潜入相"、"杀向士璧"、"谪皮龙荣"、"窜谢枋得"、"士人言贾相"、"襄阳受围"等条目，记述贾似道"妒贤嫉能"，谋害宰相吴潜，杀名将向士璧、曹世雄，逼死参政皮龙荣，迫使刘整叛敌，流放建宁府教授谢枋得，黥窜临安府士人叶李、萧至，等等，无所不用其极。其中，上书抨击贾似道专权误国害民而遭"黥窜"的临安府士人叶李、萧至，应是周朝俊笔下裴禹、郭谨二书生之原型。《红梅记》写裴禹阻挠贾似道强娶卢昭容，便被软禁且险遭杀害；写郭谨作诗讽刺贾似道贪腐害民，贾似道扬言："怎肯把那人轻纵!"并下令"明日送提学道处置他"。其实，《红梅记》所叙贾似道排斥异己的丑恶行径仅为其冰山一角。

3. 贾似道强行公田法

《红梅记》第二十一出《怨聚》描写一商人披头散发叫屈，声言要自杀，原因是祖上三代贩卖官盐，不料贾似道以低价强行买为己有，招致盐商破产，无奈只得一死了之；又叙述一批农民啼哭而来，声言饿死前到贾府前讨个棺材，原来贾似道强制推行公田法弄得无数农民"人离家破"。第二十四出《恣宴》写郭谨在贾似道生辰日送了两首讽刺诗，其一云："昨日江头涌碧波，满船都载相公鹾。虽然要作调羹用，未必调羹用许多!"其二云："襄阳几载困孤城，豢养湖山不出征。不识咽喉形势去，公田枉自害苍生。"

所谓"公田法"，即规定每户田地超过一定数量，就必须将三分之一卖给政府充作"公田"。贾似道推行公田法，极力压低价格，浙西田亩有值钱千缗者，也一律只付四十缗。而官府又强逼强买，以至多处逼死人命，百姓怨声载道。《钱塘遗事》卷五以"推排公田"、"公田专官"、"公田赏罚"、"公田之惑"、"推排田亩"、"彗星之变"、"贾相之虐"等条目，集中叙述了推行公田法的情况和危害以及朝野的抱怨，等等，痛心疾首地指出强行公田法致使国家"气象萧条，生灵憔悴"。"贾相之虐"条末尾还记述百姓作诗讽刺云："初，似道于浙西行公田，民受其害，有题诗曰：'襄阳累载困孤城，豢养湖山不出征。不识咽喉形势地，公田枉自害生灵。'"《红梅记》揭露公田危害的故事和诗歌，即源于此处。《绿衣人传》和《西湖游览志余》在《钱塘遗事》的基础上又增加了讽刺贾似道贩盐牟利的诗歌，亦为《红梅记》所吸收。

4. 贾似道荒淫误国

《红梅记》第七出《瞥见》描写贾似道畅游西湖，船上美人把盏，招摇过市。卢昭容听到鼓乐笙歌之声，气愤道："原来又是贾平章！……闻道朝中无宰相，果然湖上有平章。"此剧情显然取材于《钱塘遗事》卷五"似道专政"条。此条记述咸淳初年，宋度宗授贾似道平章军国重事，"朝政一委大臣，似道益自专。上称之曰'师臣通国'，称之曰'师相'，曰'元老'。居西湖葛岭，赐第。五日一乘车船入朝，不赴都堂治事，吏抱文书就第呈署，宰执书纸尾而已。朝夕谋议则馆客廖莹中，外则堂吏翁应龙。讽台谏弹劾、诸司荐辟举削及京户畿漕、处断公事，非关白不敢自专。在朝之士忤意者，辄斥去。后叶梦鼎、江万里皆归田，军国重事似道于湖上闲居遥制，时人语曰：'朝中无宰相，湖上有平章。'"手握大权不放，却又荒废朝政，整日闲居游乐西湖，南宋末年政治乱象可知。

《红梅记》第十七出《鬼辩》描写贾似道对亲信廖莹中说："我与圣上平章了几件军国重事，赏月出朝不觉晚了。"廖莹中打趣道："老太师在半闲堂与姬妾们斗促织便足了，军国重事何必入朝？"按周密《齐东野语》卷十九"贾氏园池"条记载，贾似道西湖葛岭别墅中有"遂初容堂"、"养乐堂"、"嘉生堂"、"介堂"、"声在堂"等堂名，并无"半闲堂"之称。所言"半闲堂"应源自《钱塘遗事》卷五"半闲亭"条："度宗赐贾似道第于湖上，似道匾亭曰'半闲'，自称'云水道人'。"周朝俊改"亭"为"堂"而已。"斗促织"之说源自《宋史·贾似道传》："尝与群妾踞地斗蟋蟀，所狎客入，戏之曰：'此军国重事邪？'"[12]

《红梅记》第二十四出《恣宴》描写贾似道庆生辰、与众美人饮酒恣乐之际，先后来了三个报子（送信军卒），报送襄阳紧急军情，贾似道深感败兴，十分恼怒。第一个报子被逐，第二个报子被打一百棍后赶出府门，并命令左右："把大门封了，门外张挂一告示，如有再言边事者斩！"第三个报子硬闯进贾府，结果被斩首。结尾下场诗云："万事无过一醉休，升平元老固金瓯。且图闺阁通宵饮，哪管边城一段愁！"剧情生动，扣人心弦，虽是周朝俊的成功虚构，却明显受了《钱塘遗事》等宋元野史笔记的艺术启迪。陈世崇《随隐漫录》卷三云："襄阳之围，食子爨骸，权奸方怙权妒贤，沉溺酒色，论功周、召，粉饰太平。”蒋子正《山房随笔》记时人题诗云：“楼台突兀妓成围，正是襄阳失援时。王气暗随檀板歇，江声流入玉箫悲。”而《钱塘遗事》卷六“贾相讳言”条则直接记述了贾似道封锁消息的恶毒行为：“贾似道见襄城被围日久，束手无措，日以辞位为请。至咸淳庚午，襄阳之围不解者三年矣。一日，度宗问似道：‘襄阳之围三年矣！’似道对曰：‘北兵已退去，陛下得臣下何人之言?’度宗曰：‘适有女嫔言之。’似道询问其人，诬以他事，赐死。自是边事并无敢言者。”报送襄阳紧急军情的报子被斩首与言襄阳边事的嫔妃被赐死，如出一辙。

5. 贾似道骄横败亡

贾似道骄横跋扈，普通百姓畏惧如虎。《红梅记》之《泛湖》等出叙述贾似道独占西湖，百姓不敢靠近游赏，贾似道豪华游船开来，吓得书生李素连忙回避。第七出《瞥见》写贾似道到天竺寺，拿腔作势恐吓众僧，逼得方丈连忙向他贡献了“龙井茶一百斤”、“青笋干五十担”。贾似道骄纵不法，朝野闻名，在宋元野史笔记中多有记载。《山房随笔》记曰：“其赐第正在苏堤葛岭孤山之近，游人常盛。自贾据此，有游骑过其门，必为侦事者察报，每为所罗织。有官者被黜，有财者被祸。”《钱塘遗事》卷六“明堂遇雨”条更是记录了贾似道的专横霸道：咸淳八年（1272 年）九月，朝廷在明堂举行祭祀大典，礼毕遇大雨倾盆。贾似道吩咐等雨停后度宗再坐车回宫。当时胡贵嫔之父胡显祖为度宗身边武官近侍，他做主请度宗改坐逍遥辇还宫。度宗因贾似道有言在先，故而不敢擅自回宫。胡显祖谎说贾已同意，他才放心离开。事后贾似道暴跳如雷，以辞职相要挟，度宗只好屈就贾似道，“罢胡显祖，出胡贵嫔为尼，上为之泣下”。《宋史·贾似道传》基本照《钱塘遗事》原文抄录。周密《齐东野语》卷十九《明堂不乘辂》亦有类似记述。

对于贾似道骄纵不法最终招致身败名裂的历史结局，《红梅记》事先作了警告和预示。第二十四出《恣宴》写贾似道生辰日广斋僧道，大势至菩萨装扮“疯和尚”前来化斋，吃完斋饭后覆钵而去，贾似道拿起钵来看，内有一行小字云：“得好休时便好休，收花结子在绵州。”警告了骄横腐化的贾似道，也预示了其最终死于木绵庵的结局。

众所周知，这一剧情乃是直接承续《绿衣人传》所述：“乃有诗二句云：‘得好休时便好休，收花结子在漳州。’”田汝成《西湖游览志余》将“漳州”改为“绵州”，预示贾似道在漳州木绵庵被郑虎臣杀死的结局。而《钱塘遗事》卷五“贾相举令”条有近似记述：“壑翁招碧梧马廷鸾、西磵叶梦鼎行令，举一令要一物与人，得物者还以一联诗。秋壑云：‘我有一局棋付与棋师，棋师得之，予我一联诗：自出洞来无敌手，得饶人处且饶人。’碧梧云：‘我有一钓竿付与渔翁；渔翁得之，予我一联诗：夜静水寒鱼不饵，满船空载月明归。’西磵云：‘我有一张犁付与农夫，农夫得之，予我一联诗：但存方寸地，留与子孙耕。’似道不悦而罢。”这条记述虽然没有明确预示贾似道死于木绵庵的结局，但“空载”、“方寸地”等词句均预示了贾似道多行不义必自毙的历史下场，“得饶人处且饶人”与“得好休时便好休”二句含意相近，句法相同，《绿衣人传》等或受了《钱塘遗事》之启发。

三、《红梅记》承续《钱塘遗事》的史鉴传统

在宋元野史笔记中，刘一清《钱塘遗事》和周密《齐东野语》、《癸辛杂识》等是记录贾似道故事较为集中的作品，但与《齐东野语》、《癸辛杂识》等对贾似道持褒贬不一的态度不一样，《钱塘遗事》立场鲜明，所有条目都是以揭露讥刺贾似道为宗旨。现今不少历史学者怀疑《钱塘遗事》许多材料的历史真实性，甚至认为有些条目“有悖历史常识，诬陷贾似道的痕迹更为明显，不足为辨”[13]。不可否认，在异代之际遗民将宋朝之亡归咎于权奸误国的氛围之下，《钱塘遗事》专意搜罗有关贾似道的大量负面记载，确实存在小说虚构和夸张成分。但是，不应否认《钱塘遗事》整体材料的历史真实性，因为一个基本事实是：执政者贾似道胡作非为、瞒天过海是促使南宋迅速走向败亡的重要原因，贾似道身亡之后三年，宋朝便烟消云散。面对历史的沧桑巨变，末世凡有良知的文人士大夫又岂能不感慨良多呢！

刘一清作《钱塘遗事》，将记事重点放在宋末理宗、度宗两朝，又以权相贾似道一生行迹为主线，很显然寄寓了深刻的历史兴亡之感。作品叙述贾似道身为朝廷宰相，手握大权却又荒废政事，整日闲居游乐西湖，甚至淫纵于娼妓之门，以致朝政乱象丛生，江河日下。作者在卷五“半闲亭”条中慨然叹道：“似道为国之重臣，而其可以闲中消日月耶？天下乌得不坏！”同卷“窜谢枋得”一条中，作者看似客观叙事，实则宣泄其悲愤之情：“建宁府教授谢枋得校文江东漕闱，发策诋时政。似道怒，窜兴国军。其《江东十问》，备陈贾似道景定以后政事，知国家必亡于权臣之手。至如《八陵一问》，读之使人泪下。”

贾似道专擅朝政，误国害民，其根子在皇帝。《钱塘遗事》卷五“理宗政迹”条对宋理宗弊政提出了严厉的批评，叙述理宗不仅宠信宦官、外戚，迷信方士、女冠，以致群小“骤至”、上下贿赂公行，还大兴土木，奢侈无

度，“开献纳之门，没入两争田土，名曰‘献助’，实则白取”；又大行封赠，赏赐无节，以致国库空虚，民不聊生。作者直斥对这种不顾国计民生、大肆铺张浪费的行为道：“何其不节耶！”卷六“戏文诲淫”条叙述理宗过问御史台纠察小官胥吏风流荒淫之事，而对品行不端、误国败政的贾似道却置之不理，作者感慨地说：“至于壑党所为，大奸大贪，曾不敢言，以至亡国。悲矣！”

正是由于皇帝昏庸、权相贪腐、小人在位、忠良隐退，终使南宋王朝大厦倾颓，人心四散。《钱塘遗事》卷六、卷七之“襄阳失陷”、“下鄂州”、“金山之败”、“五木之败”等条目，详细记录了宋末兵败如山倒、一路城破民亡的惨象。作者一边叙述，一边长叹：“独守孤城，降于六年之后，岂得已哉？”“中流荡然，全无备御，哀哉！”“呜呼，京口第一重门户而失之，行阙岌岌矣！”“呜呼！使北兵渡江之后，州州有守臣如姚訔者，忠于国家而死守封疆，宋鼎又安得而转移耶！”足见作者对于南宋亡国历史的感慨之深。而作者每叙一事件，读者都不难感受到其矛头所指，乃在最高统治阶层。很显然，《钱塘遗事》表现了十分明确的总结亡国教训、以史为鉴的思想意识，正如四库馆臣在《钱塘遗事》卷一“题识”中所说：“士大夫湖山歌舞之余，视天下事于度外，卒至丧师误主、纳土卖国，可为长叹惜也。观是书，不能无所感云。”[14]

《钱塘遗事》这种痛定思痛、总结历史兴亡教训的史鉴意识，亦为《红梅记》所继承。学术界通常将《红梅记》视为才子佳人戏，这种归类自有其合理性，但《红梅记》不是单纯的才子佳人戏，它明显含有另一条历史兴亡线索。《红梅记》凡三十四出，贾似道出场有七出，与贾似道相关联的还有十一出，其比例之高可见。剧本不仅描写了贾似道导致裴、李人鬼恋悲剧及裴、卢悲欢离合命运，还将襄阳沦陷、国家岌岌可危的可怕局面同贾似道的腐败骄纵紧密联系在一起。

剧作第二出《泛湖》写关心天下大事的才子郭瑾说：“听得边报，说元兵攻打襄樊哩！”有意识地将才子佳人故事置于一个特殊的历史背景之下。第六出《虏围》写元兵大举围攻襄樊城（即襄阳、樊城），襄樊危在旦夕。第二十三出《城破》写襄阳被困三年，朝廷不发一兵一卒，襄阳弹尽粮绝，守城将帅毫无斗志，纷纷降敌，终于城破，南宋门户洞开。第二十一出《怨聚》、第二十四出《恣宴》等生动展现了南宋王朝风雨飘摇的广阔画面：内则层层剥削，官贪吏虐，社会经济凋敝，民不聊生，哭声载道；外则敌人兵临城下，国家危在旦夕，而身为朝廷重臣的贾似道却置若罔闻，一边对昏庸的皇帝封锁消息，只报喜不报忧，一边变本加厉地贪污腐化，寻欢作乐。《恣宴》重点描绘了贾似道大办寿宴、醉生梦死的丑态：被围困三年的襄阳城破在即，军中报子一拨一拨传来襄阳告急文书，却被拥着众姬妾饮酒作乐的贾似道拒之门外，一位报子气愤地说："天下大势已去，尚在此安然饮酒歌舞！"结果被贾似道斩首示众，还老大不高兴地说："今日老夫生辰，被这厮们搅得俺好不耐烦也！"一个醉生梦死、亡国败家的奸臣形象跃然纸上。剧本还在字里行间流露了对于南宋可悲历史的慨叹，如第七出用"山外青山楼外楼，西湖歌舞几时休？暖风熏得游人醉，莫把杭州作汴州"这首南宋名诗作为上场诗，第十四出用"望扬州，故国空回首"一句作为上场曲，第二十四出写报子感叹道："襄、樊俱破，宋朝大事去矣！"显然，《红梅记》承续了《钱塘遗事》等宋元野史笔记以史为鉴的传统，表现出了鲜明的批判主题和浓烈的历史兴亡之感，具有深刻的现实教育意义。

由此可见，周朝俊的创作意图，并非单纯地歌咏才子佳人的爱情，而是借情恋故事来反映一代兴亡历史。对此早有学者已经论及："明中叶以后，单纯写才子佳人的传奇虽然还为数不少，但毕竟出现了一些描写士子关心政治并直接参与政治斗争的作品，这是一种新的苗头。从这个意义上来看，《红梅记》可以说是开了戏曲作品'借离合之情，写兴亡之感'的风气之先。这个风气和传统发展到《桃花扇》是一个极至。"[15]虽然爱情题材和历史题材在周朝俊笔下结合得不够完善，但我们不能否认《红梅记》的历史价值。

周朝俊何来历史兴亡之感而继承《钱塘遗事》的史鉴传统呢？这与他所处时代息息相关。从明人王稚登《叙〈红梅记〉》之记述可知，《红梅记》大约作于明万历三十七年（1609年）之前，这是明朝迅速走向败落的时期。《明史》卷二十一《神宗本纪》赞评曰："神宗冲龄践阼，江陵秉政，综核名实，国势几于富强。继乃因循牵制，晏处深宫，纲纪废弛，君臣否隔。于是小人好权趋利者驰骛追逐，与名节之士为仇雠，门户纷然角立。……以致人主蓄疑，贤奸杂用，溃败决裂，不可振救。故论者谓明之亡，实亡于神宗。"[16]明朝中后期，内忧外患日益突出，至万历初期，张居正扶持年幼的明神宗进行改革，国家渐趋富强。但十年之后张居正一死，神宗便废弃了张居正的改革措施，并长期深居后宫，不问朝政，以致小人猖獗，朋党角立，政治愈加腐败，边患愈加频仍，民生日渐凋敝，国家衰败之势，不可拯救。生活于这种环境下的周朝俊不可能无动于衷，《红梅记》最后收场诗曰："落拓江湖二十年，闲愁闲闷过花前。且将一片丈夫气，散作绮罗丛里言。”显然，周朝俊对时局感到十分焦虑和绝望，他试图借南宋末年衰亡的历史来警示人们，以达到借古喻今之目的，其史鉴意识是不言而喻的。

总之，《红梅记》在题材选择和历史兴亡主题的设置上，与《钱塘遗事》等宋元野史笔记有着至为密切的关系，《钱塘遗事》记述贾似道杀妾等故事，是《红梅记》构思与创作的最初源流。

注释：

[1]（清）吴梅：《中国戏曲概论》，北京：中国人民大学出版社，2004 年，第 177 页。

[2] 袁行霈主编：《中国文学史》第四卷，北京：高等教育出版社，1999 年，第 116 页。

[3] 王星琦校注：《红梅记》，上海：上海古籍出版社，1985 年，第 5 页。

[4] 何明新：《〈娇红记〉和〈绿衣人传〉的反封建倾向》，《重庆师院学报》1986 年第 4 期。

[5]（清）永瑢、纪昀等编纂：《四库全书》，上海：上海古籍出版社，1987 年，第 4 册，第 368 页。

[6] 王瑞来：《“镜古孰非殷监呈”——〈钱塘遗事〉考述》，《四川师范大学学报》2013 年第 4 期。

[7]（宋）王炎午：《吾汶藁》，（清）永瑢、纪昀等编纂：《四库全书》集部四，上海：上海古籍出版社，1987 年，第 1189 册，第 575 页。

[8]（元）刘诜：《桂隐诗集》，（清）永瑢、纪昀等编纂：《四库全书》集部五，上海：上海古籍出版社，1987 年，第 1195 册，第 219 页。

[9]（明）宋濂等：《元史》卷八十六，北京：中华书局，2000 年，第 1435 页。

[10]（清）永瑢、纪昀等编纂：《四库全书》，上海：上海古籍出版社，1987 年，第 408 册，第 960 页。

[11]（元）脱脱等：《宋史》卷四百七十四，北京：中华书局，2000 年，第 10661 页。

[12]（元）脱脱等：《宋史》卷四百七十四，北京：中华书局，2000 年，第 10661 页。

[13] 王述尧：《对几部笔记中有关贾似道事迹的评析》，《孝感学院学报》2004 年第 2 期。

[14]（清）永瑢、纪昀等编纂：《四库全书》，上海：上海古籍出版社，1987 年，第 408 册，第 967 页。

[15] 王星琦校注：《红梅记》，上海：上海古籍出版社，1985 年，第 2 页。

[16]（清）张廷玉等：《明史》卷二十一，北京：中华书局，2000 年，第 195 页。

论明代文学商品化与碑传风格的融合

张世敏
（上饶师范学院文学与新闻传播学院，江西上饶，334001）

内容摘要：延续史传贵“信”传统的文集传记，在明代中期成为商人的消费对象，是明代文学商品化的最重要的标志。收取润笔费的商人传记比例不断攀升，说明明代文学商品化程度呈不断加深之势。文学商品化加深对碑传文的影响包括两个层面，一是塑造了文人越是赞誉商人，内心就越反感商人的创作心理；二是以相同的创作心理为基础，传记、墓碑文在风格趋于融合，即墓志铭传记化与传记墓志铭化。

关键词：传记　文学商品化　商人传记　碑传文

在商品化的诸类文体中，传记由于承袭了史传贵信的传统，是不易被商品化的文体；“屠沽小人”向来被文人轻视，因此难以求得请托之文，更难以请文人为其撰写传记。明代中期大量出现的商人传记，同时在以上两个方面有了突破，是明代文学商品化进一步加深的典型代表。可以说，只有对商人传记商品化的过程有清晰的认识，我们才能对明代文学商品化的程度做出更客观的判断。

对于商人传记，余英时等学者将其与为商人撰写的墓志铭、寿序、赠序等文章一起，全都视为请托应酬之文。不过，这些论著未能对文献进行拉网式搜集，因而得出的结论难免存在偏差。有鉴于此，本文以对明中期商人传记进行全面搜集作为研究的文献起点，考察明中期文学创作商品化的程度及变化情况，并在此基础上探索文学商品化对碑传文风格的影响。

一、商人传记是否都为润笔费而作

商人墓志铭最早见于宋代，商人传记在文集中出现始于元代。商人墓志铭、传记、寿序、赠序的大量涌现，则是明代中期及以后的事。由于商人身份的特殊性，研究者往往将这些文章直接与润笔费联系在一起。余英时论道：“文人谀墓取酬，自古有之，但为商人大量写碑传、寿序，则是明代的新现象……明代不少士大夫（如在中央任清要之职的人）往往要靠润笔来补贴生活费用。"[1]

商人墓志铭几乎都会收取润笔费，但商人传记是否都是文人谀墓取酬之作，是值得商榷的。由于文体的差别，明代文人对墓志收受润笔费是直言不讳的，但对传记收取润笔费却讳莫如深。金瑶说道："汪子守敬，旧知也……一日来，忽出币，肃衣冠，拜，为其族子早求铭其母金氏墓。"[2]汪守敬与金瑶关系亲密，即使是他请金瑶写墓志铭也要支付润笔费，而且作者在墓志中也不讳言。商人传记的情况恰好相反，笔者在《四库全书》、《四库全书存目丛书》、《续修四库全书》中搜集到的160篇明代中期商人传记中[3]，没有一篇能够看出作者收取了传主或其家人财物的蛛丝马迹。商人传记的作者对于润笔费的讳莫如深，与商人墓志铭作者对于润笔费直言不讳之间的巨大反差，说明明代文人对这两种文体认识是有差异的。

传记以正史为正宗，最基本的要求便是真实可信。刘勰在诠释史书编撰原则时说过"文疑则阙，贵信史也"[4]。这一原则在明代受到史学家与文人的推崇，嘉靖《徽州府志》在编撰过程中受到商业化影响较大，但作者及作序之人却不忘标榜史传贵信的原则。胡松在序言中论道："郡邑志，即古列国史也。所以纂言记事，用垂来宪，理道之所资，贵于考信焉耳矣。"[5]

在贵信传统的影响下，明中期很多商人传记并没有被商品化。商人传记中所记载的"机诈商人与义士化商人、高士化商人，虽然同称为商人，实质上已经可以视为完全不同的亚群体"[6]。因此，我们可以把明代中期的160篇商人传记分为机诈商人传记、一般商人传记与高士化商人传记三类，考察它们在收受润笔费上存在的差别。

1. 机诈商人传记无润笔费

商人传记记述机诈商人之事，目的是惩恶，这类商人传记在明代文集中屈指可数。殷云霄所作《朱恺传》，记述了商人朱恺本与姚明相交甚厚，姚明欠赌债，知朱恺持钱物出外经商，便谋财害命之事。殷云霄于传末论道：

> 殷子曰："以利合者，以利而败，岂不然哉！恺之见杀，以厚明也。故信其诱而不避，示其有而不疑明也。利有所重，而爱有所忘，相与俱毙，悲哉！"[7]

传中所载之事，对传主朱恺及其家人来说，是悲惨之事；殷云霄对朱恺与姚明两位商人"以利合者，以利而败"的评价，包含他对商人的批判之意，由此可以推知，传主及其家人不会为该传付费。殷云霄也不会为商人撰写请托之文，其文集《石川文稿》中没有一篇应酬之文是为商人所作，可以证明此说。

2. 一般商人传记并非都为润笔费而作

一般商人传记，指的是为介于机诈商人与高士化商人之间的商人所作的传记，它们是明中期商人传记的主流，在笔者搜集到的160篇商人传记中，三分之二以上是一般商人传记。

一般商人传记有相当大一部分不为润笔费而作。如汪道昆为叔父所作《世叔十一府君传》，李梦阳为祖父所作《贞义公传》，宋仪望为高祖、曾祖等祖先所作的《南山居士传》、《仲玉翁传》、《贞寿公传》等，都是为至亲之人所作。汪道昆、李梦阳、宋仪望为他们的至亲之人作传，很难想象会收润笔费。

明人在为关系疏远的亲人与关系亲近的朋友撰写传记，可能会收费。李诩《戒庵老人漫笔》中“文士润笔”条记述了这样一个故事：

> 嘉定沈练塘龄闲论文士无不重财者，常熟桑思玄曾有人求文，托以亲昵，无润笔。思玄曰：“平生未尝白作文字，最败兴，你可暂将银一锭四五两置吾前，发兴后待作完，仍可还汝可也。”[8]

这段文字确可证明明代文人即使为亲昵之人作墓碑传状类文章，有时会收取润笔费，但同时也曲折地流露出以下两个方面的信息：第一，托以亲昵，证明关系并不太亲近，否则就没有必要再“托”了。前文所述汪道昆、李梦阳、宋仪望为他们的叔父、祖父、高祖、曾祖等至亲作传，无须经过请托这一环节，润笔费也就无从谈起。第二，明人即使是为沾亲之人作传，通常情况下应当是不收润笔费的，否则，李诩《戒庵老人漫笔》就没必要把桑思玄之事当奇闻记录了。

3. 高士化商人传记大多不收润笔费

高士即有高义之行的人，它是相对于一般义士而言的概念。当商人传记的传主是高士时，即使传主的身份是商人，作者也会在传记中流露出发自内心的敬佩。周思谦《胶东二高士传》中的传主之一梁生，以卖蔬菜、书为生，有人怜梁生贫困，买菜时多给钱，往往遭到他的怒骂；卖书则在书上标明价格，若顾客给的钱超过了标价，梁生会不高兴，并把多余的钱还给顾客。周思谦在叙完梁生之事后，感慨道：

> 斯人也，是吾之师也夫！是吾之师也夫！夫陈仲子、郝子廉，吾始

以为战国人也，秦汉人也，今之人无有也。乃今复有斯人耶？使天下皆得斯人者为之也，天下其有弗治耶？[9]

以梁生之贫困，应当没有能力支付得起该传的润笔费；以梁生之正直，根本不会想到通过金钱为自己求传扬名；更何况梁生根本没有给周思谦相见的机会。通过作者在传末对梁生的褒扬，尤其是“是吾之师也夫”这种高度评价，可知周思谦作此传是有感而发，传中对梁生的由衷钦佩与盛情赞誉，非商品化的传记可比。

此外，田汝诚《阿寄》、汪道昆《汪永锡妻传》等高士化商人传记，情况也与《胶东二高士传》类似，基本可以断定与润笔费无关。

通过以上分析，对于商人传记是否都为润笔费而作这个问题，我们可以得出如下结论：承袭史传贵信的创作原则，传记是不宜被商品化的文体，因而文人为商人作传，即使收取了润笔费，也不敢公然承认。在实际创作过程中，文人为机诈商人、高士化商人作传，创作目的是惩恶扬善，基本可以断定与润笔费无关。即使是一般商人传记，其中为至亲之人所作的传记，大多也与润笔费无关。

二、商人传记商品化比例攀升

通过前文的分析可以得知，明代中期的商人传记有些不是为了润笔费而撰写的。不过，随着明中期文学商品化程度的加深，文人撰写传记收取润笔费，的确已是常见之事。金瑶在为商妇吴氏所作行状中道：“余性喜作文，然不喜为人作状传，惧犯谀墓中人戒。”[10]此言道出了明代中期以后传状文与墓碑文一样，有了谀墓之讥。

这就引出了一个问题，哪些商人传记收了润笔费，哪些没有收？回答这一问题是勾勒明代中期文学创作商品化发展趋势的基础。然而，如前文所言，每篇商人传记本身都没有明言该传是否收了润笔费。因此，描绘明代中期商人传记商品化的发展趋势，我们得另辟蹊径。

笔者认为，通过梳理明代中期商人传记作者与传主之间关系的变化，可以反映商人传记商品化的变化过程。明代中期的160篇商人传记，按照亲密程度的不同，作者与传主之间的关系可以分为亲缘关系、师门关系、朋友关系、同乡关系、官民关系、不明及不识六种。关系越亲近，收取润笔费的可能性越小；关系越疏远，收取润笔费的可能性便越大。如果作者与传主关系亲密的传记所占比例越来越小，关系疏远的传记所占比例越来越大，就足以证明商人传记在明中期商品化的程度是不断提高的。

明中期的160篇商人传记，分别由50位作家所作[11]。将这50位作家按照时间先后排序，再将他们的作品中作者与传主的关系进行对比，过于繁琐；此外，50位作家在家庭背景、地域环境、社会地位等方面存在差异，因而不一定具有可比性。为提高可操作性与可比性，本文将删繁就简，从这50位作家中，选出两组作为代表进行比较。

1. 徽州文人所作商人传记商品化比例攀升

金瑶、汪道昆、吴子玉三位作家都来自徽州地区，而且都出身于商人家庭。金瑶为从侄金潭所作《侄松溪君传》、为嫂所作《亨十九嫂汪氏传》、为侄孙所作《东泉处士传》，传主是商人或商人妇，这说明金氏家族中不乏商人。汪道昆为其父撰《家大夫述》，明言其父为盐商。据吴子玉为其曾祖所作《德四公传》及为季父所作《吴枢传》，为伯兄所作《吴琏传》，传主都有经商经历，可知吴氏家族也算得上是商人世家。相同的地域背景，相同的家庭背景，使得三人之间具有很强的可比性。

将金瑶、汪道昆、吴子玉三人的作品进行对比，反映明代中期商人传记商品化变化的过程，还需要弄清楚他们的生卒年或主要活动时间。依据现存文献，对金瑶的生卒年我们只能给出一个大略时间。《四库全书总目》中《六爻原意》叙录曰："明金瑶撰。瑶字德温，号栗斋，休宁人，嘉靖辛卯（1531年）选贡生，授会稽县丞。"[12]范涞《明新安金栗斋先生文集序》载金瑶"弱冠以诗补邑廪士，郡守郑公首拔入紫阳书院。凡九试南北闱不第。乃谒选，初丞浙之会稽"[13]。金瑶一生中，可以确定的一个时间点是嘉靖辛卯（1531年）选贡生。男子20岁称弱冠，试南北闱即会试，三年一次。金瑶在选贡生之前，九试南北闱，需要27年，20岁补邑廪生，才有资格参加会试。由此可以推测，金瑶当生于1484年之前。

汪道昆的生卒年可以确考。据汪无竞所撰《汪左司马公年谱》[14]可知，汪道昆生于嘉靖四年（1525年），嘉靖二十六年进士，卒于万历二十一年（1593年），生年在金瑶之后至少40余年。

吴子玉的生平，《休宁县志》、《茗洲吴氏家记》、《列朝诗集小传》、《明代传记资料索引》等文献中有简略记载，然其生卒年，明清文献没有确切之言。笔者认为比较稳妥的办法是对其确切生卒年存疑，根据相关文献梳理出他在文学上的主要活动时间。吴子玉为其文集所作自序《序略》落款为万历丁亥（1587年）季秋月之朔，汪道昆为其文集所作《太函集自序》落款则为万历辛卯（1591年）十月朔，通过对比，可知两人的文集最终完成的时间也相差不久。

确定了三位作者在地域、出身家庭上具有可比性，以及他们在时间上的先后排序之后，接下来将用表格将他们所作的商人传记进行统计分析。

表一　金瑶、汪道昆、吴子玉商人传记传主与作者不同关系数量统计表

作者及商人传记总量	亲缘关系传记数量及百分比	师门关系传记数量及百分比	同乡关系传记数量及百分比	朋友关系传记数量及百分比	不明及不识传记数量及百分比
金瑶（《邵赠君焚券记》、《百滩汪翁传》、《侄松溪君传》、《吴节妇程氏传》、《东圃公传》、《吴畏轩君传》等13篇）	8篇	1篇	2篇	2篇	0篇
	61.5%	7.7%	15.4%	15.4%	0%
汪道昆（《孝感传》、《汪处士传》、《七烈传》、《许长公传》、《世叔十一府君传》、《儒侠传》等31篇）	13篇	0篇	6篇	10篇	2篇
	41.9%	0%	19.4%	32.3%	6.4%
吴子玉（《桂墩记》、《东渠公传》、《程季公传》、《处士王季公传》、《刘母吴硕人传》、《德四公传》等19篇）	5篇	2篇	5篇	7篇	0篇
	26.3%	10.5%	26.3%	36.9%	0%

需要特别说明的是，汪道昆所作31篇商人传记中，有两篇传主与作者不识，分别是《孝感传》与《庖人传》，这两篇传的传主俱有高义之行，可归为高士化商人传记。金瑶、吴子玉二人没有为高士化商人作传，因而这两篇传记与金瑶、吴子玉二人的传记不具可比性，应排除在比较的范围之外。

通过对比上表数据，可以发现随着年代推移，收了润笔费的比例不断攀升。其中为亲人而作，通常不收费的商人传记所占比例不断下降，金瑶为61.5%，之后的汪道昆为41.9%，吴子玉为26.3%。为同乡、朋友而作，通常收取润笔费的商人传记所占比例不断增长，金瑶为同乡而作的商人传记比例为15.4%，之后的汪道昆为19.4%，吴子玉为26.3%；金瑶为朋友而作的商人传记比例为15.4%，之后的汪道昆为32.3%，吴子玉为36.9%。当作者与传主之间的关系为师门关系时，可能会收费，上表中看不出明显的变化。

2. 前、后七子所作商人传记商品化比例攀升

就笔者所见，前七子为商人作传记者，唯李梦阳一人；后七子为商人作传记者，有李攀龙、吴国伦、王世贞三人。李梦阳生于成化年间，比出生于正德年间的李攀龙、吴国伦、王世贞三人早四十余年。他们所作商人传记中传主与作者关系的变化情况见下表。

表二　前、后七子商人传记传主与作者不同关系数量统计表

作者及商人传记总量	亲缘关系传记数量及百分比	师门关系传记数量及百分比	同乡关系传记数量及百分比	朋友关系传记数量及百分比	不明及不识传记数量及百分比
李梦阳(《鲍允亨传》、《贞义公传》2篇)	1篇	0篇	0篇	0篇	1篇
	50%	0%	0%	0%	50%
李攀龙(《何季公传》、《张隐君传》2篇)	0篇	0篇	0篇	0篇	2篇
	0%	0%	0%	0%	100%
吴国伦(《中宪大夫刘公传》1篇)	0篇	0篇	0篇	1篇	0篇
	0%	0%	0%	100%	0%
王世贞(《许长公小传》、《孙义卿传》、《张隐君传》、《程母传》、《童子鸣传》、《许本中传》等9篇)	0篇	2篇	1篇	2篇	4篇
	0%	22.2%	11.1%	22.2%	44.4%

通过将前、后七子的商人传记进行对比，同样可以发现收了润笔费的商人传记比例呈不断攀升之势。李梦阳为不收费的亲人所作占总量的50%，李攀龙、吴国伦、王世贞三人都是0%；李梦阳为可能收费的师生关系的人所作为0%，王世贞为22.2%；李梦阳为很可能收费的同乡所作为0%，王世贞为11.1%；李梦阳为很可能收费的朋友所作占0%，吴国伦为100%，王世贞为22.2%。为关系不明或不识之人所作之传，情况稍显复杂。李梦阳为不识之人作有《鲍允亨传》，占总量的50%，但可归为高士化的商人传记，基本可断定没收润笔费。李攀龙为关系不明之人作有2篇传记，占总量

的100%；王世贞为关系不明或不识之人作有传记4篇，占总量的44.4%，俱为一般商人传记，应当收了润笔费。由此可知，前七子李梦阳的2篇商人传记，都无润笔；后七子李攀龙、吴国伦、王世贞所作商人传记，几乎都收了润笔费。

通过对徽州文人群体与前、后七子所作商人传记进行统计分析，可以得出相同的结论，即明中期商品化的商人传记的比例呈攀升之势。商人传记商品化趋势在前、后七子这个群体中，比在徽州文人群体中表现得更为突出。

三、碑传文风格受文学商品化影响趋于融合

不能被商品化的传记越来越多地成为商品，标志着明中期文学创作商品化的程度进一步加深。明代大量出现的为商人撰写的墓志铭、寿序、赠序，则反映了明代文学创作商品化已非常普遍。文学商品化重塑了碑传文作者越是赞誉商人，内心越反感商人的创作心理；相同的创作心理，使得商人传记、商人墓碑文、商人行状等碑传文在风格上趋于融合。

1. 重塑作者的创作心理

在传统中国社会中，商人的地位不高，文人对商人的态度多是轻视、贬斥。不过，当文人为商人创作传记、墓志铭等请托之文时，由于利益的驱动却不得不违心地赞誉商人。这对矛盾越积越重的结果是，文人越是在请托之文中赞誉商人，内心就越反感商人。这种矛盾心理，最明显的表现在李梦阳与唐顺之二人身上。

李梦阳颇负文名，晚年靠卖文过着奢华的生活。李开先在《李崆峒传》中说："崆峒虽四次下吏，而晚景富贵骄奢，以其据纷华之地，而多卖文之钱耳。传据素闻，或不得其真。"[15]向李梦阳买文的顾客中有相当一部分是商人，《空同集》中为商人撰写了墓志铭四篇、赠序两篇、寿序一篇、商人传记两篇。由于接受了商人的润笔费，他在上述文章中，对商人多有吹捧之言。为拔高商人地位，他在《明故王文显墓志铭》一文中有"夫商与士，异术而同心"[16]之言。这句话似乎可以证明李梦阳对商人群体是充分肯定的。然而，此类请托之文中的话诚如李开先所言，既不能反映商人群体的真实面貌，也不能表达李梦阳对商人的真实态度，反而激化了李梦阳对商人的厌恶。他在《贾论》这篇议论性的深思之文中，就明确表达了对商人群体的深恶痛绝：

> 语人曰："贾之术恶。"人必以为谬。然不知贾深刻取赢美，深刻则

> 心易残，取赢美则戕物。故非大奸巧不能逾等夷。然贾亦不尽尔，若尔常十七八，亦其术使然也。夫心，神舍也。深刻则耗神，耗则昏眊而形不和，形不和则不能修于身。行此，非术之罪哉！……传于后世，故不务仁义之行而徒以机利相高者，非卫欲喜生之道也。[17]

在李梦阳看来，“贾之术恶”这一论断是能够成立的，理由是商贾“深刻取赢羡”，既伤了自己的本性，又会残害他物。不是因为经商之人本性都有问题，而是因为他们所操之贾术有问题。

又，李梦阳在《拟处置盐法事宜状》一文中论道：

> 夫水遇下则奔，兽睹圹则走，人见利则趋。今盐非商不售，商非召不集，以故市井锥刀之子，举得鼓舌与官府争低昂。设一无赖子弟，攘臂贾众，观望摇撼，需满而应，则轻重之柄，岂复在我哉！[18]

相对于《贾论》对商人的厌恶，这段文字可以看成是对商人的声讨。李梦阳声讨商人的原因是商人取得相对于士人的经济优势之后，政治上的地位也不断提升，“轻重之柄”渐渐被商人掌握。

李梦阳在请托之文中对商人的赞誉，与他在《贾论》及《拟处置盐法事宜状》这类深思之文中对商人的厌恶、声讨，两者之间存在巨大的反差。同一文集中出现对商人完全矛盾的观点，说明李梦阳在商人参与文学消费的大背景下，为了润笔费不得不遵循文学创作商品化的规则，在请托应酬之文中违心地赞誉商人。作者对于商人的反感与厌恶，则随着对商人的赞誉而加深。

李梦阳并不是孤证，同时期的唐顺之也是如此。他在文集中为商人创作过不少的墓志铭、行状、传记。其中最具有代表性的是《吴氏墓记》与《葛母传》。《吴氏墓记》的墓主吴翁与作者为同乡，吴翁是一位“取人所弃，予人所取”的商人。唐顺之为他作墓记的原因是“翁葬后几年，而其孙嵩与岳求余记其墓，余不能辞也”[19]，而为之记。

唐顺之在其文集中不仅为商人撰写了墓记，还为商妇李妙贤撰写了传记。李妙贤是商人葛钦之妻，她事舅姑恭谨，有“振里族之乏，缮桥甃衢，粥饿槥胔”的义举。这些义举算不上是高义之行，仅凭这些义举，不值得文人为她立传。唐顺之为其作传的原因是“余亦知涧（葛母子）者，于是涧以传属余”[20]。此外，唐顺之为商人所作的《休宁陈氏墓庐记》、《弟妇王氏墓志铭》、《程少君行状》大抵类此。

对于自己所作的这些请托应酬之文，唐顺之很是懊悔。他在四十多岁时写给王慎中的书信中写道："近来自观旧稿，支离叛道之言，篇篇有之。理既不当，文亦未工，郝然尽欲焚烧而为快，缘颇为人抄录，无可奈何。"唐顺之想焚烧而后快的文章，到底是什么呢？唐顺之在这封信中有回答：

> 居常以刻文字为无廉耻之一节，若使吾身后有闲人作此业障，则非吾敢知。至于自家子弟，则须有遗属说破。此意不欲其作此业障也。仆居闲，偶想起宇宙间有一二事，人人见惯而绝是可笑者。其屠沽细人，有一碗饭吃，其死后则必有一篇墓志。……汉唐以前绝无此事。[21]

唐顺之认为文人为"屠沽细人"之类的小商人作墓志铭，是无廉耻之事，并不愿自家子弟作此业障，可见他对商人作墓志铭的反感之深。墓志铭且不应该作，为商人作传就更不应该了。透过唐顺之对自己的反省，可知他对商人的反感与自己曾为商人撰过不少请托之文，有着密切的关系。

李梦阳与唐顺之越是在请托之文中赞美商人，在议论文、书信等深思之文中，对商人的反感与排斥就越深。这种矛盾心理正是在文学商品化中孕育而生的。

2. 影响文学创作，改变文体风格

明中期文学的商品化，导致作者内心对文学消费者的态度出现了矛盾，矛盾两端的张力作用于文学创作，使墓志铭的风格向传记靠拢，传记的风格向墓志铭靠拢。传记与墓志铭的同化趋势，从整体上改变了碑传文的风格。

首先是墓志铭的传记化。吴讷论道：墓志铭"埋于圹前，文则严谨。其书法，则惟书其学行大节，小善寸长，则皆弗录"[22]。尤珍认为"碑铭当日纪盛事，惟有扬颂无微词"[23]，颇得碑铭之真味。按照墓志铭的文体要求，不管作者有没有收取润笔费，都应当多写墓主的善行，只有赞美，没有批评，而且只记作者的"学行大节"。明代中期及以后，商人通过支付润笔费向文人求墓志，由于对商人天然的轻视与反感，一些文人即使收了润笔费，还是将自己对于商人的轻视、反感直言不讳地写在文章之中。这就导致了墓志铭风格发生了显著变化。李开先在为卖煤小商人刘祥所撰墓志中，述其生平曰：

> 煤客姓刘名祥，无字，生平不以文称，不以才称，不以辩称，不以雄赀尚气称，而不染浮华，不知机巧，则其长也。……及出酒食，则甚丰洁，以其妻刘氏之贤耳。邻里每挟其同姓为婚，将闻之于官，即以煤

> 求免，随邻里之强弱，而为煤之多寡。刘死继徐氏，听其间言，逐出其子，后以他事感触，遂为父子如初。祖居韩婴村，迁居宣武门外大街南。父素无名，止称刘二汉子，无字，而父无名，愈见其朴……[24]

按照文体要求，墓志铭在内容上以记述墓主“学行大节”为主，而该墓志铭开篇便道煤客刘祥“不以文称，不以才称，不以辩称”，就连商人的“雄赀尚气”也没有，轻视之情显而易见。接下来，李开先在墓志中直言刘祥与同姓刘氏结婚，邻里经常以告官要挟刘祥，刘祥送煤息事，这简直是与刘祥及其家人开了一个天大的玩笑。墓志铭典雅肃穆，一变为诙谐轻薄、生动活泼。

李开先《煤客刘祥墓志铭》之所以会在内容与风格上与墓志铭的文体要求迥异，关键原因在于文学创作的商品化。如果不是煤客之子刘都以币相求，李开先根本不会创作该篇墓志。李开先答应为刘祥作墓志铭，墓主刘祥确无学行大节可书，作者对刘祥这类小商人，带着根深蒂固的轻视，导致这篇墓志铭在内容与风格上发生了变异。内容与风格变异后的《煤客刘祥墓志铭》，已完全不同于普通的墓志铭，反倒与“质实而随所传之人变化”[25]的传记更加接近。王世贞《渔江沈君墓志铭》等也类于此。

其次是传记的墓志铭化。与墓志铭相一样，由于受到文学创作商品化的影响，传记的文体特征也发生了变化。未商品化的传记是天下公器，承担着“彰善瘅恶，树之风声”[26]的社会功能。商品化后的传记，惩恶扬善的社会功能被削弱，与墓志铭一样变成了传主后代纪念祖先的工具。王世贞在为商人程汝义之妻汪氏所作《程母传》末论道：

> 以程母之为妇为母，而足称贤，然亦贤者之常耳，胡至汲汲焉而求传之？甚哉！人子之不欲死其亲也！不得其所以无死，则求传之，夫传成而程母不益贤也，则何如？孟氏不云乎：“虽加一日愈于已。”善定者庶几能用其思者矣。[27]

王世贞之所以为程母作传，不是因为程母之贤足以移风易俗，而是经不起其子程善定的苦苦相求，程善定为母亲求传的目的是“不欲死其亲”，而不是为了实现传记惩恶扬善的社会功能，与墓碑文记载先人功业以图不朽相合，公器被私用。王世贞将此段议论性的文字附于传末，显然已意识到了商品化了的传记与史传之间的差异。他把不得不撰写该篇传记的缘由道出，当是试图避免私用公器之讥。

总而言之，传记成为商人消费的对象，收取润笔费的商人传记的比例不断提升，反映了明中期文学商品化呈加深之势。文学商品化加深对明代碑传文的影响包括两个层次，一是塑造了文人越是在商品化传记作品中赞誉商人，内心就越反感商人的矛盾心理；二是以相同的创作心理为基础，明代传记、墓碑文等碑传文的风格开始趋于融合，即墓志铭的传记化与传记的墓志铭化。

* 本文系江西省高校人文社会科学研究项目“商人文学消费与明代商人形象嬗变研究”【ZGW1416】的阶段性成果。

注释：

[1] 余英时：《儒家伦理与商人精神》，桂林：广西师范大学出版社，2004 年，第 170～171 页。

[2]（明）金瑶：《邑西汪母金氏墓志铭》，《金栗斋先生文集》卷九，《续修四库全书》本。

[3] 参见张世敏：《明中期文人别集中商人传记文献研究》，华中师范大学博士学位论文，2013 年。其中附录二《明中期文集中商人传记目录》列出了 160 篇商人传记的篇目与文献出处。

[4]（梁）刘勰：《史传》，《文心雕龙》，北京：中华书局，1986 年，第 151 页。

[5]（明）嘉靖《徽州府志》卷首，北京：书目文献出版社，北京图书馆珍本丛刊，1998 年。

[6] 张世敏：《明代中晚期士商关系反思》，《北方论丛》2013 年第 1 期，第 72 页。

[7]（明）殷云霄：《朱恺传》，《石川文稿》卷五，《四库全书存目丛书》本。

[8]（明）李诩：《文士润笔》，《戒庵老人漫笔》卷一，北京：中华书局，1982 年，第 16 页。

[9]（明）周思谦：《胶东二高士传》，《周叔夜先生集》卷八，《四库全书存目丛书》本。

[10]（明）金瑶：《范母吴氏行状》，《金栗斋先生文集》卷九，《续修四库全书》本。

[11] 参见张世敏：《明中期文人别集中商人传记文献研究》，华中师范大学博士学位论文，2013 年。其中附录一《明中期商人传记作者小传》，对每位作家的生平，有简单介绍。

[12]（清）永瑢：《四库全书总目》卷七，北京：中华书局，1965 年，第 56 页。

[13]（明）范涞：《明新安金栗斋先生文集序》，《金栗斋先生文集》卷首，《续修四库全书》本。

[14] 刘彭冰：《汪道昆文学研究》，复旦大学博士学位论文，2008 年，第 179～192 页。

[15]（明）李开先：《李崆峒传》，《李中麓闲居集》卷十，《续修四库全书》本。

[16]（明）李梦阳：《明故王文显墓志铭》，《空同集》卷四十六，《四库全书》本。

[17]（明）李梦阳：《贾论》，《空同集》卷五十九，《四库全书》本。

[18]（明）李梦阳：《拟处置盐法事宜状》，《空同集》卷四十，《四库全书》本。

[19]（明）唐顺之：《吴氏墓记》，《荆川集》卷八，《四库全书》本。

[20]（明）唐顺之：《葛母传》，《荆川集》卷十一，《四库全书》本。

[21]（明）唐顺之：《答王遵岩书》，《荆川集》卷五，《四库全书》本。

[22]（明）吴讷：《文章辨体序说》、（明）徐师曾：《文章明辨序说》（合刊本），北京：人民文学出版社，1962年，第53页。

[23]（清）沈德潜：《清诗别裁集》卷十三，石家庄：河北人民出版社，1997年，第252页。

[24]（明）李开先：《煤客刘祥墓志铭》，《李中麓闲居集》卷七，《续修四库全书》本。

[25]（元）陈绎曾：《文说》，《四库全书》本。

[26]（梁）刘勰：《史传》，《文心雕龙》，北京：中华书局，1986年，第141页。

[27]（明）王世贞：《程母传》，《弇州续稿》卷七十二，《四库全书》本。

影视文化与批评

【主持人语】本专题的三篇论文，分别从宏观理论角度和文本批评角度立论。陈旭光的《“现代性”的终结与再出发：论新时期三代导演的现代性历程》，从现代性的理论维度，梳理和阐释了中国第四代、第五代和第六代导演的现代性思想诉求及创作实践的变迁轨迹，论证了中国电影从第四代导演的“前现代性”理想追求，到第五代导演的时间焦虑与“视觉启蒙”的深化，再到第六代导演的“审美现代性”与“感性主体性”渐次演进的历史图景。认为三代导演的理论和实践体现了中国电影发展的现代性内涵，并强调对审美现代性的呼唤是当前中国电影面对的急迫而重要的课题。李显杰的《面对气味：文字之魅与影像之惑——小说〈香水〉与电影〈香水〉的互文性读解》，从互文性角度，比较分析了《香水》的小说文本和电影文本的话语方式、修辞风格乃至艺术追求的不同特征。认为《香水》叙事对象的奇异性和特定性，决定了小说和电影在符号运用、修辞风格和叙事话语上的差异性。文字言说与影像观照的不同，带来了小说的犀利和电影的温情。反讽修辞的基调，建构了小说文本的批判性锋芒；影像修辞的视听元素，带来了电影文本的包容性特色。李炜的《真人秀节目叙事与文化产业的跨界整合》，针对当下非常红火的真人秀节目，以《爸爸去哪儿》为具体对象，论述了这类节目的基本叙事框架、混合化的叙事时空与动漫元素的巧妙运用等特色，认为该节目的新媒体营销及跨界整合传播模式的成功为文化全产业链运营提供了范例。（李显杰）

“现代性”的终结与再出发：论新时期三代导演的现代性历程

陈旭光

（北京大学艺术学院，北京，100871）

内容摘要： 现代性，经过学术界的实践与阐发，已不仅仅是一个外来理论话语，而是一个在中国本土扎下根来的、富有生命力和有效性的理论话语。任何艺术创作都涉及对现代性价值观的态度即价值取向的问题，电影也不例外。本文从现代性维度考察中国电影史上作为特定文化现象的第四代、第五代、第六代三代导演群体的创作流变与文化含义。

鉴于西方现代性在社会现代性与审美现代性两个维度的合适张力中发展的镜鉴。我们在新世纪电影中对物质主义、感性娱乐、青年意识形态等新现代性内涵表达我们的宽容之时，对现代性之另一维度即审美现代性的呼唤显得颇为急迫而重要。

关键词： 现代性　第四代　第五代　第六代　新时期　新世纪

现代性（modernity）与古典性相对而言，最早生成于文艺复兴后期即启蒙时期。现代性是以“启蒙”、“理性”为核心的，近两百年来引领整个西方文明进入现代文明高峰的巨大的文化合法化工程，是人类社会自近代以来“现代化”进程的必然产物，是科学、技术、工业革命和社会现代化的结果。

从学理上说，现代性是源自西方的一个知识话语，作为西方文明史的一个发展阶段，是科学技术进步、工业革命以及资本主义带来的经济和社会的包罗万象的变革的产物。在欧洲启蒙主义大师那里，现代性是一项伟大的工程，是一套有关人类社会健康发展的理性蓝图。按著名思想家韦伯的设想，这个理想社会由科学、道德和艺术三个领域组成，分别由工具理性、道德理性和艺术理性所支配。按 M. 卡利内斯库在《现代性的五个侧面》[1] 中的说法，现代性“被知觉为是一个从黑暗中挣脱出来的时代，一个觉醒与启蒙的时代，它展示了光辉灿烂的未来”，“人们因此有意识地参与了未来的创造”，具体表现为线性发展的时间观念与目的论的历史观，故又称为“启蒙现代性”。就大致而言，“现代性”具有强烈的线性时间观念和目的论的历史观念，得益于启蒙运动和近代工业革命的成果，主张理性主义和个体主体性，也维护工业化和理性制度，秉有社会分工思想和科学精神等。

现代性问题有两个层面的含义：一是社会现代性，一是审美现代性。社会现代性代表了一种在社会经济层面强烈追求现代性的理想。这种现代性理想坚守“现代”的时间观念和价值立场。就中国而言，这种现代意识不仅仅只是以现时为主的信念，而且也是往西方求“新”、求“奇”，学科学、求民主，追求民族、国家之富强的理想。所以现代性代表了一种乐观、积极进取的人生态度，相信历史是向前发展的，社会是不断进步（线性时间观念与进化论思想）的，从而追新逐异，在价值参照系上秉持一种线性时间维度和西方维度。审美现代性则是体现在意识形态领域的对社会现代性进程的反思和批判，是“对于资产阶级现代性的彻底反抗”。因为社会现代性的极度发展会带来极度膨胀的工具理性与技术理性，工具理性和技术理性排斥了“人文理性”，反过来异化人性的正常健康的发展。正如M. 卡利奈斯库指出，自19世纪上半叶以来，“在作为西方文明史中一个阶段的现代性——这是科学、技术发展的一个产物，是工业革命的产物，是资本主义带来的那场所向披靡的经济和社会的变化的产物——与作为一个美学观念的现代性之间产生了一种不可避免的分裂”[2]。于是，在文学艺术等意识形态之中，例如现代主义文艺思潮，则是“现代主义对人类历史感到绝望，它抛弃了线性历史发展这种观念”[3]，使得“界定文化现代性的是它对于资产阶级现代性的彻底反抗”，从而展开了对现代性的怀疑与反抗。在西方，社会现代性的发展，始终伴随着审美现代性的严峻反思，一方面是现代化过程所带来的巨大的社会变迁，另一方面是对于这个变迁以及与之相适应的社会生活和价值观念等在文化或审美上的批判，这二者构成了一种充足的张力，从而保持了现代性的开放性。

现代性，作为一个众说纷纭的热门话题，经过国内学术界多年来的实践与阐发，已不仅仅是一个外来的理论话语了，而是一个已经在中国本土扎下根来的、富有生命活力的、有效的理论话语，一个实实在在的文化现实。任何人、任何艺术创作都涉及对现代性价值观的态度和价值取向的问题。本文把现代性问题与第四代、第五代、第六代导演相“缝合”，从现代性的维度考察中国电影史上作为特定文化现象的三代导演群体，作为新时期创作主体的他们的创作自身的变迁，从新时期到新世纪的流变，无疑构成为现代性终结与再出发的文化症候或寓言性表达。

现代性应该是开放的与时俱进的。在21世纪的娱乐化风潮中，我们应该在新的文化语境中重新审视现代性的合理意义。在一定程度上，现代性是与现代主义文化相适应的，基本上属于20世纪的范畴。所以，从第四代导演到第五代、第六代导演，狭义意义上的现代性在当下的社会语境中或已告终结。而在新世纪，时代又面临新的现代性任务。我们应该与时俱进，重新认识、理解、阐释“现代性”。

在新世纪，我们应该在认可市场化语境，宽容青年意识形态的背景下理解新的现代性。也许，20世纪的启蒙现代性是自上而下，从知识分子精英到普通大众，新世纪却可能是反过来，是自下而上，从物质到精神，从青年、大众到知识精英的自省。带着这些问题，本文梳理思考几代导演的现代性历程，进行我们与时俱进的新思考。

一、第四代导演：“前现代性”理想追求

第四代导演在中国影坛的崛起，适逢了一个从动乱与灾难中觉醒过来并热切地呼唤现代性的“新时期”，他们成为引领时代文化潮流的弄潮儿。他们的艺术追求与新时期文化理想、艺术精神高度契合一致，是新时期驳杂而整一的现代性追求之结构性整体中的有机一元，是新时期现代性追求的大合唱曲中一个重要的声部。

1.“现代性”的补课

第四代导演普遍着力于揭示人的个体尊严、价值、人性、人情的失落与吁求，这使得“人的觉醒”成为他们影片的一个普遍主题。对“真善美”（反映生活之真、人性之善、人情和乡村自然之美）理想的追求也是第四代导演倾心追求的。他们这个艺术群体非常一致地“呼唤友爱、温馨、美好、健康、积极向上和安定的秩序”[4]。今天看来，第四代导演的这些价值最求是一种“现代性”的补课，甚至是回到前现代性，回到属于资产阶级上升时期的启蒙理性。从某种角度讲，这是“现代性”继续发展所必须补课的工作。

《巴山夜雨》通过诗人秋雨的美好正直的人格之强大的感召力，批判了政治对正常人性的压抑、扭曲，并在那段风雨如磐的历史中寻找金子一般蕴藏在人们心底的信念，善良、正直的人性和美德。杨延晋的《小街》表现了对逝去的青春岁月的追忆，对扭曲正常的性别之美的非人性现实之揭露和批

判，从而呼唤人与人之间的友爱、理解，健康自然的男女之性和人性。黄健中在《良家妇女》中通过畸形的婚配故事，揭露封建陋习对健康美好的女性青春的压抑和摧残，从而呼唤人的觉醒和解放。

与这种追求人性之美的倾向相应，第四代导演把镜头对准了一批朴实而坚忍、默默无闻的小人物，塑造了一幅幅真实而动人的小人物群像：勤劳善良的乡村农妇、青春少女（《乡音》、《乡情》、《良家妇女》、《乡女潇潇》、《哦，香雪》等），在普通岗位上默默工作的工人、劳模、售票员（《都市里的村庄》、《北京，你早》），普通平凡而善良的老校工（《如意》），超负荷工作、为住房问题所困窘的知识分子、医生（《邻居》、《人到中年》）等。

在第四代导演的一些影片中，正面人物大多有着一种正直、诚恳、亲和的“卡理斯马”式的个体人格魅力，具有指向未来的现代性理想。如《巴山夜雨》中的诗人秋石，豁达大度，相信未来，以正直的人格魅力和即使在落难中也气宇轩昂、风流倜傥的气度而受到人们的尊重。张暖忻的《沙鸥》中那个女教练，被耽误了青春，总是弥漫着一丝淡淡的忧伤和感慨但又时时严格要求自己，甚至把打球的个人事业等同于民族振兴之理想。

陆小雅的《红衣少女》则塑造了一个观念新异的新一代新人形象，代表了一种开放革新的精神和变异的启蒙的理想。《T省的八四、八五年》中勇于暴露社会黑暗面的记者，严于执法的年轻法官，《见习律师》中的年轻律师，《女大学生宿舍》中朝气蓬勃、观念新颖而现代的女大学生们等，都是这一类被导演寄寓了未来和希望的新人形象。

这些具有一定的自我觉醒意识和独特的个人人格魅力的新人理想，均在一定程度上表现出第四代导演的人格理想以及在时间意识上的一种着眼于未来的线性发展观。

2. “视觉启蒙”

第四代导演更为重要的启蒙现代性理想的追求表现在“视觉启蒙”的追求上。胡克曾认为：“视觉并非仅仅是一种自然生成的能力，从社会文化角度来考察，存在大量后天习得的因素，可以看作一个发展过程，因此必然存在着启蒙阶段。视觉启蒙至少应该包括两个方面：其一是让个体学会通过视觉感知世界；其二是初步从理性上理解视觉的作用与局限。”[5]在此理论的基础上，结合第四代导演代表影片的特点，他提出“第四代导演所做的引人注目的工作是利用电影贬抑语言文字系统，张扬视觉感知系统，并且把它与对‘四人帮’的政治批判结合起来，代表作品是《苦恼人的笑》”。

的确，眼睛是人的一种非常重要的感觉器官，是人接受外部信息（文化传播）的主要渠道。而视觉则是人类最基本的感觉。古希腊哲学家赫拉克利特曾说过："眼睛是比耳朵更精确的证人。"英国著名艺术理论家伯格则指出，"看先于词语。孩子在能够言说之前就已经看和辨认了"。但长期以来，随着以理性化的逻辑性语言思维为特征和标志的理性思维和语言文化的高度发展，这种几乎与生俱来的视觉感知、视觉思维的能力被掩盖压抑或钝化了。这也是人的"异化"的存在状态之一种。

表现于"文革"前后、"四人帮"时期，以语言文字为传达媒介的语言系统与以视觉和个体经验为主的感知系统发生了严重的冲突。这象喻性地表现在《苦恼人的笑》中，就是影片的主人公、从事语言文字工作的新闻记者傅彬在到底应该相信报纸上所宣传的"真理"还是相信自己的眼睛所见之间发生了严峻的冲突，这种冲突的剧烈而无法调和竟至于引发他的"精神分裂"（尽管是他无奈装出来的）。

不少第四代电影都对眼睛的意象很感兴趣。《小街》中，男主人公在动物园附近遭无故殴打而眼睛致残，这是对那种有眼睛而心灵不美者（殴打发生在动物园，显然有把人与动物进行比较的寓意）的有力控诉和鞭笞。《明姑娘》也以眼睛为着力点，歌颂了盲姑娘眼盲心亮，虽有残疾仍坚持救助关爱他人的美好心灵世界。《苏醒》的寓意可以理解为眼睛睁开。在《红衣少女》中，杨树上则出现了眼睛的意象——树上的疤痕很像一只只睁开的眼睛。这一颇具表现主义意味的造型与充满清新的朝气的少女可以说是互为象征。

胡克分析了第四代导演"视觉启蒙"文化意向的深层心理是"以贬抑语言进行视觉启蒙并不是一种随意选择，它凝聚了第四代导演代表的一代人的深切体验，传达出一种集体无意识……'文革'时期，稳定的社会秩序破坏了，林彪、'四人帮''好话'说尽，坏事做绝，忽而青云直上，忽而灰飞烟灭，他们读到的、听到的、看到的经常互相矛盾，无所适从，许多深信不疑的信条动摇了，心灵无所归依、极端痛苦，面对整个世界，可以信赖的只有自己的眼睛。'文革'后，这些长期压抑的情感体验升华，在电影中有节制地释放出来。个人的创作与社会的视觉启蒙的要求契合"。

我们还不妨更进一步说，这一文化的视觉启蒙意向称得上是后来"跟着感觉走"、弘扬身体资本的感性文化的崛起的先声和预兆，它与一个视觉文化取代印刷文化，感性文化压倒理性文化的文化转型趋势是步调一致的。

3. 现代性理想与道德化批判的矛盾

置身于新时期的文化语境之中，第四代导演无疑历史性地秉有现代性追求的时代精神——对于现代化的热切呼唤和奋力拼搏追求，对于启蒙现代性的全面接受和虔诚皈依。这在客观上使得第四代导演顺理成章地接续上“五四”以来的新文化和左翼启蒙电影的某些传统，成为时代文化精神的一个典型的象征。

然而，我们也会发现第四代电影中的一些两难性的悖论：实际上，第四代导演在骨子里都有一种“反现代”的倾向，对城市生活、都市文明都有一种极为隐秘的抗拒心理，或者说常常对都市文明实施一种道德化的批判，或在对两种文明在作选择时表现出明显的困惑与价值矛盾。

在谢飞的《我们的田野》中，这些到北大荒上山下乡的知识青年在“文革”结束返城后，回到从小长大的城市，却感到陌生和困惑，人与人之间的关系也不和谐，无法沟通。而当主人公回到当年“改天换地”的青春土地时，他才感到精神上的充实。

胡柄榴的《商界》展示了现代商业社会中人与人之间的尔虞我诈、损人利己，几乎是给我们提供了一幅现代社会的“群丑图”。激烈商战中的幸存者，也只有在退出商界竞争，才能获得心灵的安宁，乃至重新开始新的人生。胡柄榴在“三乡”系列中的温馨、宁静、和美在此荡然无存，代之以焦灼、扭曲与混乱。显然，虽然胡柄榴在《乡音》中反思批判了传统文化对女性的压抑和不公，而且也在最后以推着车子要带陶春到山外去看火车（此时画外传来隆隆的火车声）而表达了对现代文明的呼唤，对现代性追求的理想，但一旦他真正来到了现代社会，所表现出来社会视角和道德评价，“它的毫不隐讳的观点就是，市场经济的实施和建立，是以破坏传统的伦理道德和家庭温情、人伦关系为代价的，而传统的伦理道德和道德价值却正是人性和仁爱的所在”[6]。

滕文骥的《海滩》，展示了传统的农业文明与现代工业文明的文化冲突。虽然导演还是表达了对现代性的向往与追求，也揭露了传统文明的愚昧的一面，但却也不由自主地揭露着文明下的虚伪、同情着蒙昧中的纯朴。在影片中，作为现代文明之象征符号的许彦在与作为传统文化之象征符号的哑巴木根的比较之下，却处于明显的道德上的劣势。

在丁荫楠的《逆光》中，住在淮海路的居民被隐喻了虽然经济富裕、文化程度高但却人际关系疏离和道德堕落的含意，而住在棚户区的主人公廖星明却是朴素、勤奋、向上的象征，而且最终赢得了住在淮海路的高级知识分子的女儿的爱慕。其中表现出来的文化取向是很有意味的。

吴天明的《人生》、《老井》也有明显的价值观念上的矛盾和背时。事实上，从现代性理想的追求来说，高加林的所作所为无非是为了自我价值的实现，是最大的人性的必然需要，谈不上道德欺骗，甚至不妨说为了现代性理想而牺牲或痛苦地进行道德价值观念的蜕变也是无可指责的。从影片的逻辑构成看（更不用说从此后改革开放、日新月异的社会现实来看），我们都不难得出上述深刻地走在时代前列的，颇能道出历史发展之趋势的深刻思想蕴含。但导演偏偏要在影片中加上一个极为生硬的尾巴，要让作为德高望重的道德和父辈之化身的德顺爷爷义正辞严地谴责高加林丢掉了金子般宝贵的巧珍对他的“爱”，而高加林竟也表现出无比的，似乎是发自真心的悔恨，似乎只有回到故乡的土地才是他的最合理的人生归宿。这实际上是把本该相当尖锐、相当有深度的文化冲突和矛盾退化成简单的道德善恶问题，削弱了影片表现现代性理想与传统道德观念制约的关系的深度和力度[7]。

二、第五代导演：时间焦虑与“视觉启蒙”的深化

在新时期的文化语境中，作为一个新的历史时期精英知识分子之代表的第五代导演显然坚执于民族振兴理想，热切呼唤现代性理想。由于他们把自我融合于族群，他们并没有产生那种个体意义上的个体生存焦虑、人格分裂等存在危机。

第五代导演有一种强烈的民族身份焦虑，面对强势的西方现代性话语，他们深刻地反思本民族的文化痼结，热切地呼唤民族的复兴与振兴，甚至有一种能否保留住“球籍”的焦虑。正如陈凯歌在谈到拍《黄土地》的宗旨时说的，“我在《黄土地》里反复要告诉观众的是，我们的民族不能在那样生活下去了”。“当民族振兴的时代开始来到的时候，我们希望一切从头开始，希望从受伤的地方生长出足以振奋整个民族精神的思想来。”与此文化反思意向相贯通，《孩子王》中对民族文化语言本体的反思之深刻不亚于当年鲁迅在古籍中看出“吃人”二字。

在《一个和八个》中，正是民族救亡的时代要求把“一个”和“八个”凝聚在了一起。锄奸科科长在非常时期不忍心下达处死这些土匪汉奸以及有叛变嫌疑的指导员，在日军临近时又下令放掉他们。在这里，民族的生死存亡甚至超越了政治理念及党派之争。

《黑炮事件》中有一个外国专家即“他者”的形象，他一丝不苟、精益

求精、没有传统包袱和政治有色眼镜，对中国的社会政治环境完全不理解。在一定程度上，这是西方“工作伦理精神”的一种体现，寄寓了导演对西方现代文化的向往，对民族身份的焦虑也通过这一形象的比较而得以强化。

1. “时间的焦虑”

现代性问题的一个核心问题是线性时间观，即持守一种时间从过去、现在、未来向前不间断地线性发展的时间观。相应的现代主义文艺作品大多对未来时间抱有希望和幻想。正如大卫·哈维指出的，“现代主义在很大程度上表达的是对美好未来的追求，尽管这样一种追求由于受到不断的幻灭而往往引发受害幻想”[8]。艾略特的以时间为主题的现代主义经典代表诗作《四个四重奏》中，一个“请快一点时间到了”的声音不时地回荡着，强化着诗人主体对那种“时间之剑”飞逝而去的焦虑感。

从这个角度看，《黑炮事件》中对时间的焦虑，异常鲜明地表征了对现代性理想的追求。如那个著名的镜头——会议室中，狭长变形的会议桌后面是一架巨大的石英钟，所有的道具和人物服装均为高调摄影的近乎炫目的白色。在这个高调色光的环境中，唯有人物的头发与石英钟的指针是黑色的。第一次会议的镜头时值竟长达 7 分钟之久。

黑白的色彩、变形的会议室环境与无聊荒唐而冗长的会议内容之间形成了强烈的反差。讨论问题的声音虽然本该来自画内空间，但给人的感觉却像是声画对位，声音来自画外，缥缈、冷漠、乏味、冗长、无聊。

另外，影片对现代工业文明明显持赞许肯定的现代性立场。构成影片主色调的是橘红色和橘黄色的色线。常常布满整个画面，机械车辆、翻车吊车是橘红色的，工地上的工人穿着橘黄色的工作服，这些充满现代气息、在总体上颇为悦目的色彩给观众以强烈的视觉冲击力，象征了现代化建设的蓬蓬勃勃。这与《红色沙漠》对工业文明对人之异化的反思而强化色彩的旨趣完全相反。安东尼奥尼的《红色沙漠》被誉为“第一部真正意义上的彩色电影”，言下之意是安东尼奥尼差不多是第一次在电影中真正使色彩表意，具有表现性。而在此之前，尽管色彩问题在美国电影如《浮华世界》中就已解决，但色彩在影片中仅仅只是对现实生活中色彩的一种简单再现。

与对当下的时间的焦虑相应，第五代导演在影片中表现出对未来时间的积极的肯定、追求和向往。毫无疑问，这种对当下的焦虑正是出于对时间的停滞不前因而延缓了美好未来的来临之忧思而产生的。这也是在 20 世纪中国现代性追求中占主导地位的线性时间观念的一种表现。正如艾略特在诗句中所表述现代主义时间观那样——“时间现在和时间过去/也许都存在于时间将来/而时间将来包容于时间过去”。他们往往在影片中设置代表未来的时间意象，哪怕是《黄土地》、《孩子王》这样的过去历史题材的反思之作。像《黄土地》中的憨憨，《孩子王》中的王福，《黑炮事件》中结尾时那几个无忧无虑、没有传统的附累、在玩积木的时间游戏的小孩子，《红高粱》中见证了热情、野性和血的洗礼并进而长大成人的我爹爹豆官，都是这样一些代表了未来，寄托了导演的理想的意象或符号。

2.“视觉启蒙”的延续与视觉造型的强化

在第四代导演“视觉启蒙”的先行努力之下，第五代导演以富有视觉冲击力的画面，进一步强化着视觉启蒙的宗旨。

隐现在影像造型的背后，是第五代导演强大的主体情绪和理性精神。《黄土地》中就有不少镜头是代表了顾青视角的主观镜头，这一视角对画面中对象的审视和批判的立场是相当明显的。

《黑炮事件》的表现主义色彩极为浓烈。显而易见，正是通过极为夸张和变形的视觉造型，影片凸现了导演文化反思和文化批判的理念。《错位》在荒诞的向度上比《黑炮事件》走得更远——它甚至以一个科幻故事为影片结构框架。正如黄式宪在论及《错位》的表现主义色彩时说的，“与其说它是一种荒诞的发现，不如说它是主体性美学的突进，也就是艺术家的主体在银幕上表现得更鲜明、突出”[9]。

总之，第五代导演的影片，主体精神是强大充沛的——强大充沛到仿佛要溢出画框，色彩是浓烈的，而不是像第四代导演的影片那样是淡雅的诗意，美丽的感伤。如果说前者还不脱中国传统知识分子的文人化情趣的话，第五代导演更具有浓郁的忧国忧民的启蒙斗士的情怀，第五代电影的画面效果更像是色彩浓郁的西方油画。

还有一些影片则强烈地渲染着现代化的色彩，如《黑炮事件》在画面造型上，受到新构成派绘画的启发，通过背景的变形来形成画面造型的新颖奇特的现代形式感，正如黄建新自述的那样，“现代化建筑的积木感和高度发达的工业化设备的几何图形感，构成了画面的现代形式美”[10]。

3. 时间的凝固与现代性理想的退化

如上所述，在电影语言的追求上，第五代导演最为突出的一点是对“影像的形式感和造型性”的追求。这种追求是以时间进程的停滞、减少画面的叙事性功能为条件的。如《黄土地》中近乎呆照的黄土地，《猎场扎撒》中辽阔草原的大远景镜头，《孩子王》中循环往复、近乎停滞的时间流程。

在这种情况下，空间表现成为他们的一个重要表现特征。正如一位学者通过对第五代的电影修辞策略的分析之后，认为，“他们的影片的确是‘空间化’的”。因为这种“空间化”的深层含义是“缺少商业社会的时间观念，基本上是根据日出日落来判断时间，但却对自己头顶的那片天空、脚下的那块土地具有强烈的拥有感，这是他们最敏感的民族意义”[11]。

这种“空间化”的结果必然是“淡化了历史的时间意义而强化了文化的空间意义”[12]，甚至造成了“时间上的停滞，空间上的边缘化、隔绝化以及对作为空洞能的‘民俗’的无休止的迷恋和展示，这一切产生了一种第五代电影共同的表意策略，即以寓言的方式将‘中国’化为空间上特异、时间上滞后的社会，一个西方视角下的充满诡异的民俗代码和人性的压抑的存在”[13]。

美国学者乔治·S. 塞姆塞尔在题为《近期中国电影中的空间美学》[14]一文中也论及了第五代影片的空间意识的传统性，他认为，“这部影片（指《黄土地》——引者注）充分追求的是中国传统的电影观念，因此，它的美学作用在于摄影机的位置以及摄影师的精心的构图之中”，“在《黄土地》中，画内与画外空间的辩证关系并不是起支配作用的美学原则”。换一句话说也就是，《黄土地》的空间性主要是通过偏于静态的画面构图、缓慢的摄影机运动、低视角的摄影机镜头等手段完成的，并不特别注重画内空间与画外空间的辩证关系。因为“在《黄土地》中，土地支配着摄影构图并且由此产生影片的意义，而画内、画外空间在影片的基本美学中只是作为辅助手段来使用”。

在《黄土地》中，大量出现的定格镜头或近乎“呆照”的镜头的跳切性剪辑，可以视作这种空间性追求的极致。这种静态构图通过使空间的扩张和凝固，相应地时间拉长了，延宕了，并带来了强劲的视觉冲击力。

因此，尽管第五代导演极力追求现代性理想，但还是有着相当顽固的传统的遗存和制约。因为从根本上说，他们之静态视觉造型美学的追求，是出于他们骨子里对这种浸润了中国古典美学精神的表现形态的赞赏，是民族集体无意识的一种流露。就此而言，他们这一代人也是鲁迅所说的“历史的中间物”，黄子平所说的某种“伪现代派”，而不可能是真正的“现代派”。

我们还不难发现，自我意识的觉醒与强化、走向个体这一现代主义的根本标志，这一郑重意义上的现代性理想，在第五代那里停滞了。

三、第六代导演："审美现代性"与"感性主体性"

第六代导演初出之时，第五代导演走向世界的辉煌对他们形成了巨大的压力。所以，对第五代电影的"影响的焦虑"的反抗成为他们的重要特征，强烈的反抗意识甚至使他们的影片带有一定程度上为反抗而反抗的风格化表演的特征。

对来自第五代的"影响的焦虑"之反抗，再加之处身于一个文化交流愈益频仍的"全球化"的年代，新生代导演明显与来自中国电影的传统有意无意地发生断裂，他们作为"看碟的一代"[15]是在接受大量西方影片的基础上直接从模仿开始他们的创造的。

1."审美现代性"

随着社会现代性进程的进一步加速，到了第五代导演之后的新生代或第六代导演那里，尤其在前期第六代导演那里，现代性的危机加深了，"审美现代性"的维度凸现出来了。毋宁说，年轻的第六代导演们以其单薄羸弱的个体之躯、超前敏感地体会到了现代化进程中人性异化、人格分裂的种种存在危机。于是，他们借助于破碎零乱的"后现代形式"试图"把住一些把不住的事体"(冯至诗句),"去界定那迅速演变的社会现实并找到它的意义"。

不少新生代电影具有独特的审美现代性意义——在一个追求现代性的"全球化"时代反思人的主体价值，张扬人的审美感性，从而对社会现代性构成逆反与纠偏，使人有可能避免遭受"异化"的"单面人"的命运。

第六代导演的审美现代性意向表现为回到内心世界、回忆、梦的抒情与诗意。

《北京杂种》、《周末情人》、《头发乱了》、《童年往事》、《牵牛花》、《危情少女》、《苏州河》、《月蚀》、《梦幻田园》等影片都极力传达了他们动荡不安、迷离驳杂然而却真实感性的生存体验，在迷乱、困惑、无奈中隐含着希冀，都不无这种以审美现代性对抗社会现代性的独特意义。一部分第六代电影则深入到潜意识、隐意识的层面来探索当下人的内心世界和精神状态，如《悬恋》、《邮差》、《冬春的日子》等。何建军在自述为何拍摄《邮差》时说过，"我对人内心世界很感兴趣，喜欢观察在日常封闭的空间里人的内心情感的交流和转化过程，这个电影是通过男主角心理活动历程而完成的一个叙事结构，以此来表现人的生存状态和精神世界"。

于是，他们在外部世界的喧哗与骚动中返归内心自我，回到回忆、梦想的源头，为感性、体验、诗意和抒情留下一块地盘。《周末情人》获德国第45届曼海姆—海德堡国际电影节“法斯宾德最佳导演奖”时的评语是：“这位年轻的中国导演逾越了故事叙述的常规界限，他的电影语言不仅是大胆的，并且对本世纪末年轻一代的感性世界的表达创造了一面镜子。”《苏州河》在获得2000年第9届鹿特丹国际电影节金湖奖时的评语是：“为了影片的在电影叙述形式上的实验，以及为了影片成功地唤醒那些在现代城市中迷路的人们。”[16]这似乎是从审美现代性维度着眼的评价。

作为一种有着独特的意识形态内涵的抒情话语，它是在艺术及人文思潮中的浪漫主义阶段而成熟并系统化的，并最后作为一种重要的艺术范式和基本话语确立下来。在西方，“浪漫思潮的产生，简单说来，就是欧洲近代以来资本主义工业化进程的产物”[17]。它与以数学和智性为基础的近代科学理性思潮拼命抗争，竭力想挽救被工业文明所淹没了的人的内在灵性，拯救被科学思维异化了的诗性思维。正如马丁·亨克尔所说的：“浪漫派那一代人实在无法忍受不断加剧的整个世界对神的亵渎，无法忍受越来越多的机械式的说明，无法忍受生活的诗的丧失。……所以，我们可以把浪漫主义概括为‘现代性’（modernity）的第一次自我批判。”[18]由是观之，正如我们在前文中所论述过的那样，在第四代导演那儿，就曾经有过以影像抒情和诗化特征表现出来的对现代性的第一次批判，而这种现代性批判在第六代导演中进一步加剧。

但第六代导演的个体化的抒情与第四代导演尤其是第五代导演的历史化的抒情很不一样。如果说浪漫抒情是抒情话语的正宗的话，第六代导演的影像抒情也许可以称之为“后抒情”或极端个体化的“另类抒情”。

也许是这种抒情在它初出时的直接对立面是“第五代”，因而不免使它带上较浓厚的“为焦虑而焦虑”、“为抒情而抒情”的姿态性。但从根本上说，它是时代转型的产物，而且，比之于第五代导演的抒情风格和中国主流电影的浪漫抒情传统，它与西方反抗“现代性”的浪漫思潮更多契合。尽管在一个趋于“后现代主义”的时代，这种悲壮的、堂吉诃德式的反抗不能不日益沦为强度减弱、反讽色彩加重的“绝望的抗争”与“无望的救赎”。

总之，在一定程度上，第六代导演的影像抒情，正是不甘沉默沦落而又自知回天无力的青年导演对商品、媚俗、“机械复制”的绝望抗争和自我的无望救赎。他们重归内心世界、个体心灵空间，甚至返回梦想与回忆的源头，以如怨如慕、如泣如诉的独白，仿古的情致和雅致精巧复杂的叙述结构，动态可感、梦幻迷离的影像语言，竭力造出一片虚幻的影像天地，个体精神的乌托邦世界。在一定程度上，他们为我们这个时代保留一部分感性，构筑一个本雅明所期许的“内在世界”、“居室”或“文人图书馆”。

比如王小帅的《梦幻田园》就是一部关注在日新月异的现实生活变动中人们思想心态和情感的平衡问题的作品。王小帅在导演手记中写道：“目前的中国处在一种变革的过程中，作为基础的经济建设尚处在有中国特色模式的探索阶段，因此人们在意识形态、伦理道德、价值取向以及世界观上也都处在一种不断变化和寻找的过程中。但尽管如此，我所希望的、在我的影片中所具有爱和宽容的主题，依然会是本片的主要关注点。”[19]不难发现，王小帅开出的解决现代性问题的方子还是相当古典温情的，那就是——“爱”与“宽容”。

这正是第六代导演独特的现代性意义。

2. 颠覆、解构和回到现时以后：现代性对抗现代性

第六代导演中还有一拨，则颇具后现代的时尚外观。如《头发乱了》、《北京杂种》等影片既以摇滚为表现对象，甚至整体形式外观也趋于“摇滚化”：瞬间的表象、情绪的碎片、不连贯的事件、游移不停的运动镜头、充满青春骚动的快节奏起伏……

《北京杂种》在结构上颇具后现代的无序性，它一共并置了五条线索，断断续续插入了六章摇滚乐，颇具拼贴装置性。其在叙事上明显受到一批带有后现代风格的新好莱坞电影如《不准掉头》、《低俗小说》等影响。

因而从某种角度看，这些第六代影片表现出以叙事游戏和解构精神来对抗并瓦解颠覆现代性的整一性和整体性的文化变革意向，他们是在向整体性宣战。

美国后现代文论家伊哈布·哈桑曾借用俄苏著名文论家巴赫金创造的“狂欢”一语来说明后现代本文的这种解构颠覆精神：“因为在狂欢节那真正的时间庆典，生成、变化与苏生的庆典里，人类在彻底解放的迷狂中，在对日常理性的‘反叛’中，在许多滑稽模仿诗文和谐摩作品中，在无数次的蒙羞、亵渎、喜剧性的加冕和罢免中，发现了他们的特殊逻辑——第二次生命。”

在时间意识和时间观念上，第六代导演不同于第五代导演的历史观和线性时间观，而是秉持一种回到当下的、注重个体存在的、破碎不定的时间状态。他们之间时间观的差异正如大卫·哈维对现代主义时间观与后现代主义

时间观之差异的论述："现代主义在很大程度上表达的是对美好未来的追求，尽管这样一种追求由于受到不断的幻灭而往往引发受害幻想，但是，后现代主义的典型表现却是抛开了这个追求，转而津津乐道于由于破碎感和种种不稳定感（包括语言造成的不稳定）导致的精神分裂状态，使得我们无法连贯地描绘，更无需说采取任何方式去创造某个完全不同的未来。"[20]

3. 身体资本与感性主体性的崛起

如果说第四代导演致力于"视觉启蒙"，第五代导演则循此文化意向把影像画面的视觉造型美学推到一个极致的话，不妨说，第六代导演则是用他们的新鲜的感性、凭借身体的资本继续这一向度的启蒙。就此而言，无论第四代第五代还是第六代，都共同表征或隐喻了一个感性文化或视觉文化时代之不可抗拒的降临。

王岳川曾指出过一个"现代性"趋向："对'精神理性'的关注日渐让位于对'感性肉身'的关注，'生命'变成了一个本体论的重要范畴。于是，现代性标明这样一个事实：感性肉体取代了理性逻各斯，肉体的解放成为'现代性运动'中的重大母题。"[21]无疑，身体范畴以及与此相关的快感、欲望、里比多和无意识等均包含了对理性主义的反叛的意味。

事实上，身体的地位和价值与其所处的社会历史阶段有着密不可分的关系。在一定程度上，身体是一种独特的资本，它承载了无形的资本，而且聚焦着社会的权利和社会不平等的差异，因而对身体的态度，可以表征出不同的文化价值取向。比如古希腊人作为"正常的儿童"（马克思语），对身体的展示是大胆而纯洁无邪的，而中世纪则是压抑身体和本能欲望的，中国的"文革"时期也是"狠批私字一闪念"的，在服装文化上则是泯灭性别、压抑身体的清一色草绿色军装。的确，身体并非绝对以自然的纯客观的姿态呈现在社会文化的舞台上。它凝聚了诸多文化价值、伦理道德观念，隐含了某些特定的社会规范。也就是说，身体的在场以一定的社会伦理规范为条件。

以第六代导演为代表的青年文化对身体和感性的张扬展示，无疑表征了20世纪80年代以来从一个理性文化时代向感性解放时代的转换。

在王小帅的《极度寒冷》中，青年前卫艺术家齐雷行为艺术由四个部分组成：立秋日是模拟土葬；冬至日模拟溺死水葬；立春日是象征性的火葬；最后一个行为艺术是夏至日的冰葬，即以身体拥抱冰块，用自己的温暖的体温与冰块对抗，及至死亡。不难发现，这一行为艺术的每一部分都与身体密切相关，甚至就是通过对身体的自虐和自戕来完成的。

在陆川的《寻枪》中，“枪”是社会秩序的象征，是警察身份的标志，也是父亲的权利、男性的力量的象征，但更是一个实实在在的客观对象物。枪的丢失，使这一切都岌岌可危，甚至秩序混乱、身份颠倒（儿子也教训起被关禁闭的老子起来了）、性欲丧失。而最后的结果，是警察马山以血肉鲜活的感性之身试枪。也许可以说，这象征了感性与理性、个体与社会、秩序的根本对立。

摇滚无疑也是这种肉体解放的表现，因为摇滚就是以身体直接为展示与表现的对象。第六代影片与摇滚乐的密切关系也明证了这一点。

结语：现代性的“终结”与再出发：重新呼唤“审美现代性”

现代性话语源于西方，进入中国的学术话语系统难免语义含混，而由于中国社会发展的复杂性和不平衡性，其间的裂隙、差异、延宕自然更多。在时代步入新世纪，全球化进程加速的今天，西方原初意义上的现代性已无法复原式再现。但在“现代性”“终结”之后，我们应该探求新的“现代性”。

如果按现代性均有两面这个角度考虑，新的“现代性”也有相应两个方面的内涵：

一方面，就新世纪以来中国的现实境况和文化语境而言，由于整个社会的生产力状况和生产关系仍然处于一个全力追求现代性的商业社会阶段，因此坚持社会发展有光明未来的信念，持守线性发展的历史观，以乐观、积极进取的人生态度，不加掩饰的物质主义、感性美学、世俗理想，为新的青年意识形态张目、伸张话语权等，都是合理性的存在。于是，新的就是好的，年轻、青春、感性、粉丝文化，甚至物质主义价值观，都代表了新的现代性的一面。甚至包括属于第五代的张艺谋、陈凯歌等都在新语境下调整态势，做出自己的呼应和适应。

但另一方面，与社会现代性构成张力的，在意识形态领域的对社会现代性进程的反思和批判的“审美现代性”的维度则相对单薄，但却颇为急需。因为，审美现代性则是体现“对于资产阶级现代性的彻底反抗”，而社会现代性的极度发展会带来极度膨胀的工具理性、技术理性，物质欲望，从而排斥“人文理性”，反过来异化人性的正常健康的发展。因而在物质主义、享受、娱乐风行之时，对现代性反思，坚守理想、个体心灵的一面亦属殊为重要，已经成为必须提出的严峻的时代话题。在社会现代性和审美现代性之间保持平衡与适切的张力，才能保持现代人的精神平衡、人格完善，防止“单面人”的倾向。

在西方，现代性至少已经经历了两次“自我批判”。

第一次是浪漫思潮。如上文所述，其作为欧洲近代以来资本主义工业化进程的产物，它与以数学和智性为基础的近代科学理性思潮抗争，试图挽救被工业文明淹没了的人的内在灵性，挽救被科学思维异化了的诗性思维，因而被马丁·亨克尔看成是浪漫主义对“现代性”的第一次自我批判。

第二次则是现代主义文艺思潮。现代主义反对理性主义化，反对历史主义。正如卢卡奇所批评的那样，“现代主义对人类历史感到绝望，它抛弃了线性历史发展这种观念”，这也许可以视作对现代性的“第二次自我批判”。

而现在我们需要对现代性的“第三次自我批判”！

就此而言，第四代导演对“纯美”理想的追求，那种理想主义气质、浪漫诗化精神、某种感伤和忧郁的风格、乡村历史题材取向，甚至在都市文明与乡村文明、现代性追求与道德化理想之间的困惑、迷茫、错位与矛盾……第五代导演对空间造型美学、视觉文化的追求和时间节奏的放慢，第六代导演对感性的尊崇，个体主体性的崛起，纪实风格对商业化的抗拒……都可以构成为今天之“审美现代性”的重要内涵。这些“审美现代性”意向，都在一定程度上可以理解为对“现代性”的批判、反动和必要的张力，是一个多元宽容和谐的文化所需要的。

只有这样，“在时代的加速度中”，我们的心灵才会慢下来或停下来，等一等跟不上我们的身体的灵魂。

或许，这正是今天我们重新思考三代导演现代性问题流变之学理价值之所在！对于我们如何在物质主义日益膨胀、价值观日益多元甚或混乱的今天保持现代性话语的内在张力与态势平衡，为社会、文化的多元、健康、均衡、和谐发展，为人的全面自由的解放，为保持情感与理智、物质与精神、娱乐与品格、“感性冲动”与“理性冲动”之间合适的张力以及个体身心的丰富、完善与人格健康，都是极具重要意义的。

注释：

［1］Calinescu Matei，*Faces of the Modernity*：*Avant-Garde*，*Decadence*，*Kitsch*，Bloomington and Lond：Indiana University Press，1966.

[2] Calinescu Matei, *Faces of the Modernity*: *Avant-Garde*, *Decadence*, *Kitsch*, Bloomington and Lond: Indiana University Press, 1966.

[3] [匈] 卢卡奇:《现代主义的意识形态》,袁可嘉等编:《现代主义文学研究》,北京:中国社会科学出版社,1989 年。

[4] 吴贻弓:《承上启下的群落——关于第四代导演的对话》,《电影艺术》1990 年第 4 期。

[5] 胡克:《第四代导演的视觉启蒙》,《电影艺术》,1990 年第 3 期。

[6] 倪震:《城市电影的文化矛盾》,《探索的银幕》,北京:中国电影出版社,1994 年,第 48 页。

[7] 吴天明在《电影的真实性与艺术技巧——导演影片〈人生〉的体会》一文里说:"由于我太爱他们了,对他们身上固有的愚昧、落后的东西,缺乏冷静的理智的分析。同时,对高加林、刘巧珍、黄亚萍爱情悲剧的原因没有从美学观点和历史观点加以思考,因而使影片下集偏重于道德的谴责,使影片的社会观念出现了混乱,使整部影片给人的印象仍未完全脱出'痴心女子负心汉'的窠臼,这就在很大程度上削弱了影片的思想深度和社会意义。"见于《中国电影年鉴·1985》,北京:中国电影出版社,1987 年,第 187～192 页。

[8] David Harvey, *The Congditiong of Post Modernity*: *An Enquiry into the Origins of Cultural Change*, Oxford: Blackwell, 1990, p. 53.

[9] 黄式宪:《〈错位〉,错位?》,《电影艺术》1987 年第 6 期。

[10] 雪莹:《肩负起新一代的使命——黄建新谈〈黑炮事件〉创作体会》,《西部电影》1986 年第 8 期。

[11] 李亦明:《世纪之末:社会的道德危机与第五代导演的寿终正寝》,《电影艺术》1996 年第 1、2 期。

[12] 郦苏元:《新的视点　新的阐释——新时期中国电影史研究回顾》,《改革开放二十年的中国电影——第七届中国金鸡百花电影节学术研讨会论文集》,北京:中国电影出版社,1999 年,第 224 页。

[13] 李亦明:《世纪之末:社会的道德危机与第五代导演的寿终正寝》,《电影艺术》1996 年第 1、2 期。

[14] [美] 乔治·S. 塞姆塞尔:《近期中国电影中的空间美学》,《电影艺术》1886 年第 1 期。

[15] 张颐武:《"看碟的一代"在崛起》,《当代电影》2002 年第 5 期。

[16] 以上均见程青松、黄鸥:《我的摄影机不撒谎》,北京:中国友谊出版公司,2002 年,第 276～277 页。

[17] 刘小枫:《诗化哲学》,上海:华东师范大学出版社,2007 年,第 2 页。

[18] 马丁·亨克尔:《究竟什么是浪漫》,刘小枫:《诗化哲学》,上海:华东师范大学出

版社，2007 年，第 6 页。

[19] 程青松、黄鸥：《我的摄影机不撒谎》，北京：中国友谊出版公司，2002 年，第 322 页。

[20] David Harvey，*The Congditiong of Post Modernity*：*An Enquiry into the Origins of Cultural Change*，Oxford：Blackwell，1990，p. 53.

[21] 王岳川：《中国镜像——90 年代文化研究》，北京：中央编译出版社，2001 年，第 335 页。

面对气味：文字之魅与影像之惑

——小说《香水》与电影《香水》的互文性读解

李显杰

（华中师范大学文学院，湖北文学理论与批评研究中心，湖北武汉，430079）

内容摘要：《香水》叙事对象的奇异性和特定性，决定了小说和电影在符号运用、修辞操作、叙事话语的选择上具有相当大的差异性。这种差异性主要体现在两个方面：其一，文字言说与影像观照的话语方式不同，前者奠定了小说的丰赡与犀利，后者则导致了电影的温情与多样性。其二，小说叙事的反讽基调，建构了文本的否定性意蕴和精神批判之力；电影叙事的包容性特色，使影片的中心意象涂抹上一层拯救性色彩。尽管影片的改编是成功的，体现出了影像美学的再创造和新的意象追求，但就《香水》这类以否定性意蕴和精神批判之力见长的小说及其中心意象而言，其魅力和深邃主要建立在语言文字乃至文学叙事的描绘力和修辞性上，并非适合电影改编的题材和主题。

关键词：《香水》　小说　电影　文字　影像　互文性

2015年世界读书日即将来临之际，重新翻看、阅读所收藏的小说作品，又一次被《香水——一个凶手的故事》（以下简称《香水》）所吸引。小说犀利的语言、睿智的思想和不羁而宏大的精神批判之力，让我产生出常读常新的快感。同时也激发出我对文字与影像、书籍与电影之关系的再思考，特别是这次的小说文本阅读是在笔者看了同名电影之后，因而叠加了电影文本阅读的体验与观感。记得当时观影之后的第一感觉，就是觉得影片与原著的魅力与境界具有比较大的差异性，并随手记下了几点思考。今天比较两个文本，这种差异性的存在更加明显。悉心想来，这种差异性并非全然是创作主体的个人风格所带来的，它还与两种文本所使用的媒介语言、符号载体的不同密切相关。其中的关键点，在于《香水》所建构的叙事对象之奇异性和特定性。这里的叙事面对的是一种非常特殊的叙事对象——“气味”和“嗅觉”。所以在笔者看来，将《香水》的小说文本与电影文本加以比较，或许能更为有力地说明和阐释文字与影像的不同表意功能，突出和彰显二者在艺术追求和美学特征上的分野与侧重。

小说《香水》（1984 年 10 月起在《法兰克福总汇报》连载，1985 年结集出版）是德国当代小说家帕特里克·聚斯金德的成名作。笔者 1991 年在《外国文学研究》上发表过《二元并置·反讽·怪诞——读聚斯金德的小说〈香水——一个凶手的故事〉》一文，对聚斯金德的这部小说作了细读分析，文章从三个方面阐释了小说的魅力和特色，即二元并置的修辞手法、反讽的叙事基调和怪诞的文本风格。非常难能可贵的是，小说将“气味”这一依赖于嗅觉，可闻却不可见、可以感知却随风而逝的现实存在物，作为文本的中心意象，“以高超的语言驾驭技巧，巧妙地以‘实’驾‘虚’乃至‘虚’、‘实’并置，使对无形物的刻画，成了活灵活现的描绘，无形物在这里获得了具象的魅力”[1]，栩栩如生地刻画了出来。更让人钦佩的是，小说作者在对“气味”和“嗅觉”的“具象性”刻画背后，寄寓的否定性思想与批判性思考所体现出来的深邃目光和人性情怀。这些使小说文本拥有了一种巨大的深刻和令人心碎的悲伤。可以说这种建立在反讽基调上的叙事和怪诞文本风格的追求，“隐喻着对人类本性、人类社会的深层的精神批判之力”，“使我们不能简单地去做出善与恶、美与丑，残忍与仁慈、罪犯与天使的价值判断，它促使我们反思其中更深邃、更沉重的东西”[2]。这正是聚斯金德小说的文字驾驭功力和思想震撼力之所在，也是影像表意可望而不可即的根本原因所在。

电影《香水》（2006 年）在小说出版 21 年之后才被改编出品，这种时间上的延宕与小说《香水》文本具有相当大的改编难度分不开，其中最难驾驭的焦点就在于小说的中心意象是看不见、无形体的“气味——香味、臭气、无气味”及小说主人公所禀赋的特异“嗅觉”。据有关资料介绍，当年聚斯金德是有意让库布里克这样富有才气和想象力的导演来拍摄《香水》的，然而库布里克几经踯躅还是选择了放弃。个中缘由恐怕就在于要把主人公格雷诺耶的特异“嗅觉”，和其所追嗅杀害 25 名“妙龄女郎”所制作的神奇的“香水味”（包括能迷惑和控制人类“芳香气味”，以及与之相对应的作为其对立面而弥漫于当时整个社会生活环境中的“臭味”），转化成影像呈现在银幕上，是相当困难的事情，甚至是不可能办到的事情。一如《香水》一片的摄影师葛力比（Frank Griebe）所言，“聚斯金德的小说空前成功，很多年来，试图将它搬上银幕的人包括斯坦利·库布里克、马丁·斯科赛斯和雷德利·斯科特。最后，制片人伯恩德·伊辛格为德国导演/编剧汤姆·提克威提供了机会，汤姆·提克威和安德鲁·比坚一起，花了两年时间改编了这个看上去和电影无关（不可能改编）的故事"[3]。但是，电影真的能像小说那样来表现"气味"之魅惑与蕴含、刻画出那种特异"嗅觉"所带来的怪诞行为吗？在我看来，影片的再创造虽然已最大限度地忠实于原著，并且全力以赴去呈现"嗅觉"与"气味"，但与原著所包孕的意蕴和境界仍然相距甚远。这当然不是说影片是失败之作，影片《香水》体现出了其作为电影的艺术意味和美学追求，但就该题材和主题的艺术表达来讲，影片没有也不可能达到小说所能够达到的思想高度和深邃意境。

基于这样的认识，笔者拟从小说文本与电影文本所运用的不同媒介语言和符号载体着眼，从互文性角度，阐释和比较小说与电影在表意功能和修辞手法上的各自取向与美学特征。

一、词汇言说与镜头观照

如果要表现具体的物象外貌和现实景观，可以说没有比影像的机器纪录呈现方式更得天独厚、更直接更拟真的形象呈现方式了。相比较而言，文字的抽象化符号方式（哪怕是充分形象化、艺术化了的文学语言符号）则显得略逊一筹，因此文学语言要栩栩如生地刻画外部形象和现实景观，必须调用各种形象化手段、修辞手法，来激发观众的想象力才可能达到目的。反过来讲，如果要刻画人物的内在心理活动、特定生理心理感受乃至抽象的事物和现象时，影像的媒介方式和符号载体则显得无从下手，甚至是无能为力。尽管影像媒介可以借助于特定的动作（表情或细微的暗示性动作）或特殊的影像修辞手段（如梦幻、幻想等）来刻画内在的心理活动，抽象的心理或观念形态，但总不是那么得心应手。特别是在表现"气味"和"嗅觉"这种相对更为飘渺的抽象事物和现象时，文字的描绘就比影像更具有表达优势。因为，小说叙事是借助于语词来描绘这种嗅觉体验和某种"气味"所带来的心理生理感受的，而语词本身则是人类在前的一系列外在的、内在的经验性认知与文化蕴含的凝聚、积淀和命名，具有很强的认知性、概念性和联想性。并且由于词汇表述是线性展开的，具有很强的意指定向性，它可以运用多样的连续的形象化比喻来唤起读者对"香味"或"臭气"的聚焦性感知与联想，即人们通常所说的艺术通感。小说《香水》中对比喻修辞的运用，可以说把这种通感修辞发挥得淋漓尽致。

请看小说开头（开篇第二自然段）对时代"臭气"的描绘：

> 在我们所说的那个时代（18世纪——引者注），各个城市里始终弥漫着我们现代人难以想象的臭气。街道散发出粪便的臭气，屋子后院散发着尿臭，楼梯间散发出腐朽的木材和老鼠的臭气，厨房弥漫着烂菜和羊油的臭味；不通风的房间散发着霉臭的尘土气味，卧室发出沾满油脂的床单、潮湿的羽绒被的臭味和夜壶的刺鼻的甜滋滋的似香非臭的气味。壁炉里散发出硫磺的臭气，制革厂里散发出苛性碱的气味，屠宰场里飘出血腥臭味……整个贵族阶级都臭，甚至国王也散发出臭气，他臭得像猛兽，而王后臭得像一只老母山羊，夏天和冬天都是如此。

显然，这样的“气味”描绘，完全建立在语词的概括之力和形象描绘的联想性上。一连串排比句式的运用，将各种各样的“臭气”与具体的物象如粪便、尿臭、木材、老鼠、烂菜、羊油、发霉的尘土、潮湿的羽绒被等联系在一起，使无形的“气味”有了具体物象的依托，一下子就调动起读者的通感和联想，实现了其传情达意（以无所不在、全民皆臭的“气味”描绘，揭示时代之黑暗、人心之腐败）的叙事目的。这样的形象化描绘和比喻性刻画在小说《香水》中比比皆是。正是这种语言文字风格的贯穿，构筑了小说非同凡响的“化无形为有形”、“虚”、“实”融汇的叙事魅力。

对比电影来看，小说中这种汪洋恣肆的具象化语词言说，恰恰是电影所无法表达和借用的。诸如“国王也散发出臭气，他臭得像猛兽”，“王后臭得像一只老母山羊”一类的描绘，很难转化为镜头影像来呈现。更不用说，此段落对当时整个“时代”都浸润在臭气之中的社会景观的勾勒，就更是影像所无法言说的了。

因此，电影《香水》的开场，直接从小说第一章的第四自然段，即主人公格雷诺耶的出生作为影片的正始开场（片名推出前，以“倒叙”方式开场的序幕段落，则另当别论）。

电影的开场段落，也呈现出一个肮脏、杂乱、嘈杂的集贸市场，其中的鱼贩集市尤其脏乱，到处堆放着一筐筐的鱼，被剖开的鱼、剥离出的内脏杂碎，加上满身污渍的女人、沾满血迹的手等影像，一下子就把将观众带入一个下层社会生活的景观之中。同时，以第三人称的画外音给观众描述这个“整个王国中最腐臭的地方”所弥漫着的种种“臭气”。应该说这种影像观照和视听组合，更直接地触发出人们对恶臭的感，似乎也能感受到那种“臭气熏天”的“气味”。但问题是，由于画面影像是一种空间呈现，各种直观可见的物象占据更为主要的地位，或者说更吸引眼球。嗅觉并不可能占据这里的主导位置和感受方向。加上不断转换的镜头，不断涌现的新鲜视觉信息，使整个段落给观众提供的更多的是视觉上的杂多与丰富，是当下的感知与体验，这反而影响到观众展开联想。因而电影观众对“气味”的感受并不像小说阅读那么集中。同时，画外音的解说（口语）虽然也用到了语词，但远不如文字的阅读来得明确和固定（文字符号的凝固性）。所以，电影的呈现并不能像小说那样，让人们聚焦于对“气味—臭气”的品位和思考。

如果把这里的电影与小说作互文比较的话，我们会发现电影视听的营造基本忠实于小说的描述，但可惜的是，电影并没有涵盖小说此处所提供的全部信息。例如，影片只能通过画外音，指出格雷诺耶是其母亲生的第五胎，此前的四胎也都是在此鱼摊旁完成，且都是死胎或半死胎。但小说中对这个25岁的女性外貌和心理状态所作的描绘，影片却无从表达。而这种语词描绘，恰恰体现出小说叙事的话语风格和思想情怀，“（她）还是个青年妇女，二十五岁，还相当漂亮，嘴里牙齿差不多都在，头上还有些头发，除了痛风、梅毒和轻度肺结核外，没有患什么严重的疾病，她希望能够长寿，或许再活上五年或十年，或者甚至能够再结一次婚，做个手工业者的受人尊敬的填房……”这种“黑色幽默”式的话语描述，表面上看似漫不经心，带有一种调侃的语气，其内里却包含着作者对人的生命、尊严的问询和呼唤，对社会底层人物痛彻心扉的深厚同情。语句中除了具有概念命名作用的名词和表示行为活动的动词之外，还用了一系列的程度副词、语气副词、数量词等：相当、差不多、还有些、或许、甚至等；整个段落的叙述基调是带有嘲讽式的反话正说。由此见出，小说的表意功能和思想情怀建立在对文字与修辞的巧妙驾驭和有机组合上，小说文本的魅力即在于此。然而这些恰恰是影像难以加以观照和表达的。正是在这个意义上，笔者认为，电影虽然在一定程度上实现了对小说的忠实改编，但却剥离和失去了原著中许多特别精妙的描写和富有张力的修辞韵味。这并不是说影片编导的主观选择有误，而是指影像根本无法用如此的文字“腔调”去描绘和诉说。就这一段落的改编而言，失去了对格雷诺耶的母亲的这种描述和刻画，也就失去了人们对这个艰难求生的宰鱼女人之悲惨命运的理解和同情。或者说影片叙事中不得不回避、抽离和删减的这些点点滴滴的然而却相当精彩的（有许多属于点睛之笔）文字诉说，使得电影的表现只能局限在对主要人物外在风貌和生活轨迹的刻画上，因而一定程度上削弱了小说本来所拥有的丰厚与锋芒。

比较二者，小说可以集中笔墨，刻画和塑造出一种关于“气味”的审美意象，无论是以无处不在的“腐臭气”来寓意当时时代之黑暗，还是以鱼贩集市的鱼腥恶臭来刻画格雷诺耶的出生环境和其母亲的麻木选择。其中所描绘的一系列人、事、物都是在为刻画“充满臭气”社会时代、生活环境和苦难人生服务的。因此，小说叙事的意指性明确而集中，可以运用多种多样的修辞手法，来刻画形容比喻那些“气味”，无论是香还是臭。影像提供出的更多的是一种视听感受上的直观景象。虽然影片片头序幕的第一个镜头，用光线的强调，来突出黑暗背景中的格雷诺耶的鼻子，试图暗示观众这是要讲一个关于嗅觉的故事，并且在影片中多次用大特写镜头来呈现格雷诺耶嗅闻、嗅吸的行为动作。对此，影片的摄影师葛力比曾谈道：“把《香水》搬上银幕的挑战之一是必须找到一种途径，将那个让格雷诺耶（本 · 威士肖扮演）不能自拔的嗅觉世界展现出来。使嗅觉视觉化是不可能的。‘汤姆的方法很简单，’葛力比说，‘他说，既然小说书是没有气味的，那么电影也不会有！’我们提出了一种视觉化的简单途径：人们看到满是血腥鱼尸的集市，就会感觉到那是臭的，人们看到一块薰衣草地，就会感觉到芳香。我们表现格雷诺耶用鼻子吸杯子里的味道，并且用特写拍他的鼻子。就是这样的！”[4]不难看出，影片的创作者们是竭尽全力想使“气味”及“嗅觉”能够呈现于银幕，应该说该做的，也基本上做到了。但囿于影像自身表意功能的局限，影片虽然可以通过嗅觉动作或景观暗示使观众感受到某种气味的存在，但却很难描绘这种“气味”和“嗅觉”给主人公生理和心理上引起的骚动，乃至所带来的种种奇妙变化和猛烈冲击。特别是像格雷诺耶这样具有天赋奇异嗅觉能力的人，其嗅觉的敏锐与神秘是一般人所难以觉察和感受的，唯有借助于语词的鞭辟入里之描写才能够一探幽微。这不能不说是影像观照、电影表达的局限所在。

二、否定性的反讽基调与包容性的叙事情怀

小说《香水》为了表达出特定的思想情怀，大量运用了语言修辞中的“反讽”辞格，从而构成了作品以“反讽”为叙事基调的文本特征。所谓“反讽”，按一般的解释指，“一种用来传达与文字表面意义迥然不同（而且通常相反）的内在含义的说话方式”[5]。但按照马丁的说法，“虽然反讽、讽刺和滑稽模仿之间的区别很容易解释和例证，但是一旦对之详加考察，这些区别往往会消失……简言之，我们愈是仔细地区分反讽、讽刺和滑稽模仿，它们就愈是显得一致，无论从概念方面看还是从经验方面看”。笔者主要从马丁相对宽泛的含义上来使用“反讽”的概念，即既包括贯穿文本始终的冷

嘲热讽“腔调”，也包括那些看似漫不经心的嬉笑怒骂。例如，上文中所提到的对格雷诺耶的母亲所希望的幸福生活的描绘。类似这样的描述在文本中俯拾皆是。这里不妨再拈出几例以为验证。

小说对修道院教士泰里埃的刻画（小说用了两个小节的篇幅来描述他与婴儿格雷诺耶相处期间的复杂心理变化和行为态度）：

> 泰里埃长老是个和气的人。他负责管理修道院的慈善基金，负责把钱分发给穷人和急需的人。他期望着人家向他道谢，在别的方面不来打搅他。他对技术上的细小事情非常反感，因为小事就意味着困难，而困难就意味着扰乱他的平静心情，这一点他绝对不能忍受。

当“和气”与“绝对不能忍受”并置一处时，字里行间中的反讽意味则悄然而出。泰里埃真的是一个和气的人吗？这是需要打上一个大大的问号的。反讽的叙事制造了叙事的张力，迫使读者自己去揣摩、去比照、去估定文本语境中的真正话语含义。

小说对香水制造商吉赛佩·巴尔迪尼的描述：

> 啊，作为正直的人看到自己被迫走如此不正当的路，是多么糟糕！一个人用如此卑鄙的手段来玷污他所拥有的最宝贵事物——他的名誉，这是多么糟糕！但是他又能怎么办？

这是巴尔迪尼对自己仿造别人的香水时所发出的感叹，这番表白是如此诚恳。然而“正直”与“不正当”的拼贴，“卑劣手段”与“宝贵名誉”的并置，使这里的痛心表白即刻变成了一幅具有讽刺性的漫画。顺便说一句，此处的人声话语属于不加引号的“自由间接引语”（free indirect speech），具有叙事声音上的人称杂糅特征，这里的叙述既像第一人称的内心独白，又似乎是第三人称旁观者的叙述。自由间接引语的大量运用也是小说《香水》在叙事声音上的一个突出特征。

请看对主教形象的描绘：

> 高贵的主教上身向前摇动，仿佛他要恶心呕吐似的，他的额头撞到膝盖上，直到他那顶绿色帽子从头上滚下来；这时他并不觉得难受，而是平生第一次沉醉在宗教的狂热中，因为在万民的眼前，一种奇迹发生了，因为至高无上的上帝已经在阻拦刽子手，他把世人认定为杀人犯的人宣告为天使。这种情况竟然发生在十八世纪！上帝多么伟大呀！而主

> 教本身多么渺小，多么微不足道，他念着革出教门令，自己却不相信，只是为了安慰人民！啊，多么狂妄，多么信心不足！如今上帝创造了奇迹！啊，作为主教受到上帝如此惩罚，这是多么美妙的屈辱，多么甜蜜的可耻，多么仁慈！

这里直接运用了“矛盾修辞”，杀人犯与天使、教门令与不相信、狂妄与信心不足、美妙与屈辱、甜蜜与可耻，这一系列矛盾对立的现象或概念的并置使这里的修辞尖锐犀利，耐人寻味，富于动态地多角度扫描了主教大人的丑陋嘴脸和虚伪面目，其反讽效果十分浓烈。

通观小说整个文本，出现在故事中的除了那些无辜被害的少女之外，所有的出场人物都是负面的否定性人物，都是作为反讽的对象加以刻画的，尽管其中有轻重层次上的不同处理。比如，对格雷诺耶的母亲、加拉尔夫人等下层人物的嘲讽之中寄寓着同情；对泰里埃、巴尔迪尼、德鲁以及市民们的讽刺之中糅合着辩解；对上流社会中的人物则在讽刺之中实施着鞭挞。而对格雷诺耶的刻画则融合了以上种种方面，既有无情鞭笞，又糅合着一些同情；既有深深谴责，又渗透着些许谅解。因为，格雷诺耶是一个复杂的人物形象，在他身上寄托凝聚着聚斯金德深刻的哲理性思考。

相对小说这种反讽为基调的叙事，电影的叙事显然不可能如此深入和犀利。从电影文本的改编看，它保留和选择了小说的主要情节和精神内核，但在批判的力度和思想的深度上有所弱化。其中的原因，除了上文中所谈到的受到媒介语言和符号载体的制约之外，也和电影作为一种面向大众的艺术产品所具有的文化属性密切相关。如果电影拍的如同小说一般的阴暗和丑陋，却又不能像小说那样拥有系统的语言文字、修辞手段和思想观念作为支撑的话，影片一定不会为广大观众所理解和接受，更不会受到人们的欢迎。所以影片对小说作出一定程度上的改编和再创造是完全有必要的。

就《香水》一片来看，影片的改编基本上是成功的。虽然就《香水》的题材与主题讲，它们并非是合适得体的改编对象。影片改编的成功之处可以归纳为以下方面：

第一，比较大也是比较成功的改编，是对格雷诺耶的形象性格作出了新的刻画和处理。小说中的格雷诺耶从头到尾都是一个盲目而怪诞的“非人”，一个反人类、反社会的“怪物”。影片中的格雷诺耶则经历了从“非人”到“人”的转变过程。影片中的格雷诺耶曾在不同场合三次回想起他最初杀害的第一个少女——马雷街的红发少女形象。每一次回忆其实都是在提醒和问询着格雷诺耶为什么要杀害那样一个善良、可怜的少女，都是在呼唤和催促着格雷诺耶内心深处的人性苏醒。特别是最后在刑场上发生群体乱交的场景中，对少女面容与身影的回忆终于使格雷诺耶流下了眼泪。泪水是人类情感的体现和表征，格雷诺耶的眼泪，意味着他开始有了“人”的情感。所以这是人性之泪、是情感之泪、是追悔之泪。因此，影片中的格雷诺耶最终回到巴黎自己的出生地（鱼贩集市），在自己身上洒上奇异香水，进而被人们吃掉，就成为格雷诺耶对作为“怪物”、作为“杀人凶手”的自我的否定和毁灭。主动求死的选择意味着格雷诺耶最终是以“人”的身份而死。小说中的结局也是格雷诺耶被人吃掉，但小说的意旨在于进一步升华对人性与兽性的拷问，体现出对爱与死、爱欲与占有的批判性思考，并没有明确的回忆和追悔的意味。就此而言，如果说影片和小说结局都落实在“为了爱”而吃人的矛盾修辞运用上而给人留下了深远悠长的人性思考的话，那么前者的“为了爱”还包含着格雷诺耶为了爱而主动赴死的意味，而不是单向的对为了爱而杀人的否定性批判。也就是说电影文本的结局更加具有包容性的人性情怀，带有一种唤醒和拯救色彩。

另一个比较重要的人物形象改动，是对参议员里希斯（萝拉的父亲）形象刻画。小说中的里希斯是一个野心勃勃、颇具心计、具有类似格雷诺耶残忍性格的人（但前者是清醒的，后者是盲目的）。用小说中的描述讲：“他将挫败那个凶手，那个争夺洛尔（即影片中的萝拉）的竞争者，而这只是因为洛尔也是他里希斯自己计划的大厦的最后一块石头。他爱她，不错；可是他也需要她。为了实现他的最大的野心，他所需要的绝对不能让人夺走，他要用牙齿和手来保住!”影片中的里希斯比小说中的刻画，温情了许多。里希斯更像是一个严厉而不失亲切的父亲形象，并没有更多地阴暗内心的刻画。这也体现出影片编导删繁就简的艺术追求，因为作为一部叙事时间有限的电影文本，它不可能像小说那样，对每一个人物都作出多层面多测度的艺术刻画。

第二，影片在细节上也有一些处理比较得体，这使影片的基调更富有温情和人性化情怀。例如，影片在刻画格雷诺耶第一次杀害马雷街的红发少女时，把杀人处理成误杀，是为了不让少女发出声音而造成其窒息而死。这与小说的直接掐死少女的细节不同。这一细节的改动，实际上也为最终格雷诺耶的人性苏醒埋下了伏笔。影片中有许多被杀害的少女的裸体镜头，影片对这些镜头的细节处理也非常到位。即便是死尸，也把这些镜头拍的具有一种清纯的艺术韵味，从而更能够激发人们对杀人者的痛恨。影片摄影葛力比对使用数字中间片技术使被杀害的马雷街红发少女皮肤显得更为苍白的描述，对为了表现“气味”和“嗅觉”而设计和使用的灯光效果的描述[6]，表明了影片创造者精益求精的创作态度和富于探索的艺术追求。影片对最后一位被杀死的少女萝拉死亡画面的刻画，当萝拉的父亲打开女儿的房间时，一片强烈的银白色光芒放射出来，接着我们看到躺在床的边沿上已被杀死并剃光头发的萝拉的尸体。这些使影片的叙事在格调上更加具有影像美学的意味。

不能不提到的是，影片改编在细节处理上的一个败笔，即让格雷诺耶与一个街头妓女做交易进而加以杀害的情节。原著中描述的是用 25 个少女的体香才最终做出了奇异香水，加上之前杀害的马雷街的红发少女，一共是 26 个被害者，但都是青春少女。这与小说所建构的中心意象“气味—香水—芳香”能够迷惑控制人类本性的主题是分不开的。因为只有那些纯洁少女才可能拥有这种体香，也只有这种体香才能制造出能控制万民的奇异香水及其迷人芳香。如果随便一个街头妓女就能够被用来提取体香的话，恐怕整个作品的中心意象就会轰然坍塌，格雷诺耶也不用苦苦追寻萝拉了。因此影片的这个细节处理不能不说是一个败笔。

第三，影片在保留小说主要人物和情节的基础上，更多地展现了格雷诺耶与大自然的万物的气味联系。特别是对乡间田野、百色花香的刻画和描绘，使影片的整体画面融入了一些美丽的田野景色，再加上一些音乐的编配，使一些镜头画面满溢着诗情画意，给人带来了视听觉上的愉悦和美感。这自然是影像叙事的优势所在。影片在这方面的艺术追求，也给整个文本增添了一些亮色。

如此看来，影片削弱小说的否定性反讽和精神批判的思想力度，塑造出一个回归人性的格雷诺耶人物形象，让影片具有更多的亮色，是编导的艺术再创造。这应当是作为大众文化产品的电影的必要的和合理的选择。如同上述，影像话语不可能达到小说的那种尖锐和深刻，一方面在于媒介语言、符号载体的限制，另一方面还在于影片必须要有自己的艺术表现力和美学追求。就此而言，电影就是电影，即便是改编而来的作品，也没有必要非得完全忠实或等同于原著。

概括上述，小说文本与电影文本就刻画和表现“气味”这一中心意象，并通过它刻写出对时代、社会、人性、美丑、善恶的批判性思考而言，笔者认为小说的刻画要比电影的呈现深刻得多，具有更为开阔的思想视野和更为深邃的美学意蕴。对《香水》的小说和电影文本所作的互文性读解能够证明，当文字和影像同时面对无形无影的现实存在和生理心理现象时，前者要比后者具有更为丰厚、更为有力的言说方式和表意手段。但电影的改编，提供了另一种美学选择，让格雷诺耶回归到人的本来轨道上来，而不是像小说那样固守在“怪诞”的氛围中，始终只是一个怪物的结局，则更具有 21 世纪的当代文化精神所内含的包容性人性情怀。

注释：

[1] 李显杰：《二元并置 · 反讽 · 怪诞——读聚斯金德的小说〈香水——一个凶手的故事〉》，《外国文学研究》1991 年第 4 期。

[2] 李显杰：《二元并置 · 反讽 · 怪诞——读聚斯金德的小说〈香水——一个凶手的故事〉》，《外国文学研究》1991 年第 4 期。

[3] 杰伊 · 霍尔本：《致命的芳香：〈香水〉摄影谈》，《电影艺术》2008 年第 2 期。

[4] 杰伊 · 霍尔本：《致命的芳香：〈香水〉摄影谈》，《电影艺术》2008 年第 2 期。

[5] 王治河主编：《后现代主义辞典》，北京：中央编译出版社，2005 年，第 11 页。

[6] [美] 华莱士 · 马丁：《当代叙事学》，伍晓明译，北京：北京大学出版社，2005 年，第 183 页。

真人秀节目叙事与文化产业的跨界整合

李　炜

（华中师范大学文学院，湖北文学理论与批评研究中心，华中师范大学影视传播研究中心，湖北武汉，430079）

内容摘要：本文以《爸爸去哪儿》为例探究当前真人秀节目的叙事特征及文化产业的跨界整合现象。通过给选定的人物设置具体“任务”的方式，围绕“主人公的行动圈”附加“相助者的行动圈”形成其基本叙事框架，彰显节目定位及叙事主旨；采取“现场实录”和“人物追述”相混合的模式架构叙事时空，后期动漫字幕制作则具有四类叙事功能。节目的新媒体营销及跨界整合传播模式的成功为文化全产业链运营提供了范例。

关键词：真人秀　叙事　文化产业　跨界整合

在近两年的中国文化传播现象中，作为电视节目与电影及图书、游戏等其他媒介跨界整合成功的范例，《爸爸去哪儿》毫无疑问引人注目。《爸爸去哪儿》是由湖南卫视于2013年10月11日推出的国内首档大型明星亲子真人秀节目，原版模式购自韩国MBC电视台《爸爸！我们去哪儿?》，2013年、2014年已播出两季。该节目邀请明星爸爸们带着自己的孩子去陌生的地方生活三天两夜，还要完成节目组布置的各项挑战。该节目开播之后不仅收视率节节攀升，成为湖南卫视的优质品牌，更成为社会各界热议的话题。据湖南广电发布的数据，“《爸爸去哪儿》共播出12期，在亲子代季、真实记录和故事剪辑等方面实现全新突破，全国网平均收视率2.16%，平均份额15.25%，最高单期份额20.37%，成为本年度上星频道中收视最高的季播节目”[1]。作为一档以家庭亲子叙事为主题的真人秀节目，《爸爸去哪儿》确实在叙事上有着自己鲜明的特色，既有承继，也有创新，这些都成为制作成功的保证。而同名大电影、游戏、图书等的推出极其成功，也展现了由电视到电影及其他文化产品的跨界整合模式。

一、叙事模式：人物、“任务”与叙事功能

真人秀是一种在规定情境中被记录的无固定剧本的叙事形式，真人秀的

叙事必须在固定的时间和空间中由行动者去完成一定的任务，这就使得行动者和“任务”成为真人秀叙事中的核心因素。《爸爸去哪儿》这一真人秀节目有着明确的叙事模式，不同的元素也各自承担了重要的叙事功能。

1. 人物

每个叙事都必须包含特定的角色，人物是作为真人秀节目中的行动主体存在的，是真人秀节目的叙事核心元素。同时“真人秀一般并不像虚构作品那样规定参与者的角色，所有的参与者都以‘自己’的方式进入节目，自己决定自己的行为和决定呈现给其他人的形象”[2]。《爸爸去哪儿》选定的人物是五个家庭中的父亲和孩子。以第一季为例，第一集伊始就展现了这些“第一次以父亲身份出现在镜头里的爸爸们”及他们对自己作为父亲的感想，包括：39岁的赛车手及艺人林志颖（“我是一个尽责的爸爸”），34岁的前奥运跳水冠军田亮（“我是一个年轻的爸爸”），44岁的演员郭涛（“我是一个不像爸爸的爸爸”），31岁的男模张亮（“我们两个要做一辈子的好哥们好朋友”），40岁的导演王岳伦（“我是一个不太专业的爸爸”）。无论是年龄、职业、文化背景还是性格，五位爸爸们之间的差异明显，而展现明星作为一名普通人、作为父亲的各种言行，诸如怎样带孩子、怎样跟孩子相处、怎样解决栏目中安排的各种任务，自然也能满足观众对明星日常生活的窥视欲望。例如王岳伦折腾半天不会给女儿扎辫子，林志颖包饺子一团糟，郭涛住上好房子暗自窃喜，田亮面对哭闹不停的女儿一脸愁容，张亮起晚了只能和儿子喝一碗粥……爸爸们对待孩子的方式，无论是束手无策还是循循善诱，自然会形成映衬和对比。这些饱含生活气息的表现是如此真实，让观众看到了面对现实问题的明星，大呼有趣。

从节目组的小孩构成来讲，一共有3个男孩，2个女孩。开拍时王诗龄不到4岁，Kimi 4岁，Cindy和天天5岁，石头6岁。这5个年龄各异的孩子们，有着低幼儿童的可爱，既会捧腹大笑，也会哭闹不止，相互之间也免不了冲突（如Kimi和王诗龄、天天和石头在沙坡头的冲突等）。他们的纯真表现，更加强化了作为真人秀节目“真实”的特点。

真人秀节目在某种意义上就是这些人物的连续剧，人物的性格行动在不断地得到展示。从这个意义上来说，人物在本身性格的基础上不断发展发展的过程也是吸引受众的因素之所在。因此，正是这种不同的年龄层、性格等的差异性分布，让爸爸和孩子们更具有代表性，不仅仅是作为明星及其子女存在，而实现了明星真人秀和孩子的童真童趣巧妙融合，演绎着发生在每一对适龄的父子身上的喜怒哀乐，因此也更容易得到不同年龄、不同性格观众的关注及共鸣，并确保了在规则下的戏剧冲突及人物关系的发展，能强化叙事的感染力。

除了五对父子之外，《爸爸去哪儿》还有一个主持人“代理村长”——李锐。“代理村长”在整个节目中起到的作用就是给五个家庭的父子布置“任务”。

2.“任务”

行动与事件是叙事的主体，真人秀节目中的“任务”设定是整个叙事框架中的规定性元素，是引出具体叙事细节的一环；正是因为有了“任务”，便有了吸引观众的悬念，细节才得以出现，才会出现竞争、冲突。《爸爸去哪儿》采取了主持人给五对父子布置任务的形式，推进节目的进行。

“我们曾经在研究原版节目的时候就发现，韩国版的节奏偏慢，在任务布置上更多的是找食材和做饭，所以我们在节目制作的最初，就决定在剪辑节奏、任务布置上和原版有差异。”[3]总导演谢涤葵如是说。从已经播出的节目来看，《爸爸去哪儿》任务的设置基本上可以总结为三类：

（1）创设日常生活情境：如买菜、做饭、学唱歌等环节。这些大部分都是日常生活中为人父母经常要做的事情，但是对明星爸爸来讲可能会有一些生疏，也最容易有戏剧性效果。包括第一季第 11 集“写信”环节，其实也是将以往父母给子女写信的形式加之于这些现代爸爸。

（2）创设困难的情境：如第一季第 3 集要求每对父子用 50 元买两天的食材、第 6 集爸爸池塘挖藕、第 7 集要每个小孩自己去领食物、第 8 集田亮一人带 5 个孩子、第 9 集换爸爸，等等。这些任务对爸爸孩子都是一种挑战，当然也会状况百出。

（3）制造竞争环节：如选房子、午餐投票，还有一些小游戏如瞪眼比赛、木头人、小猪赛跑、萝卜蹲等。有竞争就会产生冲突，也更能体现人性，展现人物。第一季里天天要给爸爸找一根狗尾巴草的细节，正是竞争环节看到爸爸失利后孩子对爸爸的真心实意。而游戏环节的加入，输的人要接受惩罚，兼顾了趣味与规则，符合儿童的天性和特点。

整体来看，“任务”的设置彰显了节目组有意识的引导作用，一个任务其实就是一个目标，也是一种体验式的学习，将人与周围环境的矛盾、人与人之间的冲突、磨合乃至于人物自身的内心冲突加以突出。当然，个别任务的设置也引起了比较大的争议，比如用破掉鸡蛋欺骗孩子、换父造成的性别教育问题等，表现出节目组在有些层面考虑不周，应当引起重视。

3. 叙事模式

在叙事学理论中，俄国形式主义理论家普罗普在《故事形态学》一书中通过对俄国民间故事的整理和分析，认为故事常常将相同的行动分派给不同的人物，因此提出根据角色的功能来研究故事，认为叙事功能是叙事构成的基本要素，“功能指的是从其对于行动过程意义角度定义的角色行为”[4]。他从民间童话中共概括出了31种功能，并指出许多功能项是按照一定的范围联结起来的，这些范围整体上与完成者相对应，也就是“行动圈”。一般来讲故事有七种“行动圈”：对头（加害者）的行动圈、赠与者（提供者）的行动圈、相助者的行动圈、公主（要找的人物）及其父王的行动圈、派遣者的行动圈、主人公的行动圈、假冒主人公的行动圈[5]。当我们用普罗普的叙事理论来关照《爸爸去哪儿》的叙事时，会发现该节目主要依赖的就是“主人公的行动圈”、“相助者的行动圈”。

《爸爸去哪儿》第一季的叙事模式基本可以总结为：五对父子出发来到目的地—各家安顿住宿—找食材—做饭—游戏—各家就寝—吃早餐—完成任务—游戏—回家。其间的顺序可能有所调整，稍有差异。这实际上是给“主人公的行动圈”设定了一个基本框架，吃苦也成了一个必备环节。这个基本框架的存在，使得孩子们在第一次游戏规则之后不必重新适应新的游戏规则，相对减少了外界不可控因素的影响，让他们逐渐能够很快进入状态，因此表现也越来越放松。在基本框架之内，“相助者的行动圈”如乡亲们的帮助会视情况出现，以帮助主人公们更好地完成任务。

在上述叙事模式架构之下，由于五对父子的差异，《爸爸去哪儿》每一集的节目都有似于高潮迭起的电视剧，最后又以浓浓的家庭亲情结束。不同于2000年由美国哥伦比亚广播公司播出的《幸存者》将16名选手送到一个荒无人烟的偏僻小岛最后只胜出一人的纯竞技类模式，《爸爸去哪儿》并不将激烈的竞争性与唯一性作为重点。总导演谢涤葵说：“通过节目中五对明星亲子的互动，告诉天下父亲应‘亲临’教育第一线，这样才有利于培养孩子健康人格和自主能力，使孩子更好地适应现实世界和未来社会。”[6]节目组宣传统筹彭珊谈道：“我们整体的价值观就是：呼唤亲情的回归。然后是希望观众们通过我们的节目，重视自己家庭的问题。……我们想告诉年轻的家长，除了要意识到花时间多陪孩子，还要让他们知道：陪孩子看电视、陪孩子吃饭那不叫陪，不叫爱。家长应该跟孩子共同做一件事，比如一起做饭、一起做游戏。就像我们在家陪父母，只有跟他们聊天沟通才是真的关心。”[7]

从五对父子前后在这一基本框架的表现可以看出，每个家庭所体现出的家庭亲子教育、成长才是这种叙事模式所要表现的主旨。郭涛在参加节目的开始说“这不是一个秀，也不是一个节目，我们把它当成对孩子人生当中的一个挑战”，但从第4集开始，郭涛的自述就谈到“孩子在成长……我们也在成长”，到最后一集他写给孩子的信中更是再次强调了这一观点。因此，节目组选定的人物、设置的“任务”与叙事模式，确实实现了其节目定位。

二、剪辑制作：叙事时空的架构与动漫字幕

在对《爸爸去哪儿》的讨论中，“神剪辑”、“神字幕”、“神配乐”之类的评价反复出现。确实，除了在基本叙事模式上细心设计之外，后期的剪辑制作也成就了该节目的火爆。尤其是叙事时空的架构与后期动漫字幕的制作，可谓锦上添花。

1. 叙事时空的架构：“现场直播”与“人物追述”的混合模式

就第一季五对父子的真实活动时空而言，是中国的六个乡村地（北京灵水村、宁夏沙坡头、云南普者黑、山东鸡鸣岛、湖南长沙马栏山、黑龙江雪乡），每个地方三天两晚，他们必须在封闭的时间和空间中完成任务。这种时空安排让父亲和孩子们面对陌生的环境，尤其是孩子们可能出更多的状况，也更贴近生活现实。经过后期剪辑，呈现在观众面前的《爸爸去哪儿》从叙事架构来讲，主要采取了“现场实录”和“人物追述”相混合的模式。

对于真人秀节目而言，采用纪实的手法进行拍摄是遵循人物事件本身真实发展的本质，它更注重对事件过程的展示，以及在这一过程中可能发生的一切事件，纪录人们的经历，面对困难、化解危机时的不同态度和方式。因此，“现场实录”在真人秀节目的叙事架构中必然会占据主体地位，它能增强真实性。《爸爸去哪儿》也是采用全程跟踪的电视纪实手法，因为大部分活动都在户外，因此阵仗规模相当之大，从节目中偶尔出现的画面可以看到强大的拍摄制作团队在分组全程跟踪拍摄，多机位多角度地记录了在特定环境和情景中五对父子的真实反应和表现。后期制作将这些“现场实录”加以整合拼贴，温馨紧凑，见证了五个父亲和孩子的坎坷与欢乐。尤其是其中捕捉到的很多细节，妙趣横生或是催人泪下，比如石头放屁、郭涛在儿子给自己擦脸时眼中的泪光、田亮拉着女儿滑沙、王诗龄在“换爸爸”任务前的强

烈抵触继而又接受张亮和林志颖等，这些都带给观众生动的观感体验。

在“现场实录”的同时，《爸爸去哪儿》还结合了“人物追述”的方法。也就是说，让真人秀节目的当事人之一“爸爸”进行自述，表达自己在某一情境下当时的心情，或者解释自己行动的原因，以及在某一事件之后的感想。“人物追述”的插入事实上并没有打乱整个行动的行进过程，但是让观众能够从某个“现场”跳离出来，理解思考当事人“爸爸”们的心情，乃至于进行思考判断。例如第一季最后一集王岳伦撇下女儿一个人冲在前面，作为很多观众来讲并不理解，认为这个爸爸怎么可以不顾孩子。但是插入了一段王岳伦的自述之后，观众理解了王岳伦作为一个父亲希望在最后一次让女儿住上最好的房子的心情，反而更加感受到了王爸爸的爱女心切。“人物追述”作用近似于戏剧舞台上的独白，架构的实际上是人物的心理时空。

2. 动漫字幕的作用

《爸爸去哪儿》之所以被观众热捧，后期制作的动漫字幕功劳不小，它们不仅承担了叙事功能，而且让观众找到了其中的核心与笑点，增强了节目的趣味性。总体看来，《爸爸去哪儿》中的动漫字幕主要有以下几类作用：

（1）充当无形角色。比如第一季第 1 集开始的字幕直接打出“爸爸和孩子的第一次旅行担心什么”，接下来就是几位爸爸的回答。第 3 集字幕“沙漠到底是什么样的”，接下来就是几个孩子和爸爸的对话。这时候字幕其实相当于一个无形的提问者，对接下来的人物自述或者对话起到了引领的作用。

（2）彰显心理气氛。比如第一季第 1 集选房子环节，天天大声说要 3 号，张亮一脸无奈，字幕打出“哎哟，我的儿子”，很好地表达了张亮作为大人又好气又好笑的心理。第 3 集五对父子只收到了 50 元作为购买两天食材的钱，他们互相商讨要买什么时，字幕打出“50 元的生活压力让车内气氛陷入低气压”，把他们的压力心理及整体气氛进行了提炼说明。此外，“泪”、“惊讶”、“汗”等汉字配合动漫，将心情的表达处理得更活泼生动。

（3）定位人物形象。比如第一季第 2 集张亮双手拿菜刀切菜，先出现的是整个村庄的景，伴随着切菜的声音，字幕有节奏地出现了很多“笃”的字样，接下来是切菜的双手，再给出的是张亮切菜的近景，字幕这时候立刻出现“厨艺型男”加上两个花心笑脸的动画，张亮这一人物的形象立刻被定型了。制作组后来给张亮做菜配上了韩剧《大长今》的主题曲，以至于“亮长今”这一称呼不胫而走。田亮女儿的英文名 Cindy，被字幕组找到了田亮发音中的重庆味，字幕打出“森碟”，后来又称其为“风一样的女汉子”。类似的还有王诗龄在沙坡头“一秒变女侠”，鸡鸣岛又是“明朗少女”，天天的“暖男”，石头的“纯爷们”，等等。这些字幕都自然而然地集中了人物的突出特质，起到了提炼、定型的作用。

（4）补充增强场景。五对父子活动的场景，通过动漫字幕的补充，更加具有了“可爱”的特质。例如第一季第2集郭涛父子和面，石头说假装自己是一个机器人，“你让我干什么我就干什么，给你遥控器”。郭涛马上很配合地说了一声“叮咚”，随后屏幕上就出现了一个动漫遥控器，配合“自动加速”、“自带音效换挡”、“自带音效减速”、“这一次暂停”、“继续”等字样，父子俩的亲密合作妙趣横生。另外，字幕组还关注了在实际活动中的附属角色如村长、工作人员，还有动物，乃至于器材、物件，让本来很平凡的场景生气勃勃。比如第1集五对父子在吃饭，村长站在一旁，字幕打出“村长只能看着别人吃”，实在让人忍俊不禁。第2集，郭涛父子吃自制三明治，旁边有一条狗。这个很简单的场景，字幕组加上了“超级羡慕呢”。郭涛因为儿子刮墙对儿子进行警告，字幕组给旁边的狗的台词是“吓唬人家干嘛”。这些处理立刻就让动物也成为节目中的一个角色，变得可爱通人性。第5集，天天把夹子夹在摄像机上，字幕打出的是“摄像机求放过”；第7集的1号房里“没有灯泡的灯座悬在半空真寂寞”……

活泼生动的动漫字幕又犀利又卖萌，再加上潮流音乐的加入，很好地把握了年轻受众的心理，也增强了整个节目的娱乐性。

三、新媒体营销及跨界整合

《爸爸去哪儿》已经成为家庭亲子类真人秀节目的典型。节目播出后，迅速地引发了关于家庭教育这一重要社会问题的探讨，父亲和子女的亲子关系及教育成为节目播出之后的持续焦点。从传播学中的“使用与满足”理论来看，《爸爸去哪儿》恰恰是满足了当代受众在亲子关系处理中的种种心理诉求，让成年人发现孩子，审视自我。而这种审视自我实际上是多方面的：身为父母的反省角色缺失、自己对孩子的教育，明星们对自己孩子的教育也有借鉴性；身为孩子的更意识到自己的父母小时候对自己所付出的心血，更加孝敬父母。这些社会影响与节目组本身对这一节目的定位、叙事模式是分不开的。

在传播策略上，该节目的新媒体营销及文化产业运作模式尤为突出。《爸爸去哪儿》不仅与相关视频媒体合作，通过系列话题打造热点、焦点视频传播，更重要的是它的营销运用了微博、公众论坛社交平台等多平台联动推广的模式，引发数据爆炸，各种热门搜索及话题指数均持续走高，与观众的网络互动非常频繁。将“传统媒体的创新式传播”（如节目首映式、《天天向上》及《快乐大本营》的专题节目等）、“新媒体的病毒式传播”、“院线＋呼啦 APP＋视频网络的互动式传播”[8]相结合，这种立体互动式的整合传播持续增强节目热度，扩散了节目的影响力，品牌价值进一步得到提升。

节目大受欢迎的同时相关跨界文化产品也逐步铺开：《爸爸去哪儿》同名电影于 2014 年 1 月 31 日上映，票房累计 7 亿。这部历时五天在广州长隆野生动物园拍摄完成的大电影被认为是 2014 年第一部真正“现象级”的电影。看过电影的人都明确无误地知道其实大电影不过是将电视节目搬上了大屏幕，确实是加长版综艺节目模式，这也是广电总局最后以“纪录片”备案的原因（大电影拿到的许可证是“电审纪字〔2014〕第 15 号”）。2015 年 2 月19 日《爸爸去哪儿 2》上映，此次的外景地选在了南太平洋岛国斐济，村长李锐坐镇，陆毅、黄磊、曹格、杨威则带着贝儿、多多、Joe、Grace、杨阳洋参与。尽管业界对大电影褒贬不一，也引发了对“电影”的争执，但这一现象最重要的意义在于它在文化产业领域，是电视与电影跨界整合的一个成功案例。

从小荧屏转战大银幕的制作，对于湖南广电传媒行业来说并非先例。早在 2009 年，天娱传媒就把《快乐男生》改装成电影《乐火男孩》；2012 年，又制作了《快乐大本营》的电影《快乐到家》。但这两部电影的票房与《爸爸去哪儿》相距甚远。《爸爸去哪儿》真人秀的收视率显然高出了《快乐男生》与《快乐大本营》两档节目，第一季 12 集成功的节目也成为大电影最好的预告片，到了第二季及大电影 2 也自不待言。大电影之所以热映，有电影产业分析专家认为归功于精准的定位和精细到位的宣传。“‘《爸爸去哪儿》的各种宣传物料和一连串的活动，在细节和执行上并不输于其他中等成本的制作，很好地营造出了一种电影感。’……《爸爸》大电影的‘合家欢’属性也满足了中国人在社交上的需求。王义之分析称：‘中国观众将社交性摆在前面。去观看一部电影，很多时候是因为最近要和恋人、爱人、孩子、父母去电影院，我们来考虑一下到时候看什么。’这一独特的市场环境也成就了《爸爸》这一独特的产品。”[9]除了星爸与孩子带来的巨大影响力及传统的营销方式外，《爸爸去哪儿》节目的官方微博，也成为《爸爸去哪儿》电影版绝佳的宣传平台。620 余万的粉丝数量，非其他电影官微能比，所以在宣传物料与新媒体话题的传播上，《爸爸去哪儿》占尽先机。电影上映前的预告片播放量、微博互动及搜索排名等数据充分显示了受众心理，也让大电影的热卖毫无悬念。因此，《爸爸去哪儿》大电影在受众需求的基础上融合了新媒体营销及档期选择等多重因素，更多地显现了其作为跨界整合成功范例的意义。

除了大电影之外，2013 年 12 月 6 日第一季第 9 集播出当日，湖南卫视和游戏厂商联合百度公司开发的同名游戏首发，使得该节目也成为首个开发成游戏的湖南卫视综艺节目，同名游戏下载量已经突破了 1.2 亿。2014 年 1 月，《爸爸去哪儿》图书正式发售，还附赠节目幕后花絮 DVD 一张，同时发售的还有五位爸爸的亲子之道系列图书。很明显，相关同名文化产品搭乘第一季节目热播的顺风车，都取得了较好的成绩。总之，该栏目不仅“在品牌推广、内容生产、节目包装、VI 视觉上形成了一整套成熟运营的思路，甚至连其衍生出来的动漫产品、图书出版以及线下活动等，也都深深烙印上了全产业链运营的印迹”[10]。正如有研究者指出的那样，“在许多不同的市场尽可能使用相同的知识产权（IP），其目的在于赢得更多的成功机会且具有更少的风险，而且也能够维持一个品牌的知名度”[11]。《爸爸去哪儿》这一节目本身、其营销及跨界整合的文化产业运作模式，必将促进中国真人秀节目及相关文化产业的不断发展，其成功经验值得相关业界深思。

＊本文系华中师范大学中央高校基本科研业务费项目“跨媒介传播视域中的新世纪中国电影改编与创作研究”【CCNU15A06025】的阶段性成果。

注释：

[1]《〈爸爸去哪儿〉获内部嘉奖令　主创受奖 100 万》，《扬子晚报》2014 年 1 月 1 日，A26 版。

[2] 尹鸿、冉儒学、陆虹：《娱乐旋风——认识电视真人秀》，北京：中国广播电视出版社，2006 年，第 63 页。

[3] 郑娜：《解密〈爸爸去哪儿〉：一档真人秀节目的加减法》，《人民日报》（海外版）2013 年 12 月 18 日，第 5 版。

[4]［俄］普罗普：《故事形态学》，贾放译，北京：中华书局，2006 年，第 18 页。

[5]［俄］普罗普：《故事形态学》，贾放译，北京：中华书局，2006 年，第 73～74 页。

[6] 搜狐娱乐：《芒果台第四季关爱亲子　〈爸爸去哪儿〉温情发声》。[2013 年 9 月 3 日]

http://yule.sohu.com/20130903/n385742911.shtml.

[7] 王晗：《〈爸爸〉幕后感人瞬间：摄影师坠崖》。[2013 年 12 月 30 日] http://ent.ifeng.com/tv/special/babaqunaer/content-3/detail_2013_12/30/32577346_0.shtml.

[8] 陈骞、冯小宁：《〈爸爸去哪儿〉的传播学解读》，《今传媒》2014 年第 4 期。

[9]《中国日报》中文网：《电影〈爸爸去哪儿〉7 亿收官　载入影史成行业范本》。[2014 年4 月 24 日] http://cn.chinadaily.com.cn/2014-04/24/content_17461773_3.htm.

[10] 杨山：《从“爸爸去哪儿现象”浅论多媒体时代的 IP 运营之路》，《当代电视》2015 年第 1 期，第 77 页。

[11] [美] 道格拉斯·布朗、[英] 谭雅·克里兹温斯卡：《电影—游戏与游戏—电影：走向一种跨媒介的美学》，范倍译，《电影艺术》2011 年第 3 期，第 102 页。

文化传播学研究

【主持人语】本辑的两篇文章均以出版文化传播史为研究视角，研究对象分别为清末民初小学数学教科书、法国近代诗人马拉美。陈兰枝的《清末民初小学数学教科书出版的特点及启示（1902—1927）》一文，认为清末民初小学数学教科书有以下特点：先效日本后学欧美最终走向本土化改造；在编写过程中探索小学数学学科课程本质；内容体例及编排方式不断创新。对当下教科书出版的启示体现为：追求小学数学教育本质要求与尊重儿童主体性不可偏废；确保教科书编写团队的高度专业性和相对稳定性；“审定制”下的多元竞争促进教科书质量提高与出版业繁荣。陈兰枝的文章较注重通过历史关照现实，较好地体现了出版史研究的现实意义。范舒扬的《马拉美〈最新时尚〉述略》，在参阅了大量国外的相关成果的基础上，对法国近代诗人马拉美及其与《最新时尚》的关系进行综合梳理和评鉴，较为系统地阐述了马拉美的编辑思想。范舒扬的文章选题较为新颖，资料较为充分。本辑两篇文章的共同特点是“以史为鉴”，历史研究的落脚点应该是现实与社会，我们提倡文化传播史研究应该关照社会现实，为当今社会文化传播事业的发展提供借鉴与参考。（范　军）

清末民初小学数学教科书出版的特点及启示（1902—1927）

陈兰枝

（华中师范大学新闻传播学院，华中师范大学出版社，湖北武汉，430079）

内容摘要： 近代数学教育与数学教科书编写与出版紧密相关。清末民初，国人自编小学数学教科书，在仿效借鉴日本以及欧美等国教科书长处的基础上，进行了必要的扬弃和本土化改造，在探求小学数学课程本质及内容体例和编排方式等方面进行了诸多创新性探索。研究这段时期小学数学教科书编写出版的特点，对新课程改革背景下的小学教科书出版及教育教学改革有重要的借鉴和启示意义。

关键词： 清末民初　小学数学教科书　编写出版　本土化改造

清末民初，国人的民族危机感与救亡意识日益强烈，在“开启民智”、“启蒙大众”的社会思潮影响下，新学制得以颁行，新式学堂迅猛发展，也直接催生了我国真正意义上统一教与学的教科书。这一时期，中西文化碰撞交汇，社会政治不断革新。伴随着晚清以来西方笔算的传入和对日本、欧美等国数学教育的借鉴和改造，我国现代小学数学教育体系逐步建立。教科书出版与学制演进和教育发展紧密相关。我国近代学制始于1902年（当年清政府公布“壬寅学制”），1927年国民党形式上统一中国后实行“党化教育”，因此，1902—1927年被认为是我国小学教科书发展史上的黄金时期，实际上也是我国小学数学教科书出版从初创到起步发展的关键时期。以史为鉴，可以知兴替。仔细爬梳研究这段历史，不难发现有许多值得当代数学教科书编写和出版继承和借鉴的优良传统和成功经验。

一、清末民初教科书编审制度与小学数学教科书出版概况

（一）清末民初教科书出版的“审定制”

清末关于教科书的编审有“国定制”与“审定制”之争。1905年，清政府设立学部，开始建立系统的教科书编写发行制度。但由于当时新式学堂

发展迅猛，课程门类繁多，所需教科书种类不一、数量庞大，加之学部所编教科书质量反不如民间出版机构，而其选用发行管理也日渐薄弱，迫不得已只好实行“审定制”。民国成立后，1912 年 9 月，南京临时政府教育部颁发了《审定教科用图书规程》，规定“初等小学校高等小学校中学校师范学校教科用书，任人自行编辑，惟须呈教育部门审核”[1]，审定期限为 5 年，经审定的图书将登政府公报公布，实行教科书“审定制”。由此可见，1902—1927 年的 20 多年间，教科书出版实际上一直实行“审定制”，这为我国小学数学教科书出版的初创和发展提供了制度保障。

（二）清末民初小学数学教科书出版概况

1. *初创仿效时期*（1902—1911）

20 世纪初，中国学习现代科学技术的重点由英美等西方国家转向日本。1901 年，清政府明令兴办学堂。1904 年，中国近代教育史上第一部以政府名义实行的学制章程《奏定学堂章程》（又称“癸卯学制”）颁布。该学制主要模仿日本“明治学制”而制定，但它标志着中国近代学校制度的确立。延续千年的科举制度被废除，新式学堂大规模兴起，也刺激了学校教科书的诞生和发展。1904 年以前小学数学教科书主要为学堂自编讲义、私家编纂课本及编译的西方成书。“癸卯学制”后至辛亥革命前，则由政府、地方、民间机构甚至个人自行编译，再由学部统一审定发行，但其底本多数取自日本或日译西著，因此仿效的痕迹比较明显，但形式和内容，渐臻完善[2]。1906 年清学部公布初小暂用教课书目 102 种，其中民间出版的占 80%，质和量都在官办教科书之上。这一时期从事教科书出版的民间出版机构前后有 100 多家，其中较大的有文明书局、商务印书馆、中国图书有限公司、集成图书公司，等等，而到民国成立前商务印书馆占有的市场份额达到 90%[3]，可谓独占鳌头。这阶段比较流行的有三部小学数学教科书：一是中国图书有限公司出版的《算术课本》（1900）；二是商务印书馆的《最新算术教科书》（1904）；三是清政府学部编译图书局编的《高等小学算术教科书》（1908）。其中比较具有代表性的是《最新算术教科书》，该教科书是我国第一部根据学制规定按学年、学期编写的新教科书。但它是由商务印书馆蒋维乔计划，由徐隽和杜亚泉在日本人长尾桢太郎、小谷重等人的协助下编写完成的[4]。

2. *探索发展时期*（1912—1919）

民国初立到五四运动时期，以日本教育体制为蓝本的清末教育体制逐步被摒弃。《壬子癸丑学制》（1912—1913）颁布后教育部按照共和民国宗旨废止或修改清末教科书。但这一时期，小学算术的教学内容较清末变化不大，只是改用七年学完。在较为稳定的教科书“审定制”下，政府通过《小学校教则及课程表》（1912）及《国民学校令施行细则》（1916）等“课程标准”规范小学数学教科书的出版[5]。民国教育部将重心放在审定与发行教科书上。

这一时期，一批留学日本及欧美归国的教育学者（如蔡元培、蒋梦麟、俞子夷、舒新城、顾树森、陈鹤琴、陶行知等）将当时国际上较为流行的赫尔巴特五段教授法、实用主义、单级教学法、自学辅导法等教育教学方法引入我国。总体而言，民国初年，小学数学教科书因国家政治体制、学校制度变革以及教育理论与实践成果的活跃多彩而呈现出“快编快改”、“多级多元”的特色[6]。也在这一阶段，商务印书馆在教科书出版领域的霸主地位被与民国政府同时诞生的中华书局打破。

与民国同时成立的中华书局陆续推出了《新制中华算术教科书》（1912）、《新编中华算术教科书》（1913）、《新制单级算术教科书》（1914）以及《新式算术教科书》（1915—1916）；商务印书馆在《订正最新笔算教科书》（1912）的基础上也推出了颇受好评的《共和国教科书·新珠（笔）算》（1912—1913）以及《单级算术教科书》（1914），其中《单级算术教科书》配合单级教授法使用，而《实用教科书》（1915）则是商务印书馆适应实用主义教育思潮而编辑出版的[7]。1913 年，商务印书馆又出版了俞子夷从美国引进并翻译的《新体算术》等多种教科书[8]。这一时期，小学算术教科书出版由清末单一仿效日本转向引进和改编欧美等多国教材。

3. 融合改造时期（1920—1927）

1919 年前后兴起的新文化运动，使源自欧美的民主与科学呼声高涨，各种教育思潮风起云涌，直接催生了移植于美国的“壬戌学制”（1922），即“六三三”学制。需要特别说明的是，“壬戌学制”下的中国数学教育制度开始有了很大的灵活性，有了自己的观点和主张，如学年的划分，可以是“六三三”，也可以是“六六”，不再不考虑中国的国情而生搬硬套外国的制度，数学教育制度的制定基本上做到了“立足本国，放眼世界”[9]。由于“道尔顿制”和“设计教学法”的引进，以及“自学辅导法”的沿用，“协动教学法”的自创，各种教学法在小学数学教科书的编写过程中交汇融合，并进行中国式改造，加速了我国小学数学教科书的现代化进程。

新学制及《中小学课程标准纲要》的颁布促使我国现代教科书逐步成

形，也使1922年前后成为近现代中国小学教科书出版的鼎盛时期。这一时期为适应新学制的需要，商务印书馆与中华书局展开了激烈的竞争，新成立的上海世界书局也加入教科书出版的行列。当时商务印书馆出版的《新学制算术教科书》（共12册，骆师曾，1923—1924），《新撰算术教科书》（共4册，骆师曾、胡达聪，1925）因品质高、理念新，广受小学欢迎，印量颇大；中华出局1927年推出的《新中华教科书算术课本》（共12册）由于配有大量精美的插图广受小学校欢迎。上海世界书局1925年出版了《新学制小学教科书算术课本》（共12册，戴渭清、杨逸群等，1925），因其价格便宜，服务周到，也占有较为可观的市场份额。

二、清末民初小学数学教科书出版的特点

（一）先效日本后学欧美最终走向本土化改造

小学数学教科书的初创时期以仿效日本为主，对小学算术的教育目的、任务和教学要求等均相当模糊，更不知教科书要服从教学目的[10]。当时有人批评小学数学教学注重死记硬背，小学生“连加减法亦懵然不知，并自己家中伙食零用账亦不能算焉”[11]，可见最初的探索还十分肤浅[12]。民国初期，小学数学教科书虽然已经开始实现按依学期、学年编写，内容编排也基本体现了由浅入深的原则，但仍存在使用文言表述、竖排或横竖混排、中西数学符号结合使用以及内容脱离生活实际等问题。但在模仿的过程中，其内容组织形式，如具有前言（编辑大意）、章节标题、例题、图表、复习题、附录、总结课等，从“形式”到“体例”已显现出现代小学数学教科书的基本雏形。

1919年前后，随着新文化运动的兴起，美国实用主义教育理念传入中国，源自欧洲的各种教育思潮也在中国教育界融合交汇。20世纪20年代前期，小学数学教育界还发生了一场声势浩大的“珠算”存废之争。这使人们认识到只是简单模仿、借鉴无法编写出适合我国儿童使用的小学数学教科书。“六三三”学制（1922）颁布后，一批数学教育家和出版机构编写小学数学教科书时，多是先参考各国教科书，再结合我国国情对内容进行删减、添加、熔铸，吸收源自美国的“儿童中心”、“实用主义”以及“自学辅导主义”等先进教育理念，并全部采用白话文和国际通用的数学符号进行横排，由此而开始了我国小学数学教育和数学教科书轰轰烈烈的本土化改造。批判吸收国外的先进教育理念，根据小学生的心理特点及接受知识的能力来编写

小学数学教科书，使之符合中国数学教育实际，也标志着中国数学教育的一大进步。

（二）在编写过程中探索小学数学学科课程本质

几千年来，中国的数学教育思想主要体现为“说法讲理”，刻板枯燥的数学问题、艰涩的文言表述、灌输式的说理讲解让学童无所适从。直至清末，这一现象才有所改观。《奏定学堂章程·初等小学堂章程》（1904）规制下的算学教科书明确指出算术教育，不是为了“说法讲理”，而是为了让学生在日常生活有用，能够自谋生计。例如《最新初等小学笔算教科书》（1904）在讲解“数的认识”时就先借助当时学童熟悉的学习用品（砚台、毛笔、墨块等）让学生数数，再运用抽象的“黑白点子图”让学童在学会数数的基础上进一步理解数的含义。这种编写方式摒弃了传统数学教育“说法讲理”的成人式表达，使学童的兴趣与认知水平得到尊重[13]。

20世纪50年代，美国著名心理学家和教育学家布卢姆（B. S. Bloom）提出“认知领域”的六大层次，即记忆、理解、应用、分析、评价、创造。而彪蒙书室1908年出版的《最新初等小学笔算教科书》（王艺编撰）在编写时已开始在内容编排是否符合儿童认知规律方面作了探索，并在“编辑大意”中对受领（宜于直观）、理会（审思之义）、应用（知之后贵于能行）这三个层次进行了较为详细的界定与诠释[14]。《共和国教科书新算术》（1913）说明其编辑大意在于：用适宜方法，顺儿童心意发达之序，予以生活必需之常识。为此，该教科书在内容编排时充分考虑儿童的心理特点，从心算逐步过渡到笔算，而且知识背景多取材日常生活，更讲求实用。从重在“说理讲法”到“顺儿童心意发达之序，予以生活必需之常识”，清末民初小学数学教科书已经开始在模仿借鉴的基础上逐步探索小学数学学科课程本质。

（三）内容体例及编排方式不断创新

从内容体例上看，我国传统数学教科书一直沿用《九章算术》所确立的“问—答—术”的编排方式，即先提出问题，然后给出解答，最后得出一般算法。清末数学教科书则多采用以定义、定理、例题、习题为顺序的编排方式，这就是近现代理科教科书的“讲—例—练”模式的萌芽。

从编排方式上看，清末民初，受西方各国教育思潮的影响，对于如何处理数学知识的逻辑顺序和儿童心理发展顺序之间的关系问题，在小学数学教科书编写过程中引发采用直线式还是圆周式编排方式的争论。清末，小学数学教科书多采用直线式编排，侧重突出数学知识的逻辑顺序，但因不符合儿童认知规律，给儿童学习带来一定困难。到民国初期，小学算术教科书在初小阶段，部分内容开始引入圆周式的编排方式，这种编排体现了知识的逻辑体系和教学内容的“螺旋式上升”[15]。相对于清末的直线式编排，它避免了直线式编排孤立、隔绝教科书各部分内容的弊端，使儿童对各部分知识真正理解和融会贯通。此外，圆周式编排方式最大的特点是符合儿童由简到繁、由易到难、循序渐进的心理认知规律，可以减少儿童学习中的困难。当代小学教科书编写，尤其是低年级的教科书编写中圆周式编排仍被广泛运用。由此可见，清末民初当时我国在这方面的探索是具有创新性和领先性的。

三、对当今小学数学教科书编写出版的启示

（一）追求小学数学教育本质要求与尊重儿童主体性不可偏废

受西方教育理念的影响，我国当前的第八次课程改革，倡导以学生为中心，强调“体验、合作、探究”为核心的教学理念。在其影响下的小学数学教科书偏向于否定传统编写理念，认为传统教学和教材编写以“教师为中心”，强调“机械记忆”和“机械练习”，为此有人主张教材编写要淡化“双基”（基础知识和基本技能），一段时期甚至还出现“双基”过时论调。实际上，《奏定学堂章程》（1904）规制下的小学算术教科书已经开始突出基础知识（“增长生活必需之知识”）、基本技能（“熟习日常之计算”），并注重儿童思维能力的培养（“兼使思虑精确”），这样的教科书编写思想较好地反映了对小学算术教学的基本特点与本质要求的探索。而“双基”过时论实际是对小学数学教育教学本质要求的偏离。我们翻开 1924 年出版的新学制小学第四年下学期用《社会化的算术教科书》，可以看到为“男女孩子各量一身新衣”，要求学生“量选衣料”，再根据“布料和纽扣”等用材价格估算成本的内容设计。这样的教学内容，类似于我们今天小学数学教科书中的“综合与实践”板块[16]。事实说明，清末民初小学数学教科书编写在追求小学数学教育本质的同时，也注意尊重儿童的天赋能力和主动探究精神。这对新课程改革背景下的小学教科书编写具有重要的借鉴和启示意义。

（二）确保教科书编写团队的高度专业性和相对稳定性

清末民初，参与中小学教科书的编写与出版，被当时的社会精英和学贯中西的知识分子视为“开启民智”、“启蒙大众”的重要途径。与中学甚至大学数学教科书主要以直接翻译或编译为主不同，清末民初我国的小学数学教科书多为国人自编。在小学数学教科书编写方面，著名数学教育家和数学家

俞子夷、顾树森、胡敦复、严济慈、吴在渊、余介石、傅种孙、骆师曾等数十年长期坚持小学数学教科书的编写和修订[17]。此外，在特殊历史时期，民间出版企业还聘请外国学者参与数学教科书的编写，如清末，商务印书馆就聘请日本学者长尾桢太郎和小谷重参与《最新算术教科书》的编写和校订。高度专业的编写团队保证了当时小学数学教科书的高质量。相比而言，当下的小学数学教科书编写过程中，著名数学专家多只列席“顾问”，具体编写任务则由庞大的编委会成员负责实施。“教科书是面向未来传达的一种信息，也是关于未来的一个预言，作为课程的一部分，它介入课程的程度，绝不亚于有组织的社会知识体系。”[18] 小学数学教科书呈现的内容和形式，决定了儿童理性思维启蒙方式和有效程度。如何保证小学数学教科书的高品质，清末民初小学数学教科书编写团队的建构经验或值得我们借鉴。

（三）“审定制”下的多元竞争促进教科书质量提高与出版业繁荣

1902—1927 年的二十多年里，教科书出版实际上实行的都是“审定制”。在这样宽松自由的出版环境下，清末形成了学堂、书坊（商务印书馆、上海文明书局、正中书局等）以及中央编书机构等多元化的出版主体，有效地满足了新式学堂和近代教育发展的需要。自商务印书馆的《最新算术教科书》（1904）开始，民间出版机构开始根据学制编写教科书，开创了中国教科书出版的新纪元。1911—1927 年，商务印书馆、中华书局以及之后成立的世界书局等民间出版机构之间的自由竞争，更使小学数学教科书在中外数学教育教学思想融合，内容编排、版式设计甚至教授法研究等诸多方面有了长足的进步和发展，并在 20 世纪 20 年代中后期显示出较高的发展水平。多元化的竞争，也使教科书发行渠道更自由畅通，价格更趋合理，销售服务更人性化[19]，从而带动了整个出版行业的发展，为 20 世纪 20 至 30 年代教科书和整个出版业的繁荣发展奠定了坚实的基础。

注释：

[1] 舒新城：《中国近代教育史资料》，北京：人民教育出版社，1981 年，第 355 页。

[2] 李兆华：《中国近代数学教育史稿》，济南：山东教育出版社，2005 年，第 87 页。

[3] 王余光、吴永贵：《中国出版通史・民国卷》，北京：中国书籍出版社，2008 年，第 390 页。

[4] 李映辉：《论商务印书馆早期成功之道》，《长沙大学学报》2003 年第 3 期。

[5] 汤雪峰：《民国初期小学数学课程的“因袭”与“改造”》，《福建教育》2014 年第

Z1期。

[6] 吴永贵：《民国出版史》，福州：福建人民出版社，2011年，第466～468页。

[7] 石鸥、吴小鸥：《中国近代教科书史（上）》，长沙：湖南教育出版社，2012年，第312～313页。

[8] 魏佳：《20世纪中国小学数学教科书内容的改革与发展研究》，西南大学博士学位论文，2009年，第55～56页。

[9] 李春兰：《中国中小学数学教育思想史研究（1902—1952）》，新疆师范大学博士学位论文，2010年，第78页。

[10] 俞子夷：《俞子夷教育论著选》，北京：人民教育出版社，1991年，第2～3页。

[11] 贾丰臻：《今后小学教科书之商榷》，《教育杂志》1917年第9卷第1号。

[12] 魏佳：《清末小学数学教科书编写：史实与借鉴》，《课程·教材·教法》2009年第11期。

[13] 张华清：《清末算学教科书：不可磨灭的理性启蒙印记》。[2012年8月13日] http://www.pep.com.cn/zt/zhdsb/2012/13/201208/t20120806_1134105.htm.

[14] 张华清：《清末算学教科书：不可磨灭的理性启蒙印记》。[2012年8月13日] http://www.pep.com.cn/zt/zhdsb/2012/13/201208/t20120806_1134105.htm.

[15] 汤雪峰：《民国初期小学数学课程的“因袭”与“改造”》，《福建教育》2014年第Z1期。

[16] 张伟：《中国近现代数学教科书发展研究》，内蒙古师范大学硕士学位论文，2008年，第44～46页。

[17] 商务印书馆：《商务印书馆图书目录》，北京：商务印书馆，1981年，第130～131页。

[18] 李春兰：《中国中小学数学教育思想史研究（1902—1952）》，新疆师范大学博士学位论文，2010年，第162页。

[19] 庞学栋：《解放前教科书出版的竞争及其影响》，《出版发行研究》2003年第1期。

马拉美《最新时尚》述略

范舒扬

（武汉大学外国语言文学学院法语系，武汉，430072）

内容摘要：斯特芳·马拉美（Stephane Mallarme）（1842—1898）是法国19世纪著名的象征主义诗人和散文家。他早年主编的《最新时尚》无论是在作者本人的创作史上，还是在法国时尚报刊发展史上都有重要的意义。本文通过查阅、梳理欧美学者的相关研究成果，第一次在中国大陆地区全面介绍和综合评述马拉美及其主编的《最新时尚》的创办缘起，以及报纸在内容、形式、读者定位、艺术风格等方面的特点。

关键词：法国　报刊　马拉美　《最新时尚》

一

也许是出于对装饰艺术在地位上低于诗歌等纯艺术的理论偏见，马拉美时尚专栏作家的这一身份，似乎一直不能被学术界轻易接受。作为“纯诗”理论的崇高代表[1]，马拉美将精力投入到对潮流风尚细致入微的观察中，这与他“排除一切”的诗学理想显得格格不入。面对这个问题，多数评论把马拉美办的时尚报纸（也有称为刊物，其实那个时期报纸和刊物没有明确的分界）比作是一系列“漂亮的散文诗”[2]，或是像马拉美主题学研究的权威让·皮埃尔·理查[3]这样作一些哲学上的思考，“如果让我找到一个在美学的超验性上说得通的解释……那只能说存在一种纯粹的内在性……被赋予特殊意义的小玩意儿……这种表面上的无价值抑制了我们最本质的追求：用无意义的表象去掩饰虚无”。在各种对马拉美作品中这个“异类”的解读之下，我们希望首先理清楚诗人是出于何种原因才投身于这项短暂却意义特殊的时尚编辑事业。

当他早年在外省城市当英语老师时，大概还接触不到太多时髦漂亮的女士服装，散文诗中出现的服饰描写多半只是人物形象的陪衬[4]。至少在《未来的现象》里，女性美的认知还停留在上帝对人体最原始的创造之上，这种美不需要衣裙装饰或涂脂抹粉：“除去浮华的衣裳，她有有血有肉的身体。”即便是通过《烟斗》里对未婚妻朴素着装的描写，我们也能体会到一种不流于外表的含蓄情感，“……我流浪的爱人，穿着旅行的衣服，一条长裙暗淡得和路边的灰尘融为一体，潮湿的外套紧紧贴着她冻僵的肩膀，头戴一顶那些有钱小姐一到目的地就会扔掉的，没有羽毛丝带装饰的草帽，被海风已经吹得不成样子。而这些心爱之物却会被她补了再补，接着用上好几个季节。她脖子上系着那种在告别的时候会取下来挥舞的，有些难看的方巾”。尽管并不是华美精致的穿戴，这一连串描写却使人感受到另一种不张扬的优雅，在没有一句赞美之词的情况下却依然流露出一丝丝温情和感动。不过在这一时期开始创作的《海洛狄亚德》中，我们已经可以发现后来出现在《最新时尚》里的词汇了[5]，如洁白的蕾丝、美丽的镂空花边、镜子、云纹绸等。马拉美对女性美或者说美本身的认识始终处于一个不断丰富的过程之中。

1863 年，波德莱尔的《现代生活的画家》分三部分发表在《费加罗报》上。也许是受到这系列美术评论散文的启发，马拉美于三年后也开始筹备一部名叫“论美”的书，试图从美学和哲学的角度去探讨美的意义。这时的美对于诗人而言相当广泛的，并不局限于时尚品位。然而这个计划尚未实现，马拉美又有了新的打算。1871 年春天，刚刚搬到巴黎，还来不及体会大都市生活的马拉美便前往伦敦参观当年的万国博览会。尽管后来席卷欧洲的工艺美术运动仍处在萌芽阶段，在博览会上，诗人已经发现传统手工艺所体现的设计美感，开始前所未有地与大批量生产的粗糙工业品相结合。从外省到潮流的前沿城市给马拉美带来了持续性的震撼，这使他开始把对美的观察和思考聚焦到装饰艺术上来。他日思夜想办一份高档精致的杂志（或报纸），甚至在 1872 年为他这份仍在酝酿中，名字就叫作“装饰艺术”的杂志向全巴黎征稿。可惜马拉美写书和办杂志的雄心壮志从未实现，后来的《最新时尚》也并非是他自己的主意。德国学者安娜玛丽·克莱纳特（1980）查阅法国国家档案后指出，“最新时尚”其实最早是一个叫温尔伦的人所拥有的系列版画的名称，而这个温尔伦正巧是马拉美的老邻居。出于对马拉美才华的认可，温尔伦邀请他为这套版画配上文字，这样的珠联璧合才促成了《最新时尚》这八期时尚报纸的诞生。我们并不清楚马拉美在接受邀请前是否有过犹豫，但可以说这是一个继续他未完成抱负的机会，还能顺便赚点外快。如他后来在给魏尔伦的信中所说：“……像这样同时满足个人乐趣和生活所需的机会并不算多。”[6]

二

作为半月刊的第一期《最新时尚》于1874年9月6日出版。接下来的第二到第八期于每月第一和第三个礼拜天问世。报纸的浅蓝色封面以“最新时尚”几个花体字为中心，围绕着五幅表现女性在不同场合下姿态的图画：在包厢里看戏、在海边游泳、在马背上驰骋、在餐桌上就餐以及和姐妹们做针线活儿。这五幅图画概括了后面八页报纸的内容：从衣着时尚到室内装潢，从体育活动到社交新闻，从美食烹饪到诗歌鉴赏。马拉美发动他的作家朋友，包括一些高蹈派的代表人物向文学专栏供稿，戴奥德尔·邦维尔、苏利·普吕多姆、阿尔丰斯·都德等文人都先后在文学专栏发表了作品。然而马拉美在第八期出版之后，于当年的12月便卸去了主编之职，其他一些答应供稿的作家如左拉、奥古斯特·维里耶等，未曾来得及在报纸上发表作品。有趣的是，时尚期刊在19世纪的法国并不被作家们认为是低端的通俗出版物。巴尔扎克、雨果、拉马丁、小仲马等人，都曾有作品通过时尚期刊走向被大众熟知的道路。甚至可以说，这一现象从1830年以后已经成为一个独特的文学传统。

除去文学专栏刊登了一些外来稿件，《最新时尚》其他版块的文字内容几乎全由马拉美一手创作。他一人分饰几角：推荐首饰、衣裙时他是出身贵族的时尚专家玛格丽特·德·邦缇（Marguerite de Ponty）；介绍外国潮流时又换了个洋气的英文名叫做纱丁小姐（Miss Satin）；作为文娱专栏评论人的伊克斯（Ix），他不仅提供时下舞会、画展等活动信息，还对最近的文学出版物发表评论……这也意味着，马拉美得光顾并熟悉许多时髦场所，得对流行的裁缝手艺了若指掌，每两个礼拜就要挖空心思地交出一份内容丰富、形式多样，兼具美学思考与实用价值的观察报告。随着“暴富新贵”的崛起，第二帝国（1852—1870）的女士服装风格，已经与大革命影响下盛行的至简主义决裂，又推崇起路易十五、路易十六宫廷的繁复、铺张和奢华[7]。在报纸里，马拉美扮演的时尚行家不仅能够细致讲解各类布料、滚边、皱褶，甚至能向读者介绍缝纫机的用途，以及如何用滚线轮修改随每期附赠的衣服样纸大小。透过玛格丽特·德·邦缇的描写，我们可以窥见1874年巴黎的秋季流行趋势——厚重的大格纹呢子和粗纹理锦缎正大行其道，中性色尤其是茶褐色在秋季备受欢迎，蝴蝶结、花边装饰是长裙的流行指标，尽管这样层层叠叠显得下半身造型臃肿。这位体贴细致的时尚行家为读者考虑到了几乎所有场合：散步、看戏、接待来宾、正式或非正式拜访、小聚餐或大晚宴、私人派对或公开舞会。还不忘附上一些注意事项，如少女不宜佩戴羽毛饰物，但可使用再生毛替代，服丧期间的女士身着披肩比外套更好。考虑到马拉美几乎毫无编辑出版经验，此前仅在几份报刊上发表过诗作，这项细致繁琐的工作无疑对其对个人精力和想象力都形成了巨大挑战。因此让我们毫不意外的是，这一时期他的英语教学任务完成得一塌糊涂。一位学生甚至抱怨说："我们在马拉美先生的课上什么也不干，但这不奇怪，谁让他一天到晚都在给时尚报纸写稿呢！"[8]

三

德国学者克莱纳特[9]将《最新时尚》与1874年法国市面上出现的另外73份同类刊物进行比较。她认为从纸张质量、印刷工艺到设计美感，《最新时尚》都完全能够称得上是奢侈专业的潮流刊物，也对得起时尚报纸远高于其他类型刊物的价格。从内容上来说，《最新时尚》和同类报纸一样，与文人雅士合作，推荐好品位的文学读物，对于看似昙花一现而又肤浅的流行风潮力求挖掘其背后的历史、原因和影响。可以说，马拉美这份呕心沥血的作品丝毫不输给任何一个竞争对手。但是，这73份刊物中有三分之一针对的是制衣行业的专业人士，三分之一面向中产阶级或是小资产阶级妇女，还有一小部分特别针对年轻女性，而《最新时尚》属于其中少数以上流社会优雅女士为目标读者的类型。它不满足于为小商人、女工、佣人提供实用可行的缝纫技巧，更期待在沙龙聚会、社交晚宴上引起话题。从"读者来信"单元我们可以发现有来自外省的也有来自国外的读者信件（也有说是虚构）。信件的出处几乎遍布欧洲各国中心城市：伦敦、柏林、华沙、圣彼得堡、米兰、马德里。这很好地解释了作者在报纸中提供的一些看起来天马行空的建议：在室内安装鱼缸、制作异域风味的大餐、尝试深受皇室喜爱的名牌凯歌香槟、抽俄罗斯香烟、找有声誉的画家订购肖像画……如果不是有钱有闲的富贵人家，哪来此等闲情逸致呢？

对于马拉美来说，时尚几乎不存在什么实用目的。它不仅是一个提供物质消费品的工业，也不仅是一种被社会化、典型化了的，用以区分人们性别和身份特征的媒介，时尚是与戏剧、小说、绘画、音乐一样值得被批判性研究的艺术形式。而这种艺术，绝不仅仅流传于裁缝师的手指间和服饰商店里，他认为这些工作室、消费场所只能算得上是时尚的试验场。他理解的时尚是贵族式的优雅，不能简单地与"奢侈"、"流行"混为一谈。从这个层面上来说，马拉美对时尚的认知在一定程度上承袭了巴尔扎克在《风雅生活论》中的观点：时尚作为构成风雅生活的一个因素，产生于一个宏观且综合性的美学观，不只关乎化妆穿戴，它与室内装潢、建筑设计、消遣娱乐、语言艺术、行为举止、风姿气度这些大到社会生活、小到个人修养的方方面面都有着密切关联。在《最新时尚》里，马拉美甚至建议一位优雅的女士在购买胸针前，应该向她的府邸建筑师而非珠宝商寻求意见[10]。这样看来，作者的提议也并没有什么自相矛盾的地方。我们还可以把马拉美和19世纪其他一些热衷于对人物妆扮进行细致描绘的大作家进行比较。比如来不及投稿的左拉，为了准确描写《娜娜》中歌剧院女伶的生活细节，他曾在戏院的女演员化妆室度过好几个夜晚，边观察化妆穿衣的动作手法边做详尽的记录。但笔者认为，时尚之于左拉和普鲁斯特这些人更像是艺术表现的工具，这和马拉美“时尚是艺术”的态度有所不同。

四

除了目标读者群有别于多数同类刊物以外，《最新时尚》的行文措辞也显得异常生动和细腻。让·皮埃尔·理查[11]认为，我们完全可以通过这份时尚刊物窥见马拉美的诗学特点。在《最新时尚》里，作者会用到一些诗歌里的意象，并通过一连串形容词和同义重复来使饰物充满画面感。《最新时尚》的语言容量远远超过了形容清楚一个漂亮物件、一场流行风潮的需要，它似乎旨在把时尚的概念抽象化。如果说同时代的查尔斯·沃斯为高级定制时装的诞生做出了贡献，那么马拉美则力求在语言上使时尚变得诗意和高级。尽管用了好几个假名，我们还是能不费吹灰之力地通过句式、节奏、断句及时不时地晦涩难懂判断出，这份刊物无疑是出自马拉美之手。在关于《最新时尚》为数不多的学术评论中，露西安·弗拉皮尔-马祖尔[12]指出，比起对女性作为独立个体本身的兴趣，马拉美对时尚的细枝末节表现得更加着迷。这种对女性生活不遗余力地刻画描述，在从男性视角拓宽了诗歌创新可能性的同时，反而是对女性主体身份的忽视。尽管在《最新时尚》中，女性被比作文艺复兴时期的法国雕塑家让·古戎创作的山林水泽仙女，但这是一种被物化了、扭曲了的身份，女性存在对于马拉美来说有怎样的意义，其实并不清楚。正是基于对这种男权主义立场的考虑，弗拉皮尔-马祖尔认为《最新时尚》相比马拉美的其他作品而言，没有做到“排除一切”[13]，离他的“纯诗”理想有相当的距离。然而，玛丽·李维·肖在做马拉美和罗兰·巴特的对比研究时提出了不同看法：即便在《最新时尚》中，马拉美的虚无构思和诗学旨趣也得到了有机统一。正如过多的时尚描写模糊了对女性形象的塑造一般，文章内涵也因为华丽辞藻的过度堆砌而显得难以琢磨。借用巴特在《流行体系》中反复强调的观点，李维·肖认为女性身份和文字意义的模糊并不能简单归结到马拉美的诗学特点，这实际上是所有时尚写作的必要手段和共性[14]。在早于巴特几乎一个世纪的时候，马拉美已经把时尚看作一个符号系统了[15]，他开始有意识地用语言符号去表现服饰符号，尽管这二者间的关系还很含混。

跳出对马拉美的时尚观和其诗歌艺术联系的探究，就会自然而然地产生这样一个问题：那些来自欧洲各地的热情读者，在习惯了阅读更浅显流畅的时尚评述之后，怎么会有耐心去对付一个个突然冒出来、让人匪夷所思的标点符号和倒装句式呢？逼着这些妇女做阅读理解的消遣读物，到底乐趣何在？我们不妨大胆假设她们根本没有逐字逐句地从头看到尾。当《最新时尚》出版到第六个月时，下一年的订阅量已经少到无法支撑报纸的运作了，此前的热烈反响并没有真正带来多少忠实拥护者。过于艰深和诗性的语言很有可能是导致报纸失败的原因之一，而高端的定位、不食人间烟火的生活指南也使广大中低阶层读者望而却步。时尚报刊的世俗作用和媒介性质决定了它所能提供的文学创作空间是有限的，只有遵从大众品位、社会传统的内容和文风才能不显得突兀，才能在激烈的行业竞争中站稳脚跟。

五

虽然不再继续负责报纸的编写工作，马拉美对时尚的热情似乎并没有消减。他后来又陆续在类似《艺术与时尚》这样的刊物上发表过以女性服饰为主题的诗歌，折扇绝对是他的心头之好，但他也歌颂蕾丝、自行车上的女士服装、绅士圆顶礼帽，等等。在告别《最新时尚》十年之后，他仍然会时不时回想起这段特别的经历。还是在给魏尔伦的那封信中他写道："……直到现在，每当我拂去那八期还是十期报纸封面上的灰尘，还能做好长时间的白日梦呢。"[16]由于国内几乎还没有学者对马拉美的《最新时尚》做系统介绍和分析，仅有个别学者在研究其诗歌艺术时偶有提及，本文在参阅了大量国外的相关成果的基础上，对马拉美及其与《最新时尚》的关系进行综合梳理和评鉴，以期引起国内学者的关注和进一步研究。

注释：

[1] 张亘：《马拉美："无"与"物"之间》，《外国文学评论》2010 年第 4 期，第 164～

174 页。

[2] R. de Gourmont，*Promenades littéraires*，*tome III* ：*Le Symbolisme*，*Collection Littérature générale*，Mercure de France，1963，p. 21.

J. J. Phillips，*Handbook of Training Evaluation and Measurement Methods*，Houston，TX：Gulf Publishing，1991，p. 10.

[3] J. P. Richard，*L'Univers imaginaire de Mallarmé*，Paris：Seuil，1961，p. 296.

[4] R. Fortassier，Mallarmé et les Solennites du Monde，*Les Ecrivains Francais et la Mode*，Paris：Puf，1988，p. 121.

[5] R. Fortassier，Mallarmé et les Solennites du Monde，*Les Ecrivains Francais et la Mode*，Paris：Puf，1988，p. 122.

[6] S. Mallarmé，*Œuvres Complètes*，Paris：Gallimard，ed. H. Mondor and G. Jean-Aubrey，1945，p. 663.

[7] 多米尼克·古维烈：《在时尚中融化：时尚、审美与女性独立》，治棋译，桂林：漓江出版社，2013 年，第 24 页。

[8] A. Kleinert，"'La Dernière Mode'：une Tentative de Mallarmé dans la Presse Féminine"，*Lendemains*，17/18，1980，p. 168.

[9] A. Kleinert，"'La Dernière Mode'：une Tentative de Mallarmé dans la Presse Féminine"，*Lendemains*，17/18，1980，p. 168.

[10] R. Fortassier，Mallarmé et les Solennites du Monde，*Les Ecrivains Francais et la Mode*，Paris：Puf，1988，p. 126.

[11] J. P. Richard，*L'Univers imaginaire de Mallarmé*，Paris：Seuil，1961，p. 296.

[12] L. Frappier-Mazur，"Narciss Travesti：Poétique et Idéologie dans la Dernière Mode de Mallarmé"，*French Forum*，11（1），1986，p. 46.

[13] 张亘：《马拉美："无"与"物"之间》，《外国文学评论》2010 年第 4 期，第 165 页。

[14] M. L. Shaw，"The Discourse of Fashion：Mallarmé，Barthes and Literary Criticism"，*SubStance*，21（2），1992，p. 50.

[15] E. Benoit，*Néant Sonore* ：*Mallarmé ou la Traversée des Paradoxes*，Geneva：Droz，2007，p. 149.

[16] S. Mallarmé，*Œuvres Complètes*，Paris：Gallimard，ed. H. Mondor and G. Jean-Aubrey，1945，p. 663.

语言学研究

【主持人语】本辑语言学研究栏目共有四篇论文。周光庆《朱熹〈四书集注〉贯通诠释方法论新探》一文考察了朱熹建构贯通诠释方法论的主要动力和理论根据，探讨了朱熹在诠释儒家经典的历程中，立足儒学研究的前沿，建构和运用起贯通诠释方法论，对于儒家经典文本特别是"四书"进行贯通诠释，对于前代学者注解特别是理学家注解进行贯通诠释。周卫华、吴芳《国内儿童语用发展研究述评》对国内儿童语用发展研究进行基本介绍和简要述评，认为学界对儿童语用发展的重视度远远低于儿童语言研究的其他领域，主要表现为研究队伍相对较小，研究成果还不够集中。论文得出的结论是从研究内容来看，受国外关于儿童语用发展研究的启发，国内儿童语言研究的领域比较广；从研究方法上来看，国内国际研究在慢慢接轨；从研究深度来看，国内儿童语言能力的讨论更多集中于现象层，而较少涉及本源性课题的研究。对于喜剧小品的幽默，对于文学名著，学界少有语言学的专题研究。宋扬《喜剧小品幽默的语言学阐释》，从语境、内容、表达三个宏观层面进行了考察，结果表明：喜剧小品的主题影响其出现频次及收视率；喜剧小品不同模态的协同方式影响幽默效果的表达；优秀喜剧小品的幽默构成相对均衡，而普通喜剧小品更倾向于使用幽默刺激度较低的言语创造型幽默。魏锦虹《〈儒林外史〉白话特质的塑造》，从语言塑造层面考察了《儒林外史》的白话特质。文章具体分析了《儒林外史》所运用的四种语言塑造手段。这一研究，为文学作品语言的研究展示了一条有待探索的路径。（刘　云）

朱熹《四书集注》贯通诠释方法论新探

周光庆

（华中师范大学文学院，湖北武汉，430079）

内容摘要：朱熹立足儒学研究的前沿，建构和运用起贯通诠释方法论，对于“四书”进行贯通诠释，故而得以“遍观众理而合其归趣”，成为宋代理学乃至先秦至宋代儒学集大成的学者。有鉴于此，本文初步考察了朱熹建构贯通诠释方法论主要动力和理论根据，探讨了他对于经典文本的贯通诠释和对于前人注解的贯通诠释。

关键词：贯通诠释　经典文本的贯通诠释　前人注解的贯通诠释

如所周知，朱熹既是宋代理学集大成的学者，也是先秦至宋代儒学集大成的学者。可是，在千百学人之中，他如何就能出乎其类成为这样集大成的学者呢？在我们看来，原因当然很多，但重要原因之一，是因为他能在诠释儒家经典的历程中，立足儒学研究的前沿，建构和运用起贯通诠释方法论，对于儒家经典文本特别是“四书”进行贯通诠释，对于前代学者注解特别是理学家注解进行贯通诠释，故而得以“遍观众理而合其归趣”[1]。反过来如果要问，在千百学人之中，何以就是他能拔乎其萃建构和运用起贯通诠释方法论呢？在我们看来，原因当然很多，但重要原因之一，恰恰又是因为他具有集大成学者的胸怀与素养。这就意味着，此二者是互为条件、相得益彰的。由此不难想见，探讨朱熹建构和运用的贯通诠释方法论具有何等重大的意义。事实上，几百年来，早有一些学者对此予以特别的关注和评议，只是尚未见到系统性的研究成果。正因为如此，这就亟待当今学者做出新的努力。

一、特定的使命意识与理论根据

所谓贯通诠释方法，概括言之，是在经典诠释过程中，整合经典文本，类聚各家注解，“考其是非”，“兼取众善”，“发其精微”，在相互发明、融会贯通之中提炼出新的解释，阐发出新的思想。朱熹之所以能够建构和运用起这种贯通诠释方法论，首先当然是由于他具有集大成学者的胸怀与素养；但是深入一步考察则又能发现，更重要的还在于他感受到了时代的风云，胸怀着特定的使命意识，探获了特定的理论根据。

朱熹出生于一个尊信儒学、“以儒名家”的士人家庭，其父朱松为二程之三传弟子，“闻杨龟山所传伊洛之学”，是一位能“以天下国家为己任”的儒家学者，曾经“入对中兴恢复大计”，曾经上书反对议和，对朱熹有着深刻的影响[2]。朱熹自幼便聪颖出众、勤学好思、胸有大志，后来相继师事胡宪、刘勉之、刘子翚、李侗等名家，经历了出入释老、泛滥诸子而回归儒家的思想历程。在长期的思考与实践的历程中，朱熹逐渐形成了一套富有个性特征的为学观念：为学“只有两件事：理会，践行”[3]。因而具有既相联系又相递进的两种境界：一是“觉今是而昨非，日改月化”[4]；一是“策励此心，勇猛奋发”，“须以圣贤为己任”[5]。而他自期的“须以圣贤为己任”，实际又蕴含着两层意思：在学业方面，肩负起儒家“道统”，传承并发展儒学；在事功方面，“以天下国家为己任”，阐发并传播人文信仰，以“正君心”，以实现“国家化民成俗之意”、成就“学者修己治人之方”！而所有这些，正是朱熹一生的使命意识。

值得关注的是，朱熹的为学观念和使命意识，并未停留在议论层面，而是切实转化成了诠释“四书”等儒家经典的不懈动力和高远目标，落实成了从更为广阔的视野出发诠释“四书”等儒家经典的创造性工作。请看他在《大学章句序》中袒露的拳拳心迹：“而此篇者，则因小学之成功，以著大学之明法，外有以极其规模之大，而内有以尽其节目之详者也。三千之徒，盖莫不闻其说，而曾氏之传独得其宗，于是作为传义，以发其意。及孟子没而其传泯焉，则其书虽存，而知者鲜矣。……河南程氏两夫子出，而有以接乎孟氏之传，实始尊信此篇而表章之。……虽以熹之不敏，亦幸私淑而与有闻焉。顾其为书犹颇放失，是以忘其固陋，采而辑之，间亦窃附己意，补其阙略，以俟后之君子。极知僭踰，无所逃罪，然于国家化民成俗之意、学者修己治人之方，则未必无小补云。”[6]认真体察他的心迹我们就能理解，正是由于他感受到历史经验的启示，自觉地承担起了那个时代儒家的使命，将其转化为诠释“四书”等儒家经典的动力和目标，他才能勇于建构起贯通诠释和语言诠释、体验诠释、类推诠释等经典诠释方法论，获得创造性地诠释“四书”等儒家经典的巨大成功！

然而，朱熹毕竟是中国古代的一位富有创造力的哲学家和诠释学家，他建构新的经典诠释方法论，又绝不仅仅凭借自己热烈的使命意识，而是总要本着其哲学家的理性与执着，找到合理而坚实的理论依据，然后从其理论依据出发，自觉地、有理有据地进行新的经典诠释方法论的建构与运用。因此，发掘其理论依据，对于研究其诠释方法论的建构与运用来说，是有其重要意义的。而就建构贯通诠释方法论而言，朱熹获得的理论根据主要就是“理一分殊”的原理与“一以贯之”的思想。

所谓“理一分殊”，又曰“月印万川”，是对“万殊之所以一本”、“一本之所以万殊”原理的概括表述。但是诚如陈来先生所言，它作为一个命题，“在朱熹哲学中含有多种意义，实际上被作为一个模式处理各种跟本原与派生、普遍与特殊、统一与差别有关的问题”[7]。而在表述宇宙本体与万物之性的关系时，“理一分殊”则是指万物之性来自宇宙本体并以之为根据，且与宇宙本体的内容没有根本差别。用朱熹本人的话来说就是：

> 盖至诚无息者，道之体也，万殊之所以一本也；万物各得其所者，道之用也，一本之所以万殊也。[8]

> 万物皆有此理，理皆同出一原。但所居之位不同，则其理之用不一。如为君须仁，为臣须敬，为子须孝，为父须慈。物物各具此理，而物物各异其用，然莫非一理之流行也。[9]

> 本只是一太极，而万物各有禀受，又自各全具一太极尔。如月在天，只一而已；及散在江湖，则随处而见，不可谓月已分也。[10]

既然“万物皆有此理，理皆同出一原”，既然论及道之体，则“万殊之所以一本也”，论及道之用，则“一本之所以万殊也”；那么圣人谈论的中心议题，儒家哲学的最高目标，最好是能透过纷纭复杂的“万殊”，而直接指向“万物皆有此理，理皆同出一原”的那个“理”。这样一来，儒家圣人之徒岂不就能轻车熟路地直奔那个“理”吗？可惜哲学探讨并不总是那样闪烁着幻想的色彩，而是必须付出艰苦努力以摸索前行，对于圣人也不例外。请看朱熹揭示的真实事实：

> 天下之理未尝不一，而语其分则未尝不殊，此自然之势也。盖人生天地之间，禀天地之气，其体即天地之体，其心即天地之心，以理而言，是岂有二物哉！……若以其分言之，则天之所为固非人之所及，而人之所为又有天地之所不及者，其事固不同也。[11]

圣人未尝言理一，多只言分殊。盖能于分殊中事事物物、头头项项，理会得其当然，然后方知理本一贯。……所谓一贯者，会万殊于一贯。[12]

圣人所以发用流行处，皆此一理，岂有精粗。政如水相似，田中也是此水，池中也是此水，海中也是此水。[13]

经书中所言只是这一个道理，都重三叠四说在理，只是许多头面出来。如《语》、《孟》所载也只是这许多话。一个圣贤出来说一番了，一个圣贤又出来从头说一番。[14]

故圣贤之言，或指其方，或语其用，未尝直指其体而名言之也。[15]

照这样看来，儒家学人只能面对这样的严峻事实：一方面，“天下之理未尝不一，而语其分则未尝不殊，此自然之势也”；另一方面，“圣人未尝言理一，多只言分殊”，“经书中所言只是这一个道理，都重三叠四说在理，只是许多头面出来”，却“未尝直指其体而名言之也”。这就是“理一分殊”的现实表现。既然“理一分殊”是自然之势，是既成事实，那么，儒家学人在这种事实面前，应该如何努力，才能通过诠释而从儒家经典中，切实体察到“万物皆有此理，理皆同出一原”的那个“理”呢？经过长期的探讨，朱熹积累了经验，在体悟“理一分殊”事实的过程中生成了与之相应的“一以贯之”思想：“理一分殊”是不可改变的，那么“一以贯之”就是必需的，就是可能的，进而就能成为建构新的相应诠释方法的合理根据。所以他反复告诫学人：

盖至诚无息者，道之体也，万殊之所以一本也；万物各得其所者，道之用也，一本之所以万殊也。以此观之，一以贯之之实可见矣。[16]

“一以贯之”，乃圣门末后亲传密旨，其所以提纲挈领、统宗会元，盖有不可容言之妙。[17]

读得通贯后，义理自出。[18]

所谓一贯，须是聚个散钱多，然后这索亦易得。若不积得许多钱，空有一条索，把甚么来穿！吾儒且要去积钱。[19]

看《大学》，先将经文看教贯通。……如看了只手，将起便有五指头，始得。只逐些子看，都不贯通，如何得。[20]

学者工夫，但患不得其要。若是寻究得这个道理，自然头头有个着落，贯通浃洽，各有条理。[21]

所说千言万语，皆是一理。须是透得，则推之其它，道理皆通。[22]

大凡理会义理，须先剖析得名义界分，各有归者，然后于中自然有贯通处。虽曰贯通，而浑然之中所谓粲然者，初未尝乱也。[23]

由此看来，以“理一分殊”的自然之势和“一以贯之”的相应思想为根据，就有可能建构起一种通过综合分析从而由现象透视本原的工作方法。对于经典诠释而言，就是在“天下之理未尝不一，而语其分则未尝不殊”的情况下，就是在“圣人未尝言理一，多只言分殊”的情况下，经典诠释者将各种关于“分殊”的论说排比贯通、综合分析，使隐含在“分殊”背后的“一理”得以彰显出来，从而“提纲挈领、统宗会元”，“有不可容言之妙”。这实际就是那贯通诠释的方法。既然“理一分殊”的情况是必然的，那么贯通诠释的方法也就是必需的。经典诠释者只要能够运用好贯通诠释方法，那么经典“所说千言万语，皆是一理。须是透得，则推之其它，道理皆通。”

正因为如此，所以“理一分殊”原理与“一以贯之”思想遥相呼应，也就能够成为建构贯通诠释方法论之较为坚实的理论根据，也就能够激励朱熹勇于运用贯通诠释方法以开拓“四书”诠释的新境界。

二、对于经典文本的贯通诠释

《宋史·朱熹传》曾说：“道之正统待人而后传。自周以来，任传道之责者不过数人，而能使斯道章章较著者，一二人而止耳。由孔子而后，曾子、子思继其微，至孟子而始著。由孟子而后，周、程、张子继其绝，至熹而始著。”[24]而朱熹之所以能够获得中国传统史书如此崇高的评价，很大程度上是由于他奉献出了《四书集注》；而他的《四书集注》之所以能够获得如此巨大的成功，很大程度上又是由于他建构和运用了贯通诠释方法；而他运用贯通诠释方法以诠释“四书”的首要工作，又是整合“四书”文本，对“四书”文本进行贯通诠释。

研究表明，尽管“六经”仍然受到尊崇，但在北宋时代，“儒门淡薄，收拾不住，(学人之心)皆归释氏”却是儒学家们难以讳言的事实。究其基本原因，主要则是由于“儒以中道御群生，罕言性命”，致使人们皆“以为大道精微之理，儒家之所不能谈，必取吾书（佛教、道家之书）为正”。而当时人们所仰慕的“大道精微之理”，主要是指既能解释世界本原又能说明社会历史，从而能在理论上达到“天人合一”的本体论与心性论。面对如此严峻的形势，一些逐渐形成了使命意识和理论自觉的儒家学者，纷纷起而复兴儒学、更新儒学，致力于探寻“大道精微之理”，力图造就儒学“修其本以胜之（佛道）”的局面。可是就在这样的努力之中，他们却越来越强烈地感觉到：“诸经之奥，多所难明”[25]，“六经浩渺，乍来难尽晓”[26]，通过对“六经”的诠释来建构本体论与心性论，确有很大的难度。

正是在这样的情势之下，儒家学者们逐步将探寻的目光投向了“四书”。经过他们特别是张载和二程兄弟的长期探求与阐扬，《论语》、《孟子》、《大学》、《中庸》的思想、学术地位大幅提升，大有结集之势，成为儒家学者们心目中“大道精微之理”的渊源，而被广为诠释传播。然而，直到北宋后期，“四书”深处蕴藏的义理，所具有的本质特征，其间的内在关联，都还没有得到充分的揭示，“四书”之名仍未确立，因而影响了它们的进一步提升与传播。而朱熹，则在新的时代条件下，本其深厚的使命意识与理论根据，认真总结了前人的成就与缺憾，运用新的学术眼光和贯通方法，对“四书”的本质特征进行了更为深入、更为全面的考察分析，由此建构起了新的“四书”文本观念。其要点如下：

第一，“四书”具有经典性特征。朱熹将“四书”视为圣贤心灵的坦露，视为圣贤气象的表征，视为圣贤言语风格的显现；坚信理会得“四书”，便是直接聆听孔孟等圣贤的教诲。其看法之坚定，其情绪之热烈，真可谓前无古人。他还主要从心性论的高度说明了“四书”的经典性特征的，由此强调“《论语》之书，无非操存、涵养之要；《七篇》之书，莫非体验、扩充之端”[27]，强调《中庸》“乃孔门传授心法”，强调《大学》在“外有以极其规模之大”的同时“而内有以尽其节目之详者也”，因而很能适应在新的时代建立心性之学的需要。而且，他还勇于将“四书”与“五经”作正面的比较，从而肯定“四书”不仅“放之则弥六合，卷之则退藏于密”，而且对于学人修己治人之事业具有更大的实用性：“善读者玩索而有得焉，则终身用之，有不能尽者矣”；如果说学习“五经”是“打禾为饭”，那么研习“四书”则是品味“熟饭”，学人与其“打禾为饭”，当然不如品味“熟饭”[28]。

第二，“四书”具有系统性特征。朱熹发现：要想全面把握好“四书”的理论乃至整个儒学的庞大理论体系，就必须学会提纲挈领，就必须“熟究《大学》作间架，却以他书填补去”[29]。然后立定这一间架，开拓这一视角，再来认真回看“四书”而予以贯通，这样就能看清，它们原来是“参差互见”亦即各有侧重、各有所长而又相互作用、相互发明、自成体系的，《大学》定其规模，《论语》立其根本，《孟子》感激兴发，《中庸》造其微妙。认清了它们的系统性特征之后，就有可能制定系统性的学习方针：“先读《大学》，以定其规模；次读《论语》，以立其根本；次读《孟子》，以观其发越；次读《中庸》，以求固然之微妙处。”[30]在这一学习方针的引领之下，基于“四书”而“去看他经，方见得此是格物、致知事；此是正心、诚意事；此是修身事；此是齐家、治国、平天下事”[31]。这既是儒家学者为学之次第，也是儒家学者创业之道路，还是儒家学者人格之境界。

第三，“四书”具有引领性特征。朱熹特别指出，“四书”中既有“大学之明法”，又有“孔门之心法”，在儒家经典中具有功能方面的引领性特征，具体表现在三个方面：一是引领学人“先立大本”，立大志，明是非，获得一个“明鉴”，掌握“一个权衡”，从而达到“何书不可读！何理不可究！何事不可处”的境界[32]；二是引领学人造就高尚的人格，选取正确的人生道路，从而时时“见得身心要如此，做事要如此”；三是引领学人提升理论水平和学术水平，能够“读史，以考存亡治乱之迹；读诸子百家，以见其驳杂之病”。总而言之，研读“四书”就能使人感到，“天下自有一个道理在，若大路然。圣人之言，便是一个引路底”[33]。

就这样，朱熹在前人的基础上，通过更为深入的考察分析，系统地揭示出了“四书”的经典性特征、系统性特征、引领性特征等本质特征，从而能在历史上率先正式建立起完整的“四书”系统，并于淳熙九年（1177年）首次将《大学章句》、《中庸章句》、《语孟集注》合为一集，刊刻于婺州。从此，在中国经学史上，与“五经”相对的“四书”体系正式形成了，“四书”之名正式出现了，儒学的建设与发展有了一个坚实的“学”的基础，儒家哲学理论也以新的形态“独尊”了，“四书”之间的内在逻辑也贯通了，并焕发出了任何一种单篇都不可比拟的理论力量。所以朱子门人黄榦要特别强调：“先生教人，以《大学》、《语》、《孟》、《中庸》为入道之序，而后及诸经。以为不先乎《大学》，则无以提纲挈领而尽《论》、《孟》之精微；不参之以《论》、《孟》，则无融会贯通而极《中庸》之旨趣。然不会其极于《中庸》，则又何以建立大本，经纶大经，而读天下之书、论天下之事哉？”[34]

“四书”体系既然正式形成了，那么由此不难推知：无论“四书”中的各书问世于哪一时代，原来的作者是谁，主题思想有何侧重，但是当下学者为了“建立大本，经纶大经”而诠释“四书”时，都应该将其视为表征儒家哲学理论体系的一个整体，从而运用贯通诠释方法，整合“四书”整体中的各个有机组成部分，使之融会贯通，以便“兼取众善”，“发其精微”，在相互发明之中提炼出新的解释，阐发出新的思想。朱熹本人正是这样以身作则的。例如：

《中庸》第二十七章：故君子尊德性而道问学，致广大而尽精微，极高明而道中庸。

朱熹集注：尊德性，所以存心而极乎道体之大也。道问学，所以致知而尽乎道体之细也。二者修德凝道之大端也。……盖非存心无以致知，而存心者又不可以不致知。故此五句，大小相资，首尾相应，圣贤所示入德之方，莫详于此，学者宜尽心焉。[35]

在这一则诠释中，朱熹将《大学》倡导的“欲修其身者，先正其心；欲正其心者，先诚其意；欲诚其意者，先致其知；致知在格物”思想，与《中庸》提出的“君子尊德性而道问学，致广大而尽精微”主张贯通起来，将《中庸》强调的“道问学”纳入《大学》建构的“致其知”间架，突显“道问学，所以致知而尽乎道体之细也”。这样一来，不仅深入地发掘出了《中庸》本意中隐含的更为深刻的本意，而且圆满地阐扬了儒家“知至而后意诚，意诚而后心正”的理论，最后还能顺其逻辑之势而有力地引导学人认真体会“圣贤所示入德之方”。一则注文能够发挥如此之多的效应，不能不说是贯通诠释方法的优长之处。又如：

《孟子·尽心上》：尽其心者，知其性也。知其性，则知天矣。

朱熹集注：心者，人之神明，所以具众理而应万事者也。性则心之所具之理，而天又理之所从以出者也。人有是心，莫非全体，然不穷理，则有所蔽而无以尽乎此心之量。故能极其心之全体而无不尽者，必其能穷夫理而无不知者也。既知其理，则其所从出，亦不外是矣。以《大学》之序言之，知性则物格之谓，尽心则知至之谓也。[36]

仔细体会孟子的语意，主要是论说学人之心性与人格的修养，是从尽心—知性—知天的逻辑出发，归向下文所谓“所以事天也”、“所以立命也”的目标。而朱熹在诠释过程中，则又强调“以《大学》之序言之”，从而有理有据地，将孟子的主张与“《大学》之序”亦即《大学》确立的“大学之纲领”、“大学之条目”也就是赫赫有名的“三纲领”、“八条目”贯通起来，将孟子主张的“知性”与《大学》倡导的“格物”贯通起来，将孟子主张的

“尽心”与《大学》倡导的“致知”贯通起来。经过这样几番贯通诠释，不仅深刻地阐发了孟子的主张，而且极大地丰富了孟子的思想，更为重要的是，还为下文朱熹自己建构“尽心知性而知天，所以造其理也；存心养性以事天，所以履其事”的理学理论作了坚实的铺垫。这就成为朱熹运用贯通诠释方法诠释经典文本而创造的范例。

三、整合前人注解的贯通诠释

纵观儒学思想发展史可以看到，“四书”体系一步一步地正式形成之后，不仅贯通了春秋战国时期诸位原始儒家的思想理论，而且也凝聚了唐宋以来众多儒家后学的研究力量和研究成果，使之围绕“四书”学而相互激发、相互讨论、相互补充，终于也就使“四书”之学乃至整个儒学理论在这一历史过程中不断有新的发展。但在这种有利的趋势之下，也有一个问题自然地逐渐凸显出来，引起了学者们的思考：在研究和注释“四书”的前辈学人及其成果越来越多的情况下，后来的学者在进一步的研究和注释中，如何才能更好地扬弃他们的成果，参与他们的讨论，更好地以他们的成果为基础，运用最为恰当的诠释方法以阐发出新的思想意义、建构起新的思想理论呢？

朱熹反复地、深入地思考了这一问题，并且从多种角度进行了论述：“吾道之衰，正坐学者各守己偏，不能兼取众善，所以终有不明不行之弊，非是细事”[37]；因此必须学会兼取众善而“会通”之，“会通者，观众理之会，而择其通者而行”，“须是于会处都理会，其间却自有个通处，便如脉理相似。到得多处，自然通贯得”[38]。他又指出：“这一个道理，从头贯将去。如一源之水，流出为千条万条，不可谓下流者不是此一源之水。”[39] 此外，他还特别告诫学人：“异端害正，固君子所当辟。然……（可）因彼非以察吾道之正，议论之间，彼此交尽，而内外之道一以贯之。”[40] 由此可以想见，在诠释经典而追求“自然通贯”的过程中，对于“异端”学说尚且应该在议论之间，彼此交尽，而一以贯之，那么对于同道中的不同意见，就更不用说了。总而言之，“观书以己体验固为亲切，然亦须遍观众理而合其归趣，乃佳”[41]；“盖蓄积多者忽然爆开，便自然通贯”[42]。所以必须以前人注解为基础而运用好贯通的诠释方法，并且使之与对于经典文本的贯通诠释方法有机结合、相互发明。这也正是朱熹多用“集注”体例的根本原因。

可是，在诠释儒家经典的具体过程中，如何才能以“集注”的体例，运用好整合前人注解的贯通诠释方法以实现“合其归趣”、“忽然爆开”的效应呢？朱熹有四段论说特别富有启示意义：

> 本之注疏以通其训诂，参之释文以正其音读；然后会之于诸老先生之说，以发其精微。[43]

> 犹治丝者，先须逐条理其头绪而分之，所谓经也；然后比其类而合之，如打絛者必取所分之绪，比类而合为一，所谓纶也。[44]

> 先使一说自为一说，而随其意之所之，以验其通塞，则其尤无义理者，不待观于他说，而先自屈矣。复以众说互相诘难，而求其理之所安，以考其是非，则似是而非者，亦将夺于公论而无以立矣。[45]

> 程先生《经解》，理在解语内。某集注《论语》，只是发明其辞，使人玩味经文，理皆在经文内。[46]

认真体会就能理解，运用好基于前人注解的贯通诠释方法，绝不仅仅是对前人注解进行选择性的罗列，进行罗列性的集解，也不是一般的综合归纳。这种方法的真正要点有四：一是“会之于诸老先生之说，以发其精微”，重在发其精微；二是“以众说互相诘难，而求其理之所安，以考其是非”，重在考其是非；三是“先须逐条理其头绪而分之，然后比其类而合之”，重在发掘其逻辑关系；四是不断改进诠释方法，不断使注文趋向周密，“只是发明其辞，使人玩味经文”，即便是对于非常尊崇的伊川先师，也要争取做到后出转精。整合前人注解的贯通诠释方法之核心精神正在这些要点之中。当然，要在诠释经典的实践中，面对众说纷纭的前人注解而运用贯通诠释方法，考其是非，发其精微，按照其逻辑关系比类而合为一，并且力争后出转精，难度是相当大的，好在朱熹已经用自己的经典诠释实践树立了榜样。下面分别举例依次说明。

例一：

> 《孟子·尽心下》：孟子曰：“仁也者，人也。合而言之，道也。”
>
> 朱熹集注：仁者，人之所以为人之理也。然仁，理也；人，物也。以仁之理，合于人之身而言之，乃所谓道者也。……或曰：“外国本，‘人也’之下，有‘义也者宜也，礼也者履也，智也者知也，信也者实也’，凡二十字。”今按：如此，则理极分明；然未详其是否也。[47]

这一则注文的前半，朱熹依据现有的文本进行了诠释，既逐字解释，又层层推论，可谓言之成理；但是他心中似乎并不满意，因而仍然有所不安。所以在这一则注文的后半，朱熹又引用了一位不知姓名的学者所提供的“外国本”文字，并且指出“如此，则理极分明”——请注意这个“则”字，因为按照“外国本”文字，孟子所谓的“合而言之”，乃是合“仁、义、礼、智、信”而言之，才是有着落的，才是理极分明的。这一次引用，不仅显现出了朱熹的博大胸襟和广阔视野，在那个时代就能以一位不知姓名的学者所提供的“外国本”文字为依据，对经典文本进行订正，从而打开了读者的学术视野，为读者提供了理解上选择的可能性；更为重要的是，他还将“仁”与“义、礼、智、信”贯通起来，而且在贯通之中委婉地暗示出了一种更加全面、深刻的新解释，以强调“合而言之”才是“道”。这就充分显示出了整合前人注解的贯通诠释方法的一种可贵效用。

例二：

《孟子·告子上》：孟子曰：“学问之道无他，求其放心而已矣。”

朱熹集注：学问之事，固非一端，然其道则在于求其放心而已。盖能如是，则志气清明，义理昭著，而可以上达；不然则昏昧放逸，虽曰从事于学，而终不能有所发明矣。故程子曰：“圣贤千言万语，只是欲人将已放之心，约之使反，复入身来，自能寻向上去，下学而上达也。”此乃孟子开示切要之言，程子又发明之，曲尽其指，学者宜服膺而勿失也。[48]

这一则集注的前段，朱熹对于孟子的名言，不仅已经作出了明白晓畅的解释，而且又用“盖能如是，则……；不然则……”的句式，阐发出“求其放心”的重大意义，特别还进一步点出“有所发明”一语。这就足以引导读者理解孟子本意，并且进而思考“有所发明”，从而“求其放心”、励其志气。可是，朱熹并未就此止步，而是又引用了程子的一段话，其作用何在呢？只要认真读来，我们眼前就能出现这样的情景：孟子开示切要之言，程子又本着更为开阔的视野而发明之，朱子则再结合实际而阐发之，既一以贯之，又有所升华；一代代学者朝着同一目标而不断相继努力，有如接力之赛，正好从一个角度生动地展现出了儒家哲学理论不断发展的路径，从而使读者获得了更多、更大的启示。这也正是基于前人注解的贯通诠释方法的可贵效用之一。

例三：

《论语·雍也》：子曰：“贤哉，回也！一箪食，一瓢饮，在陋巷。人不堪其忧，回也不改其乐。贤哉，回也！”

朱熹集注：食，音嗣。乐，音洛。食，饭也。瓢，瓠也。颜子之贫如此，而处之泰然，不以害其乐，故夫子再言“贤哉，回也”以深叹美之。程子曰：“颜子之乐，非乐箪瓢陋巷也，不以贫窭累其心而改其所乐也，故夫子称其贤。又曰：“箪瓢陋巷非可乐盖自有其乐尔。‘其’字当玩味，自有深意。”又曰：“昔受学于周茂叔，每令寻仲尼颜子乐处，所乐何事?”愚按：程子之言，引而不发，盖欲学者深思而自得之。今亦不敢妄为之说。学者但当从事于博文约礼之诲，以至于欲罢不能而竭其才，则庶乎用以得之矣。[49]

本来，这一则集注的前段，有语言性诠释，有历史性诠释，有体验性诠释，已经简明扼要地诠释出了孔子直接说出的和并未说明的语意，已经较好地完成了解释的工作。可是，接下来，朱熹却又引用程子之说，却又通过程子而引用周敦颐之说，却又在引用诸说之后让自己再作申述，俨然会集三代哲学大师召开了一个跨越时空的小型哲学讨论会。就在这个小型哲学讨论会上：周子的发言高屋建瓴，启发了学人的思路；程子的发言直击问题的要害，点明了关键的字眼；朱子的发言则又进一步开拓了新的思考空间，提出了有待进一步思考的问题。而三代大师的发言，传承孔子颜子的思想与精神，融入各自的真切体验，引出各自的深入思考，留下各自的殷殷期待。整个讨论既一以贯之，又新意叠出，既将问题引向深处，又将学人导入前沿，这就在贯通诠释之中使读者们感到美不胜收。基于前人解释的贯通诠释方法能够如此运用，使得我们不能不深为叹服！

例四：

《论语·学而》：子曰：“弟子入则孝，出则弟，谨而信，泛爱众，而亲仁。行有余力，则以学文。”

朱熹集注：谨者，行之有常也。信者，言之有实也。泛，广也。众，谓众人。亲，近也。仁。谓仁者。余力，犹言暇日。以，用也。文，谓《诗》《书》六艺之文。……洪氏曰：“未有余力而学文，则文灭其质；有余力而不学文，则质胜而野。”愚谓力行而不学文，则无以考圣贤之成法，识事理之当然，而所行或出于私意，非但失之于野而已。[50]

在这一则集注的前段，朱熹已经作出了明白晓畅的诠释，但是仍然在后段引用了一种很有代表性的看法，并且直率地、有针对性地表达了自己的不同意见。显然，这是为了引导人们在学术是非面前勇敢地开展新的思考与讨论，以求达到“求其理之所安，以考其是非”的目的。如果我们也能主动地参与其思考和讨论，那么，就不仅能够认识到朱熹的意见是正确的、深刻的，而且能体会到自己是怎样被引向更高思想境界的。这也还是基于前人注解的贯通诠释方法的一种可贵效用。

＊本文系2013年度国家社会科学基金一般项目“中国古代哲学经典五种基本诠释方法论形成发展与历史效应研究”【13BZX037】的阶段性成果。

注释：

[1]（宋）朱熹：《答程正思》，《朱文公文集》卷五十，朱杰人、严佐之、刘永翔主编：《朱子全书》，上海：上海古籍出版社，合肥：安徽教育出版社，2002年。

[2] 参见束景南：《朱熹年谱长编》卷上，上海：华东师范大学出版社，2001年，第42～46页。

[3]（宋）黎靖德编：《朱子语类》，北京：中华书局，1986年，第149页。

[4]（宋）黎靖德编：《朱子语类》，北京：中华书局，1986年，第135页。

[5]（宋）黎靖德编：《朱子语类》，北京：中华书局，1986年，第133页。

[6]（宋）朱熹：《四书章句集注》，北京：中华书局，1983年，第2页。

[7] 陈来：《朱子哲学研究》，上海：华东师范大学出版社，2000年，第123页。

[8]（宋）朱熹：《论语集注·里仁》，《四书章句集注》，北京：中华书局，1983年，第72页。

[9]（宋）黎靖德编：《朱子语类》，北京：中华书局，1986年，第398页。

[10]（宋）黎靖德编：《朱子语类》，北京：中华书局，1986年，第2409页。

[11]（宋）朱熹：《中庸或问》，《四书或问》，上海：上海古籍出版社，2001年，第91～92页。

[12]（宋）黎靖德编：《朱子语类》，北京：中华书局，1986年，第678页。

[13]（宋）黎靖德编：《朱子语类》，北京：中华书局，1986年，第686页。

[14]（宋）黎靖德编：《朱子语类》，北京：中华书局，1986年，第2852页。

[15]（宋）朱熹：《记谢上蔡论语疑义》，《朱文公文集》卷七十，朱杰人、严佐之、刘永翔主编：《朱子全书》，上海：上海古籍出版社，合肥：安徽教育出版社，2002年。

[16]（宋）朱熹：《四书章句集注》，北京：中华书局，1983年，第72页。

[17]（宋）朱熹：《答虞士朋》，《朱文公文集》卷四十五，朱杰人、严佐之、刘永翔主

编：《朱子全书》，上海：上海古籍出版社，合肥：安徽教育出版社，2002 年。

[18]（宋）黎靖德编：《朱子语类》，北京：中华书局，1986 年，第 173 页。

[19]（宋）黎靖德编：《朱子语类》，北京：中华书局，1986 年，第 684 页。

[20]（宋）黎靖德编：《朱子语类》，北京：中华书局，1986 年，第 264 页。

[21]（宋）黎靖德编：《朱子语类》，北京：中华书局，1986 年，第 130 页。

[22]（宋）黎靖德编：《朱子语类》，北京：中华书局，1986 年，第 428 页。

[23]（宋）朱熹：《答吴晦叔》，《朱文公文集》卷四十二，朱杰人、严佐之、刘永翔主编：《朱子全书》，上海：上海古籍出版社，合肥：安徽教育出版社，2002 年。

[24]（元）脱脱：《宋史》，北京：中华书局，1985 年，第 1132 页。

[25]（宋）程颢、程颐：《二程集》，北京：中华书局，2004 年，第 580 页。

[26]（宋）程颢、程颐：《二程集》，北京：中华书局，2004 年，第 296 页。

[27]（宋）黎靖德编：《朱子语类》，北京：中华书局，1986 年，第 429 页。

[28]（宋）黎靖德编：《朱子语类》，北京：中华书局，1986 年，第 429 页。

[29]（宋）黎靖德编：《朱子语类》，北京：中华书局，1986 年，第 250 页。

[30]（宋）黎靖德编：《朱子语类》，北京：中华书局，1986 年，第 249 页。

[31]（宋）黎靖德编：《朱子语类》，北京：中华书局，1986 年，第 252 页。

[32]（宋）黎靖德编：《朱子语类》，北京：中华书局，1986 年，第 249 页。

[33]（宋）黎靖德编：《朱子语类》，北京：中华书局，1986 年，第 2756 页。

[34]（宋）黄榦：《朱先生行状》，《勉斋集》卷三十六，《四库全书》本。

[35]（宋）朱熹：《四书章句集注》，北京：中华书局，1983 年，第 35～36 页。

[36]（宋）朱熹：《四书章句集注》，北京：中华书局，1983 年，第 349 页。

[37]（宋）朱熹：《答陈肤仲》，《朱文公文集》卷四十九，朱杰人、严佐之、刘永翔主编：《朱子全书》，上海：上海古籍出版社，合肥：安徽教育出版社，2002 年。

[38]（宋）黎靖德编：《朱子语类》，北京：中华书局，1986 年，第 1912 页。

[39]（宋）黎靖德编：《朱子语类》，北京：中华书局，1986 年，第 1912 页。

[40]（宋）朱熹：《答范伯崇》，《朱文公文集》卷三十九，朱杰人、严佐之、刘永翔主编：《朱子全书》，上海：上海古籍出版社，合肥：安徽教育出版社，2002 年。

[41]（宋）朱熹：《答程正思》，《朱文公文集》卷五十，朱杰人、严佐之、刘永翔主编：《朱子全书》，上海：上海古籍出版社，合肥：安徽教育出版社，2002 年。

[42]（宋）黎靖德编：《朱子语类》，北京：中华书局，1986 年，第 186 页。

[43]（宋）朱熹：《论语训蒙口义序》，《朱文公文集》卷七十五，朱杰人、严佐之、刘永翔主编：《朱子全书》，上海：上海古籍出版社，合肥：安徽教育出版社，2002 年。

[44]（宋）黎靖德编：《朱子语类》，北京：中华书局，1986 年，第 1596 页。

[45]（宋）朱熹：《读书之要》，《朱文公文集》卷七十四，朱杰人、严佐之、刘永翔主

编:《朱子全书》,上海:上海古籍出版社,合肥:安徽教育出版社,2002 年。

[46](宋)黎靖德编:《朱子语类》,北京:中华书局,1986 年,第 438 页。

[47](宋)朱熹:《四书章句集注》,北京:中华书局,1983 年,第 367 页。

[48](宋)朱熹:《四书章句集注》,北京:中华书局,1983 年,第 334 页。

[49](宋)朱熹:《四书章句集注》,北京:中华书局,1983 年,第 87 页。

[50](宋)朱熹:《四书章句集注》,北京:中华书局,1983 年,第 49 页。

国内儿童语用发展研究述评

周卫华[1]　吴芳[2]

（1.2. 三峡大学文学与传媒学院，湖北宜昌，430002）

内容摘要：儿童语用发展作为儿童语言学研究一隅，在20世纪并没有得到学界的广泛关注。随着国外发展语用学的兴起和相关研究平台的搭建，儿童语用发展研究作为一门新兴边缘学科，在国内逐渐发展壮大，研究领域不断拓展，研究方法与国际接轨。本文对国内儿童语用发展研究进行基本介绍和简要述评。

关键词：儿童　语用能力　语用交际　语用发展

一、引言

随着20世纪六七十年代语用学的蓬勃发展，国外儿童语用发展（pragmatic development）研究方兴未艾，发展语用学成为独立的研究领域。陈新仁（2000）对国外儿童语用发展研究现状进行了比较详细的介绍，他认为“儿童语用发展隶属语用习得研究，该领域的开展和发展应归功于语用学在60—70年代的蓬勃发展”[1]。据其介绍，这一时期涌现了诸如《发展语用学》（E. Ochs & B. Schieffelin，1979，*Developmental Pragmatics*）为代表的许多优秀研究成果，随后国际语用学研究阵地 *Journal of Pragmatics* 杂志还曾在1985年组稿刊发语用习得研究的专题论文。1996年以色列语言学家 Ninio A. 与 Snow C. 合著的《语用发展》则标志着国际儿童语用发展研究进入了成熟期。同一时期，国际儿童语言学界开始注重学前儿童语言运用能力的发展，将儿童语用发展与儿童语音、语法和语义的发展并列，成为儿童语言发展的四个重要范畴，甚至将儿童语用的发展称为“儿童语言发展的源泉”[2]。1984年，“儿童语言数据交换系统”（CHILDES）项目启动[3]，通过CHAT转写和编码程序、CLAN分析程序以及庞大而开放的数据库，经过数十年的发展，逐渐完善，为各国致力于儿童语言研究特别是儿童语用发展研究的学者搭建了一个良好的平台，儿童语用研究由此跨入集数据采集、科学分析、信息共享于一身的信息技术时代。在这样一个国际学术研究环境滋养下，中国国内的儿童语用研究在早期儿童语言研究的丰硕成果基础上，与国际接轨，如火如荼地发展起来。

二、研究动态

儿童语用发展，作为儿童语言学下辖的一门新兴的分支学科，在过去的三四十年里，经历了几个不同阶段的发展。

（一）萌芽期（20世纪七八十年代）

70年代相关研究凤毛麟角，80年代儿童语用研究开始崭露头角，最初的研究者比较关注儿童会话能力的习得，比如句长研究、寻找话题、话轮转换、交谈修补能力等，总的来看，这一时期关于儿童语用发展的研究成果非常少。

（二）成长期（20世纪八九十年代）

80年代中叶至90年代末，随着儿童语言学和语用学研究的蓬勃发展，儿童语用发展研究取得长足进步，涌现了许多优秀成果，代表作是李宇明（1998）的《儿童语言的发展》等。这一时期的研究立足本体，“真正用语言学研究的方法来研究儿童语言，细致入微地描写儿童语音系统、词汇—语义系统、语法系统以及语用的发展，同时多角度地考察儿童语言发展的相关问题”[4]。该时期内学者们在儿童语用策略方面的思考值得称道，总结出了不少儿童的语言策略、理解策略和运用策略，如“NP指示策略”[5]、“结尾策略”[6]、“S型期望”[7]、“事件可能性策略”和“语序策略”[8]、“偏向性策略”[9]，等等。但总体来说，这一时期，国内语言学界更重视对儿童汉语语音、词汇、语法等层面的发展研究，而相对忽视儿童语用发展的研究。

（三）活跃期（21世纪初）

2000年以来，受国外儿童语用发展研究的影响，研究者们开始回归本源，重视儿童语言交流行为的发展过程，探讨儿童在语言发展中如何获得必要的知识技能，以便在相互交往中适当、有效、规范地使用语言（如周兢，2009），并开始关注儿童语用能力的发展，考察儿童对会话含义的理解，进一步挖掘儿童会话能力发展的特点、语篇能力的形成、儿童对合作原则和礼貌原则的违背和掌握等问题。这一时期的儿童语用研究在传统的语言本体观察基础上，融入了实验语用学、计算语言学等领域的先进方法技术，研究走向多学科交叉的路径。随着儿童语言样本收集手段的多元化和全球儿童语言研究素材资源共享平台的搭建和完善，儿童语用研究开始逐渐摆脱地域性取样的拘囿，走上了多元化、信息化的道路。

三、研究领域

相较于儿童语音、语法、语义发展等研究而言，国内儿童语用发展研究的研究对象年龄段更集中，大多学者关注 0—6 岁的学龄前儿童，如汤杰英、周兢（2012）[10]，周兢、李晓燕（2008）[11]，王海珊、冯晓霞（2007）[12]，辛宏伟（2011）[13]，等等，这是因为 0—6 岁是儿童语用能力发展的黄金阶段，近些年来学界对儿童语用发展的研究逐渐回归本源，故而格外关注儿童语用能力的形成时期。其他年龄阶段的儿童语用能力也有人关注，只是不那么集中，如华红琴（1990）关注 5—7 岁儿童语用技能[14]，等等。

目前，国内儿童语用发展的研究主要围绕儿童言语倾向性和言语行动水平、交流行为、元交际、元认知发展、语用风格、语用现象、会话能力、口语表达能力、语言习得状况等领域展开，具体说来如下：

（一）儿童语用交流行为

受 Ninio&Snow 研究成果的影响，人们认识到儿童语用交流行为可以从“言语倾向性”和“言语行动水平”两个水平层次进行分析[15]。Ninio A.，Snow C. E.，Pan B. A. 等在 1996 年推出“儿童语用交流行为简明目录编码系统”，该系统“立足于强调社会性建构交互作用的理论，在社会交互层面（言语倾向水平）和话语层面（言语行动水平）两个水平上对交流意图进行标志和编码”。其中，言语倾向水平主要考察互动双方言语交际的共同指向，即交流倾向，形成包括讨论、协商、标记和元交流等在内的 22 种类型编码；言语行动水平则考察当前说话者的交流方式，形成包括指令和回答、承诺和回答等在内的 65 种类型编码。二者反映了说话者基本的语用能力，而其编码组合，则构成对言语变通程度的考察，表现了说话者灵活的语用能力[16]。国内不少学者借助这一编码系统，针对这两个水平层次，对汉语儿童的开展有效观察和分析，取得了不少成果。

例如，周兢、李晓燕（2008）着重讨论了汉语儿童语用交流行为发展与分化的实际状况及其文化特征，他们认为，“汉语儿童对言语情境功能的认知和言语行动类型的习得发展都存在一定的次序”，“这些发展顺序反映了汉语儿童语言运用能力成长与他们的语言形式能力以及认知、社会性发展水平的关系”。在汉语儿童语用交流行为发展中，存有“跨文化、跨语言意义的核心言语倾向类型”。而在言语倾向层面，不同于欧美儿童，“汉语儿童对讨论系统类型有独特关注”，“协商系统的许多类型未在婴幼儿期普遍出现”；在言语行动层面，“汉语儿童高频率和高比例的回答问题和陈述想法的言语行动类型使用”，往往倾向于“与讨论系统配合使用”[17]。辛宏伟（2011）等人也就儿童汉语“言语倾向水平发展”、“言语行动水平发展”、“语言语变通水平发展”三个层次来考察儿童语用交流行为[18]。

（二）儿童语用能力的发展

儿童语用能力发展研究主要涉及常见言语行为的习得、语言理解和语言运用技能、会话能力和会话策略的发展、话语衔接能力的发展、自我言语修正、对失败交际行为的识别和修复能力的形成、儿童修辞特征的变化等方面。如：周兢（2006）提出要重视儿童语言运用能力的发展，还指出 3 岁前汉语儿童语用交流行为清晰度的快速增长，语用交往行为类型的明显扩展和语用交流行为核心类型的运作倾向，是该阶段具有标志性的语用发展阶段特征[19]；华红琴（1990）调查了 5—7 岁儿童的语用技能；李文馥、张筱菁（1993）考察了儿童理解程度副词的特征[20]；盖笑松、张丽锦、方富熹（2003）回顾了儿童语用技能发展研究的进展[21]；丁金国（2010）[22]、潘世松（2003）[23]揭示了学龄前儿童和学龄儿童语体习得的过程；潘世松（2005）[24]，彭小红、张思（2012）[25]，黄宇、彭小红（2010）[26]特别关注儿童话语中违反会话原则的现象，深入探索其原因，描述其语用效果，总结了儿童的会话策略。卢爱华、谭业升（2008）做了 4—5 岁儿童自我语言修正的个案研究[27]；闫嵘、俞国良（2009）探讨了小学学习不良儿童言语交际策略理解水平及其发展特点[28]；郑荔（2008）研究学龄前儿童语言的“修辞特征”[29]；周晓林（1986）提出综合全面的语言评价模式应包括语用输出部分，反映在两个变量中：评价儿童语言调剂的能力，以及根据语言功能特点评价儿童进行交往的意图[30]。

（三）影响儿童语言语用能力发展的因素

李宇明（1998）认为，制约儿童语言发展的因素，可以大致分为遗传学因素、语言学因素、心理学因素和社会学因素等四个方面[31]。事实上，影响儿童语用能力发展的因素也不外乎此。杨华（2011）[32]，刘志军、陈会昌（2005）[33]也分别对此加以阐释。

关于遗传因素，最有影响力的无疑是乔姆斯基（N. Chomsky）的 LAD 机制和伦内伯格（E. Lenneberg）的自然成熟说，他们都主张先天决定论。许多从事现代医学和社会学研究的学者以其确凿的实验数据为语用发展过程中遗传因子的存在提供了有力的证据。而国内学者对此类本源性的研究领域较少涉猎，成果多集中于对海外相关领域研究现状的推介和释评。如：李宇明（1998）[34]、刘龙根（1990）[35]、石毓智（2005）[36]、韩红丽（2002）[37]、张旭红（2008）[38]、杨小璐（2004）[39]、王强（2012）[40]，等等。

关于心理学因素，现代儿童语用发展的研究者往往关注儿童心智发展水平、认知能力发展、思维方式变化、人格特质等心理因素在儿童语言理解和运用方面的不同表现，以及对语用能力发展的影响。如：严明（2012）[41]、杨先民（2010）[42]、韩戈玲（2005）[43]、白丽芳（2004）[44]，等等。李尧（2012）研究个体在功能驱动下，运用符号置换机制习得话语行为效能的过程，他认为，"一方面，个体基于对象世界感知形成认知图式，然后基于认知图式形成语义结构，最后基于语义结构形成句法结构。在认知经验发展和符号表达习得的互动过程中，个体具有语义网络自建构能力；另一方面，个体在语言经验不断增长的同时，通过调节话语行为中语言要素和非语言要素的比例，把习得的用法类推到相似的交际情景中，实现功能需求。在行为经验发展和话语表达习得的互动过程中，个体具有话语行为功能自模仿能力。语义网络的建构是语言知识的建构，而话语行为的习得是行为功能的建构，二者的同步共同发展使个体获得了语言能力"[45]。王文宇（2010）在回顾近50年来国外有关双语儿童语言能力发展的实证研究的同时，对国内双语儿童的实证研究现状进行了回顾和反思[46]。郭翔飞（2012）认为，儿童由于心智发展水平的制约，其认知图式往往不如成年人完善，因此在会话中经常出现"所答非所问"，总是违背格莱斯提出的会话四准则[47]。

关于社会学因素，主要是学前教育领域探讨较多，目前的研究主要关注于母亲的教育背景（儿向语研究）、家庭的社会经济地位、祖辈的语用特征、幼儿园教学活动及教师反馈言语行为、书本（童话和画报）游戏媒体及其他艺术欣赏对儿童语言能力的刺激。如：李宇明、李汛、汪国胜、曹琦、白丰兰（1987）[48]，李晓燕（2010）[49]，孙明、赵飞、赵江葵（2007）[50]，陈敏倩、冯晓霞、肖树娟、苍翠（2009）[51]，张积家、张萌（2005）[52]，周兢、李晓燕（2010）[53]，沈晓静（2006、2007）[54][55]，等等。这些研究进一步印证了儿童语言在社会化过程中，会受到语言意识形态、家庭语言政策、学校教育方式等诸多复杂因素的影响。

关于语言学因素，研究者往往关注儿童语言要素的掌握对语言语用能力产生的影响，研究者往往选择某一语言要素（比如语气词、语调因素，等等）、语言功能（反语、承诺语和否定语、拒绝语）或语法形式，进行专题讨论。大多数研究者是在讨论儿童掌握语言系统中的某要素时顺带讨论语用。如：盖笑松、方富熹（2003）[56]，李慧敏（2005）[57]，张萌（2006）[58]，等等。

（四）儿童语用发展研究方法的探索

国内儿童语用研究广泛吸取计算语言学和实验语用学的相关研究成果，研究方法与国际接轨，许多研究成果逐步体现出统一编码、量化统计、科学分析的优势来。其中广泛得到应用的两个儿童语言研究系统是儿童语言研究资源交换系统（CHILD）和儿童行为研究多模式交互系统（Talk Bank）。前者采取统一编码系统（CLAN）进行语音转写，并依托互联网优势，在世界范围内建立了一个开放式的语料库，欢迎世界各国专家学者共建和共享。后者则在语料录制的情境与转录文本及编码之间建立直观联系，实现了儿童语言研究的多媒体同步记录分析。依托这两个系统，很多国内学者对汉语儿童语用发展情况作了如实的描述和分析。如周兢（2008），周榕、冉永平（2007）[59]，盖笑松、杨薇、邰宇（2009）[60]，等等。

四、研究问题

相对于20世纪，21世纪以来关于儿童语用发展的研究取得了长足的进步，涌现了不少优秀的研究成果，但总的来说，学界对儿童语用发展的重视度远远低于儿童语言研究的其他领域，主要表现为研究队伍还有相对较小，研究成果还不够集中。

从研究内容来看，受国外关于儿童语用发展研究的启发，国内儿童语言研究的领域比较广，主要研究课题包括交际意图的习得、会话技能（话轮转化、打断，等等）的掌握、话语衔接能力的习得、影响习得的语用因素、言语交际原则和策略的习得、常见言语行为的习得，等等。虽说国内研究热点与国外大致相仿，但在儿童会话技能、话语衔接能力等领域研究力量稍显薄弱，研究成果相对零散。

从研究方法上来看，国内国际研究在慢慢接轨。国内学者广泛借助软件来科学计算和描述儿童语言的倾向和言语行为水平。借助实验的方式方法来使语用研究获取数据支撑，使研究成果显得更为严谨和科学。但总的来说国内儿童语言学的研究方法以借鉴为主，创新不够，特别是国内儿童语言研究数据共建和共享平台的搭建进度相当滞后，不利于整个学科的发展。

从研究深度来看，国内儿童语言能力的讨论更多集中于现象层，而较少涉及本源性课题的研究。关于儿童语用发展研究的理论框架的建构尚不够完整，涉及意义的建构、人际的交互、语境的依托等问题的研究，虽积极借鉴国外语用学研究，但研究深度却仍显不足。

注释：

[1] 陈新仁：《国外儿童语用发展研究述评》，《外语与外语教学》2000 年第 12 期，第 38 页。

[2] 周兢：《汉语儿童语言发展研究》，北京：教育科学出版社，2009 年，第 94 页。

[3] [美] Brian Mac Whinney：《国际儿童语言研究方法——CHILDES 国际儿童语料库数据储存和分析系统》，许文胜、高晓妹译，北京：教育科学出版社，2010 年，第 6 页。

[4] 李向农：《儿童语言研究的新进展》，《语言教学与研究》1996 年第 2 期，第 59 页。

[5] 陈素珍、李宇明：《汉族儿童对"哪里"问句的理解》，李宇明、唐志东：《汉族儿童问句系统习得探微》，武汉：华中师范大学出版社，1991 年，第 78 页。

[6] 王志：《儿童语言中否定的发展》，《语言学通讯》1990 年第 1～2 期。

[7] 唐志东、李宇明：《汉族儿童"吗""吧"问句的发展》，《语言研究》1989 年第 2 期，第 8 页。

[8] 朱曼殊：《儿童语言发展研究》，上海：华东师范大学出版社，1986 年，第 128～199 页。

[9] 李宇明：《儿童习得语言的偏向性策略》，《华中师范大学学报》1991 年第 4 期，第 94～99 页。

[10] 汤杰英、周兢：《3～5 岁幼儿语言词性与语用风格相关性的研究》，《幼儿教育（教育科学）》2012 年第 7、8 期，第 44～48 页。

[11] 周兢、李晓燕：《0—6 岁汉语儿童语用交流行为发展与分化研究》，《中国文字研究》2008 年第 1 期，第 141～148 页。

[12] 王海珊、冯晓霞：《3～6 岁幼儿言语目的性的发展特点》，《学前教育研究》2007 年第 7、8 期，第 32～35 页。

[13] 辛宏伟：《3～6 岁维吾尔族儿童汉语语言发展研究》，华东师范大学博士学位论文，2011 年。

[14] 华红琴：《5～7 岁儿童语用技能调查》，《心理科学通讯》1990 年第 2 期，第 53～55 页。

[15] [美] Brian Mac Whinney：《国际儿童语言研究方法——CHILDES 国际儿童语料库数据储存和分析系统》，许文胜、高晓妹译，北京：教育科学出版社，2010 年，第 86～90 页。

[16] 周兢、李晓燕:《0—6 岁汉语儿童语用交流行为发展与分化研究》,《中国文字研究》2008 年第 1 期,第 140 页。

[17] 周兢、李晓燕:《0—6 岁汉语儿童语用交流行为发展与分化研究》,《中国文字研究》2008 年第 1 期,第 141～148 页。

[18] 辛宏伟:《3～6 岁维吾尔族儿童汉语语言发展研究》,华东师范大学博士学位论文,2011 年。

[19] 周兢:《从前语言到语言转换阶段的语言运用能力发展——3 岁前汉语儿童语用交流行为习得的研究》,《心理科学》2006 年第 6 期,第 1370～1375 页。

[20] 李文馥、张筱菁:《儿童理解程度副词的特征》,《心理科学》1993 年第 1 期,第 28～33 页。

[21] 盖笑松、张丽锦、方富熹:《儿童语用技能发展研究的进展》,《心理科学》2003 年第 2 期,第 368～369 页。

[22] 丁金国:《语体意识及其培育》,《当代修辞学》2010 年第 6 期,第 31～38 页。

[23] 潘世松:《不同年龄段语用主体语体特征研究》,复旦大学博士学位论文,2003 年。

[24] 潘世松:《学前儿童会话原则的违反与会话策略的运用》,《修辞学习》2005 年第 4 期,第 66～69 页。

[25] 彭小红、张思:《儿童违反会话合作原则的语用效果分析》,《鲁东大学学报(哲学社会科学版)》2012 年第 4 期,第 42～45 页。

[26] 黄宇、彭小红:《儿童违反会话合作原则的原因分析》,《湖南科技学院学报》2010 年第 7 期,第 192～194 页。

[27] 卢爱华、谭业升:《一项关于 4—5 岁儿童自我言语修正的个案研究》,《语言研究》2008 年第 3 期,第 77～85 页。

[28] 闫嵘、俞国良:《小学学习不良儿童言语交际策略理解水平及其发展特点》,《心理学报》2009 年第 7 期,第 602～612 页。

[29] 郑荔:《学龄前儿童"修辞特征"语言研究》,南京师范大学博士学位论文,2008 年。

[30] 周晓林:《儿童语言能力的评价:观点与模式》,《心理科学通讯》1986 年第 6 期,第 52～56 页。

[31] 李宇明:《儿童语言的发展》,武汉:华中师范大学出版社,1998 年,第 275～290 页。

[32] 杨华:《影响儿童语言学习的外在因素:构式语法与斯金纳的对话》,《学前教育研究》2011 年第 8 期,第 32～37 页。

[33] 刘志军、陈会昌:《7 岁儿童语言表达的影响因素分析》,《心理科学》2005 年第 5 期,第 1126～1230 页。

[34] 李宇明:《儿童语言的发展》,武汉:华中师范大学出版社,1998 年,第 275～

280 页。

[35] 刘龙根：《“语言先决论”与“认知先决论”——儿童语言习得同认知发展关系初探》，《外国语》1990 年第 2 期，第 46～50 页。

[36] 石毓智：《乔姆斯基“普遍语法”假说的反证——来自认知心理学的启示》，《解放军外国语学院学报》2005 年第 1 期，第 1～9 页。

[37] 韩红丽：《缺乏刺激论，人类具有内在语言机制的有力论证》，《东北大学学报（社会科学版）》2002 年第 3 期，第 211～213 页。

[38] 张旭红：《语言“内在论”的模因新解》，《外语学刊》2008 年第 2 期，第 70～73 页。

[39] 杨小璐：《关于刺激贫乏论的争论》，《外语教学与研究》2004 年第 2 期，第 131～136 页。

[40] 王强：《刺激贫乏论诠释》，《当代外语研究》2012 年第 4 期，第 20～25 页。

[41] 严明：《心智与环境的对话：儿童语言学的博弈命题》，《学前教育研究》2012 年第 6 期，第 8～12 页。

[42] 杨先民：《0—5 岁汉语儿童语言发展的认知研究》，武汉大学博士学位论文，2010 年。

[43] 韩戈玲：《儿童交际行为的认知对比研究》，《外语教育》2005 年（年刊），第 123～127 页。

[44] 白丽芳：《儿童隐喻性思维的特点及其发展》，《外语与外语教学》2004 年第 4 期，第 53～57 页。

[45] 李尧：《话语行为效能习得的符号置换机制研究》，《西南民族大学学报（人文社会科学版）》2012 年第 11 期，第 167 页。

[46] 王文宇：《双语儿童的语言能力发展：实证研究回顾》，《外语研究》2010 年第 3 期，第 52～60 页。

[47] 郭翔飞：《儿童语言习得与儿童一般认知发展规律》，《外语学刊》2012 年第 4 期，第 134 页。

[48] 李宇明、李汛、汪国胜等：《试论成人同儿童交际的语言特点》，《华中师范大学学报（哲学社会科学版）》1987 年第 3 期，第 129～136 页。

[49] 李晓燕：《不同教育背景母亲在亲子会话中词汇运用的差异比较》，《学前教育研究》2010 年第 3 期，第 42～47 页。

[50] 孙明、赵飞、赵江葵：《互动式反馈对儿童二语疑问句发展作用的研究》，《国外外语教学》2007 年第 2 期，第 1～15 页。

[51] 陈敏倩、冯晓霞、肖树娟等：《不同社会经济地位家庭儿童的入学语言准备状况比较》，《学前教育研究》2009 年第 4 期，第 3～8 页。

[52] 张积家、张萌：《他人期望类型对 6～10 岁儿童不同类型反语认知的影响》，《心理学报》2005 年第 6 期，第 767～775 页。

[53] 周兢、李晓燕：《不同教育背景母亲语用交流行为特征比较研究》，《心理科学》2010 年第 2 期，第 478～481 页。

[54] 沈晓静：《儿童电视节目的语用策略》，《传媒观察》2006 年第 9 期，第 37～38 页。

[55] 沈晓静：《论儿童电视节目的信息传播手段及语用策略——以江苏地区儿童收视本地少儿节目状况为例》，《河海大学学报（哲学社会科学）》2007 年第 1 期，第 86～90 页。

[56] 盖笑松、方富熹：《儿童反语理解的心理机制》，《心理科学进展》2003 年第 5 期，第 516～522 页。

[57] 李慧敏：《儿童语言中的语气词》，安徽师范大学硕士学位论文，2005 年。

[58] 张萌、张积家：《语调在 6～10 岁儿童对不同类型反语认知中的作用》，《心理学报》2006 年第 2 期，第 197～206 页。

[59] 周榕、冉永平：《语用学研究的新取向——实验语用学研究》，《外国语》2007 年第 5 期，第 2～15 页。

[60] 盖笑松、杨薇、邰宇：《儿童语言样本的分析技术》，《心理科学进展》2009 年第 6 期，第 1242～1249 页。

喜剧小品幽默的语言学阐释

宋　扬

（华中师范大学国家文化产业研究中心，湖北武汉，430079）

内容摘要：基于喜剧小品幽默分析的基本框架，利用动态视频语料库，从三个宏观维度对喜剧小品展开了幽默文本分析。结果表明：（1）语境层面上，喜剧小品的主题影响意识形态出现频次，后者与收视率存在负相关；主题乖讹、情节反转是小品最重要的体裁变量。（2）内容层面上，喜剧小品的幽默符号类型有四种，不同模态之间的协同方式影响幽默效果的表达。（3）表达层面上，优秀喜剧小品的幽默构成相对均衡，而普通喜剧小品更倾向于使用幽默刺激度较低的言语创造型幽默。二者的数据差异表现在：笑频、语言 b 幽默数量、“语言 b＋视觉”幽默数量、幽默类型分布四个方面。

关键词：喜剧小品　幽默　语言学　理论框架

一、引言

喜剧小品是“艺术家以原来的喜剧教学小品和曲艺小段为基础，融汇了话剧、哑剧、戏曲、曲艺、影视、音乐、舞蹈、杂技、体育表演、时装表演、动画等多种艺术的形式和技法”[1]。自 20 世纪 80 年代小品确立了春晚舞台地位以来，国内小品领域的研究渐成气候，产生了如谢旭慧、杨汝福、陈孝英等专事小品艺术研究的专家，研究视角触及了文化学、美学、喜剧创作、语言学等领域。

我国小品的幽默研究从 90 年代发展至今，呈现出两条不同路径：修辞学传统以及当代语言学理论背景下的幽默发生学、阐释学。后者的研究内容是小品幽默，即在舞台上以日常对话形式展开的、时长有限的、以引发幽默笑果为目的视觉、听觉的综合幽默符号表演，以及它在生成、释义、理解过程中牵涉的与语言学相关的所有内容。该领域已成为近年来小品研究的热点和焦点。

鉴于学界的研究现状，本研究首次提出了小品幽默分析的基本框架，并基于自建的喜剧小品小型动态视频语料库，探讨在此框架下，小品幽默的原型范式及幽默实践，旨在为小品幽默研究提供新的理论依据，从而使国内传统的以修辞学、语义语用学分析为主的研究视角得以拓展深化。

二、喜剧小品幽默分析的基本框架

Halliday（1994）认为语言是有层次的[2]。这个层次是由语音音系学体现的表达层、词汇语法体现的内容层以及人际语篇体现的语境层，各层次间是“体现”的关系，即“语境”的选择体现于对“内容”和“表达”的选择。小品幽默的言语交际过程实际上也是各符号在三个层面上由编码到生成再到表达的过程：具体语境中幽默意义和话语结构体现于内容层的各符号模态资源，后者又体现于表达层以音频和视频为主的符号不同的表现形式。这个框架以语境层为基点从上往下看，是各种模态构成的符号系统在语境中通过协同和整合创建幽默意义，不同的贡献以一个整体的形式交汇在一起；以表达层为基点由下往上看，各符号系统泾渭分明，各有独特的表性形式和运行规律；而从内容层看，不同模态在特定语境中通过特定的运作规律和协调方式制造幽默意义[3]。根据上述分析，我们提出了小品幽默分析的基础理论框架：

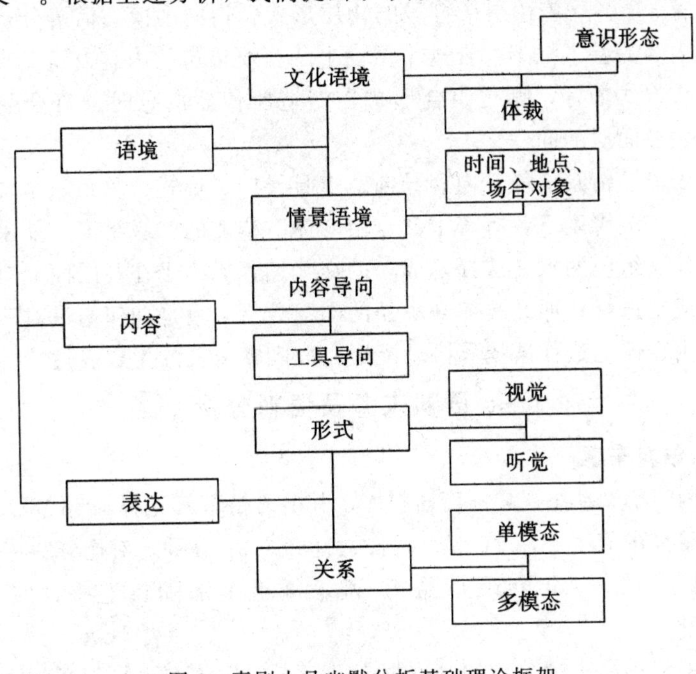

图1 喜剧小品幽默分析基础理论框架

该框架分为语境层、内容层及表达层三个基本维度：（1）语境层分为文化语境和情景语境。语言或非语言符号都具有意识形态功能，而意识形态的高下往往是一部艺术作品的决定性因素，成功遵循了幽默生成机制并对各符号进行最佳编码的小品有可能由于其意识形态上的低俗化而遭到鄙弃；体裁是可以具体实现这种意识形态的交际程序或结构潜势，体裁的选择能够满足不同意识形态和内容表达的需要，因此，体裁的恰当与否对幽默交际过程有明显的抑制或提升作用；情景语境[4]属于客观语境或言伴语境，是交际过程中涉及的具体特定场合，情景语境是否切合幽默主题的展现和特定社会习俗下观众的认知习惯影响观众对幽默言语的最终释义。（2）内容层研究的是各符号模态运作的规律性特征。这一层面的下位分类特指语言符号在加工过程中的策略选择倾向。以内容为导向（content-oriented）的幽默资源指经由深层参数加工的言语表达的幽默（语言 b）。以工具为导向（tool-oriented）的幽默资源指主要在叙述策略中由修辞手段加工的言语创造的幽默（语言 a）。后者由于汉语幽默的特殊规律所引起的幽默高相似度，幽默刺激的"新奇反应"（修辞格）被频繁使用，降低了其刺激性。因此，语言 b 的幽默刺激强度高于语言 a。（3）表达层指符号的物质形式，指向多模态话语分析以表达和选择为内容的基本框架。在这个层面上，就要传递的内容或意义来说，哪种模态协作方式最好，哪类组合形式在塑造所传播信息时最符合受众的兴趣，是我们要面对的问题。

文化语境、情景语境、内容导向、工具导向、形式、关系六个要素属于二级维度，二级维度下各有若干"自由变体"构成的三级维度。如果说语言的使用就是一组组的意义选择，成功的交际过程取决于在各层面上对不同自由变体的成功选择，那么具体到小品的幽默分析，就是如何通过对三级维度上各个自由变体的最佳选择和协调配置完成幽默意义的生成表达。

三、语料来源及语料分析

（一）语料来源

自建两个小型动态视频语篇语料库，其中语料库 A 选择 1998 年—2014 年间收视率最高的春晚小品 17 部，时长共计 283.99 分钟，对比资料库 B 同样选择 1998 年—2014 年春晚小品 17 部，每年 1 部随机选择，时长共计 213.81分钟。

我们根据小品幽默分析的基本框架，对语料库中的视频和音频资源进行转录和切分，切分以一个可感知的前景听觉笑点“SIR”[5]过程为最小单位，研究方法上综合定量和定性分析，着重解答以下三个问题：(1) 符号学意义上小品的幽默类型如何；(2) 小品幽默文本的多模态构成意义及语言学范式为何；(3) 优秀小品与普通小品的模态构成区别。

（二）语料分析

1. 喜剧小品的语境层分析

(1) 意识形态

“意识形态是一切社会总体的有机组成部分，没有意识形态的种种表征体系，人类社会就不能生存下去。”[6]小品由于自身的艺术传播特性，可通过对语法词汇系统的整合和对及物系统、语气、情态、转换、词语选择等语言单位的操作，渗透和传播意识形态。

我们对小品意识形态的分析采用定性的方法，根据作品出现的意识形态类型划分类别，对作品的态度系统采取二元对立，通过各种表现手段来肯定“自我”的正向积极行为以及对“他我”的负向消极评价。数据分析以统计承载意识形态语句出现的频次和字频率为主，数据结论如下：

表1　喜剧小品意识形态类型、频次及主要表现手段

	积极		消极		主要表现手段
	频次	字频比(%)[7]	频次	字频比(%)	
民族主义意识	8	0.084	0	0	直接陈述
伦理道德意识	13	0.083	27	0.073	直、间接陈述/夸张修辞
价值意识	7	0.076	7	0.039	直接陈述/修辞
阶级意识	0	0	2	0.014	间接陈述
弱势群体意识	3	0.019	36	0.046	肢体语言/称呼方式
经济意识	5	0.023	0	0	直接陈述

小品涉及的意识形态类型共有六类。出现频率最高的为积极态度的民族主义及伦理道德意识。伦理道德和弱势群体意识是消极态度中出现频率最高的意识类型，前者主要表现为对异性间暧昧关系的情节和语言设置，后者多为模仿残疾患者的肢体动作和戏谑性称呼的人物外号。民族主义意识尽管在整个语料库中仅出现了8次，但在时长上要多于其他意识形态类型，表现手段均为剧中人物通过直接陈述正面歌颂国家成就和民族精神。

小品承载意识形态语言的平均字频比为0.054%，其中，消极意识形态出现频次最高的小品为《捐助》、《同桌的你》，积极意识形态出现频次最高的小品为《昨天　今天　明天》，最少涉及意识形态的小品为“忽悠三部曲”。联系CSM的收视率调查可以看出，主题内容、意识形态频次以及收视率存在一定关联。意识形态出现频次高的小品在主题上多以正面颂扬为主，如《火炬手》、《送水工》等，这类作品的平均收视率为21%至26%；意识形态出现频率中等的小品以中性客观的立场出现，如《心病》、《钟点工》，收视率在27%至33%之间；揭示各种社会负面现象的主题中较少涉及意识形态，娱乐性较强，收视率最高，平均在33%以上。

（2）体裁

小品的戏剧性要求其文本结构“场面和场面之间，情节和情节之间有密切的因果关系，有严谨的逻辑关系，有循序渐进的程序关系”[8]，而严格的时间性限制小品须在10—20分钟内表达一个完整的叙事过程，这使得小品需选择最短小的体裁类型以便在规定的框架内传递意图。对小品语篇的组织模式深入研究后，我们发现小品常见的体裁模式有“问题—解决”模式、“提问—回答”模式以及“目标—达成”模式三种，这三种模式也是单位结构最简短的体裁组织类型。

根据Hasan语类结构潜势理论，一个GSP[9]需包括必须出现的成分、可能出现的成分以及所有成分必须和可能的顺序。对样本语料逐一分析后，我们归纳出小品的体裁结构为：

场景^主题（‹乖讹›）^反应^［消极评价‹情节反转›］^结果（‹情节反转›）

“（）”表可选成分；“^”表后接；“‹›”表其中成分可包含在其他成分中间；“［］”表其中成分可变换位置。

已知幽默的核心在于“乖讹”的创建和消解，而乖讹可以表现在语言、逻辑、情境等不同层面上。在宏观主题中设置不协调和矛盾，使角色陷入两难而采取一定的策略来维持关系或解决问题，寓可笑性和滑稽性于其中，是小品惯用的策略之一。主题乖讹和情节反转的可选择性决定了不同题材的小品可根据自身需要对GSP中的成分进行选择和排序，形成不同的语类变体。对样本语料的分析表明，小品的体裁特点鲜明。以优秀小品为例，17部小品对三种体裁模式均有涉及。其中，有4部小品采用了语类变体，《火炬手》、《说事儿》是一种语类模式中嵌有另一模式；《策划》、《同桌的你》是不同模式先后承接。35%的小品在主题部分设置了矛盾情境，情节反转设置平均达到了 1.14 个。可见，多样的体裁模式，灵活的语类变体以及主题乖讹、情节反转等手段的频繁运用是小品最主要的体裁特点。

2. 喜剧小品的内容层分析

幽默分为情景幽默和言语幽默。前者是对场景的理解而产生的视觉幽默，后者可进一步分为言语表达的幽默（语言 b）和言语创造的幽默（语言 a）。在此分类基础上，小品幽默的模态类型可进一步分为单模态幽默和多模态幽默。其中，单模态幽默又分为单声觉幽默和单视觉幽默；多模态幽默分为“语言 a＋视觉”幽默、“语言 b＋视觉”幽默两类。

（1）单声觉幽默

单声觉幽默指的是由语言或音乐符号负责设置脚本对立和幽默生成，图像仅通过提供背景信息起辅意作用的幽默类型。两种模态之间的关系为强化关系。（例句后标注为六级幽默知识资源[10]的缩写形式，SO 脚本对立；LM 逻辑机制；SI 语境；TA 对象；NS 叙述策略；LA 语言）

①送水工：听你妈说你搁哪研究爹呢？
儿子：不是，没有，研究木乃伊。
送水工：哦，研究姨呢？
儿子：不是姨，是古尸。

标注：{SO〈正常 vs. 非正常〈木乃伊/木乃姨〉〈古尸/古诗〉〉LM〈谐音〉SI〈前后情境〉TA〈送水工〉NS〈飞白〉}

例 1 使用了飞白修辞格，将送水工错误地理解“木乃伊”和“古尸”的情况真实记录下来，创造出幽默效果的同时，也表现出送水工有限的文化水平。口头幽默常利用同音异形、同音同形、异音异形等形式打破常规的词语意义创建幽默效果。幽默加工主要发生在 NS 层面对词、句的重新排列解释，属于言语创造的幽默，而图像呈现的情景体现在 SI 层面，提供了话语发生的场合、背景和说话人的基本信息。

（2）单视觉幽默

单视觉幽默指的是主要由视觉，如动作、表情、人物整体造型设置脚本对立，语言从旁起补充强化作用的幽默类型。如：

②（……中央台《小崔说事儿》演播现场）
（……白云和黑土登场）

标注：{SO〈合理 vs. 不合理（黑土的农民本色/白云的虚荣）〉LM〈并置〉SI〈受访者进入演播厅准备谈话节目开场〉TA〈白云〉}

例 2 的幽默是通过视觉图像白云身穿皮草，眼戴墨镜与黑土身穿军大衣，头戴解放帽，低头吃盒饭的并置对比呈现的。前提预设观众知道白云是非常朴实的农村老太太，由于参加实话实说节目变火，再次出现在大家面前时的这身不合理的装束和颐指气使的表情动作与原有的预设产生冲突，引发不和谐的幽默效果，也预示了白云变火后心理状态的变化。在表演者开口前，一个完整的制笑过程已经形成，这里的幽默完全是通过视觉图像本身呈现的，随后的言语信息确认并强化了这种差距。

（3）多模态“语言 a＋视觉”幽默

多模态幽默的构成符号主要是听觉符号和视觉符号，其中听觉符号主要由言语模态承担，而视觉符号由肢体动作、人物表情等综合构建情景幽默。两种符号模态通过并列对比视觉和听觉因素生成幽默，缺一不可，共同传递幽默的整体意义，属非强化关系。

③爷爷：那咋还这个打扮呢，还穿个裙子呢？

小沈阳：这是按我们苏格兰风格来包装的。再说也不是裙子啊，这不七分裤吗，没看，还有腿儿的嘛。（展示裙裤，图像显示裤子穿到同一条腿上）

小沈阳：妈呀，着急穿跑偏了。

标注：{SO〈正常 vs. 非正常（裙裤/裙裤穿成裙子）（穿错了/穿跑偏了）〉LM〈类比/并置〉SI〈前后情境〉TA〈小沈阳〉NS〈移用〉}

例 3 的幽默源来自视觉模态和听觉语言模态的叠加，两个模态均采用了正常和非正常脚本。正常情况下的裙裤外形像裙子，但还是裤子的穿法，小沈阳通过动作展示表明他把裤子穿成了裙子，时间上两个脚本的前后并置使观众诧异的同时感到好笑。言语幽默使用了移用的修辞手法，跑偏原指汽车在原有的道路上发生偏移，这里临时改变了该词的常用句法环境，将其移用到穿错裤子上面，超常的搭配新奇有趣，产生了喜感，而正是类比逻辑机制的使用，才发现了穿错裤子和车歪道两者在性质上的共性。

（4）多模态“语言 b＋视觉”幽默

此种幽默类型与前者的区别在于使用的语言模式属于言语表达的幽默，不和谐的主要来源为脚本的对立，在叙述策略上没有对语言单位进行特殊效果处理。

④大忽悠：卖裤子的告诉你你还卖裤子么，谁像我心眼这么好哇？这样吧，我给你调调。信不信，你的腿随着我的手往高抬，能抬多高抬多高，往下使劲落，好不好？信不信？腿指定有病，右腿短！来，起来！（范伟配合做动作）

大忽悠：停！麻没？

厨师：麻了。

妻子：哎，他咋麻了呢？

大忽悠：你跺，你也麻！

标注：{SO〈正常 vs. 非正常〈正常动作/夸张动作〉〉〈合理 vs. 不合理〈腿麻有病/腿麻无病〉〉LM〈夸张/类比〉SI〈前后情境〉}

例4的视觉幽默来自厨师在大忽悠指示下夸张滑稽的跺脚动作，这里的脚本对立是正常的肢体行为和夸张行为的对比，运用了夸张的逻辑机制。语言幽默来自妙语“你跺，你也麻”，妻子的问句“他咋麻了呢？”隐含的逻辑推理是他确实腿有毛病，通过大忽悠“调调”发现了病灶，所以麻了。大忽悠将妻子和厨师进行类比，暗示任何人用力跺脚都会麻，厨师的腿没有毛病，否定了妻子的预设，推翻了妻子和观众的假设，造成脚本翻转。视觉和言语幽默交加，大忽悠的狡黠和厨师的憨直得以充分表现，笑果丛生。

多模态幽默中，视觉和听觉的互补性互动会引发多重的脚本对立和逻辑机制，这导致了复杂且多层级的幽默组成，而模态的组合形式影响彼此间的协同关系以及在时间轴上的排列方式。单模态幽默中两种符号是强化关系，符号总是共时呈现或视觉符号单独出现，而多模态中视觉或听觉上的笑点在时间轴上是先后排列的，完整的制笑过程依赖前后符号的多种形式的协作关系，并且结构中不总是仅有一个脚本对立，单独取消任一符号，都无法完成幽默内容的构建。

3. 喜剧小品的表达层分析

表达层是通过表演所实现的幽默内容外化，形式表现为可接收的听觉和视觉符号。其中，动作表情是视觉符号的中心要素，而言语对话是听觉符号的中心要素。两者是典型的互补关系，根据各自在内容层面所起的作用程度，可区分为单模态幽默和多模态幽默两种基本的幽默模态类型。我们对语料库中的视频语料进行了标注和转录，导入了小品的幽默模态类型和各层符号类型，数据收集如下：

表 2　喜剧小品幽默模态类型构成及比例

			优秀小品				普通小品			
			标注频次	总标注时长（秒）	平均频次	比例（%）	标注频次	总标注时长（秒）	平均频次	比例（%）
单模	声觉幽默	内容（语 b）	168	1081	12.0	32.9%	49	289	3.5	13.7%
		工具（语 a）	211	1529	15.0	41.3%	168	1142	12.0	47.0%
	视觉幽默		62	197	4.0	12.1%	98	343	7.0	9.8%
多模	“（语 b）＋视觉”		65	307	5.0	12.7%	21	88	1.5	27.5%
	“（语 a）＋视觉”		5	24	0.4	1%	7	28	0.5	2.0%

由表可知，优秀小品的平均时长为 16.92 分钟，每 22.65 秒出现一个笑点，一个小品的平均笑点为 46 个。对比语料中普通小品的平均时长为 14.65 分钟，每 33.64 秒出现一个笑点，平均笑点数量为 27 个。

优秀小品的幽默构成当中，单模态幽默占幽默总量的 86.3%，多模态幽默占总量的 13.7%。其中，单声觉模态中言语创造的幽默比言语表达的幽默多 8.4%，但在多模态中，言语创造的幽默和视觉幽默的组配能力要远远低于言语表达的幽默和视觉幽默，两者的差距为 11.7%。幽默模态构成类型由多到少的序列统为：

语 a＞语 b＞“语言 b＋视觉”幽默＞视觉幽默＞“语 a＋视觉”幽默

普通小品与优秀小品的数据差异主要表现在：笑频、“语 b”幽默频次、“语言 b＋视觉”幽默频次、幽默类型分布四方面。后者中的言语幽默兼顾内容与工具导向，而对比语料中的言语幽默主要由工具导向的语言 a 构成，言语表达的幽默数量仅有 13.7%；对比语料中“语言 b＋视觉”幽默的数量比例明显大于优秀小品，表明对比小品倾向于在制造视觉幽默的同时辅以言语，进行意义扩充，而优秀小品单视觉模态和双模态幽默的分布比例差距不大；从整体的分布比例来看，优秀小品中五种幽默类型的分布更加均衡。

四、结语

本文基于系统功能语言学和多模态话语分析理论建立了一个由语境层、内容层和表达层构成的小品幽默分析理论框架。在此框架下分析小品视频语料，我们发现小品在意识形态、体裁、幽默类型等维度指征上所具备的特有的艺术特征；对内容层进行深入分析得知小品的幽默符号类型有四种，不同的符号协同模式对幽默效度有显著影响；对优秀小品及普通小品两组语料的多模态意义构成进行对比，结果显示两组语料在笑频、语b幽默数量、“语言b+视觉”幽默数量、幽默类型分布等四方面有显著区别。

随着社会文化语境的更迭，小品正面临着自身发展的瓶颈和困境，我们试图通过语言学视角的幽默理论阐释揭示小品高流行度、强影响力的内部原因，为如何持续提高小品幽默度，提升小品的表演创作提供数据标杆，以实现其在现代传媒经济框架下最大的艺术张力与利润回报。

* 本文系国家社科基金重点项目“健全坚持正确网络舆论导向的体制机制研究”【14AZD037】的资助成果。

附表1　自建语料库小品名单

		语料库 A	语料库 B
1	1998	《拜年》(赵本山、范伟、高秀敏)	《一张邮票》(潘长江、黑妹等)
2	1999	《昨天今天明天》(赵本山、宋丹丹、崔永元)	《爱父如爱子》(严顺开、凯丽等)
3	2000	《钟点工》(赵本山、宋丹丹)	《青春之约》(郭达、孙淘)
4	2001	《卖拐》(赵本山、范伟、高秀敏)	《家有老爸》(黄宏、林永健、黑妹)
5	2002	《卖车》(赵本山、范伟、高秀敏)	《圆梦》(魏积安、杨蕾、刘敏)
6	2003	《心病》(赵本山、范伟、高秀敏)	《都是亲人》(郭达、蔡明、李文启)
7	2004	《送水工》(赵本山、范伟、高秀敏)	《讲故事》(严顺开、洪剑涛等)
8	2005	《功夫》(赵本山、范伟等)	《男子汉大丈夫》(郭冬临、牛莉等)
9	2006	《说事儿》(赵本山、宋丹丹、崔永元)	《招聘》(周锦堂、余信杰)
10	2007	《策划》(赵本山、宋丹丹、牛群)	《将爱情进行到底》(潘长江、金玉婷)
11	2008	《火炬手》(赵本山、宋丹丹、刘流)	《军嫂上岛》(孙涛、黄晓娟)
12	2009	《不差钱》(赵本山、毕福剑等)	《吉祥三宝》(孙涛、邵峰等)
13	2010	《捐助》(赵本山、王小利等)	《五十块钱》(周锦堂、李铁等)
14	2011	《同桌的你》(赵本山、王小利等)	《新房》(蔡明、刘威、宋阳等)
15	2012	《今天的幸福》(开心麻花团队)	《面试》(郭冬临、魏积安等)
16	2013	《今天的幸福 2》(开心麻花团队)	《大城小事》(艾伦、王宁等)
17	2014	《扶不扶》(开心麻花团队)	《人到礼到》(郭冬临、牛莉、邵峰)

注释：

[1] 陈孝英：《喜剧小品 20 年》，《当代电视》2004 年第 3 期。

[2] [英] Halliday Michael, *An introduction to functional grammar*, London: Arnold, 1994, p. 35.

[3] [瑞典] Matthiessen C. M. I. M, "Ideas and new directions", In Halliday, M. A. K & J. Webster(eds.) *Continuum Companion to Systemic Functional Linguistic*, London: Continuum, 2009, p. 121.

[4] 情景语境因带有临时性和难以具体分析衡量的可能性因素，后文具体的语料分析中不做进一步阐释。

[5] SIR 是 Attardo（1997）建立的笑话理解模型。该模型将笑话的信息传递过程分解为三个阶段，分别为 setup（准备阶段）—incongruity discovery（不和谐凸显阶段）—resolution（解决阶段）。

[6] [法] 路易·阿尔都塞：《保卫马克思》，顾良译，北京：商务印书馆，1984 年，第 201 页。

[7] 字频比（%）＝作品中涉及意识形态字符数/作品总字符数（3948）。

[8] 顾仲彝：《编剧理论与技巧》，北京：中国戏剧出版社，1981 年，第 157 页。

[9] GSP 为 Generic Structure Potential 缩写，即为语类结构潜势，指在构建某类型语篇时，必须遵循的某种特定体裁所要求的体式或程式。

[10] 言语幽默概论（GTVH）认为幽默通过脚本对立、逻辑机制、场景、语境、叙述策略、语言等六级知识资源由上至下线性加工生成，这些工具对于理解语言或非语言模态如何经由不同的参数加工路径，生成不同程度的幽默刺激意义重大。

《儒林外史》白话特质的塑造

魏锦虹

（阜阳师范学院文学院，安徽阜阳，236041）

内容摘要：《儒林外史》的语言具有体系性、工程性。本文从语言塑造层面考察了《儒林外史》的白话特质，认为其塑造手段有四：一是叙述语言刻意摆脱了八股程式，贴近口语却又恪守通行的规范（量词为例）；二是人物语言对特定时空下的方言口语是放纵的；三是在传播层面适应了传播规律的驱动；四是文体层面接受了小说对口语变异成分的包容。

关键词：《儒林外史》　塑造　白话特质　传播规律　文体特征

从信息生成和传播的不同阶段考察《儒林外史》的语言表现，发现它的语言具有体系性、工程性，表现在作者的运思情怀是孤独的[1]，塑造表现是白话的，传递模式是另类的，接受的终点是和谐的。本文重点从塑造层面考察《儒林外史》的白话特质。

白话通常被认为是和文言相对的概念。清代白话的含义跟方言有了关系，我们对白话也有了新的理解：白话是生态口语的复现，是文字对口头的写实性拷贝，是视觉对听觉的雅化转达，是作家个性化的语言塑造。《儒林外史》不但使用京白，而且江淮方言的特质明显。一部《儒林外史》，巧妙地拿捏住了雅俗的分寸，让通俗浅白的文字以墨香的高雅姿态步入寻常百姓家。钱玄同认为《儒林外史》是“国语文学完全成立的一个大纪元”[2]。不可否认，《儒林外史》中的确存在大量与之前的白话小说不同的特质，但若少了语言塑造层面的观察就断言它是一部国语小说，可能过于轻率了。以往研究通常会把“白话小说”置放在时代、地域的层面，突显它与文言相对、与方言有关的白话特质，但这远远不够。对《儒林外史》而言，作家在塑造层面呈现的白话特质是多维的、丰盈的，甚至是隐蔽的。

一、叙述语言层面的塑造

清代是白话文学的繁荣期，这种繁荣，不独体现在作品数量的激增，还表现在作家的语言个性，换言之，这是一种时代成熟基础上的个性繁荣。《儒林外史》的叙述语言，最能体现吴敬梓个性驱使下的自由意趣。他刻意摆脱八股程式，贴近口语却又恪守通行的规范，大量使用充满现代气息的重叠手段塑造生动的语言形态，量词的使用数量和频度很高，量词与数词的叠加妙用使叙述语言充满空间感，色彩词有着不独指色彩的超常变异手法，巧用民间谚语、歇后语延伸世相触角。这些手段的使用，充分显示出作者的语言个性以及对白话特质的塑造能力。下面以量词为例进行分析。

名量词的使用富含张力：

1. 使用同一量词表现不同色彩

(1) 僻壤穷乡，除了一尊名士。(第十三回)[3]

(2) 那庵一进三间，前边一尊迦蓝菩萨。(第三十八回)

“尊”做量词一般修饰佛像、佛龛、牌位，用它修饰大活人时，语体场合的错愕让人忍俊不禁。故而例（1）谐，例（2）庄。

2. 使用不同量词塑造关于同一物象的不同视野

(3) 这一口猪在王家已养到一百多斤，不想错走到严家去。(第五回)

(4) 宰了两个猪。(第十七回)

同是修饰“猪”，“口”是局部，“个”为整体，如同镜头，给人近看远观之别。

(5) 一头撞到一顶轿子上，把那轿子里的官几乎撞了跌下来。(第十二回)

(6) 一乘轿子。(第六回)

同是修饰“轿子”，“顶”是近比，“乘”是远察，视野宽窄有别。

(7) 两公子大喜，即刻叫人家里取出一柄松文古剑来，递与铁臂。(第十二回)

(8) 只见恶和尚坐在中间床上，手里已是拿着一把明晃晃的钢刀。(第三十九回)

同是修饰条块状金属器物，“柄”文气典雅，“把”直白通俗，在文白之间游走自如，更加衬托白话特质。

3. 与数词连用，形成上下对仗

(9) 嗅窗前含梅数点，且任我俯仰以嬉；攀月中仙桂一枝，久让人婆娑而舞。(第十一回)

(10) 一鞭一条痕，一掴一掌血。(第十一回)

(11) 一双刺猬眼，两个鹳骨腮。(第二十二回)

(12) 轻财好士，一乡多济友朋；月地花天，四海又闻豪杰。(第三十一回)

以上四例，如果数量结构是局部，那么对仗部分是整体。局部浅白，整体清雅，雅俗交错，塑造出一种有格调的白话。

4. 超常变异，另辟蹊径

(13) 匡超人没奈何，含着一包眼泪，只得别过了辛小姐，回浙江来。(第二十回)

(14) 几点眼泪。(第二十回)

同是修饰“眼泪”，“包”与“点”，有量的多寡之别。只是人们见惯了“滴、点、行”，自然对“包”多加了几分留意。原来这“一包眼泪”是给辛小姐的，那“几点眼泪”是给郑小姐的，两位小姐身份地位有别，这泪也就含了匡超人的丑态进去。

(15) 看见苏堤上柳阴树下，一丛人围着两个人在那里盘马。(第五十二回)

(16) 晚生小时有几斤力气。(第十二回)

例（15）用修饰植物的量词“丛”来修饰一众围观者，比起“群”、“班”、“帮”来，视觉冲击力高下自现。例（16）用“斤”修饰“力气”，如同用“秤”称量精气神，这是现实中不会发生的关系。变异搭配使读者妙拥语言时尚，带来的生动感直达视觉的深层——想象。

再看动量词的使用：

1. 使用计数量词表示时间的持续

(17) 把细姑娘拉在一条板凳上坐着，同他捏手捏脚，亲热了一回。(第四十二回)

(18) 挨到晚上，痰响了一阵，喘息一回，呜呼哀哉，断气身亡。(第二十回)

“亲热了一回”的“回”是常规的计数量词，而例（18）“喘息一回”的“回”，有了表示时间持续的语法功能。

2. 把短时量词用于称量心理活动

(19) 随即一个戴纱帽红袍金带的人，揭开帘子进来，把俺拍了一下。(第二回)

（20）成老爹心里惊了一下，答应道：前日才来的。（第四十七回）

例（19）中“下”是常规的短时计数量词，在“惊了一下”中，则用于称量心理活动，“下”的短时量含义被强化。

3. 摆脱本义，把名量词用作动量词，表达短时量

（21）凤四老爹一头的灰，越发精神抖抖，走进楼底下靠着他的庭柱。（第五十二回）

（22）我今日有一头亲事来作成你家廷玺，娶过来倒又可以发个大财。（第二十六回）

（23）长叹一声，一头撞在号板上，直僵僵的不省人事。（第二回）

“一头”在前两句里分别修饰“灰”和“亲事”，“头”作名量词，是常规用法。例（23），“头”则用作了动量词，但未脱离本义，是借助与动作发生的身体部位表示动量。这种名量词临时用作动量词的用法，还有：

（24）先年冢宰公去世之后，他关着门总不敢见一个人，动不动就被人骗一头，说也没处说。（第十八回）

（25）昨日那件事，关在饭店里，我去一头来。（第四十五回）

（26）那艄公对伙计说：“你带好缆，放下二锚，照顾好了客人，我家去一头。”（第五十一回）

以上三例，“骗一头”、“去一头”、“家去一头”，都是将“头”用作了短时动量词，只不过跟本义的关联远了。此用法在之前的《水浒传》和《红楼梦》中均未见到[4]，是方言特色，白话特质明显。

二、人物语言层面的塑造

《儒林外史》的白话特质在人物对白上，表现为对方言的放纵。姜蕾（2003）考察了《儒林外史》反复问句、“动＋了＋趋”式结构、后缀“子”的用法、“得”的动词和助词用法、“把”的动词用法和数词用法等，认为《儒林外史》的语言富含江淮方言特质[5]。黄树生（2007）则认为《儒林外史》的语言虽基于“官话”但也间杂了一些吴地方言语汇，如“粧大”（充办主角）、“看乔”（轻蔑，鄙视）、“撮弄”（恶作剧）、“窄鳖鳖”（狭窄）、“嘴喳喳”（插话）、“隔壁账”（词不达意）、“布单衣服”（廉价的衣裳）、“韶刀”（唠叨）等[6]。群一（1997）认为《儒林外史》的语言存在一定量的云南方言语汇。严仍宁（2005）认为小说中“打秋风”、“弄送”、“序”、“杀

巧”、“搭嘴”、“辣燥”、“短路”、“风快”、“荒春头上”等词语属于全椒方言语汇[7]。许富宏（2009）列举了《儒林外史》中“家下”、“锅铁脸”、“停当”、“过”、“连三”、“吃春酒”、“挺觉”、“辣燥”、“厦子”、“搭嘴”、“马子”等词语的用法，并分析了“得 VO”、“V＋了＋一交”、“N＋把＋NO”等句法结构，认为这些都是典型的全椒方言特色[8]。

小说语言呈现地域特色，是极普遍的现象，因为白话与方言关联密切，比如韵白与京白的差异，其实就是两片权威方言的差异。《儒林外史》被认为是国语的文学，但这里的国语更大层面上是指当时通行的官话。大量方言特质的存在，不能推翻《儒林外史》是一部官话小说的论断。问题的关键是，小说语言中那些极土的成分也不少见，特别是上述研究中发现的跟现代汉语普通话有别但依然在相应方言中完好保留的官话异质成分、土语成分。比如“这便是我的家了，你看看可是你丈夫?”（第二十四回）这样的安徽方言“可 VP”结构，“媳妇子”（第六回）、“小刀子”（第四十九回）、“裤脚子”（第四十二回）这样的安徽方言“子尾词”等，它们更能反映作家对方言的放纵。我们发现，方言特质的语境来源有两种，一种是作家隐忍自我的叙述语言，另一种是人物对白和人物内视角的语言。值得注意的是，方言现象在后一种语境下发生的几率明显高于前者，说明吴敬梓是一位理性的作家，他的理性一方面体现在他在叙事中常常隐匿自我，采用内视点，以人物的眼睛观察人物，以人物的对白传达意志和情感，另一方面体现在人物对话的塑造贴近原生态。所以读者对作品人物形貌的感知常常是模糊的，而对人物语言的感知却是鲜活的。

吴敬梓塑造的人物对白是一种超音律的生态口语复现，他不避讳方言词、方言句法，人物、场景、情节都依赖地域这一大的语境铺开。这种对方言口语的放纵，对有的读者来说是一种认同感的感召，对有的读者来说，则是一种陌生化的吸引。不管怎么说，以人物之口，言身边人的生存和生活，这在留声机时代来临之前，无疑给了默然相诵的读者一种身临其境之感。白话也终于能超越方言音律的障碍，让一种写实的美感浩浩荡荡直达人心。

三、基于传播规律的塑造

传播学理论认为，一部文学作品的完成，不以作家写作过程的结束为标记。根据胡适先生在《吴敬梓年谱》里的考证，《儒林外史》大概作于乾隆五年至十五年。大量研究也表明，《儒林外史》在成书之后并没有机会立即付印。然而再好的文学作品，不经传播也不能为受众所认知，更不能在接受层面检测出其价值。因此，对《儒林外史》的语言进行研究，仅仅就文本而研究是不够的，还应关注其传播过程。

文本是传播内容的来源，必须借助一定的传播媒介才能到达受众视野，再经由评论家和读者的品鉴，逐步验证传播效果。从传播内容上看，18 世纪的中国，随着商品经济的发展，市民阶层的兴起，反映各个阶层生活和思想的作品拥有了繁荣和传播的土壤。《儒林外史》的主题表达多元，较有影响的说法有“反科举”、“穷极文人情态”、“探寻知识分子出路”、“反对富贵功名”、“反儒”、“批判封建礼教”，等等，显示了《儒林外史》强大的文化包容性和巨大的传播价值。从传播规律上看，《儒林外史》的知识分子题材、松散结构、讽刺艺术、洗练客观的语言是对后世影响较大的传播焦点。所以尽管吴敬梓在生前没能等来他理应得到的传播影响，但事实上，他创作的文字，无论从哪个环节上分析，都无法阻挡它生生不息的传播，特别是语言层面的白话特质，那种超时空、超音律的生态口语形态，令受众亲近大于陌生，接受大于排斥。加之《儒林外史》的题材写的是儒林中事，作家有着文人视界，有能力在文白间游走，在雅俗间拿捏，保障了《儒林外史》白话特质的分寸感。这种植根草根的艺术感，容易在更大的传播空间引发共鸣。

四、文体包容下的塑造

王进驹（1999）的研究认为《儒林外史》的文体渊源可追溯到《世说新语》，它的不重纪事而追求人物神韵、文人性、真人轶事性、谐趣性以及适应于创作宗旨的分类结构等诸多方面的独特风貌，与《世说新语》的文体因素有相似之处[9]。但整体来看，《儒林外史》仍是从白话通俗小说发展而来，小说这种文体本身就是一种对语言变异包容度较高的文体。白话小说依托口语，口语中的变异成分就更多了。所以，《儒林外史》的白话特质，也是离不开小说文体的包容的。

前文说到，知识分子题材是《儒林外史》的传播焦点，写的是文人情态，叙的是儒林中事，也正是因为《儒林外史》开创性地借白话小说的文体写现实中的士人群体情貌，才在白话小说中具有了独特的魅力。按理说，《儒林外史》里的儒林世相不染神怪玄幻，也不流连儿女情长，不是当时的民众能普遍共鸣的，因此难得流行。然而，在21世纪的中国，读书人数量激增，文人社会的群体更为广泛了，人们对这部作品的价值有了更为深刻的认知。今天看来，《儒林外史》的“魔力”在于吴敬梓只是用了最为原生态的生活口语，撷取了最为零散的生活碎片，就把这个特殊的社会阶层的生活面貌和精神品格栩栩如生地展现在读者面前，而且越是经过时间的检验，越能使人从碎片中串联出这些群体人物生存状态的历史文化根源。他的批判现实主义的风骨也在这些琐细平凡的白话里迸现，不仅使我们毫无阅读障碍，而且还能体验到吴敬梓作为士人一分子的特异的超常的冷静与客观。且看：

(27) 现今小厮傲头傲脑，也要娶个辣燥些的媳妇来制着他才好。(第二十七回)

(28) 把剩下来的骨头骨脑和些果子装在里面。(第十八回)

(29) 房里停当，把后面天井内搭了个芦席的厦子做厨房。(第二十一回)

(30) (王太太) 闲着没事，还要橘饼、圆眼、莲米搭嘴。(第二十六回)

四句话呈现出四幕生活场景。娶媳妇儿、打包剩菜、搭建简易厨房、吃零嘴，这些都是百姓随处可见的生活细节。尽管《儒林外史》是成书于两百多年前的清代，而且是“儒林”题材，但读到这样的文字，我们依然感觉，仿佛就是在写身边之事。再看：

(31) 把他揪到马子跟前，揭开马子，抓了一把尿屎，抹了他一脸一嘴。(第二十七回)

(32) 左边一擦，右边一偎，都偎擦两个姑娘的脸巴子上。(第四十二回)

例 (31) 的“马子”、例 (32) 的“脸巴子”都是极其口语化的词语，在江淮方言里分别指“马桶”和“脸”。这两句描写的动作都是一连串的，仿佛将现场情态隔着时空搬到我们面前，从纸上的平面变成立体的三维，将王太太的泼皮无赖和汤六老爷的庸俗流氓习气活灵活现地呈现在我们面前。还有：

(33) 丈人道：“你每日在外测字，也还寻得几十文钱，只买了猪头肉、飘汤烧饼，自己搗嗓子，一个钱也不拿了来家。”(第五十四回)

(34) 今日还那得工夫去看那骚婊子。(第四十三回)

例 (33) 的“搗嗓子”、例 (34) 的“骚婊子”，都是生活中的骂人话，用在人物对白中，是一种语言生态复现，除了真实，还是真实。生活就是如此，骂人话是很多人的需要。这种呈现，浅白通俗，现实感无可辩驳。

作为饱读诗书的文人，吴敬梓不刻意卖弄文笔修辞，语言中看不到才子的附丽喧哗，但同时，作为白话小说的传承，《儒林外史》亦不避传统，文中俗语谚语俯拾皆是，典故对仗夹杂其间。且看：

（35）众和尚吃完了斋，洗了脸和手，吹打拜忏，行香放灯，施事散花，跑五方，整整闹了三昼夜，方才散了。（第四回）

（36）王惠另觅了船入到太湖，自此更改姓名，削发披缁去了。（第八回）

（37）又有极大的发船，照依佛家中元地域赦罪之说，超度这些孤魂升天，把一个南京秦淮河，变作西域天竺国。（第四十一回）

以上三例里的“拜忏”、“跑五方”、“披缁”、“中元地域赦罪”等，都是反映佛教思想和礼习的词语。还有：

（38）晚生（张铁臂自述）的武艺尽多，马上十八，马下十八，鞭、锏、锤、刀、枪、剑、戟，都还略有些讲究。（第十二回）

此句尽是武术术语。凡此种种，无不反映了吴敬梓的才情和博识，尤其在白话叙述模式的背景下，这些领域性极强的术语的使用，更加衬托出《儒林外史》白话语言的雅致。可以说，整部《儒林外史》的语言塑造，雅俗有度，文白相宜。这样的分寸，是与作家自身的学识修养和小说特有的风格范式的影响分不开的。

综上，我们认为《儒林外史》具有独特的白话特质，它不仅是时代成熟基础上作家个性觉醒的自然流露，也是大众超音律的生态口语复现。同时，《儒林外史》的白话特质还有更加隐形的表现，比如在传播层面适应了传播规律的驱动，在文体层面接受了小说对口语变异成分的包容等。

* 本文系安徽省哲学社会科学规划基金项目““X不X’正反问句的生成与认知研究”【AHSKY2014D139】的阶段性成果。

注释：

[1] 参见魏锦虹：《〈儒林外史〉的语言孤独》，《阜阳师范学院学报》2014年第4期。

[2] 丁锡根编：《中国历代小说序跋集》下册，北京：人民文学出版社，1996年，第1699页。

[3] 本文所引《儒林外史》例句，均以人民文学出版社1975年影印的卧闲草堂本为准。仅在文中例句后括号内标示所出回数，不再另外加注。

[4] 参见陈颖：《〈儒林外史〉动量词研究——附论动量词研究中的两个问题》，《西安交通大学学报》2007 年第 4 期。

[5] 参见姜蕾：《〈儒林外史〉所体现的江淮方言语法和词汇现象》，苏州大学硕士学位论文，2003 年。

[6] 参见黄树生：《〈儒林外史〉吴地方言例考》，《韶关学院学报》2007 年第 1 期。

[7] 参见严仍宁：《〈儒林外史〉中的全椒方言》，《滁州学院学报》2005 年第 2 期。

[8] 参见许富宏：《〈儒林外史〉中的全椒方言词汇与语法类型》，《滁州学院学报》2009 年第 4 期。

[9] 参见王进驹：《〈儒林外史〉文体渊源试探》，《广西师院学报》1999 年第 1 期。

汉语研究

【主持人语】汉语的研究比较活跃的是现代汉语研究，语法和方言是现代汉语研究的两个热门领域，两者相互启发，相互促进。本栏目发表的三篇文章，两篇讨论的是语法，一篇讨论的是方言。侯冬梅《基于语料库的现代汉语 ABB 形容词句法功能及相关问题考察》，对现代汉语中 ABB 形容词的句法功能、与“de”结合的情况进行了细致的描写，对“ABB 形容词＋de”结构的性质进行了认定，并为该结构的语料库加工提出了参考意见。该文基于语料库的统计分析，为语法研究展示了一种可供借鉴的思路。重叠是汉语的一种特殊形态，在普通话和方言中有着不同的表现。穆亚伟《辉县方言形容词重叠式》，通过对河南辉县方言形容词重叠式的形式表现、语义特征、句法功能的深入考察，从一个侧面揭示了辉县方言的特点与个性。刘云《汉语复句研究的篇章视野》从篇章的角度探讨了汉语复句研究的内容、途径和价值。认为篇章视野下的汉语复句研究主要包括四个方面的内容：(1) 不同类型语篇中复句的使用情况；(2) 具体的语篇环境对复句运用的影响；(3) 复句的篇章地位与篇章功能分析；(4) 复句的形式特征分析。从篇章的角度研究复句主要有以下三个方面的途径：(1) 系统考察语篇与复句之间的互动关系；(2) 吸收篇章语法的相关理论与方法，用于复句篇章地位与功能的分析；(3) 努力挖掘复句的形式特征。把复句放到语篇中予以考察，是深化汉语复句研究的重要途径，可以丰富汉语复句研究的理论与方法；可以沟通章法与句法，努力挖掘汉语复句的形式特征；可以反观现有的汉语复句体系，为汉语复句体系的完善提供形式依据。三篇文章虽然讨论的具体问题不同，但描写与解释都建立在事实调查的基础之上，体现了一种值得提倡的务实学风。(汪国胜)

基于语料库的现代汉语 ABB 形容词句法功能及相关问题考察

侯冬梅

（华中师范大学语言与语言教育研究中心，湖北武汉，430079；

河南科技学院文法学院，河南新乡，453003）

内容摘要：本文用基于语料库的统计方法对现代汉语中 ABB 形容词句法功能、ABB 形容词与“de”结合情况和“ABB 形容词＋de”性质等问题做了讨论。明确了 ABB 形容词入句后，可以作 6 种句法成分，作主语是 ABB 形容词在现代汉语中产生的新用法。85％左右的 ABB 形容词都以“ABB＋de”组块形式出现。不同的句法位置，对 ABB 形容词后是否带“de”强制性不同，形成“主语＞补语＞定语＞宾语＞谓语＞状语”一个带“de”强制序列。现阶段尚不能对“ABB 形容词＋de”结构的性质作出整体认定，但根据频率，可以把“ABB 形容词＋de”组块分为两类：一类是短语词，一类是短语。这可以解决语料库加工中“ABB 形容词＋de”的切分和标注不统一的问题。

关键词：ABB 形容词　语料库　“ABB 形容词＋de”性质　组块化　频率　短语词

0. 引言

现代汉语中，有一类 ABB 式重叠状态形容词，比如，红彤彤、阴森森、暖洋洋、香喷喷、毛茸茸、沉甸甸等。作为状态形容词的次类，其句法功能较为特殊。这种 ABB 形容词入句后，书面上，其后常带“的（地）”。可以作定语、谓语、状语、补语、宾语和主语等句法成分。比如[1]：

（1）这时，本来乱哄哄的礼堂，一下子静下来了。（作定语）

（2）每个炼钢手浑身上下红彤彤的。（作谓语）

（3）向秀丽的眼睛亮晶晶地望着他，领悟地点了点头。（作状语）

（4）她脸长得黑乎乎的。（作补语）

（5）[这条坑道里] 轻重伤员似乎混杂在一起……整个坑道都是人，觉

得乱哄哄的。（作宾语）

（6）……那金灿灿的是玉米，那绿生生的是秋菜，满眼都是丰收的景象。（作主语）

吕叔湘、朱德熙二位先生早就注意到了ABB形容词经常和“的”共现这个事实，吕叔湘《现代汉语八百词》把这种ABB形容词的构式直接认定为“ABB的”[2]；朱德熙《说“的”》中也认为“的”常分布在“ABB形容词”的后边[3]。那么，ABB形容词是不是都能作6种句法成分；入句后，是不是必须带“的”；“ABB形容词+的”的句法属性是什么？下面我们试图通过基于语料库统计的方法来回答这些问题。

1. ABB形容词的句法功能

王国璋、吴淑春、王干桢、鲁善夫（1996）编著的《现代汉语重叠形容词用法例释》（以下简称《例释》），是一部专门研究现代汉语重叠形容词用法的工具书。全书共收录7大类1575条重叠形容词，其中ABB形容词有488条。可以说，它是目前收录现代汉语ABB形容词较为全面的一部工具书[4]。我们以这488个ABB形容词为研究对象，建立数据库，依据数据库对ABB形容词相关问题进行讨论。本文对ABB形容词的讨论仅限于书面语，不包括口语。

数据库统计显示，ABB形容词的确可以作定语、谓语、状语、补语、宾语、主语等6种句法成分。

488个ABB形容词，能作定语的381个，占ABB形容词的78.07%；能作谓语的有366个，占ABB形容词的75%；能作状语的有252个，占ABB形容词的51.64%；能作补语的有117个，占ABB形容词的23.98%；能作宾语的有65个，占ABB形容词的13.32%；能作主语的有3个，占ABB形容词的0.61%（见表1）。

表1　ABB形容词句法功能类型统计

ABB形容词充当的句法成分	定语	谓语	状语	补语	宾语	主语
ABB形容词数量（个）	381	366	252	117	65	3
在488形容词中所占比例（%）	78.07	75	51.64	23.98	13.32	0.61

所以，从整体上来说，ABB形容词在句法功能上呈现多样性特征，可以作主、谓、宾、定、状、补6种句法成分。但其作各种句法成分的能力有明显差异，形成一个句法功能类型强弱序列：定语>谓语>状语>补语>宾语>主语。根据这一序列可知，作定语、谓语和状语是ABB形容词的主要

句法功能（均超过50%），在少数情况下可以作补语和宾语，偶尔还可以作主语。这和朱德熙ABB形容词可以作定语、状语、谓语、补语的论断[5]，以及吕叔湘形容词生动形式（包含“ABB的”形式）可以作定语、状语、谓语、补语、主语、宾语的论断[6]有同有异，大同小异。这种差异可能与语料（我们仅研究书面语）、研究方法（我们用定量统计法）的选择有关；同时也说明了两位先生敏锐的洞察语言事实的能力，在没有利用大规模语料的情况下，已经对ABB形容词的句法功能作出了较为客观的论断。

总之，我们需要明确：第一，从历时角度来看，ABB形容词的句法功能经历了一个由单一化到多样化的发展历程；作主语是ABB形容词现代汉语中新出现的句法功能。唐代ABB结构词汇化之初，少数词汇化的ABB形容词只作谓语；宋代，词汇化了的ABB形容词作谓语、状语、定语、补语，主要作谓语；元明清时期，ABB形容词作状语、定语、谓语、补语、宾语，主要作状语[7]；现代汉语中，ABB形容词作定语、谓语、状语、补语、宾语、主语，主要作定语、谓语、状语。第二，从共时角度来看，ABB形容词整族词句法功能呈现多样化征，并形成“定语>谓语>状语>补语>宾语>主语”一个句法功能类型强弱序列。但就ABB形容词个体而言，没有1个ABB形容词可以分布在6种句法位置上；最多可以分布在定语、谓语、状语、补语、宾语5种句法位置上，能分布在这5种句法位置上的ABB形容词有黑沉沉、紧绷绷、静悄悄等11个。

2. ABB形容词带后加成分“de”情况分析

吕叔湘、朱德熙认为ABB形容词入句后，常带后加成分“的”；沈家煊、张国宪认为ABB形容词入句后，有时带、有时不带后加成分“的”[8]。到底ABB形容词入句后，与“的”是一个什么样的结合情况呢？《例释》中数据显示，ABB形容词入句后，后加成分有“的、地”两种书写形式，为了便于讨论，在不区分ABB形容词后面“的、地”时，把它们统一记作“de”。ABB形容词和“de”的结合有三种情况：一是带“de”，记作“＋de”，表示作该类句法成分时，ABB形容词必须带“de”；二是可带可不带“de”，记作“±de”，表示作该类句法成分时，ABB形容词有时带、有时不带“de”；三是不带“de”，记作“－de”，表示作该类句法成分时，ABB形容词不能带“de”。ABB形容词入句后，与“de”结合情况具体如下。

2.1 ABB形容词作定语时与“de”的结合情况

381个作定语的ABB形容词中，如果把“＋de、±de”都算在能带“de”一类，那么作定语能带“de”的ABB形容词有376个，占作定语

ABB形容词的98.69%。376个带“de”的ABB形容词，“de”书面形式为“的”的373个（占作定语带“de”ABB形容词的99.20%），书面形式为“的/地”的3个（占0.80%）。不带“de”的ABB形容词5个（占1.31%）（见表2）。

表2　ABB形容词作定语时与“de”结合情况统计

结合情况	ABB形容词+de			ABB形容词±de			ABB形容词－de
“de”形式	的	的/地	地	的	的/地	地	5
“de”数量（个）	327	2	0	46	1	0	
合计（个）	329			47			5
比例（%）	98.69						1.31

可以说，作定语的ABB形容词，几乎都可以带“de”（98.69%）。“de”书面形式基本都为“的”（99.20%），极少为“的/地”，没有“地”。这和吕叔湘形容词生动形式作定语时“一般都必须带‘的’”的论断[9]基本一致。

2.2　ABB形容词作谓语时与“de”的结合情况

366个作谓语的ABB形容词中，能带“de”的ABB形容词有336个，占作谓语ABB形容词的91.80%。336个带“de”的ABB形容词中，“de”书面形式为“的”的303个（占90.17%），书面形式为“的/地”的20个（占5.95%），书面形式为“地”的13个（占3.87%）。不带“de”的ABB形容词30个（占8.20%）（见表3）。

表3　ABB形容词作谓语时与“de”结合情况统计

结合情况	ABB形容词+de			ABB形容词±de			ABB形容词－de
“de”形式	的	的/地	地	的	的/地	地	30
“de”数量（个）	267	15	11	36	5	2	
合计（个）	293			43			30
比例（%）	91.80						8.20

可以说，作谓语的ABB形容词，绝大多数都可以带“de”（91.80%），极少数情况下，可以不带“de”。“de”书面形式绝大部分都为“的”（90.17%），较少为“的/地”或“地”。这和吕叔湘形容词生动形式作谓语时“一般都带‘的’”的论断[10]基本一致。

2.3　ABB形容词作状语时与“de”的结合情况

252个作状语的ABB形容词中，能带“de”的ABB形容词有235个，占作状语ABB形容词的93.25%。235个带“de”ABB形容词中，“de”书面形式为“的”的23个（占9.79%），书面形式为“的/地”的33个（占14.04%），书面形式为“地”的179个（占76.17%）。不带“de”的ABB形容词17个（占6.75%）（见表4）。

表4　ABB形容词作状语时与“de”结合情况统计

结合情况	ABB形容词＋de			ABB形容词±de			ABB形容词－de
“de”形式	的	的/地	地	的	的/地	地	17
“de”数量（个）	20	24	137	3	9	42	
合计（个）	181			54			17
比例（%）	93.25						6.75

可以说，ABB形容词作状语时，绝大多数都可以带“de”（93.25%），较少不带“de”。“de”书面形式大部分都为“地”（76.17%），少部分为“的/地”或“的”。这和吕叔湘形容词生动形式作状语时“一般都带‘地’”的论断[11]基本一致。

2.4　ABB形容词作补语时与“de”的结合情况

作补语的117个ABB形容词中，能带“de”的ABB形容词有111个，占作补语的ABB形容词的94.87%。111个带“de”ABB形容词中，“de”书面形式为“的”的106个（占95.50%），书面形式为“的/地”的3个（占2.70%），书面形式为“地”的2个（占1.80%）。不带“de”的ABB形容词17个（占5.13%）（见表5）。

表5　ABB形容词作补语时与“de”结合情况统计

结合情况	ABB形容词＋de			ABB形容词±de			ABB形容词－de
“de”形式	的	的/地	地	的	的/地	地	6
“de”数量（个）	103	3	2	3	0	0	
合计（个）	108			3			6
比例（%）	94.87						5.13

可以说，作补语的ABB形容词，绝大部分都带“de”（94.87%），很少不带“de”。“de”书面形式绝大部分都为“的”（95.50%），极少为“的/地”或“地”。这和吕叔湘形容词生动形式作补语时“一般都必须带‘的’”的论断[12]基本一致。

2.5 ABB形容词作宾语时与“de”的结合情况

作宾语的65个ABB形容词中，能带“de”的ABB形容词有58个，占作宾语ABB形容词的89.23%。58个带“de”ABB形容词中，“de”书面形式为“的”的56个（占96.56%），书面形式为“的/地”的1个（占1.72%），书面形式为“地”的1个（占1.72%）。不带“de”的ABB形容词7个（占10.77%）（见表6）。

表6　ABB形容词作宾语时与“de”结合情况统计

结合情况	ABB形容词+de			ABB形容词±de			ABB形容词−de
“de”形式	的	的/地	地	的	的/地	地	7
“de”数量（个）	33	1	1	3	0	0	
合计（个）	55			3			7
比例（%）	89.23						10.77

可以说，作宾语的ABB形容词，大部分都可以带“de”（89.23%），较少不带“de”。“de”书面形式绝大部分都为“的”（96.56%），极少为“的/地”或“地”。这和吕叔湘形容词生动形式作宾语时“必带‘的’”的论断[13]有一定差异。

2.6 ABB形容词作主语时与“de”的结合情况

作主语的3个ABB形容词中，100%都要带“de”。而且“de”书面形式仅为“的”（见表7）。

表7　ABB形容词作主语时与“de”结合情况统计

结合情况	ABB形容词+de			ABB形容词±de			ABB形容词−de
“de”形式	的	的/地	地	的	的/地	地	0
“de”数量（个）	3	0	0	0	0	0	
合计（个）	3			0			0
比例（%）	100						0

可以说，作主语的ABB形容词，必须带“的”。这和吕叔湘形容词生动形式作主语时“必带‘的’”的论断[14]完全一致。

总之，一方面，虽然整体上，ABB形容词基本都倾向于带“de”，但也并不是所有的ABB形容词都必须带“de”。不同句法位置对ABB形容词后是否带“de”的强制性程度有一定差异，形成一个强制性序列：主语＞补语＞定语＞宾语＞谓语＞状语（见表8）。

表 8　ABB 形容词句法功能对后加成分“de”的强制性统计

ABB 形容词充当的句法成分	定语	谓语	状语	补语	宾语	主语
ABB 形容词＋de 的数量（个）	381	293	181	108	55	3
必带“de”ABB 形容词所占比例(%)	86.35	80.05	71.83	92.31	84.62	100
ABB 形容词必带“de”平均比例(%)	85.86					

也就是说，主语位置，对 ABB 形容词带后加成分“de”的限制最严格，这一位置上的 ABB 形容词后必须带“de”；补语、定语、宾语、谓语、状语位置，对 ABB 形容词带后加成分“de”的限制，依次呈递减趋势。另一方面，ABB 形容词句法功能与“de”的书面形式密切相关：ABB 形容词作状语时，“de”一般要写为“地”；ABB 形容词作其他句法成分时，“de”一般都要书写为“的”。

3.“ABB 形容词＋de”的性质

3.1　“ABB 形容词＋de”性质的纠结

入句后，ABB 形容词和其他形容词有很大不同，其他形容词常可以不带“的（地）”直接作句法成分，而 ABB 形容词往往要带后加成分“的（地）”，构成“ABB 形容词＋de”结构，来作句法成分。现代汉语中高达 85%的 ABB 形容词入句后，要带上后加成分“的（地）”（见表 8），ABB 形容词和“de”呈现出高频结合的特征。那么我们应该如何看待“ABB 形容词＋de”结构的性质呢？

并且在语料加工中，也常遇到“ABB 形容词＋de”的切分和定性问题。比如，北京大学 CCL 语料库在语料标注时，虽然把多数“ABB 形容词＋de”处理为短语，比如“干巴巴/z 的/u、活生生/z 的/u、沉甸甸/z 的/u、乐呵呵/z 地/u”。其实这里也潜藏着问题。比如，它对“毒辣辣的、硬板板的”的标注则完全不同：

(7) 今天/t 已/d 换/v 上/v 短衣/n 短裤/n，/w 暴晒/v 在/p 珀斯/ns 毒辣辣/z 的/u 阳光/n 下/f 。/w

(8) 哪/r 一/m 双/q 手/n 不/d 是/v 长/v 满/a 了/u 硬板板的/z 老茧/n，/w[15]

3.2　“ABB 形容词＋de”性质的判定

对于词或短语非典型成员的归类，除了考虑语法上、韵律上的一系列标准外[16]，还要考虑到词频对词感的制约[17]。一个语法单位的出现频率越高，其词感就越强，就越容易被认定为词。像“非典、人类、鸡蛋、坚强”

等被认定为词，就和词频、词感有莫大的关联[18]。所以，当我们无法从构词角度来对“ABB形容词＋de”性质进行认定时，可以考虑从词频角度考察“ABB形容词”与“de”的结合情况。

我们利用北京大学CCL现代汉语语料库，对488个ABB形容词在现代汉语中与“de”的结合情况（包括“ABB形容词＋的”和“ABB形容词＋地”这两种形式）进行观察、分析。由于“蓝蔚蔚”等30个ABB形容词，在CCL语料库中检索不到例句，所以只对剩余的458个ABB形容词与“de”的结合情况进行考察。

统计显示，ABB形容词与“de”的结合频率从0～100％不等，为了便于统计我们把结合频率分为八小类。不同频率范围内的形容词出现频次和“ABB形容词＋de”出现频次差异大。“结合频率＝0”的ABB形容词出现频次（15次）和“ABB形容词＋de”出现频次（0次）最低；“80％＜结合频率≤90％”的ABB形容词出现频次（21271次）和“ABB形容词＋de”出现频次（18723次）最高。相同频率范围内，“ABB形容词＋de”的出现频次和ABB形容词的出现频次成正比（见表9）。458个ABB形容词在CCL语料库中与“de”平均结合频率为82.79％，这和表8中ABB形容词带“de”平均比率（85.86％）基本一致。因此，无论利用哪种语料，都能观察到，现代汉语中“ABB形容词＋de”结合频率高这一语言事实。

表9　不同结合频率范围内“ABB形容词”、“ABB形容词＋de”出现频次统计

ABB形容词＋de结合频率	ABB形容词分布数量（个）	ABB形容词出现频次（次）	ABB形容词＋de出现频次（次）
结合频率＝0	12	15	0
0＜结合频率≤50％	33	1135	432
50％＜结合频率≤60％	16	2061	1155
60％＜结合频率≤70％	33	4181	2803
70％＜结合频率≤80％	70	4301	3165
80％＜结合频率≤90％	155	21271	18723
90％＜结合频率＜100％	51	10563	9694
结合频率＝100％	88	378	378
合计	458	43905	36350
平均结合频率（％）	82.79		

“ABB形容词”与“de”结合频率高，它就一定是词吗？回答当然是否定的。因为《现代汉语频率词典》中“的”是使用频率最高的词，北京大学CCL语料库中“的”也是出现频率最高的字，名词、动词、形容词等都可以和助词“的”组合。单凭整体上，“ABB形容词+de”结合频次高，就对这类结构的性质作出一致性论断，难以令人信服。

因为ABB形容词内部与“de”的结合是离散的。从表9中虽然可以看到“ABB形容词+de”结合频率在80%～90%之间的最多（有155个ABB形容词），“ABB形容词+de”结合频率在80%以上的有294个，占统计对象的64.19%。但仍有近40%的ABB形容词与“de”结合频率仍相对较低。ABB形容词内部与“de”结合频率的差异性、离散性，说明现阶段，在与“de”的结合问题上，ABB形容词内部的发展不是同步的。那么，我们也不能对“ABB形容词+de”结构的性质进行整体性认定，只能根据客观语言事实，认定现代汉语中“ABB形容词+de”组块化特征[19]极为明显。根据与“de”的结合频率，把“ABB形容词+de”，分为两类：一类是与“de”结合频率为100%的“ABB形容词+de”，另一类是与“de”结合频率小于100%的“ABB形容词+de”。前者词化倾向极为明显，可以叫作“短语词”；后者组块化特征明显，但词化倾向还不突出，可以叫作短语。北京大学CCL语料库中，与“de”结合频率为100%的“ABB形容词+de”短语词有：凉森森的、毒辣辣的等88个。那么，(7)中“毒辣辣的”是短语词，(8)“硬板板的”是短语。那么，(7)、(8)中的ABB形容词与“的”应作如下切分和标注：

(7′) 今天/t 已/d 换/v 上/v 短衣/n 短裤/n，/w 暴晒/v 在/p 珀斯/ns 毒辣辣的/z 阳光/n 下/f 。/w

(8′) 哪/r 一/m 双/q 手/n 不/d 是/v 长/v 满/a 了/u 硬板板/z 的/u 老茧/n，/w

总之，仅根据“ABB形容词+de”结合频率高，就把“ABB形容词+de”这类结构，都认定为词，尚不合适。毕竟ABB形容词内部与“de”的结合是离散的，现阶段暂不能确定“ABB形容词+de”整类结构是词还是短语，只能根据客观事实，对“ABB形容词+de”的性质，做出这样的认定：整体上来说，“ABB形容词+de”组块化特征明显。现阶段，根据与“de”结合频率，把“ABB形容词+de”分为两类：一类是与“de”结合频率等于100%的88个“ABB形容词＋de”短语词；一类是与“de”结合频率小于100%的“ABB形容词＋de”短语。

4. 结论

综上所述，我们认为现代汉语中ABB形容词入句后，具有如下特征：

第一，一般以“ABB形容词＋de”这种组块化形式出现。在句法功能上呈现多样性，可以作6种句法成分。但其作各种句法成分的能力存在差异，形成一个强弱序列：定语＞谓语＞状语＞补语＞宾语＞主语。现代汉语中ABB形容词的主要句法功能是作定语、谓语、状语，作主语是现代汉语中ABB形容词新出现的的句法功能。

第二，虽然ABB形容词后倾向于带“de”，但并不是所有的ABB形容词后都必须带“de”。除了主语位置上的ABB形容词后必须带“de”外，其他5种句法位置上的ABB形容词，都可以不带“de”。不同句法位置，对ABB形容词是否带“de”，也形成了一个强制性序列：主语＞补语＞定语＞宾语＞谓语＞状语。

第三，ABB形容词后加成分“de”书面形式有“的、地”两种形式，状语位置上的“ABB形容词＋de”中“de”书面形式多为“地”，其他句法位置上的“ABB形容词＋de”中“de”书面形式多为“的”。

第四，“ABB形容词＋de”是一种组块化特征明显，且具有词化倾向的语言单位。由于其内部与“de”的结合呈离散性，所以，暂时只能把与“de”结合频率为100%的、词化倾向明显的88个“ABB形容词＋de”看作短语词，其余则看作短语。对“ABB形容词＋de”组块的整体性质，现阶段尚不便作出一致性论断。

另外，我们侧重从共时角度，对ABB形容词与“de”的结合情况及“ABB形容词＋de”性质进行考察。而ABB形容词本身也正处在动态发展的过程中，我们将继续关注ABB形容词的共时发展，并将对ABB形容词与“de”高频结合的动因、ABB形容词不带后加成分“de”的限制条件等问题展开探讨。

* 本文得到教育部人文社会科学重点研究基地重大项目“汉语词汇和语法关联互动的理论探讨与专题研究”【14JJD740006】基金资助。

注释：

[1] 以下例句均出自王国璋、吴淑春、王干桢、鲁善夫编著：《现代汉语重叠形容词用法例释》，北京：商务印书馆，1996年。

[2] 吕叔湘：《现代汉语八百词》，《吕叔湘全集》第5卷，沈阳：辽宁教育出版社，2002年，第565～569页。

[3] 朱德熙：《说"的"》，《朱德熙文集》第2卷，北京：商务印书馆，1999年，第95～130页。

[4] 据周荐《汉语词汇结构论》统计，《现代汉语词典》作为主词条收录的ABB式形容词只有162个。

[5] 朱德熙：《说"的"》，《朱德熙文集》第2卷，北京：商务印书馆，1999年，第95～130页。

[6] 吕叔湘：《现代汉语八百词》，《吕叔湘全集》第5卷，沈阳：辽宁教育出版社，2002年，第565～569页。

[7] 石锓：《汉语形容词重叠形式的历史发展》，北京：商务印书馆，2010年，第186～240页。

[8] 沈家煊：《形容词句法功能的标记模式》，《中国语文》1997年第4期，第242～250页。张国宪：《现代汉语形容词的典型特征》，《中国语文》2000年第5期，第447～458页。

[9] 吕叔湘：《现代汉语八百词》，《吕叔湘全集》第5卷，沈阳：辽宁教育出版社，2002年，第565～569页。

[10] 吕叔湘：《现代汉语八百词》，《吕叔湘全集》第5卷，沈阳：辽宁教育出版社，2002年，第565～569页。

[11] 吕叔湘：《现代汉语八百词》，《吕叔湘全集》第5卷，沈阳：辽宁教育出版社，2002年，第565～569页。

[12] 吕叔湘：《现代汉语八百词》，《吕叔湘全集》第5卷，沈阳：辽宁教育出版社，2002年，第565～569页。

[13] 吕叔湘：《现代汉语八百词》，《吕叔湘全集》第5卷，沈阳：辽宁教育出版社，2002年，第565～569页。

[14] 吕叔湘：《现代汉语八百词》，《吕叔湘全集》第5卷，沈阳：辽宁教育出版社，2002年，第565～569页。

[15] 本文仅以北京大学CCL语料库中1998年1月《人民日报》的语料标注为例。北京大学CCL语料库中，标注为"u"的为助词；标注为"z"的为状态词，状态词相当于我们说的状态形容词。

[16] 冯胜利：《汉语韵律句法学》，上海：上海教育出版社，2000年，第77～78页。

[17] 刘云、李晋霞：《论频率对词感的制约》，《语言教学与研究》2009年第3期，第1～

7页。

[18] 刘云、李晋霞：《论频率对词感的制约》，《语言教学与研究》2009年第3期，第1～7页。

[19] Krug M.，“Stringfrequency：A cognitive motivating factor in coalescence，language processing and linguistics change”，*Journal of English linguistics*，26，1998，pp. 286～320.

辉县方言形容词重叠式

穆亚伟

（华中师范大学语言与语言教育研究中心，湖北武汉，430079）

内容摘要： 本文试图从语音、形式、语义、语法特征这些方面呈现辉县方言形容词重叠式的基本面貌，从而为辉县方言的研究提供一些参考价值。

关键词： 辉县方言　形容词　重叠式

一、引言

辉县市地处豫晋两省之交，东靠卫辉市，南临获嘉县，西与山西省陵川县交界，北同林州市、山西省壶关县相接，东南与新乡市、新乡县毗连，西南与修武县相邻，从古至今都是豫北地区通往晋东南的必经之地。根据侯精一先生的《现代晋语研究》（1986）和《中国语言地图集》（1989）的相关记载，我们将辉县方言划入晋语邯新片下的获济小片[1]。

重叠是一种极为普遍而且重要的语法手段，在许多语言和方言中广泛应用。辉县方言中形容词的重叠也有自己的特色，主要表现在儿化和加缀这两方面。本文我们只讨论形容词重叠之后必须儿化的现象，我们不讨论与普通话中形容词重叠式大致相同的形式——AABB式、ABAB式和A里AB式，并且，形容词带重叠后缀和无基式的形容词重叠式也不列入本文的讨论范围。

二、形式特征

辉县方言中形容词重叠式有两种类型：一是单音节形容词重叠式，有A（儿）A儿式和AA儿A儿式[2]；二是双音节形容词重叠式，有AB（儿）B儿式、AAB（儿）B儿式、AXB儿B儿式和BA儿A儿式。

（一）单音节形容词重叠

1. A（儿）A儿式

A代表单音节形容词，除表绝对意义和“坏字眼”的单音节形容词不能进入此格式外，其他的单音节性质形容词均能进入该格式，这与杨俊芳

(2010) 提出的观点正好相反[3]。并且，普通话中的这种重叠式有些可以不儿化，而辉县方言必须儿化。不管基式“A”是什么字调，重叠以后第一个音节A都不变调，而第二个音节A统一变为阴平调“44”，念得重而长，有强调的色彩。例如：

A为阴平：尖尖儿　稀稀儿　松松儿　酸酸儿　光光儿　香香儿
　　　　　黑黑儿　青青儿　花花儿　乖乖儿　孬孬儿　精精儿
A为阳平：白白儿　长长儿　薄薄儿　圆圆儿　稠稠儿　潮潮儿
　　　　　咸咸儿　油油儿　麻麻儿　甜甜儿　蓝蓝儿　能能儿
A为上声：好好儿　短短儿　鼓鼓儿　小小儿　紧紧儿　饱饱儿
A为去声：辣辣儿　厚厚儿　大大儿　硬硬儿　胖胖儿　瘦瘦儿
　　　　　净净儿　涩涩儿　淡淡儿　热热儿　慢慢儿　利利儿

此种结构出现频率很高，一般第一个音节不儿化，尤其是韵母为［an］的性质形容词，例如“短短儿”、“咸咸儿”。有的第一个音节也可以儿化，例如韵母为［uŋ］的“红儿红儿”、“松儿松儿”和韵母为［au］的“小儿小儿”、“好儿好儿”。

2. AA儿A儿式

能进入A（儿）A儿式的单音节形容词还有一种重叠式，即三叠式“AA儿A儿”式[4]。在读音上，AA儿A儿式中“A”仍读本字调，第一个“A儿”统一变为阴平调“33”，第二个“A儿”都读作阴平调“44”。上述例子都可以进入这一形式，例如：

A为阴平：尖尖儿尖儿　稀稀儿稀儿　松松儿松儿　酸酸儿酸儿
　　　　　光光儿光儿　香香儿香儿　黑黑儿黑儿　青青儿青儿
　　　　　花花儿花儿　乖乖儿乖儿　孬孬儿孬儿　精精儿精儿
A为阳平：白白儿白儿　长长儿长儿　薄薄儿薄儿　圆圆儿圆儿
　　　　　稠稠儿稠儿　潮潮儿潮儿　甜甜儿甜儿　咸咸儿咸儿
　　　　　麻麻儿麻儿　红红儿红儿　蓝蓝儿蓝儿　能能儿能儿
A为上声：好好儿好儿　短短儿短儿　鼓鼓儿鼓儿　小小儿小儿
　　　　　紧紧儿紧儿　饱饱儿饱儿　满满儿满儿　扁扁儿扁儿
A为去声：辣辣儿辣儿　厚厚儿厚儿　大大儿大儿　硬硬儿硬儿
　　　　　胖胖儿胖儿　瘦瘦儿瘦儿　净净儿净儿　涩涩儿涩儿
　　　　　淡淡儿淡儿　热热儿热儿　慢慢儿慢儿　嫩嫩儿嫩儿

（二）双音节形容词重叠

1. AB（儿）B儿式

这种重叠式的基式为AB，在辉县方言中可单独使用，都是性质形容词。凡是能进入这一格式的，重叠部分第二个音节必须儿化，第一个音节如果是后鼻音韵母［iŋ］/［əŋ］/［aŋ］的话，则“ABB儿”或“AB儿B儿”两式皆可。重叠之后，在ABB儿式中，第一个音节B念本字调，并且重读，时值短，第二个音节儿化后变阴平调“44”，次重读，时值较长；在AB儿B儿式中，第一个音节儿化后仍为本字调，念得轻而短，第二个音节儿化后变为阴平调“44”，念得重而长。例如：

扑了了儿　光年年儿　轻巧巧儿　热闹闹儿　凉快快儿
利色色儿　囫囵囵儿　平展展儿　松散散儿　腼腆腆儿
出坦坦儿　斯文文儿　痛快快儿　得劲劲儿　软和和儿
年轻儿轻儿　紧张儿张儿　干净儿净儿　宽敞儿敞儿
冷清儿清儿　清亮儿亮儿　大方儿方儿　机灵儿灵儿
稳当儿当儿　齐杵儿杵儿　展样儿样儿　四方儿方儿

2. AAB儿B儿式

从辉县方言形容词重叠的使用频率上看，重叠为“AAB儿B儿”式的现象非常普遍。上面能作“AB儿B儿”式重叠的形容词，都可以重叠为“AAB儿B儿”式，重叠后，两个儿化音节B都读本字调，相比较而言，第一个音节B儿化后的读音较第二个音节B儿化后重一些。例如：

现现成儿成儿　糊糊涂儿涂儿　迷迷瞪儿瞪儿
随随便儿便儿　干干净儿净儿　满满当儿当儿
抠抠色儿色儿　顺顺当儿当儿　活活套儿套儿

3. AXB儿B儿式

此式中的“X”是指中缀“不/圪/没”，凡是能进入“AB（儿）B儿”和“AAB儿B儿”这两式的双音节形容词都可以扩展为“AXB儿B儿”式，并且这三个词缀的使用也有一定的规则。“AB（儿）B儿”式中，只有当基式“AB”中的“B”的韵母是［an］或［ei］时，插入中缀“不/圪/没”皆可，三者可以互换，不影响表达效果。如：“光没年年儿”、“年不轻儿轻儿”、“稳圪当儿当儿”等。“AAB儿B儿”式中，当韵母为后鼻音［aŋ］、［iŋ］时，一般使用中缀“不”或“没”，如“现不成儿成儿”、“满不当儿当儿”；当韵母为单元音［u］或［ε］时，常用中缀“圪”，如“糊圪涂儿涂儿”、“抠圪色儿色儿”。

4. BA 儿 A 儿式

这种重叠式的基式是“AB”，是状态形容词，可以单独使用。与其他重叠式相比，“BA 儿 A 儿”式的使用频率相对较低，重叠后的读音与“AB 儿 B 儿”式的读音规则相同，第一个音节儿化后仍为本字调，念得轻而短，第二个音节儿化后变为阴平调“44”，念得重而长。这一重叠式只能插入中缀“圪”构成“B 圪 A 儿 A 儿”式，此不赘言。例如：

新崭儿崭儿　香喷儿喷儿　冷冰儿冰儿　凉冰儿冰儿
红通儿通儿　圆滚儿滚儿　瘦精儿精儿　硬梆儿梆儿

三、语义特征

（一）形容词重叠式的程度意义

李宇明指出，“所有的词语重叠都与量的变化有直接或间接的关系，因此‘调量’是词语重叠最基本的语法意义”。“刻画度量有多种语言手段，但无疑重叠式是其重要的手段之一。”[5]我们将辉县方言中由相同基式构成的重叠形式进行比较，可以发现它们之间程度义的差异。

1. A＜A（儿）A 儿＜AA 儿 A 儿

当形容词 A 构成重叠式“A（儿）A 儿”或“AA 儿 A 儿”之后，程度义都得到了强化，但两者强化的程度是不一样的，A（儿）A 儿倾向于程度适中，而 AA 儿 A 儿式则明显程度加深。例如：

（1）酸葡萄。

（2）酸酸儿叻个葡萄。

（3）酸酸儿酸儿叻个葡萄。

在葡萄当中，只要是稍微带点“酸”都属于“酸葡萄”，而只有“较酸的葡萄”才能称为“酸酸儿叻葡萄”，所以酸＜酸酸儿。虽然“酸酸儿”比“酸”程度义深，但“酸酸儿”毕竟没有达到“很（非常）酸”的程度，而且“酸酸儿”有时还能受“有点”的修饰。而“酸酸儿酸儿”在语义上表示无以复加的程度，带有夸张的意味，表达一种极致。相当于“酸极了/十分酸/酸透了”的意思，根本不能受“有点”的修饰。因此在以上三个句子当中，例（3）中的葡萄无疑是最“酸”的。

李宇明认为 AA 式的语法意义与其句法位置无关，无论处于何种句法位置，AA 式的语义都是表示程度的加深[6]。他还认为，定语和谓语位置上

AA 式表达出的程度减弱义是由其儿化造成的，非儿化的 AA 式并不表示程度的减弱。“就减弱程度而言，儿化比句法位置的作用也许更大些。因此可以说，减弱度量是形容词重叠式在特定的句法位置上由多种因素作用而形成的语法意义的变体。”[7]

2. AB<AB（儿）B 儿<AXB 儿 B 儿<AAB（儿）B 儿

当形容词 AB 构成重叠式 AB（儿）B 儿、AXB 儿 B 儿或 AAB（儿）B 儿之后，由于前两式都是部分重叠，所以强化的程度较弱些，而 AAB（儿）B 儿是完全重叠，所以强化的程度较强。例如：

（4）他开车稳当。

（5）他开车稳当当儿叻。

（6）他开车稳不当儿当儿叻。

（7）他开车稳稳当儿当儿叻。

在以上四个句子中，例（7）所描述的“他”开车最稳当。

3. BA<BA 儿 A 儿

虽然 BA 类形容词本身已经带有修饰成分，已具有一定的程度义，但重叠成 BA 儿 A 儿式之后，程度义在原先的基础上又有增强，BA 儿 A 儿式虽然是部分重叠，但已经达到了“很（非常）A”的程度。例如：

（8）脸冻叻通红。

（9）脸冻叻红通儿通儿叻。

这两例都是描述“脸冻得很红”，但由于使用了不同的词语形式，“红”的程度是不一样的，例（9）的表述让人感觉脸是“非常红”的。

（二）形容词重叠式的形象色彩

吕叔湘把形容词重叠式称为生动形式[8]。朱德熙把形容词重叠式归入状态范畴，称之为“状态形容词”[9]。朱景松更是直接地提出，形容词重叠式最核心的语法意义是造成某种状态[10]。这一特性同样在辉县方言形容词重叠式上体现得很充分，而且不同的重叠式所体现的状态性是不同的，有的重叠式状态性较强，有的重叠式状态性较弱。

BA 儿 A 儿式，因为基式 BA 原本就是状态形容词，经过重叠之后，其状态性更加凸显，具有很强的表现力。如：崭新—新崭儿崭儿，喷香—香喷儿喷儿，冰冷—冷冰儿冰儿。

A（儿）A 儿式、AA 儿 A 儿式、AB（儿）B 儿式、AXB 儿 B 儿式、AAB（儿）B 儿式重叠式一般不是对对象形态的直接描写，而是利用重叠这种形式来唤起人们对形态的某种经验，如“酸酸儿”虽然不能将“酸”的形态很形象生动地直接呈现在我们面前，但也不是如单音节“酸”那样单纯地表示一种属性，而是通过重叠这种手段起到一种渲染的作用，在人的意识中，开拓一个新的联想空间，唤起我们头脑中对“酸”这一具体形象的感受。

总之，和现代汉语一样，辉县方言形容词重叠式通过重叠强化事物的某种性状，加强描写性和状态性，从而使得表达更加形象生动。

（三）形容词重叠式的感情色彩

AB（儿）B 儿式、AXB 儿 B 儿式、AAB（儿）B 儿式、BA 儿 A 儿式这些双音节重叠式的感情色彩和基式相比不会发生变化，如：“大方”是褒义词，构成重叠“大方方儿”、“大大方儿方儿”、“大圪方儿方儿”也是褒义词。“扑了”是贬义词，构成重叠“扑了了儿”、“扑扑了儿了儿”后仍旧是贬义词。但单音节重叠式 A（儿）A 儿式和 AA 儿 A 儿式中一些词语的感情色彩会发生变化，下面我们具体分析这两种重叠式。

当 A 为贬义或褒义时，AA（儿）A 儿式和 AA 儿 A 儿式的感情色彩不会变，仍旧是贬义词或褒义词。如：“憨、憨憨儿、憨憨儿憨儿”都是贬义词，“好、好好儿、好好儿好儿”都是褒义词。

当 A 是中性时，有些 A（儿）A 儿式和 AA 儿 A 儿式由于采用了变调的语音形式，增添了亲切、喜爱的感情色彩，成了褒义词。以“辣”为例：

（10）掷那个菜太辣，吃不进！

（11）掷那个菜辣辣儿叻，怪好吃！

（12）掷那个菜辣辣儿辣儿叻，吃着真过瘾！

中性词“辣”在褒、贬的语境中都能出现，但构成重叠的“辣辣儿”、“辣辣儿辣儿”只能出现在褒义的语境之中，成了褒义词。

四、语法功能

辉县方言形容词的重叠式常出现在句尾作谓语、定语、补语，而用作状语的句法成分情况相对较少。所有的重叠式在具体使用中都要加结构助词“叻”，以上六种形式的入句情况如下。

（一）作谓语

辉县方言中所有的形容词重叠式都可以作谓语，且其后不带宾语。例如：

(13) 这山楂汤酸酸儿叻，甜甜儿叻。

(14) 将刚刚下罢过/了雨，天蓝蓝儿蓝儿叻。

(15) 小孩儿叻脸光（没）年年儿叻。

(16) 孬蛋儿他家叻人老是抠抠色儿色儿叻。

(17) 谮大会儿现在俺姥爷就糊（圪）涂儿涂儿叻。

(18) 蒸馍是不是放好几天了，硬（圪）梆儿梆儿叻。

（二）作定语

作定语的形容词重叠式修饰名词性成分，无论哪种格式，一般都要带“叻”，但是如果放在受数量词修饰的名词前时可以不带“叻”。例如：

(19) 外头下叻厚厚儿叻一层雪。

(20) 好好儿好儿（叻）个人叫他给气走了。

(21) 囫囵囵儿（叻）个枣儿叫我没弄好咽了。

(22) 年轻儿轻儿（叻）个小闺女儿咋说木有就木有了。

(23) 现现成儿成儿叻饭还好挑三拣四了。

(24) 满（不）当儿当儿叻一车玉粟玉米。

(25) 红（圪）通儿通儿叻小脸儿瞧着真叫人喜欢。

（三）作补语

作补语的形容词重叠式句法环境比较单一，其前不加程度副词，后面可以加“叻”，补语表示结果或程度。例如：

(26) 她叻小手儿拽我拽叻紧紧儿叻。

(27) 今个今天俺妈把饭做叻稠稠儿稠儿叻。

(28) 俺哥开车开叻稳（不）当儿当儿叻。

(29) 这两年他家叻日子儿过叻顺顺当儿当儿叻。

(30) 你炒这菜光闻着就香喷儿喷儿叻，肯定可好吃。

（四）作状语

作状语的形容词重叠式修饰动词或动词短语，只有“AA儿”式和“AXBB儿”式能在句子中充当状语成分。例如：

(31) 你好最好慢慢儿叻走，可不敢不能叫跌咾。

(32) 小杰把他叻作业本平（不）展展儿叻铺了一地。

综上所述，各重叠式在充当句法成分时，呈现出以下特点：

第一，单音节形容词重叠式可以作状语。基式“A”都是性质形容词，重叠式则变成了状态形容词，具有状态形容词的语法功能。但是相对于其他句法功能来说，重叠式作状语的能力是最弱的。并且，辉县方言单音节形容词的重叠式必须儿化，而有些方言单音节形容词重叠时有儿化和不儿化两种形式，如湖北襄樊话[11]、陕西合阳话[12]中的形容词重叠式有“AA”式和“AA儿”式的对立。

第二，双音节形容词重叠后充当各句法成分的自由度比基式要高，主要充当谓语和补语，定语次之，状语最少。而加缀重叠式的句法功能却很丰富，能够自由地充当句子中的谓语、定语、状语和补语。

第三，充当状语或定语的这些重叠式都可以转化到谓语或补语的位置上来。这与辉县人在说话时的习惯密切相关，把重叠儿化后的形容词放在信息焦点的位置能够更好地凸显这种强调的语义，从而更好地把语表形式与语里意义结合起来。

第四，有的重叠式前面还可以加副词“老是、就、好”等一类字眼，如例句（16）、（17）、（31）。但是一律不能加表示程度的“可、怪、血、太”等副词，如不能说“可酸酸叻、怪面丹儿丹儿叻、血囫囵囵儿叻”，这是因为这六式中的重叠本身是一种强化形式，具有强调的作用，同时儿化本身已含有了一定的程度。

最后，形容词的重叠式所在的句子，主语必须是确指的。并且，一般只用于肯定式，不用于否定式，如只能说“这菜绿绿儿叻”或“玉粟玉米晒叻干圪绷儿绷儿叻”，不能说“这菜不绿绿儿叻”、“玉粟玉米晒叻不干圪绷儿绷儿叻”。

＊本文得到教育部人文社会科学重点研究基地重大项目“湖北东北片语言问题研究”【2009JJD740012】和教育部人文社会科学重点研究基地重大项目“汉语方言的比较范畴和否定范畴”【12JJD740013】基金资助。

注释：

[1] 李荣：《官话方言的分区》，《方言》1985年第1期，第2～5页。

[2] 汪国胜：《谈谈方言语法研究》，《华中师范大学学报》2014年第5期，第95页。

[3] 杨俊芳：《汉语方言形容词重叠的特点》，《内蒙古农业大学学报》2010年第1期，第2页。

[4] 郑懿德：《福州方言形容词重叠式》，《方言》1988年第4期，第7页。

[5] 李宇明：《论词语重叠的意义》，《世界汉语教学》1996年第1期，第15页。

[6] 李宇明：《论词语重叠的意义》，《世界汉语教学》1996 年第 1 期，第 16 页。
[7] 李宇明：《程序与否定》，《世界汉语教学》1999 年第 1 期，第 30～31 页。
[8] 吕叔湘：《现代汉语八百词》，北京：商务印书馆，1980 年，第 637 页。
[9] 朱德熙：《现代汉语形容词研究》，《语言研究》1956 年第 1 期，第 83～104 页。
[10] 朱景松：《形容词重叠式的语法意义》，《语文研究》2003 年第 3 期，第 9～17 页。
[11] 罗自群：《襄樊方言的重叠式》，《方言》2002 年第 1 期，第 82～89 页。
[12] 邢向东、蔡文婷：《合阳方言调查研究》，北京：中华书局，2010 年，第 246 页。

汉语复句研究的篇章视野

刘　云

（华中师范大学文学院，湖北武汉，430079）

内容摘要：复句是现代汉语语法研究的重要内容之一，随着现代汉语语法理论的嬗变与研究方法的更新，汉语复句研究也呈现出多理论、多视角的研究态势。复句作为一类句法单位，既有独立性，同时又是语篇的产物，对语篇具有一定的依附性。把复句放到语篇中予以考察，是深化汉语复句研究的重要途径。篇章视野下的汉语复句研究重在系统考察篇章对复句运用的制约，根据研究需要，需积极借鉴国内外篇章语法、功能语法、语用学、认知语法、语料库语言学等相关理论与方法，充分吸收各种积极因素，细致刻画复句所在的外部语篇对复句使用的制约。

关键词：复句　篇章　语篇

一、复句研究现状和趋势

（一）国内研究现状和趋势

复句是现代汉语语法研究的重要内容之一，前辈和时贤在这个领域积累了富有成效的理论、方法和研究手段，留下了丰厚的成果，做出了突出的贡献。国内的相关研究成果主要集中在以下领域：（1）传统语法或与逻辑相结合的传统语法研究，如黎锦熙等（1962）《汉语语法教材》，陈信春（1990）《单句复句划界研究》，王维贤等（1994）《现代汉语复句新解》，陈中干（1995）《现代汉语复句研究》，赵恩芳等（1998）《现代汉语复句研究》，邢福义（2001）《汉语复句研究》，徐阳春（2002）《现代汉语复句句式研究》等；（2）认知语法研究，如沈家煊（2003）《复句三域“行、知、言”》，李晋霞等（2004）《“由于”与“既然”的主观性差异》，马清华（2005）《并列结构的自组织研究》，周静（2007）《现代汉语递进范畴研究》等；（3）篇章功能语法研究，如方梅（2000）《自然口语中弱化连词的话语标记功能》等；（4）语法化研究，如雷冬平（2008）《近代汉语常用双音虚词演变研究及认知分析》，郭燕妮（2009）《汉语转折复句的历史演变研究》等；（5）类型学研究，如储泽祥（2008）《汉语因果复句的关联标记模式与“联系项居中原则”》等；（6）语料库语言学，如姚双云（2008）《复句关系标记的搭配研究》，姚双云（2012）《自然口语中的关联标记研究》等。

随着现代汉语语法理论的嬗变与研究方法的更新，汉语复句研究也呈现出多理论、多视角的研究态势。以传统语法和结构主义为理论背景的汉语复句研究仍占重要地位，同时汉语复句研究也出现了许多新领域、新方法，如关于复句的语法化研究、认知功能研究、类型学研究、篇章功能研究、形式语法研究、计算语言学研究等。

目前的主要研究趋势是从篇章入手考察汉语复句，这方面的研究成果集中表现为对关系词语在篇章组织方面的地位与功能的深入细致的刻画。这些成果开阔了复句研究的领域与视野，深化了认识。不过，这些研究也存在着明显不足，主要表现在两个方面：第一，研究对象相对零散。已有研究多是针对某个或某类关系词语，考察其篇章功能。研究对象零散，缺乏系统性。第二，研究内容单一。已有研究对关系词语篇章功能的考察多局限在篇章衔接与连贯方面，研究内容还有待进一步突破。

（二）国外研究现状和趋势

由于语言自身的差异，汉语语法对汉语句子的划分与以英语为代表的西方语言的句子分类体系有所不同。英语句子通常一分为三：简单句、并列句、复合句。大致来说，汉语的联合复句相当于英语的并列句，汉语的偏正复句大致相当于英语中的包含状语从句的复合句。英语语法，特别是传统语法，对英语的基本句子类型有详尽的分析与刻画，这些对于汉语复句研究仍有一定的借鉴意义。

随着国外语法理论的更新，与复句相关的语法研究在理论与方法、视角与手段等方面都得到了明显拓展，成果主要集中在以下领域：（1）语义语用研究，如 Eve Sweetser（1990）*From etymology to pragmatics: metaphorical and cultural aspects of semantic structure* 等；（2）功能语法研究，如 T. Givón（1990）*Syntax: a functional-typological introduction* 等；（3）话语标记与篇章语法研究，如 Deborah Schiffrin（1987）*Discourse markers* 以及 Longacre、Dooley、Brown、G. Yule、Cook、Hoey、Unger 等关于篇章语法及对篇章的研究等；（4）元语研究，如 Hyland, Ken.（2008）*Metadiscourse* 等；（5）主观化与主观性研究，如 Stern and Wright

（1995）*Subjectivity and subjectivisation* 等；（6）心理空间研究，如 Gilles Fauconnier（1994）*Mental Spaces：aspects of meaning construction in natural language* 等；（7）类型学与构式语法研究，如 William Croft（2001）*Radical construction grammar* 等；（8）语法化研究，如 Paul J. Hopper，Elizabeth Closs Traugott（2003）*Grammaticalization* 等。

汉语复句研究的篇章视野立足于篇章分析复句，因此需特别关注国外篇章语法的研究。这方面的成果主要集中在 Longacre、Hwang、Givón、Thompson、Mann、Hopper、Dooley、Smith、Brown、G. Yule、Cook、屈承熹等学者的研究中。这些他山之石为立足篇章审视复句，提供了丰富的理论视角与方法手段。

二、从篇章研究复句的内容和途径

（一）研究内容

篇章视野下的汉语复句研究主要包括四个方面的内容：第一，不同类型语篇中复句的使用情况；第二，具体的语篇环境对复句运用的影响；第三，复句的篇章地位与篇章功能分析；第四，复句的形式特征分析。

1. 不同类型语篇中复句的使用情况

作为言语成品，语篇有不同的类型，如：叙事语篇、议论语篇、说明语篇、描写语篇等。复句在这些不同类型的语篇中的使用情况明显不同。比如叙事语篇，主要用于叙述事件，由于时间相似性原则对汉语语序有着明显的制约力量，所以在叙事语篇中，关系词语的运用比较受限。这种受限首先表现在关系词语的类型与频率上。在叙事语篇中，除了“一边……一边……”、“于是”等与时间表达紧密相关的关系词语外，其他类型关系词语的使用会受到一定限制，同时，关系词语出现的频率也不高。其次，这种受限还表现在即使出现了与时间表达无关的其他类型的关系词语，那么，这些关系词语在叙事语篇中的地位也是相对受限的。比如“因为”、“如果”等，叙事语篇的核心是事件，用篇章语法的术语来说，叙事语篇的“前景”信息是故事链，而“因为”、“如果”是交代前景事件得以发生的原因和条件，在叙述语篇中隶属于“背景”信息，篇章地位明显下降[1]。

运用篇章语法、功能语法等的相关理论与方法，考察复句对不同类型语篇的适用性，并从篇章角度予以解释，是篇章视野下复句研究的重要内容之一。

2. 具体的语篇环境对复句运用的影响

在表达相同类型的逻辑语义时，汉语往往有不同的语言形式。如单独的“因为”可用来表达因果关系，而单独的“所以”也可用来表达因果关系。这时，是使用“因为”还是使用“所以”，往往受制于具体的语篇环境。经初步研究，“原因”与“结果”的配位方式制约着关系词语的选择：表达“原因＋结果”时优选“所以”，表达“结果＋原因”时优选“因为”；更进一步，“原因”与“结果”的配位方式又主要受制于篇章信息结构制约下的原因信息与结果信息在重要性上的差异[2]。局部语篇对复句使用的制约是篇章视野下复句研究的另一重要内容。

3. 复句的篇章地位与篇章功能分析

不同类型的复句，其篇章地位与功能有可能存在明显差异。比如联合复句与偏正复句，国外篇章语法的相关研究表明，联合复句的若干分句有可能在篇章中均处前景地位，而偏正复句的若干分句则有正有偏，正句通常在篇章中处于前景地位，而偏句则通常处于背景地位。可见，联合复句与偏正复句，其篇章地位与功能不尽相同。

同一类型的复句，篇章地位与功能也有可能存在差异。比如“为了”与“为的是”，虽都表示目的关系，但若从语篇分析，二者则有明显不同。据初步研究，一般来说，“为了 P，Q”中，事件 Q 是前景信息，目的 P 是背景信息；“Q，为的是 P”中，事件 Q 是背景信息，目的 P 是前景信息；这种语篇地位与功能的差异，带来了二者在信息结构及形式上的诸多不同。

从篇章类型、篇章结构、篇章地位、篇章功能等角度入手考察汉语复句，是篇章视野下复句研究的又一主要任务。

4. 复句的形式特征分析

借鉴篇章语法、功能语法等在跨句与超句单位的形式刻画方面的理论、方法与成果，探索汉语复句形式分析的有效手段，力求在汉语复句的形式刻画方面有所突破，是篇章视野下复句研究的又一重要内容。

目前来看，从篇章角度研究复句，篇章语法中“前景”与“背景”的思想与“篇章及物性”的研究，对于刻画汉语复句的形式特征比较有效。比如上述“为了 P，Q”与“Q，为的是 P”，由于前景与背景的地位差异，使得二者在句法上呈现出明显差异；再如“一边 P，一边 Q”，根据初步研究，在实际语篇中，“一边 P”的背景度更高，“一边 Q”的前景度更高，此种差异也造成二者形式上的倾向性对立[3]。

（二）研究途径

从篇章的角度研究复句主要有以下三个方面的途径：第一，系统考察语篇与复句之间的互动关系；第二，吸收篇章语法的相关理论与方法，用于复句篇章地位与功能的分析；第三，努力挖掘复句的形式特征。

1. 系统考察语篇与复句之间的互动关系

传统的复句研究，以分析复句内部的逻辑语义关系为主要任务。之所以如此，脱离语境的静态研究方法是重要原因之一。脱离语境的语法单位研究，必然以语法单位的内部分析为首要任务。而对于复句而言，语法单位的内部分析首先表现为分句之间的逻辑语义关系。

传统的复句研究为弄清汉语复句的基本的、静态的面貌奠定了扎实的基础，但随着汉语语法研究的进展，其不足也越来越明显。正像20世纪八九十年代的句子研究，在没有功能语法、认知语法等理论平台时，人们往往是把句子从语境中孤立出来分析其内部结构与静态的句法意义。但在引入了功能与认知语法后，人们才有意识地把句子放在动态的、真实的语篇环境中予以分析，并在句子的功能透视与认知解释上获得重大突破。

与传统的复句研究不同，篇章视野下的复句研究是从不同类型的语篇这些“言语成品”以及具体的语篇上下文入手，考察“全局的”或者“局部的”篇章对复句使用的影响。就不同类型的言语成品对复句使用的制约而言，有已有复句研究成果做基础，基本事实已比较清楚，但是这方面的已有研究需要从篇章语法的角度予以深度解析，而不能仅仅停留在复句的语体差异上，因此，还有进一步开掘的必要。而具体的语篇环境对复句使用的制约，虽然学界已在这方面做过若干研究，但这些研究是零散的，距离系统揭示局部语境对复句使用的制约这一目标还较遥远。

运用篇章语法、功能语法等的相关理论与方法，系统考察语篇与复句之间的互动关系，目前汉语学界这方面的研究还相对较少，可资参考的现成做法还不太多。

2. 吸收篇章语法的相关理论与方法，用于复句篇章地位与功能的分析

篇章视野下的汉语复句研究拟从语篇这个更为宏观、全面的视角出发，重新审视汉语复句，特别关注复句在篇章中的地位与功能分析。比如，联合复句与偏正复句，二者的语篇功能不尽相同，这种差异只有在“超复句”的更大的篇章单位甚至完整的言语成品中才可以看得更加清楚。

要想准确把握复句在篇章地位及功能上的异同，首先要对复句所在的篇章有一个相对准确的分析，比如：这个篇章属于什么类型，基本结构是什么，复句所在的局部语篇结构又如何，等等。换言之，要想进行篇章视野下的汉语复句研究，首先应该对篇章自身的结构及语言规律有相对清晰的认识。

3. 努力挖掘复句的形式特征

就语言单位的性质而言，复句虽与单句统称为“句”，但实际上，就内部结构看，复句更接近句群，在性质上更接近于语篇。换言之，可以说，复句就是“浓缩的语篇”。某些语篇现象在复句中已有显现。同时，语篇对复句还具有一定的“塑性”作用，复句的使用在一定程度上受制于语篇。因此，从语篇角度透视复句，是刻画复句形式特征的有效途径之一。比如偏正复句，孤立地看，似乎看不出偏句与正句在形式上有什么差异，但是如果放到实际的语篇中看，那么，正句通常表达的是篇章的主干信息，偏句通常表达的是篇章的非主干信息，因为二者篇章地位不同，那么，通观整个篇章，就可以看出，偏句与正句在句法上的明显差异。

三、从篇章研究复句的价值

由现代汉语语法研究史可知，由静态到动态，由“语言”到“言语”是汉语语法研究得以深化的重要路径之一。复句作为一类句法单位，既有独立性，同时又是语篇的产物，对语篇具有一定的依附性。把复句放到语篇中予以考察，是深化汉语复句研究的重要途径。

（一）理论价值

（1）立足篇章，审视复句，丰富汉语复句研究的理论与方法

传统的汉语复句研究，其理论背景主要依托两个学科：其一语法学，以传统语法和结构主义为主；其二逻辑学，特别是形式逻辑中与复句表达相关的内容。运用这些理论与方法，汉语复句研究在系统构建、类型划分、逻辑语义分析等方面取得了突出成就。

自从20世纪90年代以来，现代汉语语法研究范式不断更新，新的理论与方法不断涌现，特别是功能与认知语法的引入，给现代汉语语法研究带来了巨大活力，汉语功能与认知语法研究取得了重大进展。功能与认知语法，特别是功能语法，强调从动态的、言语的角度分析语言事实，这种研究理念的转变为重新审视汉语复句提供了新的思想源泉。

与以往的将复句从语篇中剥离出来加以静态分析的研究不同，篇章视野下的汉语复句研究尝试从篇章这个更为宏观、全局的言语层面出发考察汉语复句。这既是由复句这种语言单位的性质所决定的，同时也是由多理论、多

视角分析语言事实的必要性所决定的。转变研究思路，从语篇审视复句，揭示实际语篇中复句的篇章功能与使用规律，将弥补以往复句研究中“只向复句内部看”而不管复句外部的不足，有助于丰富汉语复句研究的理论视角与方法手段。

（2）沟通章法与句法，努力挖掘汉语复句的形式特征

语法研究讲究形式与意义并重，但在复句研究上，重意义而轻形式的态势非常明显。形成这种局面的一个重要原因是：在刻画复句的形式特征方面，汉语学界还缺乏有效的方法和手段。传统的单句研究，当刻画完单句内部的语法现象后，单句的形式分析的主要工作就基本完成（暂不论形式变换等外部形式分析）。但是这种形式刻画的方法，不太适用于复句。复句的形式分析，既包括对其分句内部的形式描写，同时更不能忽视分句之间在形式特征上的勾连。或许，后者是复句之所以为复句的更为本质的形式要素。对于分句内部的形式特征分析，已有的单句研究可提供完备的方法与手段，但是，对于制约分句之间的形式特征勾连的机制是什么，已有复句研究并未找到有效的解决办法。

篇章视野下的汉语复句研究将运用篇章语法、功能语法等的相关理论与方法，积极借鉴它们在“跨句”与“超句”单位的形式分析上所提出的思想与所使用的方法，细致分析复句的篇章地位及由此造成的形式特征的差异，努力探索汉语复句形式分析的有效手段，并力求在汉语复句形式特征的刻画方面有所突破。

（3）反观现有的汉语复句体系，为汉语复句体系的完善提供形式依据

现有的汉语复句分类体系，主要有两类：其一是借鉴西方语言学的标准划分汉语复句，这种分类的共有特点是汉语复句首先分为联合与偏正两种；其二是汉语语法学界自创的标准，这种分类的共有特点是分类标准均为意义，比如：王维贤等将汉语复句首先分为“单纯的”逻辑语义关系和“非单纯的”逻辑语义关系，邢福义将汉语复句首先分为因果、并列、转折三类，邵敬敏将汉语复句首先分为平等、轻重、推理、违理四类等，均主要采用的是意义标准。

西方语言学的标准未必完全适合汉语，而汉语自己的分类主要从意义出发，又容易见仁见智，这一点由上面对汉语复句大类的划分（王维贤等是二分法、邢福义是三分法、邵敬敏是四分法）上已可看出。应该说，汉语复句的分类标准主要有两个：形式和意义。虽然对于汉语这种语言来说，形式与意义之间没有西方语言那种比较整齐的对应关系，但是，作为分类依据，形

式与意义应该兼顾。篇章视野下的汉语复句研究将借鉴篇章语法与功能语法的现有成果，努力挖掘汉语复句的形式特征，力求为汉语复句分类体系的建构提供形式上的一些参考。

（二）应用价值

（1）有助于语言教学和词典编纂

篇章视野下的汉语复句研究考察篇章对复句的影响，着力揭示复句的动态使用规律，其成果对于母语和二语教学中汉语复句的学习有直接帮助。同时，关系词语是复句的标志，研究成果将对虚词词典中关系词语词条的编纂也有较高的参考价值。

（2）有助于汉语信息处理中的复句处理

目前，复句的信息处理研究多集中在关系词语的识别、逻辑语义关系的判定、复句知识库的建设等问题上，从语篇角度提供复句运用动态知识的研究还较少。篇章视野下的汉语复句研究关注复句在真实语篇环境中的使用规律，将为复句的信息处理提供本体依据。

四、结语

篇章视野下的汉语复句研究从篇章出发，综合运用篇章语法、功能语法、认知语法、计量语言学、语料库语言学等相关理论与方法，动态地分析语篇对复句的制约，以期较为精细地刻画复句在实际语篇中的使用规律。篇章视野下的汉语复句研究重在系统考察篇章对复句运用的制约，根据研究需要，需积极借鉴国内外篇章语法、功能语法、语用学、认知语法、语料库语言学等相关理论与方法，充分吸收各种积极因素，细致刻画复句所在的外部语篇对复句使用的制约。

＊本文系2015年度教育部人文社会科学研究规划基金“篇章视野下的汉语复句研究”【15YJA740029】的阶段性成果。

注释：

[1] 方梅：《篇章语法与汉语篇章语法研究》，《中国社会科学》2005年第6期，第165～172页。

[2] 方梅：《自然口语中弱化连词的话语标记功能》，《中国语文》2000年第5期，第459～470页。

[3] 李晋霞、刘云：《语篇构式对“一边P，一边Q”语序及其句法特征的制约》，《语文研究》2014年第1期，第30～33页。

读书与批评

【主持人语】本专栏是《华中学术》新辟的一方园地，意在专发读书一类的文字，希望能够通过畅言、析厘读书所获，借读书、议书、评书阐发有新意的见解，商榷问学中的疑难，议论学术，辨析知识。概而言之，就是想给大家搭建一个在读书的基础上做学问的平台。

产生这样的设想，首先源于对读书人的身份和职责的认同。作为教师和学者，读书原是我们做人的本分，读书让我们有了敢于站在讲台上面对学生的底气，也让我们的研究思考著书立说不至被浮躁之风裹挟。《苏轼佚文汇编》卷五有一条记载黄庭坚读书语录的文字："黄鲁直云：'士大夫三日不读书，则义理不交于胸中，对镜觉面目可憎，向人亦语言无味。'"（见《苏轼文集》第6册，北京：中华书局，1986年，第2542页）倘若我们对读书都有了这样的体认，相信教学、科研和做人必有极大的提升。

设置这个园地的另一个期待，是希望能给大家提供一个交流知识、开拓眼界的平台。现代知识生产可谓名符其实的日新月异，再加上不同学科知识的交叉融会对现有学科界限的颠覆，以及存在于文本中的显性和隐性的互文关系，都向学术创新提出了必须依赖"域外"之思的要求。我们希望通过大家对各种书籍的个性化阅读，畅谈心得，抒发己见，在不同知识的交流与共享中，拓展我们做学问的眼界和思路。

设立这个园地的第三个期待，是希望给学人提供一个正常学术批评的阵地，欢迎学人通过书评揭露时下"学术著作"中的剽窃、抄袭和谬误，扫除学术著作中的垃圾，消减学术界的浮肿，使中国的学术"清虚日来，滓秽日去"。

本期发表的两篇文字，与上述期待确实还有相当距离，且作为"引玉"之"砖"抛出，相信会有更好的读书文字相继出现，支持我们把这个读书栏目做得更好。

期待赐稿。（孙文宪）

论美国主流文化及其文化战略

——读马特尔《主流：谁将打赢全球文化战争》

戴建业

（华中师范大学文学院，湖北武汉，430079）

读法国社会学家弗雷德里克·马特尔的《主流：谁将打赢全球文化战争》（以下简称《主流》），比看《中途岛之战》之类二战片还让人紧张。早在约瑟夫·奈提出“软实力”这个概念之前，尼克松就写了一本《不战而胜》，但尼克松说的是东西方意识形态的对抗，得意洋洋地宣告将以西方的胜利结束冷战；“软实力”强调的则是文化实力的较量，它预示着世界文化战争将全面打响。虽然局部还免不了战火硝烟，但全球的大趋势已经从武力征战进入到文化征服。《主流》“论述了全球范围内文化、媒体领域的地缘政治”，尤其是描述了美国如何通过文化的全球传播实现它实力的全球扩张。

武力征伐容易被人谴责，文化征服却招人“喜欢”；你在战场上举起双手成为俘虏可能感到十分屈辱，你在书斋中和电影院里“衷心归顺”一定兴趣盎然。这是由于，武力征伐让你恐惧，文化征服则让你快乐；前者是要你“不敢不服”，后者是叫你“心悦诚服”。

《主流》向人们展示了美国文化已经覆盖并风靡全球的现实。特别是对于青少年一代来说，美国文化俨然成了“现代”、“先进”、“文明”的代名词，美国的音乐、时装乃至快餐，已经等同于品位、前卫和时髦，总之，只要是“美国”的就一定是“酷”的。据统计，世界上95%以上的信息是通过英语传播，即使在欧洲那些发达国家，青年人也最喜欢看美国电影，最喜欢听美国音乐，最热衷于美国时尚——“全球化”似乎就是“美国化”。

那么，美国主流文化为什么有如此大的魔力？美国又如何布局其主流文化的全球战略？弗雷德里克·马特尔《主流》一书就是对这两个问题的回答，这两个问题也是本文将要进一步展开论述的主旨。

一、生产方式：文化与商业的合谋

“美国文化即世界文化”，这是你不得不承认的事实。“要么本土，要么入土”——世界其他国家还在强调艺术的民族特色，由于它们的受众只限于一国，它们的影响只局于一隅；“是美国的，便是世界的”——唯独美国强调它的包容性和世界性，电影、电视、音乐、舞蹈只要在美国流行，便意味着即将在世界风行。就像肯德基和麦当劳在推销快餐的同时，养成了一代青年喜欢这种食品的胃口一样，《猫和老鼠》与《米老鼠和唐老鸭》，也培养了一代人的审美趣味。好莱坞在生产电影作品的同时，也在生产欣赏这种艺术形式的消费者。

当我们忙着向世界出口鞋子、裤子的时候，美国向世界输出它的音乐、电影；当我们还只用文学电影作为宣传工具的时候，美国用动漫、电影、音乐掏空我们的腰包；当我们只认识到文学艺术的意识形态属性时，美国人早已将这些作为一种特殊的文化产业——在我们这里文化只与政治联姻，在美国那儿文化则与商业合谋。

文化与商业合谋成了美国文化流行的推手。为了打开世界各国的电影市场，美国电影协会根据各国的政治制度和风俗习惯，制订了很有针对性的国际战略。譬如在意大利，“电影协会鼓励电影制作公司投资地方多厅影院，在当地创建发行分支机构，加强与意大利人合作，并联合制作影片”。欧洲是美国电影的关键市场，美国电影协会考虑这里影迷的接受程度、学校的假期、各国的法定假日，甚至还要考虑世界杯锦标赛和天气状况，来调整电影的放映时间，修改电影的某些对白。为了在中国取得理想的票房收入，他们将电影的上映时间放在情人节、五一节、国庆节或者夏季；而在印度情况则大不相同，他们理想的上映时间通常安排在秋季排灯节后，印度的排灯节相当于欧洲的圣诞节。当然，自 20 世纪 90 年代以来，好莱坞在全球票房收入虽然迅猛增长，它们的影片在世界一百多个国家上映，“娱乐业高居美国出口业第二位，仅次于航空航天业”，但全球电影市场却极不平衡，好莱坞的收入“主要依赖八个国家：日本、德国、英国、西班牙、法国、澳大利亚、意大利和墨西哥（按平均重要程度排列，不包括加拿大）。这八个国家占据了好莱坞国际票房总额的 70％～75％”。

为了开拓电影的世界市场，美国电影制片公司“采取全球化商业战略”。美国电影协会一方面“猛攻拉美市场”，一方面又“惦记着经济高速增长的发展中国家”，美国电影协会主席格里克曼多次造访莫斯科、首尔、圣保罗、孟买、北京，在这些地方美国电影的票房收入正以两位数的速度增长。美国人早就意识到很难在欧洲那样成熟的市场创造奇迹，他们把目光更多地投向了20国集团的新成员，尤其青睐巴西、俄罗斯、印度、中国和东南亚国家，他们正在描绘全新的文化征服版图。

为了开辟世界市场，为了不招人耳目，美国电影协会在国外只称“电影协会”，去掉“美国”二字可以避免引起外国的戒心，但它派往世界各国的代表“像忠诚的战士一样”，“时时刻刻维护好莱坞的利益”。美国电影协会负责人深知，制订全球文化战略有赖于业内资深文化战略家，但要实施全球文化战略必须运用国家力量。为此，协会在华盛顿国会组织了强大的院外游说集团，20世纪80年代就为里根专门建了一个小型电影院。美国国会、国务院、商务部和美国驻世界各国大使馆，向各国政府施压和游说，要求各国开放文化市场、取消限额和关税、减轻甚至取消审查制度。担心美国电影独霸本国票房，也担心美国电影毒化青少年灵魂，我国相关部门或者采取对美国电影的配额，或者通过对美国电影的审查，或者限制在某些时间段放映美国电影。美国政府和民间也相应交替使用台面上抗议和台面下交易的手段，要求中国的文化市场门户洞开，为此有时甚至不惜挑起两国的贸易战。中美在这场文化战争中，一方是严密把守，一方是强力叩关；一方是处于守势，一方是处于攻势。中国普通百姓说起八国联军可能同仇敌忾，说起美国好莱坞大片定然眉飞色舞，官方想守关也无济于事，人们可以“翻墙”在网上看美国大片，也可以在地摊上买到最新的美国电影盗版碟片。

美国人总盯着世界各国的电影和音乐盗版，叫嚷仅仅盗版每年就要损失多少亿美元，为此还常到世界贸易组织那里起诉。盗版的确让美国少赚很多钞票，但盗版无疑加速了美国的文化扩张，这就是我们中国人所谓“失之东隅，收之桑榆”。

二、理论批评：消解文化的等级观念

《主流》作者马特尔先生在该书“序言”中说：“‘主流文化’具有积极的意义，它并非精英文化，而是一种‘大众文化’，说得消极一些，‘主流文化’是经过精心设计的标准化的‘商业文化’。”[1]他在《在法国darkplanneur电视台的演讲》中定义主流文化时说：“主流文化是指大众文化、主导文化、受欢迎的文化。既包括《蝙蝠侠》、《爱丽丝梦游仙境》，又包括《阿凡达》这类。‘主流’是否仅仅是一种娱乐呢，或者也是一种艺术？实际上它可以是艺术。这个术语可以是褒义的，指的是所有人都喜欢的文化，普罗大众的文化，但它也可以是略带贬义的，指的是霸权文化，统治文化。”

“主流文化”是“大众文化”或“主导文化”。一说到“大众文化”或“大众文学”，我们这里许多文人雅士，可能要不屑地摇头撇嘴了，觉得它们是一些下里巴人的俗物，是一些上不了正席的猪尾。官方一听说“俗”就要围剿，文人一听说“俗”就要摇头，从上面的官到下边的民，个个好像都是超凡脱俗的雅士，人人都要摆出一副“谈笑有鸿儒，往来无白丁”的架势。7月9日央视新闻频道的晚间新闻报道中，还闹出了给米开朗基罗著名雕像《大卫·阿波罗》生殖器部位打上马赛克的笑话。一说到“商业文化”或“娱乐文化”，大家更避之唯恐不及，好像个个都害怕商业的“铜臭”，人人都清高到厌恶金钱。米开朗基罗《大卫·阿波罗》是西方艺术的稀世之宝，可在我们官方眼里仍难免“三俗”之嫌。当然，这种情况并非独具“中国特色”，在西方，早期欧洲精英对美国文化也十分傲慢无礼，对美国大众文化更是嗤之以鼻。在20世纪中期以前，美国也有不少学者否定大众文化。他们将大众蔑称为“白痴”、“平庸者”、“群氓”、“傻瓜”，认为美国民主的平等主义是文化“堕落”的根源，它摧毁了“人们对高雅者的尊重和崇敬”。他们指责高等教育的大众化和社会主体的中产化，造就了“新笨蛋的庞大阶级”，大众文化就体现了这群“新笨蛋”的审美趣味。50年代后期对美国大众文化最偏激的学者是德怀特·麦克唐纳（Dwight Macdonald），他在《大众文化和中产文化》一文中说，美国大众在文化上附庸风雅，其结果可能不是“大众”提升为“精英”，而是“高雅”堕落成“庸俗”，“精英”蜕变为“大众”。那时“文化在美国被相当简单地划分为精英文化（高雅文化）和大众文化（低俗文化）”，由欧洲移民构成的文化精英，特别害怕美国大众文化的勃兴。西方马克思主义法兰克福学派代表人物霍克海默和阿多尔诺，他们二战期间旅居美国时，在其名著《启蒙辩证法》中也谴责“文化工业”，阿多尔诺拒绝用“音乐的”这个形容词定义爵士乐。到60年代以后，美国的文化气候风云突变，“纽约知识分子摒弃了他们曾经拥戴的文化等级，转而热衷于美国的大众文化”，从前挖苦大众文化的麦克唐纳，一夜之间连忙对大众文化“献媚”。美国非洲裔、西班牙裔和亚裔知识分子和社会活动分子，“开始要求结束‘欧洲中心主义’的文化垄断，白人和欧洲文化成了所有评论的众矢之的”。美国文化的觉醒提升了美国大众文化的地位，文化研究者们开始研究《星球大战》、《黑客帝国》，并且一致推崇“主流文化的高贵”——也就是大众文化的高贵。如今的美国，没有哪个文化人敢公开蔑视社会大众和大众文化，也没有多少文化人有那么强的精英意识。谁还敢以精英自居，谁就会成为社会的笑柄；谁还有胆嘲笑大众文化，谁就是在“自绝于人民”。随着美国的文化语境和社会主流丕变，精英们也不得不放下自己的身段。50年代以后美国高等教育开始大众化，人们的教育水平和工资水平同步提高，形成了文化高品位和生活高水准的庞大中产阶级。中产阶级成了美国社会大众的主体，许多文化精英就是这个主体的一部分，“大众文化”也就成了美国的“主导文化”。谁还有底气称大众是“俗物”，谁还有胆量骂大众文化是“垃圾”?

《主流》作者告诉我们说，“要了解发生在美国的精英与文化之间、艺术与娱乐之间的革命性变革，就必须熟知宝琳·凯尔的作品”，因为美国三位女性——宝琳·凯尔、蒂娜·布朗、奥普拉·温弗莉，“就是美国文化逐渐向主流文化演进的一个缩影”。

宝琳·凯尔是波兰犹太移民的女儿，在美国加州一个中产阶级家庭中长大成人。她从小生活的加州小城谈不上什么艺术氛围，但“西部电影”和“先锋电影”却无处不在，这种文化环境使她后来成为美国著名电影评论家。1968年她加盟《纽约客》周刊，这份杂志原本为那些美国文化精英所钟爱，杂志评论家也是清一色的骚人雅士，社会上任何一部电影艺术作品，大众越喜欢雅士就越皱眉。宝琳·凯尔登上《纽约客》之后便开始颠覆精英的艺术品位与审美价值。她在影评中从未说过 films 这个矫饰的英语单词，只选择用 movies 这个美语单词来表述。在艺术趣味上，她讨厌那种倦怠的优雅和冷漠的清高，崇尚生命的活力与艺术的张力，强调艺术上的节奏、速度、奔放。“宝琳·凯尔是一个推崇民众主义的精英分子”，试图在美国文化中融合大众艺术的活力与精英文化的潜力，“让大众感受到电影高贵的品质，同时令精英感悟到电影平凡的美感”。宝琳·凯尔促成并体现了大众电影的改变，最终让“‘影片（movies）’取代了书籍，成为文化的参照物，电影越来越成为美国其他艺术的楷模”。

如果说宝琳·凯尔是美国“影片”的改造者和捍卫者，蒂娜·布朗就是美国“文化新闻者的全面创新者”。这位跟随丈夫来到美国的英国移民，早年是牛津大学的文科才女，一生都“忠诚于自己半是大众气质、半是知识分子品质的错位风格”。1984年她凭个人魅力成为《名利场》主编，让这本杂志每月销量从20万册猛升到100万册。1992年主管《纽约客》，她声称“我只想以一种现代的方式，用那些调查、娱乐、明星来打造《纽约客》杂志，记者—社论作者的观点要让位于信息的思想。我们打破了文化等级观念，而且是以聪明的方式打破的；我们做出了妥协，是明智的妥协”。她在《纽约客》中辟有一个长期专栏《大众文化区》，从此大牌杂志开始注重最新的个人博客和文学畅销书。蒂娜·布朗是宝琳·凯尔的精神传人，她的文化策略就是严肃看待大众文化，并以大众的方式书写“高端文化”。她的《纽约客》前任主管唯一职责就是抵抗和诋毁文化上的“野蛮人”，捍卫精英与大众、文化与娱乐、“高雅”与“低俗”的界线，然而十分讽刺的是，蒂娜·布朗女士正是要消解这种界线的“野蛮人”。她主编的《纽约客》让精英不再对自己的所谓高雅趣味自鸣得意，反而对自己的装模作样羞愧难当。美国主流文化崇尚的不是“雅”而是“酷”，不是让少数衣着考究的文人孤芳自赏，而是要让美国的主流欣喜若狂。《主流》作者马特尔先生毫不掩饰对蒂娜·布朗的赞赏之情：“由于她的出现，原先泾渭分明的文化和娱乐变得水乳交融；名不见经传的时尚主题成为新的报刊阅读模式；从容舒缓的精英价值观为飞速变幻的大众风尚所取代；昨天还遮遮掩掩的轰动事件已经变成了今天杂志评析的素材。”

另一位有功于主流文化的杰出女性奥普拉·温弗莉，是电视媒体“脱口秀”的鼻祖。她的口无遮拦和幽默风趣，不仅使她个人拥有成群的粉丝，也使“脱口秀”成为人们喜闻乐见的艺术形式，“这是一种全新的娱乐形式，在这里，公众的变成了私人的（比尔·克林顿谈论个人生活），私人的变成了公众的（一个匿名者讲述怎样开始打老婆）”。奥普拉·温弗莉在电视镜头前，还是一位出色的文学评论员，“如果说有谁为模糊艺术与娱乐、‘高雅文化’与‘低俗文化’之间的界限做出贡献，那么首当其冲的必定是奥普拉·温弗莉和她的文学节目”。

一代新评论家们对文化的高低等级之分不屑一顾，那些只对高雅文化有兴趣的人，在美国无异于患上了“文化自闭症”。随着文化上精英与大众壁垒的消除，文化上艺术与娱乐自然就合而为一，大众文化中各类时尚作品，艺术形式上必须“酷”，艺术内容上应当“炫”。只有“酷”和“炫”的艺术，才能将“作品”变成“精品”，艺术上的“精品”才能成为市场上的“商品”。

美国流行音乐就是美国主流文化形成的风向标，在这一领域里，黑人青年、同性恋青年和拉美青年，引领了美国流行音乐的新潮。三角洲蓝调博物馆馆长雪莱·里特说：“正如乡村音乐是白人平民阶层的音乐一样，蓝调音乐是黑人平民阶层的音乐。”爵士乐、摇滚乐等流行音乐，重新定义了大众文化的时尚元素和大众品位，它们成了又帅又酷且特立独行的标志，成了反传统反精英的文化象征。

理论上彻底摧毁文化的等级观念，大众文化成了美国的主流文化，迎来了美国大众文化蓬勃发展的春天。美国的主流文化不仅让美国的主流社会着迷，也使全世界的文化欣赏者疯狂，这更进一步导致全球文化的美国化。《纽约时报》文学版主编史蒂芬·厄兰格说："由于欧洲人缺乏对大众文化、娱乐、创意产业、市场以及种族多样性的足够重视，欧洲文化已经严重地停滞不前了。"欧洲文化精英笑在前面，美国文化精英笑在后面，这倒应验了"谁笑在最后谁就笑得最好"的格言。

由此我想到了我们自己：美国精英会不会嘲笑我们呢？当今中国的社会仍有等级壁垒，当代的中国文化自然也等级森严。我们的政界和学界比欧洲更颟顸固执，仍然严守文化的雅俗之分，仍然强划文化的"积极"与"消极"之别。我们的文化精英只知道向上撒娇，只习惯于对下高傲，就像大款不可能与农民工共进午餐一样，高雅文化与大众文化也很难融而为一，因而，雅者忸怩作态，无人问津；俗者俗不可耐，不堪入目。时下的中国中产阶级还不是社会主体，还压根儿没有形成自己的主流文化，我们主流文化的特征更无从谈起了。假如非要归纳一下中国当代文化的特点，我觉得"人见人厌"也许是它最恰当的艺术概括。用这样的作品去进行"文化征服"，全世界的观众可能要全被"蒸发"。

三、艺术：不是"一流"就"不入流"

我们不能将美国文化在全球的风行，只是归结为美国人高明的商业推销手段。文学、电影、音乐、舞蹈等艺术，光凭吆喝绝不会吸引任何人光顾，只有对他的文化产品十分着迷，别人才会为他的产品自愿掏钱；美国人要想实现对世界的文化征服，首先他们的文化产品就得让世人心服口服。我无法认同中国《参考消息》所谓"流行文化的传播已经与艺术创作无关，而是关乎国家形象，关乎国家战略"的论断，这是对《主流》一书过分的政治解读。商业与艺术并非水火不容的死对头，主流文化是商业的也是艺术的，而且首先是艺术的，其次才是商业的。从艺术品拍卖市场上的行情就可以看到：文化产品在艺术品位上越酷，艺术家口袋就越鼓；只有在艺术上创作出精品，才能在文化市场上成为赢家。

毋庸讳言，我自己便是一个西方文学艺术的爱好者。不管是娱乐片还是艺术片，美国电影我都比较欣赏，甚至快要成为美国文化的"俘虏"了。成人对美国的影视音乐尚且比较“喜欢”，青少年对美国的电影、动漫、音乐就更为入迷“疯狂”。记得十几年前，我小孩一放学就看《米老鼠和唐老鸭》，一看到这部喜剧动画片就两眼放光。每次看美国动画片他都要在电视或电脑前笑得前仰后合，一看中国动画片他就烦躁得坐立不安。在我儿子的成长过程中，还没有哪部中国动画片像《米老鼠和唐老鸭》那样让他爱得手舞足蹈。儿子那时肯定不懂得什么“民主自由”，更不知道什么“三权分立”，他对中美影视动漫两种截然相反的态度，完全无关乎他的政治立场和价值取向，是美国动画片中丰富的想象和惊险的情节使他感到“过瘾”，新颖的构思和生动的形象使他觉得新奇。

“文化战争”或“文化征服”是一种夸张的说法，其实，它的本质不过是指文化生产者的主动传播，文化消费者的主动接受和被动感染。如果说这种文化艺术真能征服人心，那也不过是指这种艺术能深深打动人心。即使是当今世界上的超级强国美国，也不可能动用国家的力量来强迫一个儿童去“喜欢”美国动画片。在艺术欣赏和消费中，强迫别人“喜欢”的结果，必然招来别人的“厌恶”。所有艺术作品欣赏者被“征服”，都来于作品本身巨大的艺术魅力，你的音乐要能打动人家的耳朵，你的画面要能吸引人家的眼球，你的人物要能让人家牵肠挂肚，总之，你的艺术要能俘虏人家的灵魂。

文化征服需要艺术上的新奇感，新奇感来于创新与突破，创新与突破又来于艺术家的想象力与创造力。法国社会学家和外交家马特尔先生在《主流》中，常常赞叹美国影视音乐从业者“非常富有想象力和创造力”。在谈到好莱坞的时候他还借他人之口说：“你简直无法想象这些演员的创造力有多么惊人！”不仅电影业美国独领风骚，流行音乐也是山姆大叔独霸全球。在美国音乐界前有猛虎后有追兵，艺术家不能“杰出”就得“滚出”，艺术不能“一流”就不能“入流”。爵士乐、摇滚乐、慢音乐、轻音乐、蓝调音乐……音乐人时时刻刻必须引领时代的潮流，《纽约客》的一位评论家说：“最酷的事情是越是时尚的音乐越是成功。”软摇滚和慢音乐的鼻祖大卫·格芬说：“越是时髦的音乐就越赚钱，这才叫酷。”谁不愿意在艺术上很“酷”呢？可大多数人只是在装酷而非真酷，“酷”的音乐离不开音乐人杰出的艺术才华，更少不了音乐人艺术上的千锤百炼。

我们往往有很强的偏见和误解，以为大众文化不需要艺术创新，娱乐文化不过就是“嘻嘻哈哈”。马特尔先生在《主流》中指出：“‘突破’，约翰·德威斯满怀敬意地说起这个词。在美国，这个词意味着崭露头角，声名远扬，从默默无闻到一夜走红。对于一个演员来说，突破是其演艺生涯的重中之重。"约翰·德威斯是美国一位职业电影演员，很早的时候就被娱乐杂志《名利场》称为"同龄人中最帅的男孩"。"约翰并不擅长如何自我推销"，也算不上美国电视界的当红巨星，但"他一贯拒绝二流电视剧制片人的邀请"，他宁可"不入流"也绝不落入"二流"。

有艺术的创新就有可能带来作品的风行，美国动作喜剧片《功夫熊猫》是一个绝佳的例证。这部影片的动作、景观、服饰乃至食物无一不充满中国元素，整个片子洋溢着浓郁的"中国情调"，而创作者和制片人大多是地地道道的"洋人"。两位影片编剧 Jonathan Aibel 和 Glenn Berger，好像深得中国传统武术的"秘籍"，对中国各路拳法了如指掌，不仅片中主角憨态可掬的熊猫阿宝为中国"特产"，几个主要角色如娇虎大师、竹叶青蛇、猴大师、鹤大师以及螳螂大师，分别是中国传统武术中最知名的拳法代表，一看到它们观众就会想到中国古代的"猴拳"、"蛇拳"、"虎鹤双形"、"螳螂拳"。为了创作《功夫熊猫》，该片美术总监 Raymond Zibach 整整花了 8 年工夫，钻研中国文化、武术、艺术、建筑，利用一切机会熟悉中国山水风貌，务求动画中每个细节都具有中国特色，连影片中故事背景"太平谷"，也以桂林、漓江和武当山为蓝本，这一切都让中国观众感到既亲切又新奇。梦工厂资深动画师鲁道夫（Rodolphe）练过东方的空手道、跆拳道，虽然没练过中国武术，但他细心钻研李小龙、成龙等人的功夫片，他笔下角色的一招一式都极具中国功夫的神韵，如猴的敏捷灵活、虎的刚猛稳健、鹤的轻盈优雅、螳螂的刚毅机智，以及蛇的流动与速度，它们的出招和接招都见"真功"。《功夫熊猫》制作的每一个环节都力求完美，音响效果请曾参与《变形金刚》(*Transformers*)、《魔戒》三部曲的大师 Van der Ryn 操盘，电影配乐力邀音乐大师汉斯·季默（Hans Zimmer）谱曲，还特地请来著名视觉特技师设计场面和预视效果。仅仅电影开始"阿宝做梦"那一场面，导演为了区分梦境与现实，特地采用 2D 手绘动画形式，比 CG 制作花费更多时间和心血，银幕上短短 2 分钟的片段，动画师却要画 3000 多幅画，十几位画师合作用了近 3 个月才得以完成。剧组演员和制片人员的才华加汗水，使该片的角色、情节、音乐、音响、画面近乎完美，使《功夫熊猫》成为近年来动画片中一部声色俱佳的鸿篇巨制，既气势恢弘，又惊险刺激，给世人奉献了一场罕见的视觉盛宴。由于两位导演约翰·史蒂芬森和马克·奥斯本为该片呕心沥血，《功夫熊猫》制片人科伯接受记者采访时说："拍摄这样一部动画电影不仅是对智力的挑战，也是对体力的挑战，两位导演告诉我已经精疲力竭。”据说第一集上映后他们就主动提出休假，《功夫熊猫》第二集的导演已经换人。制片组所有成员和所有演员的殚精竭虑，赢来了《功夫熊猫》艺术和票房的巨大成功。“功夫”是中国传统武术的绝技，“熊猫”是中国独有的国宝，可《功夫熊猫》却是地地道道的美国电影杰作，这部影片将“功夫”和“熊猫”一并收入美国囊中。中国的电影工作者不知有何感想，中国的普通观众“尚何言哉”!

前年“无人不道”《阿凡达》的时候，一位中国电影人不无沉痛地说，中国电影与《阿凡达》有半个世纪的距离。我、太太和学生走出影院时，都觉得为《阿凡达》掏钱物有所值，显然这部影片在艺术和思想上“征服”了我们。美国的影片唱片发行人有商业头脑，美国的政府和国会要人有全球眼光，更关键的是美国的音乐人和电影人有艺术才华，这保证了美国在全球文化战争中无往而不胜。

美国作家、编剧们总是想落天外，艺术家们的创造力总让人目瞪口呆，而我们的创造力却近于枯竭，我们的想象力更近于萎缩。难怪美国艺术家乐于赚全世界人的钞票，中国作家、艺术家常要靠政府豢养；也难怪人家每时每刻在引领潮流，我们只能亦步亦趋地鹦鹉学舌。

四、体制：施展拳脚与束缚手脚

美国不仅经济军事独霸全球，它的主流文化同样称雄世界。不只我们领导人大张旗鼓地“反西化”，连续几届法国总统也忧心“法国文化美国化”。爱也好，恨也罢，谁都不能否认美国文化的巨大魔力。

俗话说“可怜之人必有可恨之处”，是否也可以说“强盛之国必有强盛之由”呢？美国文化的繁荣来于美国社会体制的灵活，正是这种灵活的体制激发了艺术家们创造的活力。

美国对文化产业“管理”的最大特点就是基本“不管”，人家把“我们应该相信群众”的毛主席语录，真正“活学活用”到了极致。中美两国政府对待文学艺术的态度完全不同，我国的文化宣传部门是把文化作为宣传工具，艺术作品首先是要保证在政治上绝对正确，至少不能破坏“安定团结”和“社会稳定”，其次才是要在艺术上比较优秀，所以我们的文化其实主要还是一种转弯抹角的政治。美国民主、共和两党的路线方针，好像都不稀罕艺术家们宣传歌颂，他们很少关注艺术家的政治表现，没有觉得艺术家有那么大的神通，不相信他们随便发几句牢骚就能破坏社会稳定，所以他们都对艺术家的创作“不闻不问”。曹丕那句“文章乃经国之大业”，没想到我们还信以为真，因而对作家和艺术家“特别关心”，春节联欢晚会上每句台词都要“亲自过问”，以致不少艺术工作者都受不了领导这种“溺爱”，发誓不再上来年的春晚舞台。

《主流》一书用三章写好莱坞电影复杂的制作过程，以及这个电影王国管理模式的变化。从影片创意、剧本写作直到影片发行，自始至终看不到国家和州政府领导人的影子，完全按文化产业的特点来进行管理——既尊重了艺术创意的特点，又借鉴了商业的管理经验。没有各级首长婆婆妈妈的影子，才会有好莱坞魅力无穷的影片。

20 世纪 20 年代到 40 年代，好莱坞的体制是一种垂直的管理方式，这种体制是一个权力高度集中而又上传下达的有机体。“从剧本的撰写到影片的放映，电影制片公司全程操控电影制作的全过程。制片人既是电影编剧，又是技术人员和导演，加上大多数演员与制片公司签署了长期合同，因此可以说，所有人都参与流水作业，因为电影业首先是一个产业。”1948 年，美国最高法院明令禁止产业过度集中，电影公司这种“民主集中制”便寿终正寝，随之也失去了业界的垄断地位和电影院线，还被强制规定只能从事电影制作。作者认为如今的好莱坞，“电影制片公司就是银行”。当然，“电影制片公司的作用比一家单独的银行来说，既可以说小些，也可以说大些”。现在好莱坞的电影制作流程是这样的：电影制片公司投资的电影，通常不再由这家公司具体制作，而是交给电影制作的专门人才机构管理，按整个交易额的一定比例将制作流程分包给众多独立制片公司、新型技术公司和那些负责选派角色、后期制作、特效特技和宣传包装等专业的中小型企业。电影成品则被分包给亚洲特效公司、全球公关代理公司、各国专业电影销售公司。现在每部电影的制作，都是众多分散独立的公司合作完成的。十几万家像这样独立运行的公司，形成了如今好莱坞的电影产业链。各公司之间既相互依赖又彼此独立，既有相互合作也有激烈竞争，这保证了好莱坞的灵敏和效率，也使好莱坞充满了活力与生机。

在《主流》中，这位法国外交家马特尔先生对好莱坞的管理模式极尽赞美：“好莱坞并不仅仅将成功归于电影制片公司强大的敛财之道，令其引以自豪的是自身的专业性和体制的复杂性，因为这样的体制足以保证好莱坞能根据不同的目标群体，随时调整对策。因此供给量可以随时随地、不偏不倚地与需求量保持一致，反之亦然。市场营销一直是主流电影制作的中心环节。”世界市场瞬息万变，观众趣味各不相同，好莱坞那些分散而又合作、独立且各具特色的专业公司，在文化产业领域才能做到船小好掉头，根据不同的目标群体，不同的形势变化，向全球观众提供各具特色的影片。全球观众价值观和审美趣味各异，在全球文化战争中，他们不是被教育的对象，而是需要满足其审美要求的消费者。我国目前的这种文化体制，显然不可能在全球打赢这场激烈的文化战争。

好莱坞这种体制不仅灵活，还使从业人员具有全球视野。文化产业同样具有产业的扩张性，无论是电影公司总管还是电影专业人士，眼光绝不为美国本土所限，他们无一不将眼光瞄准全球文化市场。美国自身文化和种族的多元特性，美国目前在世界格局中的霸主地位，更加强了他们占领全球乃至垄断文化市场的野心。在电影市场中拼命“做好蛋糕”的同时，好莱坞的从业者也在奋力“做大蛋糕”。我们来听听梦工厂总裁卡森伯格的自述：“不管是在派拉蒙，还是后来在迪士尼，或者今天在梦工厂，我一直对主流电影了然于胸。我制作的电影面向观众，面向所有年龄段的观众，这些电影也很容易在全球范围内流传。现在，我们的电影基本配有28种语言，这是为了使影片成为国内外的头牌电影。为了让电影成为国际大片，我们精心策划并用心打造。”好莱坞联美公司总裁瑞斯同样大度地说：“联美公司对股东的国籍没有限制。我们一直致力于打造美国电影，也就是所谓全球电影。”从瑞斯身上我们看到了好莱坞人的胸襟和气度：“好莱坞电影的全球化，使我们在电影制片和演员选择方面，都做出了重大调整……我们一直向往中国、印度、巴西、墨西哥、中东和欧洲的市场。很久以来，我们都没有打造严格意义上的美国电影，因为我们毫无选择。为了与全世界对话，新时代的好莱坞应该制作全球化的电影。”反观国内负责文化宣传的领导，只是牢牢守着政治这根红线，只是死死盯着国内这个饭碗，除少数导演觊觎世界奖项外，许多演员明星都在争夺“金鸡”、“百花”、“五个一工程奖”。反正我们中国“地大物博，人口众多”，能把国人的钱弄到自己口袋就能成为亿万富翁，谁还有面向世界去讨饭吃的那份闲心？

好莱坞由十几万个特立独行的小制片公司组成，这些小公司不仅要与世界同行一争高下，更要与身边的兄弟公司近身肉搏。那儿的人才后浪推前浪，那儿的公司潮起又潮落，稍有懈怠或偶尔失误，就可能让你永世不得翻身，而观众永远是“但见新人笑，哪闻旧人哭”，所以每一个人都得精神抖擞，每一个公司都要上紧发条。任何人都明白好莱坞不可能永远给你机会，环球电影公司的营销主管布鲁克斯对此十分清醒："从事一部影片的国际市场营销，有点像是在世界各大城市打乒乓球。我们只有一次机会，所以不能出现任何纰漏。"这种竞争机制激起了好莱坞人的战斗豪情，"马思边草拳毛动，雕眄青云睡眼开"！"美国是青少年的天堂，是成年人的战场"这种说法，在好莱坞得到了生动的展示和充分的体现。商机转瞬即逝，形势时不我待，好莱坞的日历上永远写着：时间、效率、速度。

好莱坞没有多少政治因素的干扰，没有多少顶头上司去指手画脚，公司要想成功不能指望哪个"领导批条"，明星要想成名也不能靠哪个"干爹撑腰"，因此，好莱坞决策者们必须按照电影专业和文化产业的规律办事，明星走红则主要凭自己的演技与勤奋，外加自己的脸蛋与机缘。公司总裁们特别尊重各种人才，既给他们提供施展才华的宽广舞台，也给他们提供优厚的物质待遇。当制片人或艺术家有了奇思妙想，当摄影家捕获了独创的画面，需要公司出资相助以实现构想的时候，公司马上就会满足他们的需求。焦点电影公司的联合创始人兼总裁詹姆斯·舒马赫先生说，"这种方法让艺术家变得忠心耿耿"，其实，这种方法也让艺术家充满幻想与激情。没有幻想，没能激情，哪来创意？哪来精品？美国迪士尼就凝聚了许多喜欢做白日梦的幻想者："这些人的创意向来层出不穷，不断设计出新的产品。这里是各种新人物、新花样、游乐场新节目以及新奇布景诞生的摇篮，它们最终都以数码形式呈现出来。"《米老鼠和唐老鸭》、《玩具总动员》、《狮子王》、《人猿泰山》、《功夫熊猫》……每一部杰作都是天才想象的结晶，每一部杰作都有迪士尼人的热血与体温。

在当今这场全球文化战争中，美国冲在前头，列强尾随其后：欧洲在重整旗鼓振兴电影，日本在集中精力发展动漫，韩国也涌起一波一波的"韩流"，印度发誓要让宝莱坞压倒好莱坞……中国，你准备好了吗？

注释：

[1]［法］弗雷德里克·马特尔：《主流：谁将打赢全球文化战争》，刘成富译，北京：商务印书馆，2012 年，第 10 页。为节省篇幅，下文所有出自该著的引文不再出注。

文学研究的范式转变

——读卡勒《文学理论入门》

孙文宪

（华中师范大学文学院，湖北文学理论与批评研究中心，湖北武汉，430079）

乔纳森·卡勒的《文学理论入门》（*Literary Theory: A Very Short Introduction*）出版于1997年，翌年就有了中译本，即使对中国读者来讲也是将近二十年前的旧作了。此书在研究文学理论问题的著述中有着比较高的引用率，也是讨论各种文学研究“转向”话题——如文学研究的文化转向、从“文学理论”到“理论”的转向——往往都会涉及的一本书；许多文艺学的研究生更是将其作为专业基础书列入学位论文的参考书目中……凡此种种，都表明这本书在圈内已经相当熟识，今天再拿来作为谈资，又有多少可说的东西能让人不至落入过时的老生常谈。其实，一本理论书能给人带来多少新意，有时候并不完全取决于该书本身，和出版时间的长短好像也没有太大的关系，倒是读者自身的知识状况和阅读取向会起更大的作用；当书中涉及的思想来自域外文化，又与别样的知识系统相关联时，尤其如此。就像萨义德说的，旅行中的理论若要找到归宿，“接受条件”所起的作用是必不可少的[1]。回顾几次翻阅《文学理论入门》留下的不同印象，不由想起清人孙宝瑄曾经言及的读书心得，他说：“以新眼读旧书，旧书皆新书也；以旧眼读新书，新书亦旧书也。”[2]细细想来，此书给予我的感受所以会有前后不同的变化，应该说都和读书的眼界有点关系。

一、注重不同文论“共识”的梳理

第一次阅读《文学理论入门》是在中译本刚刚面世的1998年[3]。虽然用“思想淡出，学术凸显”来描述90年代中国学界的说法未必确切，因为关注思想和研究学术并不一定是相互排斥的两件事，有时候转向学问其实是深究思想的另一种方式和选择；不过专注于消化80年代接受的各种域外知识，在追求学问的层面上反思和梳理当年匆匆读过的文字，倒真是许多学人在进入90年代之后都有的选择。

在这样的状态中接触卡勒的新作，关注点自然会落在他以解构思想对文学理论的重新阐释上。书中围绕“理论”反复阐发的那些观点，如“理论的主要效果是批评‘常识’”；“理论的本质是通过对那些前提和假设提出挑战来推翻你认为自己早就明白了的东西”，“激励你重新思考你用以研究文学的那些范畴”；以及“理论”对“文学理论”的解构“已经使文学研究的本质发生了根本的变化”[4]等，都让阅读一直游走在“新知”与“旧说”尖锐冲突的语境中，不断激起你企图弄懂解构主义文学思想的欲望。

初涉卡勒留下了两个深刻的印象，其一是发现70年代之后的西方文论研究有着与以往文论——如英美新批评或结构主义叙事学——完全不同的旨趣，截然不同的问题和思路使二者在文学研究的基本观念和对象设置上已经没有了共同语言。这给阅读平添了一些由隔膜引起的麻烦，但也增加了不少终于解脱困扰的乐趣。其次是还强烈地感受到，被我们一直坚守的、强调审美本质的“文学理论”，如今因为种种质疑却陷入了知识危机之中。从卡勒那里我们得知，“文学是什么”这个在“文学理论”看来是关涉到文学本质问题的基础知识，却被“理论”贬为无关紧要甚至是误人子弟的假问题(p.19)。因为从历史上看，所谓的文学一直以差异极大的多样形态存在着，这使“文学”就像杂草一样，只能笼统言之而无法在“本质”或“本体”的意义上指认如此杂芜的对象。这说明“文学就是一个特定的社会认为是文学的任何作品，也就是由文化权威们认定可以算作文学作品的任何文本”；由此可以断言，理论家们给予“文学”的各种解释和命名显然都只有相对的意义，他们关于“文学”的阐释实际上只能是“历史的、社会的，或许还有心理方面的研究”；据此而发的议论，与其说是关于“文学”本身的知识，还不如说他们试图通过对“文学是什么”的解释，“来提倡他们认为是最重要的批评方法”(p.44)。面对“文学理论”的这般乱象，卡勒劝我们不妨换一个思路，放弃对文学本质的追问而去探究另一个更有意义的问题：“是什么让我们(或者其他社会)把一些东西界定为文学。”(p.23)卡勒指出如此操作的文学研究实际上已经成了“文化研究”，其特点和意义就在于“把文学作为一种独特的文化实践去考察”(p.46)。

诸如此类与文学研究的“常识”和“惯例”相悖的见解，在书中几乎俯拾皆是，卡勒的新作因此被视为一个用解构思想颠覆传统文学观念和研究方法的文本；被他推崇的“理论”和“文化研究”，也成了西方文论步入后现代的重要表征，提醒我们文学研究的中心已经发生了重大转移，即从现代的

“内部的”文学研究，转向了后现代的“外部的”文化研究。

《文学理论入门》最初给我的认识大抵如此，这也是许多人都有的共识，似乎至今还影响着人们对这本书的理解。

不过在接触了更多的相关著述之后，我却隐隐地感到如此读解卡勒的阐述，在认知方式上似乎还没有跳出面对20世纪西方文论时人们常有的那种思路，其特点在于把20世纪相继出现、颠覆了传统文学研究成规的各种文论，都简单地视为因标新立异而自成一家的“学派”知识；它们因为各有自己的理论资源和文学见解，几乎难以找到彼此之间的关联，由各种学派连接起来的文论研究史，也就被读解成一个仅靠别出心裁的“创新”和另起炉灶的“转向”所构成的、几乎没有内在逻辑联系的过程。说得更具体一些就是，20世纪西方文论的研究历史，往往被描述成一个由俄国形式主义、英美新批评、精神分析研究、结构主义叙事学、接受理论、女性主义文论、新历史主义批评等思潮或学派各说各话的历史，在自然时间中各占一个时段成为把它们连缀起来的唯一关系。面对这么一个对象，所能看到的只有分布在各个时间点上的学派，以及它们各自阐发的文学观念和与众不同的理论方法，却找不到不同思潮在精神层面上存在的关联，更无法解释由它们构成的文学研究历史是由于什么样的动因、又沿着怎样的路数发展演变的。

与只关注文论史上的知识“点”却无视各“点”之间“关系”的认知思路相对应，许多人对20世纪西方文论的接受，也是执著于对某家某派知识的掌握而不问它们之间的“关系”。于是出现了这样的接受景观：赞赏者或为某家折服，热衷于模仿套用；或因新派、后学的“冒出”焦虑，唯恐自己赶不上而“落伍”。而批评者则认为，所谓的学派知识不过是批评家借助文学之外的某种理论所玩的概念游戏，时过境迁，喧嚣一时的“新说”、“学派”终会烟消云散。其实，这种看似对立的观点在认知方式上并没有根本的区别：它们都把各种西方文论视为形影孤单的个体存在，只看见它们的异质性却忽略了在看似相悖的观念中还可能存在的“共识”。这种“共识”主要还不是指不同学派在知识或观念上难免会有的重叠和交叉，而是说从谱系关系来看文学研究，各个学派的理论观念虽有一定的异质性，但在它们各自的问题意识中却不乏相近甚至相似的意向，那就是20世纪以来的各种文论思潮，都以自己对文学的独特解释表达了它们对现代“文学理论”诠释文学的合法性的质疑，它们都以自己的问题意识和理论方法，挑战甚至动摇了现代“文学理论”的权威。于是，各个学派相继提出的质疑和不断生发的问题，汇聚成推进20世纪文论研究不断前行的动力，同时也给彼此阐释文学的思路中注入了“自反性”（reflexive）的成分，文学研究的探索和争议，因此才形成了逐渐偏离现代“文学理论”轨道的趋向。就此而言，可以说各种文论实际上都是现代“文学理论”的叛逆者，只是它们的叛逆还有自觉与否和程度大小的区分。

从这个角度反省初读卡勒的印象，使我意识到，当我们把卡勒所阐述的问题仅仅视为西方文论发展到解构之“点”上的知识，却忽略了他提出的问题同时也是基于对各种西方文论内在思路的梳理与把握，产生于对其中的“共识”的概括和提炼，我们将会错失《文学理论入门》中更有价值的思想。

似乎预见到被误读的可能，卡勒在本书的“前言”中特别指出，对于今天的文学研究来讲，寻找隐含在学派“关系”中的“共识”要比了解各种“学派”知识更重要。为此他提醒人们，“许多文学理论入门都会对各种批评‘学派’进行一番描述。理论被说成是一系列互不相容的‘研究方法’，它们各自都有自己的理论地位和批评责任。但是各种理论介绍所确认的理论流派——结构主义、解构、女权主义、心理分析、马克思主义、新历史主义——又有许多相同之处”，于是他采取了另一种研究角度，即“介绍理论比较好的办法是讨论共同存在的问题和共有的主张，而不是概述各种理论流派”（p.1）。由此可见，在这本书里，卡勒要阐述的重点并不在于解说各种理论流派——当然也包括他说的解构学派——本身的知识，他要揭示和分析的主要对象，实际上是不同的理论流派在它们研讨文学问题的实践中所表现出来的那种共有的“趣味和力量”，它们来自“对常识的广泛挑战，来自它对意义的产生和身份形成的探讨”（p.1）。从这个角度再读卡勒，就会发现他试图通过分析20世纪西方文论在“学科划分”、“文学观念”、“主体意识”、“语言研究”诸问题上的思考与探索，梳理“理论”向“文学理论”的挑战脉络，进而阐明文学研究的知识结构和认知方式在今天已经发生了重大转变。

二、打破学科界限的“理论”

在卡勒看来，20世纪以来的文学研究之所以会越来越偏离现代文学理论为其设置的轨道，以至在70年代之后出现了专注于“非文学讨论”和“综合性问题”的“文化研究”，根源就在于文论研究对“文学理论”的背弃和对“理论”的认同；“‘理论’已经使文学研究的本质发生了根本的变化”（p.1）。所以，阐明“理论是什么”，明确“理论”与“文学理论”的区别所在，就成为《文学理论入门》所要阐述的重点；对于作为读者的我们来讲，认识“理论”也就成为了解文学研究为什么会发生转变，以及这种转变究竟具有何种意义的关键。

卡勒从四个方面对“理论究竟是什么”给予了说明：

1. 理论是跨学科的，是一种具有超出某一原始学科的作用的话语。

2. 理论是分析和推测。它试图找出我们称为性，或语言，或写作，或意义，或主体的东西中包含了些什么。

3. 理论是对常识的批评，是对被认定为自然的观念的批评。

4. 理论具有自反性，是关于思维的思维，我们用它向文学和其他话语实践中创造意义的范畴提出质疑。(p. 16)

不过，分析和比较一下卡勒所罗列的四个特点，就会发现在它们之间存在着相互包容的关系。或者说，“理论”的四个特点其实生成于同一个根源，这个根源就是“理论”具有颠覆现代学科界限的跨学科性。用卡勒的话说，“理论”具有超出现代建构的“文学”这一“原始学科”的跨学科性。至于“理论”的其他特点，如“理论是分析和推测”、“理论是对常识的批评”以及“理论具有自反性”等，或者是“理论是跨学科的”这个基本特点的衍生形态，或者是“理论”跨学科性的延伸和细化。这说明“跨学科”不仅是“理论”最基本的属性和特点，是“理论”有别于“文学理论”的根本所在，而且“跨学科”也是促成“理论”在自我反省中不断深化的内在动力。正因为“跨学科”颠覆了“原始学科”为“文学理论”设置的框架，使“理论”有了更为开阔的想象空间和不受羁绊的研究思路，所以才有“随着文化研究的发展，已经说不清楚它究竟跨了多少学科”这种看似“怪异”的现象发生(p. 45)。

卡勒所以把“跨学科”视为“理论”的第一特征，提醒我们“跨学科”是理解“理论”的关键，是因为只有从现代“学科”的划分和建构出发，我们才能真正认识“理论”对于文学研究的意义就在于它让我们认识到，被视为天经地义的文学观念其实是历史的产物，它的合法性并不是来自它对“真理”的掌控，而源于现代学科建制给它赋予的权力。换一个角度讲，“文学理论”之所以坚持文学研究的任务就在于读解作品本身，“把文学作品作为作者的成就去解读”，而文学作品的价值就在于“它们的复杂性、它们的美、它们的洞察力、它们的普遍性，以及它们可能会给读者带来的好处”(p. 49)，并不是因为这些标准具有普适价值，而是因为“文学理论”固步自封于现代“学科”为其设置的领域。可是，正如卡勒所说，“文学的现代含义才不过两百年”，这种文学观念的形成源于浪漫主义的文学理想，“可以追溯到18世纪末德国浪漫主义理论家那里”（p. 22）；文学“学科”正是在这种历史语境中建构起来的。

由此来看现代“文学理论”的价值和缺陷，应该说都和现代文学学科的体制建构息息相关。而学科的划分和建立则与国家的文化体制存在着某种关联。或者用福柯的理论来解释：学科知识和权力有关。学科的建立和发展从来都不是单纯的学术行为，“学科的连贯性是具有统治力的国家文化的产物”，学科的“知识实践是学术圈内的权力关系和社会结构建构的。学科的兴衰是权力联盟作用的结果”[5]。因此，学科视角的介入为我们认识“文学理论”知识的有限性提供了新的维度。

无可否认，学科的划分与建构对现代知识的发展和传播具有极其重要的意义，学科建构的最大优势在于它的专业化：确定研究场域和与之对应的知识结构，形成由系列观念、范畴和方法组成的理论体系；在特定的知识结构中构建研究对象，深化、细化对问题的认识等。但同样不可忽视的是，学科是建立在设置知识边界的基础之上，它排斥了域外知识和思维方式审视学科对象的必要性，限制与学科规划不同的路向介入研究的可能，从而导致了认识和知识的凝固化。强调这些是为了说明，学科实质上是历史的产物，学科和学科知识都有不可避免的历史局限性。

可是今天人们似乎已经习惯在普适的意义上理解各种知识，忘却了知识与学科之间的关系，忘却了专业知识的形成乃是学科划分与学科建构的产物，以致忽略了知识的学科性或学科给予知识的限制。或许正是出于这样的认识，人们往往忽略了现代“文学理论”与学科建构的关联，看不到“理应如此”的文学“常识”“实际上只是一种历史的建构”，那些“被指定为自然的事物其实都是历史和文化的产物”（p. 15）。“理论”与“文学理论”的根本区别，就在于它颠覆了现代学科划分给“文学理论”设置的知识结构和认知方式，从而使“理论”的文学研究拥有了不受学科知识限制的想象空间。“理论”研究因为摆脱了学科框架的限制形成了“分析和推测”的特点；被“学科”知识指认的文学“常识”也因此成为“理论”的批评对象。从这个意义上讲，“理论”对学科边界的颠覆并不是单纯的思维越界的产物，更不能将其归结为源于个人的奇思怪想；“理论”打破学科界限是因为被研究的文学现象本身越来越多地显露出被历史文化和学科知识遮蔽了的特点与内涵。正是那些潜藏在文学对象自身中却又被学科知识遮掩了的因素，要求“理论”打破现有的学科边界，将文学现象置于学科之外的知识、理论和经验中来重新审理。这说明学科边界的颠覆同时意味着研究对象和认知方式的重构。

在卡勒归纳的“理论”特点中，第四点“理论具有自反性”因为是从一个特殊的角度阐述“理论”研究的特点，而现有的译文又似乎没有传达出其中更精微的意思，有必要在这里做一点说明。此处所说的“自反性”（reflexive），不能简单地理解为“反思性”；可是由于译者将“Theory is reflexive，thinking about thinking”一句译为“理论具有自反性，是关于思维的思维”（p. 16），却可能让人把“关于思维的思维”理解成对“自反性”的进一步解释或规定，从而将“自反性”等同于“反思性”，以致忽略了一个对“理论”来讲可谓至关重要的特点[6]。不过要讲清楚个中的区别，还需要从英国社会学家吉登斯用“自反性”诠释“现代化”并提出“自反性现代化”（reflexive modernization）理论说起。吉登斯指出，社会的现代化发展经历了一个由“简单现代化”到“自反性现代化”的历史过程。“简单现代化”是指工业化的社会结构和生活方式对传统的农业社会结构和生活方式的解体，后者被前者所取代的过程充分体现了现代对于前现代的优越性。在这里，以“新”去“旧”的历史趋势无可置疑，现代化过程的进步性和神圣性清晰明了，所以是一个“简单现代化”的过程。但是后继的现代化过程就非常复杂了，其表现为随着现代化的发展，作为现代性标志的工业社会及其生活方式，逐渐成为一种新“传统”并成为现代化进一步发展所要取代的对象，它意味着构成现代性的某些要素本身开始成为现代性的变革对象，从而引发了“多数社会活动以及人与自然的现实关系依据新的知识信息对之作出的阶段性修正”[7]，这是一种现代性对另一种现代性的批判与消解。与“简单现代化”不同，这种发生在两种现代性之间的冲突，似乎没有泾渭分明的新/旧界限，这种模糊性和由此产生的矛盾，甚至会引发对现代性自身的进步性和神圣性的质疑。这就是吉登斯所说的“自反性现代性”，其特点在于显示了现代化过程本身存在的矛盾与背反。用德国社会学家贝克的话说，“‘自反性现代化’指创造性地（自我）毁灭整整一个时代——工业社会时代——的可能性。这种创造性毁灭的‘对象’不是西方现代化的革命，也不是西方现代化的危机，而是西方现代化的胜利成果”；“如果说简单（或正统）现代化归根到底意味着由工业社会形态对传统社会形态首先进行抽离、接着进行重新嵌合，那么自反性现代化意味着由另一种现代性对工业社会形态首先进行抽离、接着进行重新嵌合。”[8]从这些论述来看，理论家所以要用“自反性”而不是“反思性”来概括现代化的特点，是因为这种矛盾冲突并非来自现代性之外，而是内在于现代性本身，它是源于现代性本身的一种构成要素反身于现代性所造成的；它存在于现代性的社会实践，而不是思维活动反思现代性所产生的观念结果。或者说，反思性是一个发生在认识、意识领域中的观念事件，而自反性则是发生在现代化历史过程中的实践事件。

在这个意义上看，用“自反性”界说“理论”有助于我们认识“理论”的两个特点：第一，就“理论”本身而言，自反性是“理论”特有的一种品格和运作方式，它表明不同学派相互对立的文学观念和问题意识在“理论”中有了一定的交集和碰撞，“理论”的自反性在这里体现为从不同学派知识中获得认知和调节自身发展的资源。第二，从“理论”与“文学理论”的关系看，自反性使“理论”在发掘“文学理论”知识的内在矛盾，“向文学和其他话语实践中创造意义的范畴提出质疑”（p. 16）的基础上，实现了“理论”对自身阐释话语的构建，使“理论”话语具有了“激励你重新思考你用以研究文学的那种范畴”（p. 15）的启迪功能。

关于“理论”的跨学科特点，卡勒还有一段从“文体”或“文类”角度的解释。他说：“哲学家理查德·罗蒂对一种始于19世纪的混合体裁有过如下阐述：‘从歌德、麦考利、卡莱尔和爱默生的时代开始出现了一种新型的著作，这些著作既不是评价文学作品的相对短长，也不是思想史，不是伦理哲学，也不是关于社会的预言，而是所有这些融为一体，形成一种新的体裁。’要给这种包罗万象的体裁取个名称，最简便的就是理论这个诨号。它已经被用来指称那些对表面看来属于其他领域的思考提出挑战，并为其重新定向的作品。这便是是什么使某种体裁成为理论的最简单的解释。被称为理论的作品的影响超出它们自己原来的领域。”（p. 3）然而要命的是译者将这段文字所在那一小节的标题“Theory as genre”，译为“作为文学体裁的理论”（p. 3），把读者的理解引入了让人莫名其妙的语境中——从作为一种“文学体裁”的意义上去了解什么是“理论”。其实，这个小标题应译为“作为文类的理论”，卡勒是从文体类型的角度来说明“理论”的跨学科特点，进而从“文体”的角度对“理论”的意义做了更深入的阐释。熟悉西方文论的人都知道，从文体角度阐释如何理解文本的寓意是西方文论常用的一种的方法，其根据在于文体类型具有引导读者认知的功能，即卡勒说的，“对于读者来说，体裁就是一套约定俗成的程式和期待”（p. 70）。一段散文若按诗歌的样式分行排列，读者的想象肯定会被“诗体”所激发，从而对文字寓意有了远比散文更丰富的理解。后现代文论将文体的这种功能称为“文体的契约功能”，指出作家与读者以契约的形式认同和共享文体的动力机制。某些后现代理论家则强调文体的动力机制实际上是一种社会行为，指出文体类型中隐含着制约修辞和规范话语的权力。卡勒正是在这种知识语境中，从文体特点上对“理论”跨学科的意义做了更深入的阐释，指出“理论”的跨学科性使其具有了任何一种文体类型都无法规范的特点，它使“理论”摆脱了文体的权力控制，所以对文体规范的颠覆不仅开拓了“理论”的视域和空间，更使“理论”可以“对表面看来属于其他领域的思考提出挑战”（p. 3），“理论”因此“成了一种令人惊恐不安的源头，一种不断推陈出新的资源”（p. 16）。

平心而论，卡勒把“理论”的功能——特别是对现存思想观念的批判——描述的如此强大，总让人感到过于理想化了。不过美国官方对于“理论”和“文化研究”的如下反应，又提醒我们卡勒对“理论”和“文化研究”的张扬还真不是无的放矢。例如 1984 年，美国人文科学捐赠基金会主席贝内特在一篇题为《重申人文精神》的报告里，“抨击了文学批评与理论的新倾向”，“斥责文学研究在学术批评和大学课程的政治化倾向”，“认为美国学校为了赶时髦，把媒体研究和二流作品结合起来而取代了占据美国课程中心的经典性作品”。两年之后贝内特出任里根政府的教育部长，他继续“批评在全美高校里，教授正鼓吹批评思想、方法和术语，把文学从学生和大众身上夺走……斥责这一类批评家和批评为了‘特殊利益集团’而牺牲了美国的‘共同文化’”。1988 年贝内特的继任者切尼在给总统和国会的报告里重申了类似的观点，“指出大学牺牲公众的利益而追求狭隘的学术研究和党派的属性政治，尤其在文学研究方面……主要问题是围绕性别、种族、阶级，而文学的真、善、美被视为毫不相关”[9]。来自美国官方的这些反应，多少改变了我把《文学理论入门》当作单纯的学术著作来接受的初衷，意识到在“理论”的知识架构和认知方式中展开的文学研究，或许还有更为开阔的思想空间。

三、以言行事构建的理论空间

在对“理论”和“文化研究”的阐释中，语言问题被卡勒视为一个不可或缺的维度，他明确指出“关于语言的本质和作用，以及如何分析语言，一直是理论的中心问题”（p. 58）。但是应该注意的是，卡勒在“理论”话题下展开的语言讨论，与形式主义文论关注的语言问题相去甚远。卡勒对语言的讨论是“根据一个在文学和文化理论中盛行的概念”，即奥斯汀提出的“‘述行’语言的问题”而展开的，在这个语言话题下展开的讨论，“使有关语言的意义和效果的重大议题成为了焦点，并且导致了关于这个主题的属性和本质的一系列问题”（p. 99）。卡勒所以给文学研究的语言话题赋予如此严肃、重大的意义，是因为西方文论在 70 年代之后的语言研究上已经有了巨大的变化，语言的社会文化意义受到了更大的关注。

人们似乎已经习惯了把文学理论的语言研究等同于形式主义文论，一说起语言研究就会联想到俄国形式主义、英美新批评或结构主义叙事学；联想到把语言的形式特征视为文学规定性的那种理论认识，却忽略了文学的语言研究实际上还存在着另一种类型，它强调语言的建构性，质疑语言的再现功能，从人的语言活动和言语行为的角度来认识语言和阐释语言给予文学的影响。从语言意识的变化上看，可以说 20 世纪西方文论的语言研究经历可一个从关注“语言形式”到关注“语言文化”的过程。早期的语言研究基本上是根据语言本身特别是语言形式的性质与特点，来阐释语言对文学的影响。可是，当文学研究的语言意识从语言本身转向语言活动和言语行为时，语言研究的视域和思路就有了重大的变化，文学研究开始关注知识、权力、性别、族裔以及意识形态等因素对文学语言活动的参与，注意到各种语言因素对社会活动的规范和制约，就像卡勒说的，“语言并不是为先于它而存在的各种范畴提供标签的‘命名法’，它生成自己的范畴。但是说话者和读者都可以被带进他们的语言环境中，透过或围绕着这个环境看到不同的现实。……这样，语言既是意识形态的具体表现，是说话者据此而思考的范畴，又是对它产生质疑或进行消解的基地”（p. 63）。德·曼有一个说法，令人信服地阐明了文学的语言活动和意识形态之间的关系。他说：“我们叫做意识形态的东西，正是语言和自然的现实的混淆，指涉物和现象论的混淆。因此说，文学性的语言学，比起包括经济学在内的其他任何探索方式来说，在揭示意识形态的畸变性上，都更是一种决定因素。”[10] 就是说，语言的符号性决定了文学的言说并不是也不可能是对世界的一种再现或模仿，呈现在文学世界中的“现实”与“历史”并不是现实生活或历史事件本身，而是一个“语言事实”或“语言镜象”，它混淆了能指与所指、语言与实在、观念与事实的区别，它说明文学的语言活动实际上是一种和一定的意识形态相关联的行为，无论言说者是否自觉或自愿，都不可能摆脱语言和语言活动所施与的这种影响。

卡勒通过奥斯汀的“以言行事”理论，更深刻地阐发了文学语言活动和社会文化、意识形态之间的关系，指出述行语概念的引入对“理论”和“文化研究”所具有的重大意义。卡勒说：“文学批评家们接受了述行语的概念，认为它有助于描述文学话语的特点。理论家们长期以来一直主张我们必须像注意文学语言说什么一样去注意它做什么，而述行语的概念恰好为这一思想提供了语言学和哲学的论证：的确有一类言语首先是要做些什么。文学言语像述行语一样并不指先前事态，也不存在真伪。从几个不同方面来说，文学言语也是创造它所指的事态的。”（p. 101）这里的“述行语”是指英国哲学家奥斯汀对两种言语所作的区分：一种是陈述语或述事话语（Constative utterances）[11]，它陈述一种状况或叙述一个事件；对于陈述语，我们可以根据它所陈述的内容来判断其真伪。另一种是述行语（Performative language），其特点在于完成或促使某种行为的发生，对述行语而言没有真实与否的问题，它只与行为是否发生有关。奥斯汀通过述行语阐发了一个全新的语言观念：语言并不像人们一直所理解的那样是对事物的陈述或命名，语言功能在于促使事件的发生，即“以言行事”。对于奥斯汀的语言哲学，卡勒给予了极高的评价：“述行语把曾经被认为是微不足道的一种语言用途——语言活跃的、可以创造世界的用途，这一点与文学语言非常相似——引上了中心舞台。”（pp. 101～102）指出述行语让我们更清楚地认识了文学创造世界、生产思想观念的价值，而对于“理论”来讲，以言行事的理论也为文学研究提供了在社会和语言的层面上阐释文学的可能，“因为我用言语完成的行为不是由意图决定的，而是由社会的和语言学的程式所决定的”（p. 102）。

以德里达和奥斯汀关于述行语的论争为例，卡勒进一步阐发了文学语言活动受制于社会文化的观点。这场被卡勒视为“述行语命运中的关键时刻”的争论的起因，是奥斯汀在阐述以言行事的理论时特别说明，具有以言行事功能的语言是“严肃的述行语”，非严肃的话语例如开玩笑，即使具有述行语的性质，“在一般情况下”也不能算作述行语。德里达则提出反驳，指出语言所以可以行事，不仅仅在于说话的具体内容有促成事情发生的意思，而且还在于所说的话在“重复一种已经形成的话语实践或行事方式”，从而使接受话语者把一句可能并不具有促使其行动的话语，当作一个“述行语”去理解而有了某种行为。卡勒在书中以女性主义理论家巴特勒的研究为例，对德里达的观点做了具体的阐述。他说，当一个婴儿降生时，人们会说“是一个女孩”，这句话看起来是一个陈述语，根据事实可辨真伪，但在男权话语统治社会的语境中，它也可以理解为“是创造这个主体的一系列述行言语中的第一句”，因为这句话具有“使之‘成为女孩’的延续不断的过程，开始了‘完成’性别规则规定的重复”（p. 109）。促使波伏娃所说的“女人不是天生的”的事件发生。正如卡勒所说，“这里强调了语言的述行力量是从重复先于它的规则和行为中得来的”（p. 109）。

德里达对述行语的阐释，以及巴特勒的研究对德里达的支持，深化了我们对以言行事的认识。在德里达之前，文学研究对文学语言以言行事的理解，主要是两个观点：其一，文学言说创造了或虚构了从未存在的人物和事件，即文学语言建构了一个艺术世界，这是用以言行事解释文学的创造性。其二，用陈述或再现完成的文学叙事，同时具有促使读者相信虚构的艺术世界和追求审美理想的行为发生；它让读者不再把文学仅仅视为对生活现实的一种描绘或表现，去思考作品或作家说了什么这样的问题，而是把文学理解为一种能够推动读者去追求理想的行为，去思考作家为什么而写作问题。在这个意义上，可以说德里达的解释阐明以言行事的第三种意义，即文学之所以具有以言行事的功能，有时候并不在于它本身具有这种力量，而是借助于重复具有述行功能的话语或规则才得以实现以言行事功能的。它提醒文论对于文学语言的研究，不可忽略“说话者是‘规范’的代言人”这个事实，从而给“理论”赋予了从语言活动层面上考察各种意识形态参与文学活动的视角。从这个意义上讲，以言行事理论的拓展了文学研究的思路，使理论研究获得了一个新的面对文学的问题意识。

在卡勒的《文学理论入门》中，并没有出现“范式”（paradigm）这个概念，卡勒似乎只是把“理论”或“文化研究”当作一种文学研究的模式来分析和阐述的。但是从其他理论家的相关论述中，例如英国学者马尔库恩在1992年言及西方马克思主义的文论研究时就指出，它们在60年代之后的文学研究“对古老的文学批评世界是致命的。……它们瓦解了文学这一学科赖以建立的深层分类学和标准性原理，并以这一方式——文学战斗中恰如其分的高潮——解构了文学全体的想象力”[12]，以及另一位英国文学理论家塞尔登在回顾60年代的西方文论研究时所说的“60年代兴起的理论大潮无疑是对过去占主导地位的人文主义、道德主义传统的突破”[13]，都涉及对文学研究范式转变的描述，涉及现代“文学理论”研究范式的衰落和颠覆学科体制对范式转变的意义。

从人们对“理论”和“文化研究”的认同或批评中，可以发现对“理论”的理解实际上是在文学观念、文学研究的知识结构和认知方式、理论话语、学科的划分与建构、学术规范，等等与“范式”相关的问题中展开的。正是基于这样的认识，我倾向于从范式转变的意义上理解当今学界关于“理论”和“文化研究”争论，把卡勒提出的“理论是什么”和“文学是什么”理解为与范式转变相关的问题。

顺便说一句，如果说“理论”所主张的文学研究可以简要地概括为：它不仅关注文学说了什么，而且还关注文学为什么要这样说。那么，在我看来，与这种文学理论最为接近的是马克思主义的文学研究。

注释：

[1]［美］萨义德：《世界·文本·批评家》，李自修译，北京：生活·读书·新知三联书店，2009年，第401页。

[2] 孙宝瑄：《忘山庐日记》上册，上海：上海古籍出版社，1983年，第526页。

[3] 卡勒的《文学理论入门》有两个中译本，①卡勒：《当代学术入门：文学理论》，李平译，沈阳：辽宁教育出版社、牛津大学出版社联合出版，1998年；②卡勒：《文学理论入门》（英汉对照），李平译，南京：译林出版社，2008年。两个译本的译者虽然同为李平，但2008年英汉对照本的译文实际上做了相当大的修订，纠正了1997年版中的一些错误，不知为什么译林本没有标明“修订版”，译者也没有在新版中对所做的修订予以说明，使人误以为两个译本是一样的。特别强调两个译本有区别，是因为至今还广为流传的第一个译本不仅在许多地方文理不通，而且还有少数与原文意涵相悖的错误，直接影响到读者对文本的理解。

[4]［美］卡勒：《文学理论入门》（英汉对照），李平译，南京：译林出版社，2008年，第4、18、15、1页。为节省篇幅，下文出自这个版本的引文均不再出注，仅在文中夹注页码。

[5]［英］特纳等：《社会与文化——稀缺和团结的原则》，吴凯译，北京：北京大学出版社，2009年，第5、6页。

[6] 若把“Theory is reflexive，thinking about thinking”译为“理论具有自反性，是对（文学研究）思考方式的反省”似乎更接近原意一些，同时也可避免把“自反性”等同于“反思性”。

[7]［英］吉登斯：《现代性与自我认同》，赵旭东等译，北京：生活·读书·新知三联书店，1988年，第22页。

[8]［德］贝克、［英］吉登斯、拉什：《自反性现代化：现代社会秩序中的政治、传统与

美学》，赵文书译，北京：商务印书馆，2014年，第3页。

[9]［美］伯科维奇主编：《剑桥美国文学史》第8卷，杨仁敬等译，北京：中央编译出版社，2008年，第259页。

[10]［美］德·曼：《对理论的抵制》，《解构之图》，李自修等译，北京：中国社会科学出版社，1998年，第103页。

[11] 译者将“Constative utterances”译为“述愿言语”，这是过去使用的一种译名，现在通行的译法是“陈述语”（参见［英］克里斯特尔编：《现代语言学词典》，沈家煊译，北京：商务印书馆，2000年，第79页）。如果没有语言学的专业知识，不把“述愿”视为一个专有名词，仅从字面理解“述愿”是没有“陈述”意涵，倒容易和“述行”混淆。在1997年的《文学理论》译本中，涉及“述愿言语”的地方又出现“它没有真实与否的区别”这样的译文（第99页），更产生了混淆“述愿言语”和“述行言语”的效果，给读者的理解造成极大的混乱。

[12]［英］马尔赫恩：《当代马克思主义文学批评》，刘象愚等译，北京：北京大学出版社，2002年，第16页。

[13]［英］塞尔登：《文学批评理论——从柏拉图到现在》，刘象愚等译，北京：北京大学出版社，2000年，第1页。

博士生论坛

【主持人语】本栏目刊发的五篇论文，分属不同的研究领域，各有特色。金雷磊的《论宋代出版的大众化转向——以福建建阳为例》，探讨宋代出版大众化转向的背景、具体表现及其启示。论者以福建建阳为中心，运用翔实的书面文献和田野调查资料，说明出版的大众化转向与文化教育普及之间的互动关系。论文所谈启示部分尚可展开，以表明此一大众化转向对后世出版和文化教育的影响。刘师健的《南宋士人的“吏隐”心态与笔记创作的新变》一文认为，南宋士人心态的变化与笔记文体创作的新变是互为因果、相辅相成的一种社会文化现象。南宋的官场生态导致士人心态趋向“吏隐”，由此带来笔记小品的新的抒写价值。论文角度较新。潘斌的《汉晋之际艺术的发展——从蔡邕到阮氏家族的考察》，通过详细考察蔡邕及阮氏家族在艺术的努力和贡献，揭示汉晋之际的艺术发展。论文资料翔实，对二者在艺术转型中的杰出表现，以及彼此逻辑联系的探讨，饶有兴味。潘纯的《抽象名词的特殊表量方式——以“$N_{抽}$＋指数”为例》一文重点讨论抽象名词的一种表程度量的特殊表量方式，即“$N_{抽}$＋指数”。论者通过将其与相似结构“$N_{抽}$＋程度”的比较分析，展示这一特殊表量方式所具有的多维特征。论文将理论分析与语言实例的考察很好地结合在一起。宋泉的《论陈劭先的民主思想与文化供应社的出版活动》，对抗战时期桂林文化供应社的核心人物陈劭先的生平史料进行勾勒，进而分析其民主革命思想的形成，并探究其对桂林文化供应社发展的影响，及其对当下出版工作的启示意义。（魏天无）

论宋代出版的大众化转向

——以福建建阳为例

金雷磊
（华中师范大学文学院，湖北武汉，430079；
三明学院文化传播学院，福建三明，365004）

内容摘要：宋代通过“右文崇儒”政策，兴办教育、扩大科举，促进了宋代文化的兴盛，特别是宋代文化的普及化与大众化。出版文化作为宋代文化的一个重要组成部分，也呈现出通俗性、趣味性、功利性，有很强的借鉴意义。

关键词：宋代　出版　大众化　版权

宋代文化是中国文化发展史上的一个高峰时期。出版史作为文化史的重要组成部分，在某种程度上也代表了文化的发展程度。在宋代，出现了三大出版中心，分别是四川成都、眉山，浙江杭州和福建建阳。相比成都和杭州这些经济繁荣、商业发达的大城市来说，建阳地处山区，交通困难，经济也不是很发达。尽管有这么多限制，建阳却成了当时的三大出版中心之一，其中一个主要因素，就是建阳出版的大众化转向。因此，考察建阳出版大众化转向的背景，分析其具体表现，对我们从事出版活动具有以古鉴今的作用。

一、宋代出版大众化转向的背景

宋代出版文化的大众化趋势，就是宋代出版文化逐渐向下层百姓靠拢，逐渐满足普通老百姓的阅读需求。之所以会出现这种大众化转向，中国宋史研究会会长邓广铭认为，“从唐代以来，刻板印刷术已经发明，造纸术也较前更为提高，纸张的流行也较前更为普遍了。这就使得传播文化的工具较前大为增多了”[1]。传播文化的工具增多，渠道变广，导致书籍的生产和流通速度加快，以前被上层精英所掌握的知识逐渐下移，知识不再被上层精英所垄断。出版业走向大众，有这样三个背景：

（一）“右文崇儒”的政策

宋朝开国皇帝赵匡胤属于“黄袍加身”，建立国家后，十分重视文化的传播和普及，推行“右文崇儒”政策。赵匡胤曾经对宰相赵普说：“五代方镇残虐，民受其祸。朕今选儒臣干事者百余，分知大藩，纵皆贪浊，亦未及武臣一人也。”[2]宋太祖吸取前朝灭亡教训，大力运用儒臣主政，认为即使他们贪污受贿，玩弄职权，起兵造事，也比不过一个武臣的反抗。

宋朝统治者采用“用武开基，右文致治”[3]的方略，尊重知识分子，重视儒臣治国，在全国兴起了一股兴师重教之风，兴孔重孔之风。地处东南一隅的福建也是一样，对知识、学术的讨论逐渐兴起。建阳文化事业由此蓬勃发展，闽学、文学、史学、艺术和科技均出现了前所未有的全盛局面。

闽学方面，游酢生于建阳麻沙镇，师从“二程”。他学成归来，把理学带到了福建，是闽学南传第一人。随着理学的兴起，杨时、罗从彦、李侗、朱熹、蔡元定、蔡沈、蔡渊等一大批理学家相继在建阳著书讲学，谈诗论道，促进了理学思想的传播，扩大了理学思想的影响力。其中，朱熹是理学思想的集大成者。这些闽学人物经常活跃在出版中心，直接或间接地推动了建阳出版业飞速发展。他们的理学思想，或多或少地也会促使建阳出版业进行革新。

史学方面，袁枢以司马光《资治通鉴》为蓝本，开拓了一种新的史书体裁——纪事本末体。他是建阳史学方面的代表，其《通鉴纪事本末》也是我国第一部纪事本末体史书。熊克著有《中兴小历》，可以补正史之缺失。祝穆著有《方舆胜览》，该著是一部地理志，是研究南宋历书、地理的经典之作。

艺术方面，建阳僧人惠崇能诗善画，是北宋“九诗僧”之一。所画《春江小景》得到苏东坡的赞赏，苏东坡还在上面留下了“春江水暖鸭先知”的名句。另有两位精通音律的学者，分别是北宋的阮逸和南宋的蔡元定。阮逸是崇化里人，独著《乐论》，与胡瑗合著《皇祐新乐图》，后者是现存最早由福建人编撰的音乐专著。蔡元定则著有《燕乐原辨》和《律吕新书》，前者已失传，后者提出了音乐史上著名的“十八律”理论。

（二）科举的扩大

自隋朝开科取士以来，科举制度在唐朝逐渐形成，到了宋朝则更加完备。宋朝皇帝对科举取士特别重视，想通过科举制度来选拔人才，任用人才，让读书人在科举考试当中脱颖而出。科举制度的采用，给下层读书人提供了向上攀登的机会，改变了许多读书人的命运。

在宋代，科举考试通过科举登第的人大多数来自普通百姓。宋代取士不问出身，只要考取，就可做官。据朱瑞熙考证："宋高宗绍兴十八年（1148年）《题名录》，载有这一年中榜的三百三十名进士的姓名、籍贯，其中城市出身者不到三十人、宗室二十五人。宋理宗宝祐四年（1256年）《登科录》，也载有这一年中榜的六百零一名进士的详细情况。据统计，这些进士中，除少数情况不明和宗室以外，大多是出身于乡户，其中县坊出身者不到二十人；祖或父有一代做官的有一百十三人，祖、父两代做官的有二十三人，曾祖、祖、父三代都做官的有八人，这三部分进士合计为一百四十四人。此外，还有宗室七十三人，在这些人中，祖、父两代都不曾做官的三十三人，祖或父有一代做官的有二十三人，祖和父两代做官的三人，曾祖、祖和父三代都做官的十四人。这就是说，在六百零一名进士中，平民家庭出身的有四百十七人，官僚家庭出身的有一百八十四人。这一情况显示在科举登第者中，世代做官的子弟居于少数，大多数进士来自平民家庭。"[4]

正是对科举制度的重视，宋代科举录取的名额也空前增多。据统计，宋代被录取为进士的福建籍人士有7000多人，大约占据宋代所有进士的五分之一，数量跃居全国第二位。仅建阳一县就有108人考中进士，占福建籍总数的1/70。特别是自南宋以来，建阳地方学风日盛，朱熹晚年定居考亭，与蔡元定一起创建了"考亭学派"，建阳也被称为"理学之乡"，成为培养进士的基地。南宋时期福建进士共有4525名，除了福州2249人，闽北地区就占去了900多名，而闽北又以建州进士最多（509名）。

福建籍进士如此之多，与建阳出版的科举应试之书紧密相关。宋代建阳出版比较多的一类书籍就是科举考试复习用书。这类书籍的流通与传播，很大程度上提高了读书人中举的几率。宋代取士不问出身的做法，显示其开放性和包容性，使得普通百姓接踵而至，纷纷通过读书来改变自己的前途和命运。建阳出版的科举考试教科书，在一定程度上促进了福建的科举的录取比例；同样，科举制度反过来也进一步促进了科举考试教科书的普及，出版和科举两者相辅相成，相互促进。

（三）学校的兴办

在宋代，教育的发展有三次高峰，第一次高峰是宋仁宗时候，第二次是在宋神宗时期，第三次是在宋徽宗时期。他们的兴学运动，在中国古代教育史上，尤其是在推行教育大众化、平民化方面具有重大意义。

宋代和唐代教育制度不同。唐代入学对身份和等级限制严格，而到了宋代，入学的门槛已经大大降低，各级各类学校广开入学之路，扩大招生范围。随着门阀制度的衰落，“中央官学中规格最高的国子学的入学资格已降到七品以上官员子弟”，“宋代的太学也放宽到招收八品以下官员的子弟”[5]。

宋代建阳刻书业兴盛起来，麻沙、崇化成为全国三大雕版印刷中心之一，被称为“图书之府”。出版业的发达，让人们能够比较容易得到需要的书籍，广大平民有书可读，读书识字的机会增加。再加上一批理学人物在家乡办书院，授徒讲学，著书立说，给建阳教育带来了生机，推动了教育事业迅速发展。

宋初，建阳就有理学家创办的霄峰精舍（洛田里）。南宋乾道六年（1170 年），朱熹创办寒泉精舍。在朱熹的带动下，建阳书院如雨后春笋般出现，相继建立了同文、云庄、庐峰、潭溪、西山、义宁等书院 17 所。各种乡校、家塾、义斋等民办基础教育也很普及。

与此同时，官办的县学在建阳崛起。这些县学具有一定规模，师资配备达到一定水准，学校办学的经费靠官府拨给的学田，另建有“儒学仓”，以弥补办学经费的不足。此外，还接受私人捐赠。私人捐资者，多为地方上的官吏、士人、富豪、大姓。他们希望地方教育兴盛，使更多子弟入学。县学设有明伦堂、训学所、教谕所等讲习场所，教学内容主要为“四书”、“五经”、历史和诗帖等。州府县学、书院、私塾形成完善的基础教育和高等教育网络。“五步一塾、十步一庠”、“比屋弦诵之声，洋洋盈耳”、“耕且读者，十家而五六”等就是当时教育普及、学风浓厚的真实写照。

二、宋代出版大众化转向的表现

宋代出版业随着雕版印刷术的普及，逐渐得到兴盛，形成官方、民间、书坊、寺院和书院等五大出版系统，图书出版从写本、抄本时代跨入了印本时代。印刷术的发展，带动了图书的流通和传播，书籍贸易热火朝天。在建阳，书坊出版各种各样的图书，图书内容呈现大众化趋势。主要表现在：

首先，出版儒家经典等科举考试用书。建阳坊刻中最著名的是建安余仁仲的万卷堂，传世的宋刻本中，有余氏绍熙二年（1191 年）刻汉何休《春秋公羊经传解诂》十二卷。序后有绍熙二年建安余仁仲刻书广告，卷一、二、四、七、十一后有“余氏刊于万卷堂”、“余仁仲刊于家塾”、“仁仲比校讫”等题记。余氏经营刻书年代悠久，世代相传，直至元、明仍以刻书为业。宋光宗绍熙年间（1190—1194 年）麻沙《纂图附释音重言重意互注尚书》十三卷，为建本之至精者，由缪荃孙从日本购回。绍熙间，刊刻《尚书图》一卷，上图下文，这是现存较早有版画插图的建本。此外，还有《纂图互注毛诗》、《纂图互注周礼》、《纂图互注礼记》、《毛诗训诂传》、《周礼句解》等。

建阳家刻中有代表性的有：建安刘日新宅三桂堂，开禧元年（1205年）刻印王宗传撰《童溪王先生易传》三十卷。半页14行，行24字，序后有“建安刘日新宅锓梓于三桂堂”牌记。建安刘叔刚宅刻印《大易粹言》七十卷、《附释音毛诗注疏》二十卷、《附释音礼记注疏》六十三卷、《附释音春秋左传注疏》六十卷。朱熹是家刻中有代表性的人物，本人也从事刻书活动。其祖籍徽州婺源（今属江西），侨寓建阳。刻书主要是为了传播理学思想、解决书院教学用书和维持生计。朱熹刻有《论孟精义》、《程氏遗书》、《程氏外书》、《上蔡语录》、《游氏妙旨》、《庭闻稿录》等书，还和吕祖谦合编《近思录》一书。朱熹最大的贡献是刊刻《四书章句集注》，该书的刊刻一直处于修订当中。朱熹在浙东时，刊刻过“婺州本”，此版本奠定了《四书集注》的基础。后来，该书在建阳、漳州等地再次刊印行世，直到他去世前在建阳又一次刊刻，才最终成为定本。《四书集注》也成了科举考试的标准教科书，成了儒学的经典书目。在他的影响下，其门人也多有刻书。

建阳书籍出版以民间刻书规模最大，最有特色。书坊为了吸引读者，扩大销路，在书籍的编纂形式进行了创新：采用正文和注疏合一。在唐以前，唐集没有唐注，而到了宋代，宋集则有宋注，这也是宋代文集传播的一个特点。建阳所刊刻书籍当中，正文用单行大字刊刻，而注疏则用双行小字刊刻，更加方便读者阅读和理解。读者阅读时，遇到疑惑字词，不用另找注疏来查阅，而是直接阅读下面双行注疏即可。这既是建阳刻书版面形式上的改革，也是“建本”走向通俗化、大众化趋势的必然选择。

其次，出版历书等实用书籍。历书就是按照一定的历法排列年、月、日、时，并注明节气的参考书籍。历书又被称为“通书”、“时宪书”。自古以来，历书在社会中扮演着重要的角色，“帝王之治天下，以律历为先；儒者之通天人，至律历而止。历以数始，数自律生，故律历既正，寒暑以节，岁功以成，民事以序，庶绩以凝，万事根本由兹立焉。古人自入小学，知乐知数，已晓其原”[6]。因此，历朝历代统治者也非常重视对历书的编纂和刊刻，“历书的使用范围很广，上至天子，下至平民，千家万户，不可一日或缺”[7]。这一切表明，历书既是封建统治者管理国家、维护秩序的需要，也是普通百姓从事生产必不可少的工具。

历书刻印一般是掌握在官府机构中，宋代中央专门设有太史局印历所，刻印历书。这是中国古代出版史上第一个设立刻印历书的专门机构。据《宋史·职官志一》记载："太史局掌测验天文，考定历法。凡日月、星辰、风云、气候、祥异之事，日具所占以闻。岁颁历于天下，则预造进呈。"其所属之"印历所，掌雕印历书。南渡后，并同隶秘书省，长、贰、丞、郎轮季点检"[8]。宋代官修历书有《乾元历》、《仪天历》、《崇天历》、《明天历》、《奉元历》、《观天历》、《纪元历》、《统元历》、《乾道历》、《淳熙历》、《会元历》、《统天历》、《开禧历》、《会天历》、《成天历》等。

民间书坊之所以刻印、售卖历书，主要是因为书坊主看到了历书的巨大市场，能够获取巨额利润。书坊主在刻印历书的时候，不是完全照搬官方历书原来那种单调形式。他们在历书日期、节气上面加印了阴阳五行、吉凶禁忌等内容。这些内容在普通百姓当中广受欢迎，民间书坊也是通过这种形式打开销路。尽管官府一再禁止私自刻印历书，但仍然存在敢于冒险的书坊主，私历依旧被出版传播。相比官府所刻，民间私自刻印的历书错误百出，给生产、生活造成了极大混乱，故被斥之为"小历"[9]。

第三，出版文言小说。在宋代，以话本小说为基础的白话小说开始萌芽，但现在无法看到真正的宋人话本，现存的宋代小说主要是文言小说。近年来，学者们对宋代文言小说的研究越来越重视。苗壮认为，"在文言小说领域，宋代每与唐代并称，仍然保持旺盛势头"[10]。丁峰山的观点也有代表性："宋代对中国古典小说的贡献和影响不低于甚至高于唐代，其历史地位在唐代之上。"[11]

随着文言小说创作者和接受者范围的扩大，文言小说的地位也越来越重要，对文言小说的刊刻也逐渐多了起来。不仅欧阳修、苏轼、司马光等士大夫文人，一些下层文人同样也从事文言小说的编纂活动。就接受者而言，文言小说进入一般文人和普通平民的生活当中，由此产生大规模刊刻的需求。正如石昌渝所言："与作者成分变化相应，文言小说的读者层面渐次扩大。"[12]

在宋代，从笔者在建阳的调研以及结合各大图书馆馆藏目录来看，建阳文言小说刻本有10种。分别是：（1）《类说》六十卷，曾糙撰。有两种刻本，一种是绍兴十年（1140年）麻沙书坊的始刊本，一是宝庆二年（1226年）建安郡斋重刊本。（2）建宁府学刻印洪迈《夷坚志》甲乙丙丁四集共八十卷。（3）建宁府刻印洪迈《容斋随笔》五集共七十四卷。（4）建阳龙山书堂刻印宋王明清《挥麈录》前录四卷、后录十一卷、第三录三卷、余话二卷，共二十卷。(5) 麻沙镇虞叔异宅刻印宋张师正撰《括异志》十卷。(6)《儒学警悟》，中国古代丛书，收录宋人六种著作，即《石林燕语辨》、《演繁露》、《嫩真子录》、《考古编》、《扪虱新话》和《萤雪丛说》。(7)《涑水记闻》十六卷，司马光撰。(8) 麻沙本《东坡先生大全集》收录《东坡志林》三卷本。(9) 建阳魏仲举家塾刊印的《五百家注音辨昌黎先生文集》四十卷。(10) 建阳魏仲举家塾刊印的《五百家注音辨唐柳先生文集》四十五卷，附柳宗元撰的文言小说《柳先生龙城录》二卷，有序。

宋代建本文言小说主要以单行本和依附本的方式刊刻传播，比起同时代其他地方的文言小说而言，数量上还是比较多。但是，和建阳所刻其他类型的书籍（如科举书、医书、日用类书等）相比的话，则相形见绌。尽管如此，通过刊刻传播，客观上刺激了文言小说的创作，推动了文言小说的流行和普及。

最后，藏书量的增加和藏书体系的形成。书籍是作为一种媒介，与社会的关系密切。宋代发达的出版业和大量印刷书的流通，大大促进了书籍的社会化。宋代福建出现了很多私人藏书家和藏书楼，在私家藏书史上占有十分重要的地位，对福建古代优秀文化典籍的传承做出了不朽的贡献。

藏书是中国传统文化的一个组成部分，藏书量的多少，往往是衡量一个地方文化教育兴盛的标志。宋代福建随着刻书业的发展，藏书量也在全国名列前茅。据不完全统计，有资料可考的宋代福建藏书家达近百人，其中藏书万卷以上者就有：吴与、郑樵、郑寅、林霆、傅楫、章甫、章綡、朱倬、余崇龟、陈嘉言、杨纮、余良弼、余日华、余深、赵谊、方万、方崧卿、方渐、方于宝等 20 余人。

宋代福建私家藏书的地域分布相对集中，以莆田和建阳为主，而莆田尤盛，人称“文献之邦”，仅莆田一个地方的藏书就超过当时一些图书馆藏。莆田有很多私人藏书家，又以方氏为最。

宋代私家藏书事业的兴盛，促进了目录版本学发展。宋代藏书家中，编有书目者众多，如莆田李氏《藏书六堂书目》一卷、吴秘《家藏书目》二卷、吴与《漳浦吴氏藏书目》四卷、郑樵《群书会记》二十六卷、郑樵《夹漈书目》一卷、郑寅《郑氏书目》七卷等 6 种。特别值得一提的是郑樵。他独辟蹊径，将图书分为“经、礼、乐、小学、史、诸子、天文、五行、艺术、医方、类书、文”等 12 大类；其下再分 155 小类；小类之下，更分 284 目，类目共计 439。他改变了传统“经、史、子、集”图书四部的分类方法，可以说，这是他的独特贡献。郑樵还提出过求书的八种方法，即“即类以求、旁类以求、因地以求、因家以求、求之公、求之私、因人而求、因代而求”，对藏书理论的丰富做出了自己的贡献。

三、宋代出版大众化转向的启示

宋代建阳书坊主敢于打破旧有条条框框的限制，具有市场的创新意识、版权意识和传播意识等，从而使坊刻图书在不断探索中形成了自己的特色。

（一）创新意识

宋代建阳刻书的创新意识突出表现在版面设计上的创新。随着印刷书的广泛流传，书坊主为了获得更多利润，出版一些更受读者欢迎的书籍，改变以往的版面风格和版面样式，充分反映了他们“读者本位”的追求。

宋人在版本上增加了黑口和书耳。黑口是在书口处印有黑线（书口是书页的正中折缝处）。黑口在南宋时出现。南宋建阳刻本最初使用细黑口，后来发展为使用粗黑口。书耳就是在板框边栏左上或右上角刻有篇名卷次的小长框。

（二）版权意识

宋代发展的出版业也促使了宋人版权意识的觉醒，采取了对书籍采取保护知识产权的措施，“宋代的版权意识最初只是体现在‘出版权’上，其性质并不等同于现代意义的版权或著作权”[13]。宋代对书籍版权的保护，主要体现在宋版书的“牌记”之中。最初的“牌记”是普通的刊语或题识，没有框栏。南宋以后，刊语多加框栏，又被叫作“墨围”。这种醒目的“墨围”在坊刻本中相当常见。书牌上的内容一般包括出版人、出版地点、出版时间、刻工、出版日期等等，有的还标明“已申上司，不得翻板”等字样。

（三）图书出版的传播意识

宋代书籍贸易非常活跃，进一步推动了书籍的流通，丰富了知识的传播，带动了思想的提升。宋代建阳所生产的图书，不仅仅满足了福建地区的阅读需求，还传播到周边省份，带动了周边刻书事业的兴起。不仅如此，建阳书籍还远销到日本、朝鲜等国，扩大了传播范围。

注释：

[1] 王水照主编：《新宋学》（第二辑），上海：上海辞书出版社，2003 年，第 8～10 页。

[2]（宋）李焘：《续资治通鉴长编》卷七，乾德四年五月甲戌，北京：中华书局，

1979 年，第 171 页。

[3] 苗书梅等点校：《宋会要辑稿·崇儒》四，开封：河南大学出版社，2001 年，第 251 页。

[4] 朱瑞熙：《宋代社会研究》，郑州：中州书画社，1983 年，第 78 页。

[5] 周宝荣：《走向大众：宋代的出版转型》，北京：中国书籍出版社，2012 年，第 40 页。

[6] (元) 脱脱等：《宋史·律历志一》卷六八，北京：中华书局，1985 年，第 1491 页。

[7] 曹之：《古代历书出版小考》，《出版史料》2007 年第 3 期，第 83 页。

[8] (元) 脱脱等：《宋史·职官四》卷一六四，北京：中华书局，1985 年，第 3879 页。

[9] 周宝荣：《宋代出版史研究》，郑州：中州古籍出版社，2003 年，第 142 页。

[10] 苗壮：《笔记小说史》，杭州：浙江古籍出版社，1998 年，第 246 页。

[11] 丁峰山：《宋代小说在中国小说史上历史地位的重新估价》，《福建师范大学学报》2003 年第 6 期，第 78 页。

[12] 石昌渝：《中国小说源流论》，北京：生活·读书·新知三联书店，1994 年，第 17 页。

[13] 徐枫：《论宋代版权意识的形成和特征》，《南京大学学报》1999 年第 3 期，第 152 页。

【推荐人语】

金雷磊论文选题颇具历史价值与现实意义。宋代出版文化经过三百多年的发展，在其内容、形式、技术、规模、范围等方面都形成了自己的鲜明特色，也为后世的出版活动奠定了基础。宋代出现了三大出版中心，分别是四川成都、浙江杭州和福建建阳。福建建阳地处山区，崇山峻岭，出版活动却异常发达，出版文化兴盛，建阳坊间刻书是出版大众化的标志。这种大众化书籍远销海外，无远不至。论文对此现象进行了较为全面的考察，论述条理清晰，除引用丰富书面文献，还有实地田野调查。该文也与他博士学位论文相关。特予推荐。(张三夕)

南宋士人的“吏隐”心态与笔记创作的新变

刘师健

（华中师范大学文学院，湖北武汉，430079）

内容摘要：论文阐述南宋时期士人的“吏隐”心态与笔记小品创作新变之间的深刻联系。南宋大批士人边隐边仕的“吏隐”的生态与心态，使他们既不失传统士人身份和人文素养，又兼具个人闲适趣味和享乐文化的价值取向。特定心态、趣味、取向的合力，使笔记创作获得了前所未有的强大动力与广阔空间，拓展了笔记小品的叙写题材，丰富了笔记小品的艺术特色，加速了笔记小品与志人、志怪、传奇小说的分离趋势。

关键词：南宋　士人　吏隐　笔记　新变

南宋虽国势孱弱，但在文化发展史上，却有着重要的地位。它一方面继承与延伸了北宋的文化，另一方面在时局变动、思潮更迭的历史条件下，又产生了一系列新质的变化，出现了中国历史上的近世之变[1]。有学者认为，“中国近八百年来的文化模式，是以南宋为领导的模式”[2]。

作为社会政治、文学与文化的主体，士人自然是引起这种历史现象的关键因素，也一直备受学界关注。但学界的探讨主要集中在士人通过科举的向上流动，而对他们本身心态在社会变动中的转变，以及在转变过程中对笔记创作主体的心境影响，尚未引起足够的重视。尽管刘叶秋《历代笔记概述》分类详述了各朝笔记内容的情况，但由于研究主要局限在笔记的著述内容方面，士人心态在社会变动中的变化与笔记创作的取向，也就不在其考察范围之内。至于吴礼权、苗壮、陈文新以来大量关于笔记文体的分类、史料价值、审美特征等方面的研究成果，虽然注意到了这种文体在南宋的新变与发展，但对于士人心态与这种文体新的写作倾向之间的内在联系及其底蕴，缺乏深入的考究。实际上，南宋士人心态与笔记文体创作的新变是互为因果、相辅相成的一种社会文化现象。因此，从社会变动引起士人身份、思维变化，从中揭示士人的文化心理，以及因此导致笔记文体新变的内涵特征及其意义，是本文试图探究的。

一、南宋的官场生态与士人心态

宋室南渡后，士人心态发生了显著的变化，传统的儒者形象逐渐分化，具有了新的时代特征。

首先，政治时局的变动使士人身份随之生变。偏安时期，统治者昏庸无能、骄奢淫逸，大臣之间结党营私、互相倾轧，王朝已是“君不似乎人之君，相不似乎君之相，垂老之童心，冶游之浪子，拥离散之人心以当大变，无一而非必亡之势”的岌岌可危的时局[3]。加之“三省至百司事有违失，皆得谏正”的严苛的台谏监督弹劾制度[4]，朝廷上下常常是“一唱百和，唯力是视，抑此伸彼，唯胜是求。天子无一定之衡，大臣无久安之计，或信或疑，或起或仆，旋加诸膝，旋坠诸渊，以成波流无定之宇”的局面[5]。处于党争漩涡之中的士人大都是“志未伸，行未果，谋未定，而位已离矣”[6]，稍不留神，便被摒斥于统治阶层以外。大量寒族下层士人纷纷沦落民间，分化为游士、幕士、儒商、塾师、相士、术士、隐士等江湖士人，其身份实现了由唐代的“世家大族”，北宋的“文官家族”，到南宋“地方精英”的转化[7]。

其次，时代的思想根源使士人实现了思维的转变。卡尔·雅斯贝斯在《时代的精神状况》中说：“人不仅生存着，而且知道自己生存着。他以充分的意识研究他的世界，并改变它以符合自己的目的。”[8]处在动荡的时局面前的士人不得不开始研究他的世界，尝试改变世界来符合自己的目的。这时，陆九渊承继孟子的“万物皆备于我”的心学观念应运而生，强调对于理的体验式追求而不是道学的认识式印证[9]，诚如陆九渊所说：“人心至灵，此理至明。人皆具有心，心皆具是理。”[10]只要认识了心，也就达到了理，由追求外在事功转向关注自身价值，倡导人从名利世界回归澄澈透明的精神世界，突出了对内在心性、自我价值的强化，更贴近了现实生活。这正契合了备受思想束缚与精神压抑的士人，他们由此把注意力投向内心世界，力图以自我心理的调整去适应外界环境的变化，努力为个体生命和精神寻找自适点，由“外王”而转入“内圣”，实现了思维方式的转变。

再者，传统文化使士人找到了契合自身的心灵归宿。随着时代的发展，隐逸文化的精神化倾向日渐明显，注重心性，修炼主体精神的“心隐”逐渐取代了传统意义上的凿岩穴居、餐霞饮露的“形隐”。白居易以仕为隐的“吏隐”心态和行为对南宋士人产生了直接的影响。它强调“外以儒行修其身，中以释道治其心，旁以山水风月歌诗琴酒乐其志”[11]（白居易《醉吟先生墓志铭》）。既保持理想，又可在“禅定”的状态中潜心体验鲜明活泼的生命本质，或在山林江河、田园台阁、品茗饮酒、吟诗作文中恣意享受生活的乐趣。这不再是一般意义上的回避社会政治的“逃禄归耕”，而是“隐在心间”的一种实实在在的快乐的生存体验。这对承担了太多社会责任和道德义务，又受到“政统”羁縻、控制，但又不想为外物所役，还希望保持个体人格的独立与自由的南宋士人来说，实在是一个两全其美的选择。他们走向自然、优裕自如地享受自己的各种爱好，为心灵找到了一片新的生存空间。

二、士人的“吏隐”心态与笔记创作的新变

当吏隐成了士人的自觉意识，成了他们刻意追求的生活理想，它就会以具体化的生活样态反映在他们的笔记创作中。《齐东野语》云：“吾乡前辈俞且轩侍郎，善墨戏竹石，盖源流射泽而自成一家，逮今为人宝重。……短小精悍，清谈简约，乐易无涯岸，而居官守正不阿。……俞氏自退翁起家，未七十而纳禄者，至澄凡五人。且皆享高年，有园池、琴书、歌舞之乐，乡曲荣之。”[12]俞且轩作为一名“居官守正不阿”的传统儒家士大夫，为天下百姓服务的同时始终不忘生活的物欲享受，在家尽情欣赏园林之美、琴书之雅、歌舞之乐。他们甚至认为：“士之处世，视富贵利禄，当如优伶之为参军，方其据几正坐，噫呜词棰，郡优拱而听命，戏罢则亦已矣……遭横逆机阱，当如醉人之受辱骂，耳无所闻，目无所见，酒醒之后，所以为我者自若也，何以加损哉？”[13]士人应是集佛徒、儒者、佳公子、诗客于一身，这才是隐逸精神的最高境界。

这种向内超越的“吏隐”心态使士人获得了高度自由的思想和自主创作的精神。诚如王国维在《宋代之金石学》中指出：“天水一朝人智之活动与文化之多方面，前之汉唐，后之元明，皆所不逮也。”[14]充分肯定了宋代士人的精神创造能力。陈寅恪举南宋汪藻《代皇太后告天下手书》的实例说明：“六朝及天水一代思想最为自由，故文章亦臻于上乘。”[15]余英时在研究朱熹以及南宋的“士大夫政治文化”后，断言：“宋代是士阶层在中国最能自由发挥其文化和政治功能的时代。”[16]他们都认定南宋士人拥有高度自主和自由的思想文化精神。当然，这种自主和自由是基于当时时局与思潮的向内心深处开掘的自由和自主，是“由受动之时代出而稍带能动之性质”[17]。基于他们这种内倾心态高度自由的创作，往往具有反观现实人生、建构生命意义的镜像化特征：一方面，不完全脱离“欲平治天下，舍我其谁”的入世

情结；另一方面又时常秉持一种相对纯粹的文学观念，追求情感交流的出世的自由理念。以下分述创作主体入世情结、出世理念在笔记创作中的投射情形。

一方面，他们身在江湖，却心存魏阙，此心态在笔记创作中，便体现为对黑暗时局的不满、对国破家亡的痛惜和渴望收复中原的情怀。如罗大经《鹤林玉露》“格天阁”条写道：“密奉虏谋，胁君误国，罪大恶极，上通于天，其可赦乎！”[18]反映了作者对秦桧乞和行径的抨击。赵彦卫《云麓漫钞》“秦太师十客”条[19]，记载了殿前司军校施全不畏权势、反对和议、刺杀奸相秦桧的壮举，虽反遭杀害，但他的行动却代表了平民百姓对和议的强烈反抗和对投降派的憎恨。《东京梦华录》作者孟元老源于对“节物风流，人情和美”的珍惜，源于对过去的追忆和对现在的“怅恨”，“谨省记”编次成《梦华录》[20]。诸如朱胜非《秀水闲居录》、《渡江遭变录》，王安中《入燕录》，郑望之《靖康奉使录》，赵良嗣《燕云奉使总录》等，都反映了作者对当时奸邪当道、党争倾轧、昏庸统治者的不满与忧国忧民的情怀。

另一方面，他们崇尚心灵自由，怀揣个人闲适趣味，取向享乐文化价值，笔记内容多了些“无关紧要”的奇闻异事和日常琐事。如《石林燕语》序中说：“嵁岩之下，无与为娱，纵谈所及，多故实旧闻，或古今嘉言善行，皆少日所传于长老名流，及出入中朝身所践更者；下至田夫野老之言，与夫滑稽谐谑之辞，时以抵掌一笑。”[21]《癸辛杂识》序：“余卧病荒间，来者率野人畸士，放言善謔，醉谈笑语，靡所不有。”[22]他们荣光不再，燕谈而录，自娱自乐，于生活中求取安逸，以释放心灵的羁绊。往往“或欣然会心，或慨然兴怀，辄令童子笔之”[23]。或“时时或自记录”，表现出以文为戏，文以自娱的倾向：“士大夫作小说，杂记所闻见，本以为游戏。”[24]“不敢夸于多闻，聊以自怡而已。”[25]罗大经甚至认为：“圣贤忧乐二字，并行不悖。……盖惟贤者而后有真忧，亦惟贤者而后有真乐，乐不以忧而废，忧亦不以乐而忘。”[26]把责任与娱乐协调在一起，并行不悖，鲜明地反映了文以自娱的心思。

士人自由自主的主体精神融入笔记抒写中，使其在反映社会生活和人生境遇的广阔性和丰富性上，超过了以往任何一个时代的笔记作品。仅从笔记命名时常用“杂识”、“野语”、“闲谈”、“杂记”、“杂志”、“燕谈”、“纪闻”、“漫录”等便可窥见一斑，它不同于唐代笔记强调其事实性而以“史”为题，直接表明作者著述性质的“杂”、“野”、“琐”、“漫”，开始记录自己的生活、思想，记录旁人忽视的、生活化的内容，使笔记逐渐成为可以叙述个人生活琐事、感想的文体。正如四库馆臣所言："其说或抒己意，或订俗讹，或述近闻，或综古义。后人沿波，笔记作焉。大抵随意记载，不限卷帙之多寡，不分次第之先俊。兴之所至，即可成编。故自宋以来，作者至夥。"[27]

三、笔记文体新的抒写价值

由此可见，南宋笔记创作主体转向自身，淡化、甚至消弭精英意识，拥有了自己的话语空间，使笔记的叙写在其价值和艺术上，均获得了新的发展空间。

其一，在叙写价值上，士人的"吏隐"心态将其取向定位在自由的文化空间，通过自身的视域，叙写自身的生活与命运、情趣与愿望，从而使叙写者拥有了前人难以比拟的自由自适的叙写立场和丰富多样的叙写题材。

笔记作为补史阙或资闲谈，搜集"街谈巷语"的小说，南宋前的"笔记之文，不论记人、记物、记事，皆为客观之叙写；论议之文固非随笔之正轨，抒怀抒感之作亦不多见"[28]，严格遵守"述而不作"的信条，不发表意见，不展示内心，难见作者的见解。南宋笔记则从自己的角度记录人事，表露对文艺、学问、人事、世态的意见和感想，明显多了作者的声音。诚如《四库全书总目提要》评南宋末期李之彦《东谷所见》云："皆愤世嫉俗，词怨以怒。末载太行山戏语一条，谓是非不必与世人辨，盖其篇中之寓意。前有自序，题咸淳戊辰小春，正宋政弊极之时也。"[29]充分肯定了其通过叙写表达个人见解和立场、寄托寓意的特点。

与此同时，作品的内容也空前丰富了，举凡朝廷掌故、遗闻逸事、风土人情、文物鉴赏、山川地理等无所不包。如杨万里序曾敏行《独醒杂志》时言："盖人物之淑慝、议论之予夺、事功之成败，其载之无谀笔也。下至谑浪之语，细琐之汇，可喜可笑，可骇可悲，咸在焉……后之览者，岂无取于此书乎！"[30]李瀚序洪迈《容斋随笔》称："文敏公洪景卢，博洽通儒……聚天下之书而遍阅之。搜悉异闻，考核经史，捃拾典故，值言之最者必札之，遇事之奇者必摘之，虽诗词、文翰、历谶、卜医，钩纂不遗，从而评之……可劝可戒，可喜可愕，可以广见闻，可以证讹谬，可以祛疑贰，其于世教未尝无所稗补。"[31]

其次，在叙写艺术上，士人"吏隐"心态使叙写者在尊重和认同"学志于道"的同时，又融入自我的审美素养和艺术技巧，带来了笔记内容的诗情化，使其呈现出不同于以往的清新、自然、真切的叙事色彩。

传统的笔记主要流行于社会中上层，一般表现为忌俗尚雅的审美追求。南宋笔记则多是林下闲谈，信笔直书，取向民间，抒写性灵，有着小品的特质。如《鹤林玉露》、《避暑录话》、《经鉏堂杂志》等，便是“随意点染，饶有风韵”[32]。《樵谈》、《几上语》、《枕上语》等，也都以生活中的断想为主，自由信笔的写作倾向明显，成为后来小品的滥觞。如《四库全书总目提要》评《经鉏堂杂志》云：“明代陈继儒一派，发源于此。”[33]又评《樵谈》云：“核其词气，如出屠隆、陈继儒一辈人口。”[34]评《几上语》、《枕上语》云：“词多丽偶，明人小品滥觞于斯。”[35]郁达夫评罗大经《鹤林玉露》丙编卷四《山静日长》曰：“看了这一段小品，觉得气味也同袁中郎、张陶庵等的东西差不多。大约描写田园野景，和闲适的自然生活，以及纯粹的情感之类，当以这一种文体为最美而最合。”[36]晚明人喜欢读南宋人笔记的原因，恐怕就是与笔记清新、自然、真切的内容风格，有与古人促膝而谈的感受有关。《五朝小说·序》在论及宋人笔记时说：“唯宋则出士大夫之手，非公余纂录，即林下闲谭。所述皆生平父兄师友相与谈说，或履历见闻、疑误考证；故一语一笑，想见先辈风流。其事可补正史之亡，裨掌故之阙。”[37]闲谈中情文相生、美丽动人，往往引起读者的共鸣，让其在幽邃深远的意境中体验一种人生，领略一种心境，感受一种思想，自然而真切。

综上所述，南宋士人的“吏隐”心态赋予了笔记创作主体自由自适的叙写立场，决定了其创作的价值取向，既表现对个人价值的肯定，也表现出与社会价值的融合，通过个人化的叙述方式、微观化的叙述角度曲折地表达对国家政治的关注，拓宽了笔记在表现内容上的宽度和广度。抒写“本心”的叙事方式的确立，则赋予了笔记价值取向的艺术形态，除了具有一般笔记随意性的特点外，还突出体现了清新自然真切的叙事特色，进一步显示出与志怪、传奇分离的趋势。

注释：

[1] 内藤湖南认为中国从宋代开始进入近世，列举了八个特征：贵族政治的衰落和君主独裁政治的兴起、君主地位的变迁、君主权力的确立、人民地位的变化、官吏录用法的变化、朋党性质的变化、经济上的变化、文化性质上的变化。参见［日］内藤湖南：《中国史通论》(上)，夏应元译，《中国近世史》第一章“近世史的意义”，北京：社会科学文献出版社，2004年。

[2]［美］刘子健：《略论南宋的重要性》，《两宋文学史研究汇编》，台北：联经出版事业

公司，1987年，第80页。

[3]（清）王夫之：《宋论》，《船山全书》第11册，长沙：岳麓书社，2011年，第201页。

[4]（元）脱脱：《职官志一》，《宋史》第12册，北京：中华书局，1977年，第3778页。

[5]（清）王夫之：《宋论》，《船山全书》第11册，长沙：岳麓书社，2011年，第119页。

[6]（清）王夫之：《宋论》，《船山全书》第11册，长沙：岳麓书社，2011年，第70页。

[7]［美］包弼德：《斯文：唐宋思想的转型》，刘宁译，南京：江苏人民出版社，2005年，第35～36页。

[8]［德］卡尔·雅斯贝斯：《时代的精神状况·导言》，王德峰译，上海：上海译文出版社，2008年，第3页。

[9]（宋）陆九渊：《象山集》，《四库全书》第1156册，台北：台湾商务印书馆，1983年，第451页。

[10] 冯友兰先生在比较朱熹和陆九渊时曾说："朱熹区别心与性，完全不是文字上的区别；从他的观点看来，实在的确存在着这样的区别。不过，朱熹所见的实在，与陆九渊所见的实在，迥不相同。在朱熹看来，实在有两个世界，一个是抽象的，一个是具体的。在陆九渊看来，实在只有一个世界，它就是心（个人的心）或'心'（宇宙的心）。"参见冯友兰：《中国哲学简史》，北京：北京大学出版社，1996年，第264页。

[11]（唐）白居易：《白居易集》第4册，北京：中华书局，1979年，第1504页。

[12]（宋）周密：《齐东野语》，北京：中华书局，1983年，第180页。

[13]（宋）洪迈：《容斋随笔》，北京：中华书局，2005年，第180页。

[14] 王国维的论断虽是针对整个宋代，在评述"宋代之金石学"时作出的，但讨论"金石学"，南宋自当属重镇。参见（清）王国维：《静安文集续编》，《王国维遗书》第5册，上海：上海书店，1983年，第70页。

[15] 陈寅恪：《寒柳堂集》，上海：上海古籍出版社，1980年，第65页。

[16] 余英时：《朱熹的历史世界》上册，北京：生活·读书·新知三联书店，2004年，第378页。

[17] 王国维在论及中外文化思想交流的《论近年之学术界》中，以"能动时代"和"受动时代"为标准，把中国思想哲学史分为四个时期：春秋战国时期，"于道德、政治、文学上灿然放万丈之光焰，此为中国思想之能动时代"，自汉至宋为"受动时代"，宋代则"由受动之时代出而稍带能动之性质"，宋以后至清又陷入"受动时代"，"思想之停滞，略同于两汉"。参见（清）王国维：《静安文集续编》，《王国维遗书》第5册，上海：上海书店，1983年，第94页。

[18]（宋）罗大经：《鹤林玉露》，北京：中华书局，1983年，第79页。

[19]（宋）赵彦卫：《云麓漫钞》，北京：中华书局，1996年，第169页。

[20] 上海师范大学古籍整理研究所编：《全宋笔记》第5编第1册，郑州：大象出版社，2012年，第114页。

[21]（宋）叶梦得：《石林燕语　避暑录话》，上海：上海古籍出版社，2012年。

[22]（宋）周密：《癸辛杂识》，北京：中华书局，1997年，第1页。

[23]（宋）罗大经：《鹤林玉露》，北京：中华书局，1983年，第1页。

[24]（宋）叶梦得：《石林燕语　避暑录话》，上海：上海古籍出版社，第125页。

[25]（宋）姚宽：《西溪丛语》，北京：中华书局，1997年，第1页。

[26]（宋）罗大经：《鹤林玉露》，北京：中华书局，1983年，第273页。

[27]（清）永瑢等：《四库全书总目》，北京：中华书局，1965年，第1057页。

[28] 吕叔湘选注：《笔记文选读》，上海：古典文学出版社，1957年，第37页。

[29]（清）永瑢等：《四库全书总目提要》第24册，上海：商务印书馆，第43页。

[30] 上海师范大学古籍整理研究所编：《全宋笔记》第4编第5册，郑州：大象出版社，2008年版，第117～118页。

[31]（宋）洪迈：《容斋随笔》，北京：中华书局，2005年，第983～984页。

[32]（明）陈弘绪：《寒夜录》卷下，《续修四库全书》第1134册，上海：上海古籍出版社，1995年，第719页。

[33]（清）永瑢等：《四库全书总目提要》，《万有文库》第24册，上海：商务印书馆，第41页。

[34]（清）永瑢等：《四库全书总目提要》，《万有文库》第24册，上海：商务印书馆，第42页。

[35]（清）永瑢等：《四库全书总目提要》，《万有文库》第24册，上海：商务印书馆，第42页。

[36] 郁达夫：《郁达夫文集》，广州：花城出版社，1983年，第189页。

[37]（明）扫叶山房辑：《五朝小说大观》，上海：上海文艺出版社，2009年，第271页。

【推荐人语】

南宋笔记小品在题材、文风、趣味上面貌一新。该文从南宋士人边仕边隐的“吏隐心态”入手，论析这一系列新变的深层动因。作者从文风新变追溯创作主体的心态变化，又从士人心态变化追溯南宋官场生态的变化，文章既有一定理论深度，论证过程也相当严谨。美中不足的是少数地方语言不够流畅，有些表述还不够准确。（杨树文）

汉晋之际艺术的发展
——从蔡邕到阮氏家族的考察

潘 斌
（华中师范大学历史文化学院，湖北武汉，430079）

内容摘要：在中国艺术发展史上，汉晋之际是一个极其重要的阶段。个体意识的觉醒促使士大夫向文人的转变，使得“为艺术而艺术”的人群迅速扩大，由此而带来了艺术由政治的附庸走向独立生存的重大转折。生活于东汉末年的蔡邕无论是在艺术理念，还是在艺术成就上，都在这一转折中产生了重大的影响和作用。魏晋艺术发展中的另一特点是家族发挥了极为重要的作用。当时的世家大族纷纷由“诗书传家”转向了对艺术的热衷，由此涌现出一大批以艺术作为家族标记的文化世家，与蔡邕生活于同一空间的陈留阮氏家族便是其中较为突出的代表。本文通过对蔡邕和阮氏家族的考察，阐明他们在这一历史时期中的典型意义，由此揭示出汉晋之际艺术发展的特点。

关键词：汉晋之际　艺术　蔡邕　阮氏家族

汉晋之际是一个社会变迁和文化转型的时期。个体意识的觉醒，文人对艺术“无意于施用”的赤诚热爱，世家大族对艺术精神的传承，促使艺术走向独立，进而造就了魏晋艺术的空前繁荣。而魏晋文人则在艺术的陶养慰藉之中，获取了超越的心境和诗意的人生。

在艺术走向独立、通往勃发繁荣的旅途上，蔡邕及与其生活于同一空间的阮氏家族的努力甚巨，具有典型意义。因此，详细考察蔡邕及阮氏家族在艺术的努力和贡献，对于揭示汉晋之际的艺术发展，则是一条重要的路径。

从先秦至两汉，文学艺术始终处于从属地位。先秦诸子百家所言文字多为有意阐发，两汉文学多为娱乐帝王、歌功颂德之作，意在进取功名；而音乐素来与礼教相提并论，强调的是移风易俗、修身养性的功用；书法则是作为书写记录、沟通联系的工具。因此，艺术尚缺乏自己的生命，没有独立生存的意识。

东汉末年是一个新旧之交的时代，这种交替不只表现为政权的更迭、社会的动荡，更体现在思想文化领域中人的觉醒、文艺自觉潮流的涌现。东汉中后期，逐渐发展的个体意识反映到了文学艺术创作中，其特质“在其无意于施用。其至者，则仅以个人自我作中心，以日常生活为题材，书写性灵，歌唱情感，不复以世用撄怀”[1]。在这一文艺转型中，新兴的文人阶层起到了不可估量的作用。

钱穆认为，东方朔、枚乘、司马相如等人，“是先已有文人之格，而尚无文人之称。文苑之传，事始东京，至是乃有所谓文人者出现”[2]。而笔者却以为，纵观西汉文士，或致力儒经，或著文为业，既无文人之名分，也无文人之实质。文人之异于士者，关键在其“无意施用”、“纯意为文”的格调，而非只赖于文辞才艺。个人意识的凸显，超越自由的追求，能文善艺的才学，抒发自我的创作，是文人阶层出现的重要征象，也是汉魏之交的文化风尚。在汉末士大夫中，张衡、马融、蔡邕、祢衡等人，便颇具文人风范。

张衡是一位“通六经，贯六艺”的儒生，他的汉赋在文学史上有着重要的一席之地。他宣寄情志的《思玄赋》、描述日常生活的《归田赋》，可谓是当之无愧的文人之文。张衡还是东汉六大著名画家之一，又以天文历算成就著称于世。马融是当时著名的经学家，但治学范围广泛，史书中记载他曾注《孝经》、《论语》、《诗》、《易》、《三礼》、《尚书》、《列女传》、《老子》、《淮南子》、《离骚》，是一位“道家化的经学家”[3]。马融个性达观任情，行事不拘俗礼。他还特别喜爱音乐，善鼓琴、好吹笛，并有《琴赋》、《长笛赋》传世。

在汉末文人中，蔡邕最具典型性。他不仅在士大夫中声望极高，且兼具士大夫的心态和浓厚的文人气质，既身居庙堂，有济世间苍生、复天下大道之志，又心系江湖，有慕林泉逸致、享琴书欢娱之情。“潜舟江壑”、“捷步深林”的游历体验，父辈师长的身教与言传[4]，无不造化着他的思想与情怀。蔡邕是文学艺术的博通者，也是一位开创者、集大成者，在他的作品与言行中，呈现出较同时代人更为强烈的个体意识和人文关怀。他文赋中的描写对象更加丰富、日常化，情感表达更细腻真实，也更具有为文而文、为己而文的独立意义[5]；他对董卓之死的哀叹，超越了世俗的价值判断，体现出对个体生命的真诚尊重；他对于艺术，并非只是情趣上的雅好，而是注入了自己全身心的热爱与理性的思考；他对魏晋时期的艺术理论、艺术手法等方面有着首创之功，他的艺术造诣和文化贡献，皆令同时代人难以望其项背。蔡邕既不同于马融流悦音伎之情侈，也不似祢衡、赵壹、张升等人恃才傲物、任情不羁，他心性沉审、慕静，更具人格魅力。因此，蔡邕是当时士人追慕的偶像，常常“车骑填巷，宾客盈门”。在其追随者中，有“素与蔡邕善”的孔融，有与蔡邕有“管鲍之好”的曹操，有入室弟子阮瑀，还有深得蔡邕器重的少年王粲等，皆是后来举足轻重的人物。他们的学术和思想，皆与蔡邕有着千丝万缕的关系。由此可见，蔡邕对后世文化的影响，绝非同时代文人所能及。

蔡邕不仅是这一时期士人向文人转化的典范，也是艺术转型中的关键人物。

在众多艺术门类中，古琴与士大夫的缘分尤深。古琴艺术不仅是一种演奏艺术，更是古代文人培养理想人格、升华精神境界的艺术哲学，是谓“其始也艺境，其终也道境”[6]。先秦时即有“士无故不撤琴瑟”、“左琴右书”之说，作为礼乐文化中一个重要的范畴，修身养性被视为琴的主要功能和文化使命。汉晋之际是琴道思想的重要转型期，“志好琴道”的蔡邕，对此功不可没。蔡邕在《琴操·序首》中强调古琴“修身理性，反其天真”的功能，又在《琴赋》提出“通理制性，恬淡清溢”的审美理念，反映出他对儒道思想的融合，尤其契合了《庄子》中的精神境界。“恬淡”、“清”是《庄子》中出现频率较高的词语，如《庄子·应帝王》一篇中提出“游心于淡”，《在宥》篇中认为“至道”的境界是“必静必清，无劳汝形”，《缮性》篇中提出“以恬养知”、“知与恬交相养，而和理出其性”，意在透过内心的恬静以涵养生命的智慧……可见，蔡邕的艺术观念深受庄子影响，并化用了道家思想融入琴论。在此之前，琴乐精神仅以“中”、“和”为正宗，而蔡邕所开的“清”、“淡”之风，拓展了古琴艺术的审美理念，也启发了后世的琴人与琴学。蔡邕在琴曲创作上也颇有建树，并称为“蔡氏五弄”的《游春》、《渌水》、《幽思》、《坐愁》、《秋思》五首琴曲，一改前代琴曲强调人伦教化之题材，而是写景寄情、游目骋怀的性灵之作[7]，对后世琴曲的风格意境影响深远。

汉魏时期，书法由书写工具向审美艺术转型，其标志是东汉后期草书的盛行。草书的飘逸、自由的美感十分契合文人的特性，所以深受文化人的喜爱和迷恋。赵壹的《非草书》曰：

> 夫杜、崔、张子，皆有超俗绝世之才。博学余暇，游手于斯，后世慕焉，专用为务，钻坚仰高，忘其疲劳，夕惕不息，仄不暇食。十日一笔，月数丸墨。领袖如皂，唇齿常黑。虽处众座，不遑谈戏展画地，以草刿壁，臂穿皮刮，指爪摧折，见鳃出血，犹不休辍。[8]

正是有了这么一群人的如醉如痴，书法才有了由功用向艺术的转型。

在书法向艺术转型的过程中，蔡邕的贡献巨大。他是一位著名的书法家，其隶书被誉为“骨气洞达，爽爽有神”。汉灵帝熹平年间，由他正定手书的六经文字石碑被士人争相摹写。同时，蔡邕又是我国历史上第一位具有系统书法理论的人，著有《篆势》、《笔赋》、《笔论》、《九势》等书法著作。他将书法视为一门具有独立审美意味的艺术，强调个体情感的自由抒发。他在《笔论》中写道：“书者，散也。欲书先散怀抱，任情恣性，然后书之。”将书法艺术的本质与个体生命的灵动性结合在一起，“沉密神彩，如对至尊”的要求更是把书法提到至高无上的地位，远非视其为记事工具所能比拟。此外，蔡邕还将书法的艺术形象与自然形象密切地相连接：“为书之体，须入其形，若坐若行，若飞若动，若往若来，若卧若起，若愁若喜，若虫食木叶，若利剑长戈，若强弓硬矢，若水火，若云雾，若日月，纵横有可象者，方得谓之书矣。”这一主张也体现在其他著作中。《九势》开篇即将书法的产生与自然结合起来：“书肇于自然，自然既立，阴阳生焉；阴阳既生，形势出矣。”[9]这不仅把书法理论提到了本体论的高度，而且揭示了书法艺术的内在规律和特征。由蔡邕首倡的这一书法美学，为中国书法由书写工具向审美艺术的转折奠定了重要的理论基础。

东汉时期，凡硕学大儒大多会开门授徒，如经学大家马融即“教养诸生，常有千数”[10]。蔡邕亦有此经历，同为陈留人的阮瑀便是他的得意门生。《太平御览》卷三八五引《文士传》曰：“瑀少有俊才，应机捷丽，就蔡邕学，叹曰：‘童子奇眉，朗朗无双。’”我们知道，阮瑀是曹魏时期的大文豪，是著名的“建安七子”之一。更为重要的是，正是这位蔡邕的同乡高足，为魏晋艺术的进一步发展做出了巨大的贡献，成了汉魏之际艺术走进家族、将艺术转换成世家大族在文化上的标记过程中的典型代表。

两汉时，随着察举征辟制度的推行，士人与宗族开始密切结合，由此而逐渐形成了一批世家大族。这个阶层经济上占有数量巨大的土地，政治上世居高官，而文化上则以诗书传家，即以某一部儒家经典的解释权作为本家族的文化标记，如夏侯氏世传《尚书》，刘向家族“尤珍重《左氏》，教授子孙，下至妇女，无不读诵者”[11]。由此而形成了所谓的家学、门风。

对于这些世家大族来说，家学、门风则是延续家世、维持门第、提高声望的关键因素。诚如今人钱穆所言：“门第之所以赖以维系久在者，则必在上有贤父兄，在下有贤子弟。若此二者俱无，政治上之权势，经济上之丰盈，岂可支持此门第几百年而不弊不败？”[12]当然，世家大族对家学、门风的注重，对于文化的保存和传承亦发挥了巨大的作用，“当时一切学术文化，可谓莫不寄存于门第中，由于门第之护持而得传习不中断，亦因门第之培育，而得生长发展”[13]。

时至魏晋，随着察举征辟制度的蜕变和老庄之学的兴起，儒家经学逐渐式微，先秦诸子和文学艺术受到社会的普遍青睐而走入士族生活，成为世代传习的主要内容。因此，文学艺术便逐渐取代儒家经学，成了士族的文化标识，艺术的发展也就有了最为坚实的基础。

首先是曹氏父子于邺下率一帮文人“怜风月，狎池苑，述恩荣，叙酣宴”[14]，以一种畅意自由的生活方式，培育着艺术的心境，使艺术脱离政治教化的苑囿，被赋予了更为崇高的地位。同时，他们还面对现实直抒胸臆，开启了或清峻通脱，或华丽壮大的文风，在文学理论和创作方面均做出重要贡献，可以说是开启了以文学作为家族文化标记的先河。随后涌现出了一批潜心于文学艺术的文化世家，如颍川钟氏、河东卫氏家族的书法，是时人研习的范本，对魏晋书法影响深远；引领书坛的王羲之家族，以家传书道闻名于世；陈郡谢氏是东晋著名的文学家族，家族子弟中亦不乏巧艺多能者；东晋到南朝的戴氏家族琴人辈出，他们在传习琴艺的同时，也传承着高标清远的文人气质。而在这一批文化世家中，陈留的阮氏则具有较为典型的意义。这是一个名士辈出，将玄学融入艺术、落实到生活的艺术世家，在古琴、文学领域中均有突出的成就。

阮氏家族逢于魏晋乱世之际，在特殊的社会形势、儒学传统与道家思想的双重影响下，他们形成了一种复杂的心态：既明哲保身，谨慎处世，又任诞不羁，放浪形骸。他们对假礼教的反抗，对真自然的追求，对个体价值的肯定，是魏晋文人精神面貌的真实写照。

阮氏家族既是道家风范的高扬者，也是中国古代音乐世家的早期代表，阮瑀、阮籍、阮咸、阮瞻皆是著名的琴家。他们将个体的深情与思想的玄远倾注于艺术，对后来的艺术家族产生重要影响。

阮籍的《乐论》是一篇以道释儒的音乐思想专著，开篇以“自然之道”作为主旨，将音乐本质定义为“天地之体，万物之性”，作乐的原则应该是“迎阴阳八风之声。均黄钟中和之律，开群生万物之情气”，以起到“律吕协则阴阳和，音声适而万物类”的作用。由此自然可以“风俗移易”、“刑赏不用而民自安”。《乐论》中还论及音乐的平和恬淡，思想依据依然来自道家：“乾坤易简，故雅乐不烦。道德平淡，故无声无味。”“音声不哗。漠然未兆，故众官皆和也。目此观之，知圣人之乐，和而已矣。”[15]从蔡邕《琴操》、

《琴赋》中并存的儒道思想，到阮籍《乐论》中援道入儒，以自然释名教，反映了音乐理论在儒道融合背景下的推进和深入。在音乐与人的关系上，阮氏家族以任自然的真性情向前迈进了一大步。在传统的音乐观念中，琴作为君子的常御之器，其功能在于“守以自禁”，用于“仪节”而非“慆心”，而性情疏放的阮氏子弟视琴为感荡心志，发泄幽情的心灵伴侣，甚至表现出了一种异于时人的“痴”态。《晋书》中记载：

> 籍容貌瑰杰，志气宏放，傲然独得，任性不羁，而喜怒不形于色。或闭户视书，累月不出；或登临山水，经日忘归。博览群籍，尤好《庄》《老》。嗜酒能啸，善弹琴。当其得意，忽忘形骸。时人多谓之痴，惟族兄文业每叹服之，以为胜己，由是咸共称异。
>
> （阮瞻）善弹琴，人闻其能，多往求听，不问贵贱长幼，皆为弹之。神气冲和，而不知向人所在。内兄潘岳每令鼓琴，终日达夜，无忤色。由是识者叹其恬澹，不可荣辱矣。
>
> （阮咸）妙解音律，善弹琵琶。虽处世不交人事，惟共亲知弦歌酣宴而已。[16]

阮氏子弟以真实的人生实践着自己的思想志趣，在艺术人生中纵情驰骋。这样的艺术心境，也为那个时代的文人所共有。从嵇康“抱琴行吟，弋钓草野”，“弹琴咏诗，自足于怀”，“临当就命，顾视日影，索琴而弹之”，到陶渊明“乐琴书以消忧”，“清琴横床，浊酒半壶”，“不解音声，而蓄素琴一张，无弦。每有酒适，辄抚弄以寄其意”，在魏晋文人那里，艺术落实到了日常生活中，成为他们寄托深情、体悟大道、安养人生的最佳方式。

汉魏之际，人的发展、个体意识的觉醒带来了艺术的独立发展。东汉中后期，沉潜已久的个体意识在士大夫中渐露端倪，既体现在他们异于传统的处世方式上，也表现在他们的艺术创作中。在张衡、马融、蔡邕、祢衡等这样一批具有文人特质的士大夫推动下，艺术逐渐从政治附庸、实用工具的角色中脱离出来，成为具有独立审美意义的艺术。文学中有了更多生活化的描述和个体情感的表露，书法开始有意识地追求艺术美感。蔡邕首倡的书法理论，明确将书法与个体情感的表达联系在一起，他有意识地融老庄思想入琴论，提出了“反其天真”、“恬淡清溢”的理念，为魏晋时期音乐艺术的独立奠定了基础。蔡邕才高学富，交游广泛，门生众多，是当时的文化领袖。他的思想与文人气质，对于之后的建安邺下文人集团多有影响。作为这一文化变迁中的关键人物，蔡邕反映了那个时期艺术与文人的关系，他的艺术理念与成就在汉晋艺术发展中有着承上启下的重要意义。

魏晋时期，艺术与文人的关系更加密切，艺术的发展和完善，也丰富了文人的生活，陶冶着文人的性情。邺下文人赋予文学艺术以崇高的地位，经过了玄风浸润的魏晋艺术，在有钱、有闲、有知、有识的世家大族潜心精研下大放异彩。艺术的繁荣也培育着文人的艺术心境，促进了人的个性解放，并造就了历史上极富个性魅力的名士风度。陈留阮氏反映了这一时期艺术家族的共性特点：一是深受玄学影响，尤其是老庄思想对他们的人生观多有启悟。二是具有全面的艺术素养。阮氏家族的家学奠基者阮瑀，既是“书记翩翩”的建安才子，又是琴艺妙绝的古琴家。阮籍的文学成就和音乐才能更是超越父辈。三是他们将对艺术的审美从文本的理论落实到了现实人生。与前代文人不同，他们对艺术体悟的表达途径，主要不是通过文本理论和具体创作，而是体现在艺术活动和人生理念上。阮氏家族子弟中，多是洒脱旷达的至情至性者，这其中固然有来自现实的因素，但更多是来自于从艺术中而得的心境。阮氏子弟这种率真、随性的人生态度，反映出魏晋时期艺术的勃发带给人以心灵的超越和精神世界的解放。他们是魏晋风度的代表，也是魏晋艺术家族的典型。

通过从蔡邕到阮氏家族的考察，我们能够清晰地看到魏晋艺术的发展轨迹。当然，这只是一个视点而已。至于魏晋艺术发展的全面揭示，则需要更加细致、深入的考察和探究。

注释：

[1] 钱穆：《读〈文选〉》，《中国学术思想史论丛（三）》，北京：生活·读书·新知三联书店，2009 年，第 104 页。

[2] 钱穆：《读〈文选〉》，《中国学术思想史论丛（三）》，北京：生活·读书·新知三联书店，2009 年，第 104 页。

[3] 钱穆：《魏晋玄学与南渡清谈》，《中国学术思想史论丛（三）》，北京：生活·读书·新知三联书店，2009 年，第 71 页。

[4] 蔡邕“六世祖勋，好黄、老”，父亲蔡棱也是一位“处俗孤党，不协于时”的超迈之士。他的老师胡广更是一位博通各家学说的大学者，所谓“《六经》典奥，旧章宪式，无所不览”，“博物洽闻，探赜穷理”，“凡圣哲之遗教，文武之未坠，罔有不综”。分别参见（南朝宋）范晔：《后汉书》卷六十下，北京：中华书局，2007 年，第 1979 页；《后汉书》卷四十四，北京：中华书局，2007 年，第 1508 页。

[5] 蔡邕的文赋中，描写对象既有形形色色的人，如短人、瞽师，又有日常物件，如圆扇、弹棋、琴、笔、栗、蝉等。在他的《青衣赋》、《检逸赋》中，对个体情感表达的坦露与

细腻，皆前所未有。

[6] 李美燕：《琴道与美学》，北京：社会科学文献出版社，2002 年，第 28 页。

[7]《乐府诗集》卷五十九《琴曲歌辞三》引《琴书》载："邕性沈厚，雅好琴道。熹平初，人青溪访鬼谷先生。所居山有五曲：一曲制一弄，山之东曲常有仙人游，故作《游春》；南曲有洞，冬夏常渌，故作《渌水》；中曲即鬼谷先生旧所居也，深邃岑寂，故作《幽居》；北曲高岩，猿鸟所集，感物愁坐，故作《坐愁》；西曲灌水吟秋，故作《秋思》。三年曲成，出示马融，甚异之。"（宋）郭茂倩编：《乐府诗集》，北京：中华书局，1979 年，第 855～856 页。

[8]（东汉）赵壹：《非草书》，（唐）张彦远编：《法书要录》，上海：上海书画出版社，1986 年，第 2 页。

[9] 潘运告：《书画艺术走向觉醒——代前言》，《汉魏六朝书画论》，长沙：湖南美术出版社，1997 年，第 2 页。

[10]（南朝梁）范晔著，（唐）李贤等注：《后汉书》卷六十上《马融传》，北京：中华书局，1987 年，第 1972 页。

[11]（宋）李昉等编纂：《太平御览》第三册，第六百一十卷，北京：中华书局，1960 年，第 2746 页。

[12] 钱穆：《略论魏晋南北朝学术文化与当时门第之关系》，《中国学术思想史论丛（三）》，北京：生活·读书·新知三联书店，2009 年，第 161 页。

[13] 钱穆：《略论魏晋南北朝学术文化与当时门第之关系》，《中国学术思想史论丛（三）》，北京：生活·读书·新知三联书店，2009 年，第 207 页。

[14]（南朝梁）刘勰：《文心雕龙·明诗第六》，周振甫：《文心雕龙今译》，北京：中华书局，2013 年，第 60 页。

[15]（三国魏）阮籍：《乐论》，见陈伯君校注：《阮籍集校注》，北京：中华书局，1987 年，第77～100 页。

[16]（唐）房玄龄：《晋书》卷四十九，北京：中华书局，1974 年，第 1359～1363 页。

【推荐人语】

汉晋之际是我国艺术发展史上一个具有转折意义的时代，"为艺术而艺术"人群的出现，带来了艺术的勃发，使艺术有了自己的生命。潘斌的这篇论文抓住蔡邕和陈留的阮氏家族这两个在汉晋之际艺术发展中做出了重大贡献的典型，深入考察二者在汉晋之际艺术转型中的杰出表现以及二者之间的逻辑联系，由此而揭示汉魏晋之间艺术发展的轨迹，为学人深入了解、探究汉晋之际的艺术提供了一个重要的视点。（马良怀）

抽象名词的特殊表量方式

——以“$N_{抽}$＋指数”为例

潘　纯

（华中师范大学文学院，湖北武汉，430079）

内容摘要：抽象名词的空间性最弱，与量词的组合能力十分有限，是名词词类中的非典型成员。同时，抽象名词因其突出的属性义而具备程度性特点以及逐渐增强的充任定语的组合能力，使其与形容词之间形成一定关联。所以，在表程度量方面，抽象名词可视为名词与形容词之间的一种过渡状态。这一特殊词类地位使抽象名词的表量方式由传统的表数量扩展为表程度量。本文集中讨论抽象名词的一种表程度量的特殊表量方式“$N_{抽}$＋指数”。通过与相似结构“$N_{抽}$＋程度”的比较分析，“$N_{抽}$＋指数”多维特征得以体现。

关键词：抽象名词　词类地位　表量方式　程度量　“$N_{抽}$＋指数”

一、抽象名词的特殊词类地位

名词和形容词是现代汉语的两大基本词类，不论是语法特征还是语义内涵都存在显著差异。从语法特征上看，名词能受数量词的修饰，但一般不受程度副词的修饰，能够充当句子的主语和宾语；形容词能够受程度副词的修饰，但不带宾语，能够充当句子中的定语或谓语。从语义内涵上看，名词是表示人、事、物的词，形容词是表示性质状态的词。空间性是名词最基本的特征，程度性是形容词的典型特点。谭景春（1998）观察到，在现代汉语中有一部分名词能够向形容词转变，名转形的语义基础来自名词的性质义[1]。（笔者认为性质义与属性义所指一致，若无特殊说明，下文将统一以属性义指称。）谭文进一步分析得出名转形的三种功能转变途径，即间接转变、省略转变以及直接转变[2]。其中，间接转变引起我们的关注。该文指出，非谓形容词是名词逐渐转变为形容词的过渡状态，这也是名转形的最主要途径，并对此进行详细论述[3]。名词与形容词之间没有严格界限，典型名词与典型形容词之间存在着一个动态连续统。观察角度不同，就会呈现不同的关联。本文认为，倘若从表属性的程度量方面考虑，抽象名词亦可视为名词向形容词过渡的一种中间状态。抽象名词指称概念抽象模糊的事物，一般只能与数量有限的种类量词进行组配，其空间性在名词各小类中最弱，属于名词类中的非典型成员或称边缘成员。基于其语义内涵的高度抽象性，抽象名词的词义一般是由所指对象的属性义构成，属性义包括概念属性义和附加属性义两种，不同的抽象名词所体现的属性义类型各有侧重，要么是以表示所指对象本质的概念属性义为主，要么是以与该对象相关联的附加属性义为主。不同于一般名词，抽象名词的词义构成明显倾向于表示所指对象的属性，这就与形容词形成一定关联。形容词是表示性质和状态的词，可大体分为性状形容词和非谓形容词。抽象名词表属性的语义特征，为自身具有一定的级次变化提供可能，其程度性的特点与性状形容词相似；对于名词而言，充当句子定语，既非充分条件亦非必要条件。而对于非谓形容词来说，其基本功能就是充当句子定语。一部分抽象名词最初就具备充任定语的能力，例如“魅力江城”、“活力宝贝”、“幸福快车”等。另有一些抽象名词也逐渐获得这一句法功能。方清明（2011）认为“问题＋N”结构能否组配的认知机制在于N是否有必要具有“有问题”这种区别属性[4]。为什么抽象名词充任定语的能力能够发生如此历时性改变？需要从抽象名词的意义内涵中寻求答案。抽象性作为抽象名词最根本的特征可进一步衍生出模糊性与主观性。所指对象模糊不定难以衡量把握。即使能受有限的种类量词限定，但所指量仍不够精准。但也正是基于同样的原因，言语主体能够充分发挥主观能动性，对所指对象进行各种关联与联想，并根据交际需要进行整合输出。这种不可控性与可控性的矛盾统一，使抽象名词充任定语的能力逐渐增强。我们认为，未来将有更多的起初不能充当定语的抽象名词逐渐具备这一句法功能。

综上，抽象名词在词类上隶属于名词大类，但其空间性最弱，与量词的组合能力十分有限，所以是名词词类中的非典型成员（边缘成员）。同时，抽象名词因其突出的属性义而具备程度性特点以及逐渐增强的充任定语的组合能力，使其与形容词之间形成一定关联。所以，在表属性的程度量方面，抽象名词可视为名词向形容词过渡的一种中间状态。

二、汉语量范畴及抽象名词的表量方式

对量的认知是人类的一项基本认知能力，客观世界因为“量”的介入而变得更加明晰。各种具体“量”及其表量方式，“集合起来便构成了‘量’

这种反映客观世界的认知范畴”。“‘量’这种认知范畴投射到语言中，即通过‘语言化’形成语言世界的量范畴。”[5]汉语量范畴是个庞大而丰富的语义系统。李宇明在《汉语量范畴研究》一书中全面分析了汉语量的范畴系统，大大拓展了我们对“量”这一语义范畴的认识广度与深度。“量”不再单纯指称与人或物相关的物量（传统意义上通常简称为“数量”），它还包括与事件相关的空间量、时间量与动作量，与性状相关的级次量，以及表达说话人情感的语势[6]。

语言是社会生活的能动再现，随着互联网的飞速发展，媒体语言的不断丰富，现代汉语量范畴也呈现出一些新的时代特征。人们对量范畴的理解与表达正在经历三大转变，即由“严谨”逐渐倾向“随意”，由“精准”逐渐倾向“模糊”，由“理性”逐渐倾向“感性”。人类对客观世界的把握一般会遵循先具体后抽象的认知规律。严谨精准的表量方式能够让复杂的客观世界变得井然有序、理性客观。“一百八十五个学生”一定比“成百上千个学生”，“三十二场演唱会”一定比“许多场演唱会”更有“量”的说服力与可信度。但是在现实语言生活中，交际主体的表达意愿更加强烈，主观情感更加丰富，因此在表量方式上呈现一种夸张、形象、感性的语言风格。以程度量（笔者认为《汉语量范畴研究》中的级次量也可以称为程度量）为例，较之“非常”、“特别”、“十分”，“相当”、“忒”更受青睐；“晕了”、“好烦”不过瘾，“晕死”、“烦死”才贴切；“美翻了”、“帅呆了”、“酷毙了”出现频率越来越高；表示量“多”还不够，“多了去了”似乎更合意；“谢谢”对方不足表达感激之情，还得捎上“全家”，“（我）谢谢你全家”让人容易联想“我诅咒你全家”的贬义色彩。

抽象名词的表量方式可大体包括表数量的表达方式和表程度量的表达方式。前者是抽象名词的传统表量方式，尤以与种类量词的定中组配居多，体现了该类名词的弱空间性。此外，抽象名词的特殊词类地位反映出它与形容词之间的某种联系，抽象名词具有突出的属性义，使得该属性义存在被级次量化的可能，置言之，属性义存在程度之别。邵敬敏（2005）指出“［＋属性］和［＋程度量］之间存在着某种因果关系，前者决定了后者。我们把这种隐含的语义特征关系称之为‘因果性’的语义特征”[7]。

所以，抽象名词的另一类特殊的表量方式则是表示程度量，这是由其特殊的词类地位决定的。学界对于抽象名词表数量的传统表量方式已有较多关注，本文将着重讨论一种表程度量的特殊表量方式——“$N_{抽}$＋指数”结构。

三、抽象名词的一种特殊表量方式

张谊生（1997）认为汉语中副词修饰名词的现象与名词的语义基础及其功能转换有关，并指出“要想使名词的指称功能性状化，唯一可行的办法就是在名词前面附加程度副词，并且让这种副名结构充当谓语、述语或状语、补语、定语等表述成分或修饰成分”[8]。本文认为，抽象名词后附“指数”所构成的“$N_{抽}$＋指数”也能使该抽象名词的属性义（与张文的“性状化”相关）得以凸显量化。有关抽象名词表程度量的表量方式，我们没有做系统考察，但“$N_{抽}$＋指数”结构无疑是其中十分特殊的一种。本节将通过与近似结构“$N_{抽}$＋程度”的比较分析，力求较为全面地呈现“$N_{抽}$＋指数”的多维特征。

（一）“$N_{抽}$＋指数”的语义改造

《辞海》、《汉语大词典》以及《现代汉语词典》三部权威词典各版本的不同释义，综合反映出“指数”语义内涵的历时发展变化。“指数”由最初仅表示“社会经济现象”逐步扩展为“地区差异或计划完成情况”、“变量”，从而最终形成涵盖这三个层面的共时意义。作为典型的统计学术语的“指数”被首先应用于各学科专业领域，便产生大量与该领域相关的“X＋指数”术语。随着客观语言生活的不断丰富，“指数”的统计学术语义逐渐丧失，泛指量义不断凸显，“X＋指数”结构由此进入非学科专业领域。这类新型的“X＋指数”即可表示模糊概念，也可表示系统概念。前者抽象义强、语义内涵单一，贴近百姓生活，以个人创造居多，例如“时尚魅力指数”、“活力指数”、“购物乐趣指数”、“化妆指数”等；后者虽无严格计量标准，但也形成了一个相对完善的评价体系，多为企业自主研制发布，例如“百度指数”、“淘宝指数”、“网秦安全指数”等。“X＋指数”中“X”既可以是名词性成分，也可以是动词性成分。本文仅讨论名词中的特殊小类，即抽象名词进入该结构后所呈现的特征，并视“$N_{抽}$＋指数”为抽象名词的一种特殊的表程度量方式。

当“指数”意义泛化为仅表示泛指量义（下文若无特别说明，“指数”均表泛指量义）时，进入“$N_{抽}$＋指数”的抽象名词将经历被具体量化的语义改造过程。所谓“具体量化”并非统计学中利用特定公式进行的严格周密的数学演算，而是指对抽象名词所反映的客观对象属性的程度级差的衡量。因此，这里的“具体量化”只是相对而言，但通过“$N_{抽}$＋指数”对抽象名词的具体量化改造，该结构中的抽象名词必然较之单用时其语义内涵更易于理解把握。例如：

（1）欧元的魅力指数似乎随着时间的推移，反而下滑了。

（2）面对股市风云变幻，股价起伏不定，男人大多表现得镇定自若，心情指数不会随着股指的起伏而上下波动。

（3）持续走红时尚的糖果色，在家居运用上也是如鱼得水，面积不大的小户型空间更是能够通过各种鲜艳炫色来提升整体的亮度和活力指数哦！

三例中的“指数”将其泛指量义赋予“N抽＋指数”，使得意义抽象的“魅力”、“心情”以及“活力”的属性义得以具体量化，与句中的动态描述成分共现，整体表意更加形象生动。

（二）“指数”与“程度”的异同

“程度”与表泛指量义的“指数”具有极为相似的语义内涵和语法功能，二者都表示所指对象的属性义的级次变化，都能充当句子的主语、宾语以及定语中心语。当抽象名词分别与“指数”与“程度”构成定中关系的偏正结构时，“N抽＋指数”与“N抽＋程度”理论上应该可以互换，但客观语言事实表明，“N抽＋指数”使用频率更高、应用范围更广。究其原因，当与二者的词汇构成有直接关系。

“指数”一词的构词语素“指”和“数”为“指数”的泛化以及“N抽＋指数”的结合提供可能。“指”具有一定方向性、动态性。《现代汉语词典》（第6版）中以“指”为首项语素的词语大多含有这方面特征，例如指点、指导、指向、指挥、指称等；与方向性相关联的一般又会涉及所指向的对象，例如指认、指名、指使等[9]。“数”具有一定客观性和说服力。“指数”最初是统计学和数学两个学科领域的专业术语，具有天生的专业性。尤其是作为数学概念的“指数”，往往容易让人联想到动态曲线的指数函数图像，其直观性与形象化得以大大提升。为“指数”的意义泛化提供可能。相比较而言，表示路程距离、规律法则的“程”与表示计量长短、计量单位的“度”结合而成的“程度”，构词前后表意都很模糊抽象，呈静态性。“指数”表具象、动态的先天优势为“N抽＋指数”的强大组合能力提供支撑。

四、“N抽＋指数”与“N抽＋程度”的异同

抽象名词的特殊词类地位反映出它与形容词之间的某种联系，抽象名词

具有突出的属性义，使得该属性义存在被级次量化的可能，换言之，属性义存在程度之别，这就为表示程度量的表达方式的出现提供可能。当与“指数”结合时，抽象名词的属性义被强化凸显，并通过“指数”泛指功能的赋予，其抽象性减弱，可度量性增强。“$N_{抽}$＋指数”与“$N_{抽}$＋程度”的基本意义一致，都表示 $N_{抽}$ 的某一方面属性的程度级次；两者的语法结构也一致，都是与 $N_{抽}$ 构成定中关系的偏正短语。理论上，二者可以自由互换。但是，为什么当下各类媒体语言在传达相同的意义内容时，选择“$N_{抽}$＋指数”的情况明显更多？除了与“指数”和“程度”的构词语素有关，必须站在句法乃至段落章节层面，动态分析二者的区别。

（一）句法组配差异

句法上，“$N_{抽}$＋指数”与“$N_{抽}$＋程度”同为定中结构的直接组配关系，整体呈名词性，故与名词的句法功能相似，再加之意义基本相同，“$N_{抽}$＋指数”与“$N_{抽}$＋程度”应该具有一致的句法功能。但通过具体语料考察，二者与其他成分的组配能力存在一定异同。当充任主谓短语中的主语成分时，与“$N_{抽}$＋指数”共现率较高的语言成分主要为表升降浮动变化、高低程度或量度比较的词或短语。例如：

（4）这样的“三不”政策实施后不久，我欣慰地发现减少了5公斤，但与此同时，在同事眼中，我也成了一个不合群、工作不积极上进的人，人缘指数急转直下。

（5）与此形成鲜明对照的是，一个号称“礼仪之邦”的文明古国，却逐渐丧失文明优势，成为教养指数低下的负面样板。

（6）眼下，内马尔就是巴西国内公认的第一天才，天才指数丝毫不亚于巴洛特利，而内马尔犯二的水平也跟巴洛特利旗鼓相当。

然而，“$N_{抽}$＋程度”充任主语成分时，仅能与表高低程度或量度比较的词或短语组配。倘若将例（4）中“指数”替换为“程度”，“人缘”与“程度”的意义搭配牵强；再者，静态的“人缘程度”也很难以“急转直下”来进行动态陈述。

当充任动宾短语中的宾语成分时，与“$N_{抽}$＋指数”共现率较高的语言成分主要为改变量度、表存在或表判断的词或短语。例如：

（7）奥巴马政府认为，朝鲜公开铀浓缩设施的主要原因之一是想把美国拉到谈判桌上，即提高危机指数，迫使奥巴马政府内外发出更强烈的美北对话呼声。

(8) 另外，为了避开“烂片”，为“淘片”者节省时间和金钱，此书不但每一篇篇首都有心情指数，可以让读者了解对片子的基本评价，同时，全书结尾还有一个片名索引，可以方便影迷在“淘片”时进行快速检索，各取所需。

(9) 而且《百分百感觉》一向都是潮流指数，所以这次服装上都是走最潮流的路线，好像余文乐所穿的服装和所驾驶的车的风格都基本与原著一样，余文乐更获得车行借出一部近500万元的跑车拍摄。

三例中的“指数”都无法替换为“程度”。如果将前例替换为“提高危机程度”，“提高”无法与静态的“危机程度”组配；如果将中例和后例替换为“此书不但每一篇篇首都有心情程度”、“而且《百分百感觉》一向都是潮流程度”的语义组配则完全不合格。

相比较而言，当充任定语中心语、介词宾语或者联合短语中的联合项时，“$N_{抽}$＋指数”与“$N_{抽}$＋程度”基本能够替换。例如：

(10) 可是再看现在这支意大利，几名前锋的天赋指数堪称几十年来最低的一次。

(11) 2010年已经过去了。在已经过去的这一年里，除了强拆小分队之外，就武力指数而言，城管要称第二，那绝对没有人有意见。

(12) 残疾人是折翼天使，他们在受教育和就业上多一些绿色通道和平等机会，不仅能够提升他们的生存尊严，还能够提升整个社会的尊严指数和正义力量。

替换后的“天赋程度”、“就武力程度而言”、“尊严程度”虽然合语法且合语义，但是在语用效果上逊色许多，表达平淡，缺乏新颖。

（二）章节标题的特殊形式

“$N_{抽}$＋指数”不但能够充任特定的句法成分，还能以章节标题的特殊形式独立呈现，主要包括文字类、符号类以及数字类三种。文字类直接以文字描述来反映“$N_{抽}$＋指数”的语义内容，自由度较大，不存在任何形式与内容约束。例如：

(13) 欲品古榭荷风雅韵，可至九曲桥、逸野堂、绘月廊等厅堂轩廊，体验一把古时文人墨客的赏荷雅事。　　韵味指数：五颗星

(14) 心情指数：受益匪浅　　阅读场所：图书馆

两例中的“$N_{抽}$＋指数”与“$N_{抽}$＋程度”能够相互替换。例（13）所代表的一类语料以“几颗星”来表示，其作用与星级符号类相同；例（14）指作者阅读《百感杂集》一书的感想，该例所代表的一类语料对“$N_{抽}$＋指数”的文字描述内容几乎没有任何限制要求，可以是词、短语或者句子。

符号类包括五角星、实心圆、纵向箭头三类符号，其中又以五角星符号居多。若无特别说明，一般默认五个级次表示$N_{抽}$所指对象属性义的最高程度。例如：

(15) 贵州菜　　代表菜式：水煮鱼　　招牌指数：★★★★★

常见的数字类计量标准有五分制、十分制、百分制及百分比，例如：

(16) 中国七大城市玩乐排名　　杭州：玩能花光你的所有　　口味指数 7.5

数字类语料的上下文中一般并无具体说明，但读者可根据语境准确判断作者所选用的数字计量标准，例（16）可判断为十分制。

较之“$N_{抽}$＋程度”，“$N_{抽}$＋指数”与符号或数字构成的表程度量的表量方式在语用效果上更具优势。例如：

(17) 欧美电影十大美景第三位：苏格兰高地　美景指数：★★★★

(17)′欧美电影十大美景第三位：苏格兰高地　美景程度：★★★★

(17)″欧美电影十大美景第三位：苏格兰高地　美景：★★★★

苏格兰高地在欧美电影十大唯美景色排行榜中排名第三位，例（17）中的“美景指数”反映其较高的美丽程度。(17)″表意不够清晰，虽然交际主体可以凭借能动联想大致把握其意义内涵，但一般是根据在时间顺序上后来出现的（17）联想而得。(17)′与（17）表意相同，区别主要在语用效果上。前者是一种静态表量；后者受到“指数”构词语素所蕴含的方向性、动态性影响，是一种动态表量，使交际主体容易联想到类似数学概念中指数函数曲线的具象形态，从而使抽象名词“美景”的属性义程度更加直观。此外，用看似专业的词语表达非专业领域的对象，这也是当下言语主体的一种表达倾向或言语风格。最初作为数学和统计学领域专业术语的"指数"，其属于义虽已基本丧失，但其指量义仍旧有所保留，这就为"$N_{抽}$＋指数"章节标题的特殊形式的出现提供可能。与由表意一直都很抽象的"程度"所构成的"$N_{抽}$＋程度"相比，"$N_{抽}$＋指数"表程度量的可信度更高、直观性更强、动态感更强。

同样作为抽象名词的表程度量的表达方式，"$N_{抽}$＋指数"比"$N_{抽}$＋程度"与其他成分的组配能力更强，可组配成分更加灵活多样，除了涵盖"$N_{抽}$＋程度"能够组配的句子成分外，还能与诸如"飙升"、"爆棚"、"破表"等动词性成分构成主谓短语或动宾短语，或者与符号或数字构成更具动态语用效果的表量方式。

不同于静态、抽象、表量点的传统表数量的表量方式，"$N_{抽}$＋指数"以其动态、形象、表量幅的特点，丰富了现代汉语抽象名词的表量方式，满足了言语主体的交际需求，符合现代汉语量范畴的时代特征，其形象直观的动态内涵增加了语言艺术的张力，同时也提升了语言表达的信度与效度。

注释：

[1] 谭景春：《名形词类转变的语义基础及相关问题》，《中国语文》1998 年第 5 期，第 370 页。

[2] 谭景春：《名形词类转变的语义基础及相关问题》，《中国语文》1998 年第 5 期，第 372～374 页。

[3] 谭景春：《名形词类转变的语义基础及相关问题》，《中国语文》1998 年第 5 期，第 372 页。

[4] 方清明：《论"问题"的组配能力与临时概念化功能》，《语言科学》2011 年第 4 期，第 385 页。

[5] 李宇明：《汉语量范畴研究》，武汉：华中师范大学出版社，2000 年，第 30 页。

[6] 李宇明：《汉语量范畴研究》，武汉：华中师范大学出版社，2000 年，第 30 页。

[7] 邵敬敏：《"副＋名"组合与语义指向新品种》，《语言教学与研究》2005 年第 6 期，第 13 页。

[8] 张谊生：《名词的语义基础及功能转化与副词修饰名词（续）》，《语言教学与研究》1997 年第 1 期，第 136 页。

[9] 中国社会科学院语言研究所词典编辑室编：《现代汉语词典》（第 6 版），北京：商务印书馆，2012 年，第 1675～1676 页。

【推荐人语】

本文通过对一种表程度量的特殊表量方式即"$N_{抽}$＋指数"结构的考察分析，从一个较新的角度说明了抽象名词可视为名词与形容词之间的一种过渡状态，并且通过与相似结构"$N_{抽}$＋程度"的比较分析，揭示了二者在表示程度量上的异同，说明了"$N_{抽}$＋指数"的多维特征。本文具有一定的理论意义，为我们深入认识不同词类之间的连续性、过渡性提供了一个较新的视角，同时对当今流行语的研究也有一定的参考价值。(吴振国)

论陈劭先的民主思想与文化供应社的出版活动

宋　泉
（华中师范大学文学院，湖北武汉，430079）

内容摘要：文化供应社是抗日战争时期广西最大的一家地方出版发行企业，与国际新闻社、《救亡日报》并称为“桂林三大进步团体”。陈劭先作为文化供应社的首任社长和发起人之一，始终指导和维护文化供应社的出版工作。他作为民主人士的先驱，以出版为文化阵地宣传进步思想，支持和保护进步文化出版人，为抗战时期进步文化的传播做出了极大的贡献。

关键词：陈劭先　民主思想　文化供应社　出版

陈劭先（1886—1967），是我国进步民主人士的先驱者，著名的政治活动家和出版人。抗日战争时期，陈劭先曾任广西建设研究会驻桂常务委员、文化供应社社长的职务。在主持文化供应社工作的十年间（其中1939年—1943年担任社长；1943年出于保护文化供应社的需要，陈劭先辞掉社长职务，但仍作为常务董事指导出版工作；1946年出版重心转移至香港，1949年文化供应社总社迁往北京，陈劭先等主要负责人走上新的领导岗位），他与李任仁（时任广西建设研究会常务委员、文化供应社董事长）利用其在新桂系“客卿”的身份竭力保护邹韬奋、范长江、李克农等诸多在桂林的文化人士和中共党员，并积极开展进步文化的出版工作，使文化供应社成为当时广西最大的一家地方出版发行企业，与国际新闻社、《救亡日报》并称为“桂林三大进步团体”，对抗日战争时期进步文化的推广起到了重要的作用。近些年来，出版界对抗战时期桂林文化活动展开了持续研究，其研究多为宏观描述与分析“桂林文化城”的整体出版活动，而对出版机构及出版人活动等个案的深入研究却鲜见于文献。本文试图史海钩沉，对抗战时期桂林文化供应社的核心人物陈劭先先生的生平史料进行勾勒，进而分析其民主革命思想的形成，并探究其对桂林文化供应社发展的影响及其对当下出版工作的启示意义。

一、陈劭先民主思想的形成及其革命实践

陈劭先早年追随孙中山先生加入中华革命党，虽为国民党员身份，但很早就是共产党的忠诚盟友。在抗日战争时期，他不顾个人安危，竭尽全力保护文化供应社的出版活动，屡次营救或帮助共产党地下工作者脱离险境，佑护了进步文化传播的中坚力量。他对国民党腐败势力嫉恶如仇的正义感，对革命同情、拥护、支持的真诚态度，与其一生所追求的民主和进步是分不开的。

（一）参加同盟会与早期革命理想

陈劭先是清末的秀才，废除科举制度后，他先后就读于旧制中学和南京两江师范学堂（南京大学的前身）。两江师范学堂为清末署理两江总督张之洞所创建，是中国近代最早设立的师范学校之一。在新兴的学制内，多学科的滋养使陈劭先具备了良好的文化底蕴，同时形成了初步的革命理想。当时，清廷腐败、国势凌夷，陈劭先和许多爱国的先进知识分子一样，企图颠覆腐败的清廷，复兴中华民族，探寻“富国强兵之道”。1910 年，陈劭先加入了共进会成为革命党员，开始从事反清活动。1911 年辛亥革命爆发，陈劭先积极响应革命，返回九江组织当地力量参与斗争。辛亥革命后，陈劭先先后出任江西省同盟会支部干事和临江、瑞州、袁州三府覆选区国民党办事处主任，以及江西省议会议员等职务，拥护和推行孙中山先生的“三民主义”。1913 年，陈劭先因参加“二次革命”而被袁世凯通缉，流亡日本。在日本期间，陈劭先有机会多次拜谒孙中山先生，并参加了孙中山先生重新组织的中华革命党，名列党册第 74 位。

陈劭先早期的革命理想深受孙中山“三民主义”影响。在实现“世界上以平等待我之民族”的民族主义思想指导下，陈劭先以其始终不渝的革命实践见证了这一理想的实现。

（二）孙中山“三民主义”的忠实信徒

陈劭先在日本与孙中山的革命之缘更加坚定了其对民主革命的信念。流亡日本之后，陈劭先曾到南洋、香港、两广等地宣传革命，对贫富悬殊的现象感触颇深，这使其愈发领悟孙中山“以俄为师”与“三大政策”的思想真谛。为了实践革命，陈劭先于 1917 年参加孙中山领导的“护法运动”，1922 年投身北伐战争。1922 年 6 月，陈炯明叛变革命，孙中山先生黄埔蒙难，陈劭先冒着极大的风险，到永丰舰看望，并手持孙中山的手书密令，从

敌后绕道奔赴赣南，召北伐军班师回粤，以除叛逆。1925年3月12日，孙中山先生病逝于北京，陈劭先哀恸万分，并决心化悲痛为力量，以孙先生遗嘱“国民革命的目的，在求中国之自由平等，必须唤起民众及联合世界上以平等待我之民族共同奋斗”，以及主张“召开国民会议与废除不平等条约，尤须于最短时间促其实现”勉励自己，并以其为努力之目标[1]。以此目标为指引，在国民党北伐期间陈劭先积极支持第一次国共合作。

由此可见，陈劭先是孙中山先生“三民主义”思想和“联俄、联共、扶助农工”三大政策的忠实拥护者，可以说他之后与蒋介石彻底决裂，积极与共产党和进步文化人士合作，以出版为阵地大力宣传孙中山思想和进步文化，等等，均是以这一民主思想为基础的。

（三）新桂系中的国民党左派人士

在从事国民党工作期间，陈劭先对蒋介石背离民主革命的行径洞察极深。1927年，蒋介石背叛革命，陈劭先随即参加桂系的反蒋活动，负责主持桂系驻沪办事处，主办《先导月刊》，阐扬孙中山的“三民主义”，坚持“联俄、联共、扶助农工”三大政策，反对蒋介石独裁。

如果说李任仁是当时桂系民主派跟共产党和进步文化人合作的谋划者的话，陈劭先就是实现这一合作的坚决执行者。“七七事变”之后，陈劭先应李宗仁邀请来到桂林，受聘为广西绥靖公署与广西省政府顾问。1937年10月，李宗仁、白崇禧等成立广西建设研究会，聘请陈劭先任广西建设研究会常务委员，负责审核和发行《建设研究》、《时论分析》和《敌国舆情》。1939年，文化供应社成立，陈劭先成为文化供应社首任社长，并一直主持文化供应社的出版工作。在此期间，陈劭先结识了一些共产党地下工作的同志，与他们广交朋友，并提供隐蔽身份的场所。在与进步人士的交往中，陈劭先更加深信孙中山先生“联俄、联共、扶助农工”三大政策的现实意义。其在文化供应社编辑出版的基本方针中就指出“抗战建国时期，文化工作主要目标，在谋意志集中与精神之团结，故一切著作出版物，当本普及与提高国民对于三民主义与国父遗教之正确认识，根据抗战建国纲领，谋增进国民自觉自动之精神，而以建立三民主义之新文化，为吾人努力之最后鹄的”[2]。进步出版活动成为陈劭先反对独裁统治，进一步传播孙中山“三民主义”的战斗阵地。由他亲自编撰的《中山文选》，广泛传播孙中山先生的爱国思想和革命精神。

虽同为“反蒋”，但陈劭先认为他的反蒋与李宗仁的反蒋有着本质上的不同："我的反蒋是因为蒋介石背叛了孙中山的三民主义和三大政策，而李宗仁的反蒋，则是为了满足自己的政治野心。"[3]陈劭先虽身在桂系，但是他是国民党坚定的左派人士，不愿融入蒋政权的心从未变过。蒋介石为了笼络和利用陈劭先，曾在1940年任命其为广西省党部执行委员兼书记长，遭到陈劭先的拒绝；1944年国民党中央全会改选，陈劭先被桂系提名为中央委员人选，但他自请除名，坚决不与蒋共事。与此同时，他却在政治上不避风险，以国民党元老的身份和他在广西的地位，巧妙利用桂系与蒋介石的矛盾，抵制国民党的图书审查政策，保护革命人士的安全。他对书刊的编辑和出版业务，掌握着政策与方向，但从不进行无理的干涉，保证了进步书刊在抗战时期的出版发行。

（四）坚定不移的民主革命战士

1944年，日军入侵广西，湘桂大撤退，陈劭先在战火中带领广西建设研究会、文化供应社、建设印刷厂一大批人员疏散到桂东南的昭平、八步一带。在中共地下党组织的推动下，陈劭先创办了《广西日报》（昭平版），自任社务委员主任。《广西日报》（昭平版）以抨击国民党消极抗日的腐败现象和中国共产党团结抗日政策为宣传内容，鼓动民众团结抗日。同时，陈劭先在贺县八步积极参与李济深、何香凝等酝酿成立的国民党民主促进会的活动，团结进步人士参与抗日。抗战胜利后，陈劭先回到桂林，在瓦砾废墟中重建文化供应社。

内战爆发后，桂系军阀暴露了反共的面目，陈劭先对其深感遗憾，随其他民主人士转移至香港，开展民主革命运动。在香港，陈劭先与李济深、何香凝、蔡廷锴等民主人士一起参加了中国国民党民主促进会（以下简称"民促"）的创建，同时筹办了香港《文汇报》。1946年4月，民促正式成立，并发表宣言，指出："国民党根据中山先生天下为公的精神，应结束党治，建立举国一致的民主联合政府。"1948年陈劭先在香港与李济深、何香凝等筹建中国国民党革命委员会，其民主革命活动一直持续到解放。

可以说，陈劭先对孙中山"三民主义"和三大政策思想的传承是深深贯彻在实践中的。新中国成立之后，他也同样振奋和感动，朱学范先生的《怀念陈劭先先生》[4]一文中说道：

> 毛主席在开幕词中庄严地宣告："占人类总数四分之一的中国人从此站起来了。""我们的民族将再也不是一个被人侮辱的民族了。"当时，

陈先生激动得掉下了老泪。他说，孙先生一生为推翻清廷，打倒列强而奋斗，现在才彻底实现了他的民族主义思想，达到了“世界上以平等待我之民族”的目标，作为孙先生的忠实信徒，怎能不振奋呢？

陈劭先用一生的革命行动践行了他的民主思想，在抗战最重要和关键的时期以出版为民主斗争的文化阵地，保护了先进文化的生存空间，新中国的成立也成为其民主理想的实现。

二、陈劭先与桂林文化供应社的出版活动

抗战时期的桂林，是广西省政府的所在地，因地处中国南部地区交通枢纽的战略要地以及特殊的地位，另加新桂系为其政治目的，实施相对宽松的治理政策，使得一大批文化人士先后疏散至此，一批著名出版机构如生活书店、新知书店等纷纷迁往桂林或在桂林设立分支机构。据统计，抗战时期的桂林有大小出版社、书店224家，有大小印刷厂（社）109家，共出版图书2000多种，出版期刊近300种，出版报纸15种。程思远在《缅怀陈劭先同志》一文中曾写道：“抗战初期，在广州、武汉先后失守以后，桂林文人荟萃，冠盖云集，进步人士相率惠临，使一个只有10万人口的广西省会，一跃而为拥有60多万人口的‘文化城’，这是桂林空前绝后的‘黄金时代’。所以有此盛况，首先归功于周恩来副主席在当时执行党的统一战线政策所起的伟大作用，其次就是李任仁、陈劭先两先生在团结进步人士所做出的伟大贡献。”[5]在中国共产党抗战统一战线的指导下，1939年胡愈之联合李任仁、陈劭先、陈此生等民主革命人士共同成立了文化供应社。由于其特殊的建社背景和李任仁、陈劭先等人士的竭力保护，该社抗战时期出版了大量进步书籍，成为当时广西最大的一家地方出版发行企业，与国际新闻社、《救亡日报》并称为“桂林三大进步团体”。陈劭先作为文化供应社的社长，在此期间对文化供应社的出版活动予以了保护与支持，使文化供应社成为进步文化传播的重要阵地。

（一）桂林文化供应社的创建及管理

桂林文化供应社的创建与当时颇有政治背景的广西建设研究会有着密切的联系。抗战之前，两广地方军阀与蒋介石中央系军阀矛盾重重，“七七事变”后，为大势所迫，新桂系与蒋合作共同抗日。李宗仁为了预防蒋介石势力趁机侵入广西，创办了广西建设研究会，维系一批反蒋人士作为他的政治资本。因反蒋立场相近，李宗仁邀请陈劭先担任广西建设研究会常务委员，

主持会务。以这一公开的半官方组织为平台，陈劭先将胡愈之、李达、张志让、李四光、欧阳予倩、陶孟和、夏衍、范长江、杨东莼、千家驹、张铁生等在桂林的进步人士和中共地下党员安排入会，积极开展进步的政治文化活动。

为了将文化出版活动进一步稳固，1938 年底，在中共中央南方局书记周恩来同志的统一部署下，胡愈之先生受派遣到桂林开展抗战文化活动和统战工作，以救国会代表面貌出现，被聘为广西建设研究会文化部副主任，安定一部分进步作家的生活和发展进步文化事业。为了在起伏变化的政治形势下更有效地推进出版工作，胡愈之组织当时的进步力量着手筹划更为稳固的出版阵地。从 1939 年夏开始，张志让、宋云彬、朱光暄、姜君辰、张铁生等同志在胡愈之先生的指导下，在施家园新知书店的竹屋里进行文化供应社的筹备工作。在救国会的筹募和广西建设研究会的赞助下，以 1.2 万元的股本，成立了文化供应社股份有限公司，并于同年 10 月 22 日假广西建设研究会举行创立会之时通过公司章程。文化供应社第一届董事会成员有李任仁、陈劭先、陈此生、胡愈之、沈钧儒、杜重远、李章达、林励儒、万仲文等 11 人。会上推选李任仁为董事长，陈劭先为社长，陈此生为总务部主任兼秘书，负责日常行政工作，胡愈之为编辑部主任，总揽编辑出版业务。编辑中安排了共产党员与非共产党的进步人士，如张志让、曹伯韩、宋云彬、傅彬然、王鲁彦、林山、杨承芳等。由此看来，文化供应社事实上是抗日民族统一战线的产物，胡愈之说，“所用干部大部分都是由李克农同志推荐的”[6]，文化供应社“实际上是由八路军桂林办事处领导的”[7]。出版环境保障出版生存，出版人的导向决定出版内容，有广西建设研究会的背景，文化供应社在桂林的出版活动相对更为安全，其组成人员的进步性也保证了该社文化书籍的进步意义。

1940 年 1 月，文化供应社第二次董事会决议扩充股本金额至 10 万元，同年 3 月出资 4 万元与九如堂合营建设印刷厂，同时决定设立出版部，聘宋云彬任主任。之后，社内决定总务部下设立营业处，聘赵晓恩为负责人。至此，文化供应社在组织构架上形成了总务、编辑、出版、制造、研究五个部门。后因政局动荡，文化供应社有一些人员的流动（1940 年胡愈之受中央南方局指示离开桂林赴香港转新加坡工作，张锡昌负责领导文化供应社党内工作；1941 年皖南事变发生后新知书店、生活书店、读书生活出版社均有部分职工转入文化供应社），但出版工作上依然由陈劭先负责管理，在出版内容的方向上始终较为稳定。陈劭先在《文化供应社自我介绍》[8]中提到了以下文化供应社的编刊方针：

> 本社编辑及生产方针，于创办缘起中即揭橥数端："抗战建国时期，文化工作主要目标，在谋意志集中与精神之团结，故一切著作出版物，当本普及与提高国民对于三民主义与国父遗教之正确认识，根据抗战建国纲领，谋增进国民自觉自动之精神，而以建立三民主义之新文化，为吾人努力之最后鹄的，此其一。文化建设与政治军事建设原属不可分离。理论之可贵，在于指导行动。故本社编辑方针，务求适应此时此地之需要，力戒空言不切实际之时弊。在目前，出版生产计划尤当力求与二期抗战中之民众动员工作及地方建设事业相配合，此其二。在民众文化水准低落之我国，文化工作普及尤重于提高，故本社编辑出版计划首先揭全力以求大众化中国化之实现，以后逐渐谋高深学术著作之编译刊行，此其三。"

陈劭先很清楚地认识到进步的出版事业也是进行政治斗争一条重要的战线。在当时国内形势下，政治斗争的焦点是坚持抗战或妥协投降。出版和发行进步书刊的目的，一方面是揭露国民党反动派的妥协投降政策，另一方面是教育和争取广大群众支持共产党的坚持抗战政策。出于这一认识，在陈劭先主持下的文化供应社成立两年以来出版了包括大众读物（文化室图书）、干部训练及抗战必需之工具图书、少年及青年读物在内的社会科学和文艺作品近五百种，共九百余万字。这些思想进步、内容精彩的读物和学术著作，对宣传抗战，宣传中国共产党的方针政策，适应人民群众文化的需要，发挥了重大的作用。

文化供应社在坚持出版原则的同时，注重编辑团队的素质建设，采取了各种措施提高青年编辑的文化知识和政治思想水平。比如：由邵荃麟领导的文学研究会，研究苏联文艺作品和其他国家的名著；由宋云彬、傅彬然领导的哲学历史研究会，组织、学习翦伯赞的《历史哲学教程》和李达的《社会学大纲》；另有由杨承芳领导的时事政策研究会等。这些学习组织，除经常举行讨论外，还邀请社外的许多进步作家、学者、教授来做报告，如：沈雁冰、羊枣（杨潮）、杨东莼、胡风、金仲华、张友渔、萨空了、聂绀弩、艾芜、柳亚子、陈翰笙、叶圣陶、张铁生、狄超白、梁漱溟、陈此生、冼群、骆宾基、秦柳芳、张志让、万仲文等。在青年干部中除一部分人参加桂林俄文夜校学习俄文外，社里还举办了英文学习班由杨承芳亲自教授。另外，举办了同仁学习写作的《手板》，定期出版，每人都写文章装订起来传阅，互相评论。在陈劭先的支持下文化供应社的学习活动非常活跃，政治和学术空气浓厚，培养了不少年轻的出版干部。这些面向年轻出版干部开展的学习方式对于现今的出版机构管理依然有很好的借鉴意义。

1943 年初，国民党中央宣传部要接办桂林文化供应社。为了保存这一进步的文化阵地，陈劭先以退为进提出了自动改组的对策，他和几位出头露面的同志主动辞职引退，但仍以常务董事的身份继续掌握社务，坚持从事进步文化活动。在此后的抗日战争及解放战争时期，陈劭先始终没有放弃对文化供应社出版活动的帮助和指导。

（二）进步书刊的出版与发行

文化供应社成立之后，成为抗战中西南大后方的一个重要的思想文化阵地。它配合抗战宣传和促进大众文化，在“谋意志集中与精神之团结”编辑方针的指导下，编印了五百多种思想进步、内容精彩的读物。同时，文化供应社还出版由曹伯韩、林涧青先后主编的通俗刊物《新道理》半月刊，以及由邵荃麟主编的综合性学术刊物《文化杂志》月刊等，成为抗战时期出版业中的一支生力军。陈劭先为把这些通俗书刊推向大众，通过行政部门，倡导各地基层组织成立了文化室配置，开展文化教育活动。

建社初期，在胡愈之的指导下，文化供应社密切配合抗战宣传，首先着力编印了一套通俗的文化室图书《国民必读》。其中，有战时常识、农业生产知识、社会科学和自然科学的基础知识，有可供阅读或演唱的文艺作品，还有挂图、地图和《国民字典》等工具图书，共达 261 种。根据原文化供应社营业部主任赵晓恩《抗日战争时期的桂林文化供应社始末》一文所载，文化供应社出版的书籍主要有以下几类：

在学术著作的出版上，有邓初民的《中国社会史教程》、石兆棠的《科学概论》、张先辰的《科学与自然科学》、王士略的《教育原理》、张栗原的《教育生物学》、林砺儒的《教育危言》、萨空了的《科学新闻学概论》、阎宗临的《欧洲文化史论要》、张荫桐译的《日本历史教程》、周伯棣的财政学分册《租税论》、李方进的《经济学教程》等。

文艺作品以不同方式出版：一套是文艺创作丛刊，有欧阳予倩的历史剧《忠王李秀成》、陈白尘的话剧《大地回春》、艾青的新诗集《黎明

> 的通知》、聂绀弩的杂文集《婵娟》和散文集《沉吟》、艾芜的小说集《荒地》、骆宾基的中篇小说《吴非有》、司马文森的小说集《蠢货》、邵荃麟的小说集《英雄》、黄药眠的旅苏漫忆《美丽的黑海》等。另一套是供中学生阅读的文艺作品选。在每篇作品末后，附有内容说明、作者介绍、学习要点和注释。其中有邵荃麟选注的《创作小说选》、艾芜选注的《翻译小说选》、葛琴选注的《游记选》和《散文选》、文宠选注的《话剧选》等。还有一套英汉对照的文艺性小丛书，由彦英、邵荃麟、黄药眠、柳无垢、萧颂敏等人编译。
>
> 青少年读物成套的有：青年自学指导手册、初中精读文选、青年文库和少年文库。指导手册中，有艾芜的《文学手册》、杨承芳的《英文手册》、冼群的《戏剧手册》、野火的《木刻手册》、廖伯华的《珠算手册》等。
>
> 初中精读文选是一套语文学习用书。初编时分为6册，后来在香港扩编为12册。其中语体文选6册，文言文选3册，语法篇1册，文章作法篇1册，实用文篇1册。先后参加编辑的有王任叔、宋云彬、辛德培、孟超、傅彬然、曹伯韩、叶苍岑、蒋仲仁、操震球等，由叶圣陶校订。当时在国内多用作补充教材和自修读本，而在香港、新加坡一带，有不少中学采作正式课本，打破了习用的所谓“国定本”的垄断。
>
> 青年文库出版了十多种。有王祥珩译的《世界漫游记》、唐兆民的《瑶山散记》、钱耕莘的《科学趣话》、傅彬然的《励志集》、萧敏颂译的《大人物小故事》、邵慎之的《地图的秘密》，还有曹伯韩为破除迷信观念和非科学意识而写的《谈鬼神》和田惜庵的《科学修养》等书。少年文库每辑10册，一共出了30多种。
>
> 此外，还有不少青年读物的单行本和其他书籍。如：徐中玉的《文艺学习论》、翟风鸾的《怎样学习国文》、丰子恺的《艺术修养基础》、邓初民的《社会科学基础讲话》、曹伯韩的《中国现代史读本》、宋云彬的《中国文学史简编》、张毕来的《欧洲文学史简编》，以及欧阳予倩编的《谭嗣同书简》、宋云彬辑录的《鲁迅语录》、陈劭先辑的《中山文选》等等。[9]

从编印书籍的内容上看，其对先进文化的推广是不遗余力的，陈劭先编辑的《中山文选》将孙中山先生的“三民主义”精神进行整理和传递，在孙中山逝世17年之后，陈劭先为其思想的传播做了重要工作，亦表达其对孙中山民主思想的尊崇。

同时，文化供应社的发行工作也逐步在完善和强化。文化供应社在桂林有自己的总发行所，在重庆设有办事处（后改为营业处）。太平洋战争爆发后，许多文化人从沦陷后的香港回到桂林，成立了不少新的小型出版单位，掀起桂林出版事业的第二次高潮。这些出版单位的图书发行需要借助文化供应社的渠道，从而也促使了文化供应社发行业务的进一步发展。除了发行本版书刊，文化供应社还更多地经售各地出版的进步书刊，服务方式有门市、批发、邮购。在邮购业务上文化供应社吸取了生活书店抗战前在上海办邮购的经验，广泛发行为国统区读者服务。在这一时期，文化供应社既是出版机构，又是发行机构，其在国统区革命出版战线上的文化活动日益突出。

抗日战争胜利后出版事业的重心回到上海，陈劭先与李任仁、李济深等在香港筹建国民党民主党派组织，他委托赵晓恩将可以继续出版的图书纸型带往香港找人合作，另谋发展。1947 年 7 月桂系反共面目毕露，下令逮捕文化供应社的工作人员，致使文化供应社处境艰难。陈劭先等人发起重组，向海外筹款，救了燃眉之急。此后一段时间里，文化供应社在出版方面，主要是增订重印已有出版物，如扩编初中精读文选等书；勉力出版了一些新书，有胡仲持译的《文艺鉴赏论》、胡愈之的郁达夫在印尼蒙难记《郁达夫的流亡和失踪》和《少年航空兵》（笔名沙平）、冯玉祥的《我所认识的蒋介石》，还特约张铁生主编《新民主实用百科辞典》。另外，还约请了留港的文化界人士编辑了一套南洋小学教科书，用以抗衡国民党编印的教科书。在陈劭先的支持下，文化供应社还与新知书店进行合作，在香港开设南洋图书公司，除印行本版书刊，还承担中共的《解放》、《群众》等杂志在香港的印务，向海外传播进步声音。

（三）以各种形式参与抗战活动

文化供应社的主要工作是出版书籍，推广进步文化，但在抗日战争白热化的时期，为了参与抗战和维持文化工作者生存，该社也以其他的方式进行着文化斗争。1944 年 9 月，日军入侵桂林，桂林开始大疏散，文化供应社的部分人员离社他去，余下的工作人员分为两路疏散，一路由赵晓恩负责前往西南重庆，一路由陈劭先、万仲文带领文化供应社和建设印刷厂人员以及书籍、纸张、印刷器材等物资往桂东的平乐、昭平县和贺县的八步镇转移。在那兵荒马乱、人心惶惶的时期，文化供应社未停止过图书的经营工作，起初在平乐设立门市部，后到昭平设立办事处，但因战乱人心不稳，且农村读者的文化水平和购买能力都较低，买书的人不多，书业萧条，仅靠租书和出售纸张维持生活。在这种困难情况下，陈劭先积极设法安排一部分工作人员参加到由何香凝、千家驹、张锡昌、欧阳予倩、莫乃群等人和当地爱国人士共同组织的“昭平县民众抗日自卫队工作委员会”下设的青年教导队，进行抗战文化宣传工作。文化供应社派出参加的人有云健鹏、朱典纯、毛羽鸿、黄荣芳等。陈劭先也经常到教导队为学员讲课。另一部分人员，到当地中学任教，在普及文化的同时也能维持战时生存。剩下的一部分工作人员则留在文供社坚持日常出版活动。在昭平期间，陈劭先还是《广西日报》（昭平版）的领导人之一，文化供应社为该报提供印刷的纸张，保证抗战时期的文化宣传。在陈劭先的安排下，不但解决了文化供应社等文化工作人员在困难时期的生活问题，还为抗日宣传以及对民众的教育做了大量工作。

文化供应社在中国共产党统一战线政策的指导下，陈劭先与其他民主人士始终风雨同舟，患难与共，始终坚持抗战、坚持团结、坚持进步，使民主思想与先进文化在抗战时期得以守护与传播。

三、陈劭先对抗战时期出版活动的贡献

陈劭先在抗战时期，主持着广西建设研究会和桂林文化供应社的工作，他利用自身的政治地位和社会关系保护和支持一大批共产党人和进步人士，同时毫不松懈地以出版活动进行民主抗争，对抗日民族统一战线和进步文化事业做出了积极的贡献。

（一）推动民主宪政，维护政治环境

抗日战争期间，陈劭先以合法的形式反对蒋介石的“五五宪草”，推动民主宪政，保证宽松的政治环境。1940年，蒋介石的国民党迫于各民主党派的压力，伪装准备实施宪政。广西建设研究会以陈劭先、胡愈之、张志让、白鹏飞、千家驹、万仲文等人为中心，策动广西省临时参议会的开明参议员和其他各界要求民主的上层人士，组织了一个“广西宪政协进会”，与在延安的宪政促进会密切配合，催促蒋介石结束“训政”，还政于民。

为了进一步做好宣传工作，影响国内外舆论，陈劭先借助《建设研究》和《时论分析》发表大量宣传文章。文章主要是根据孙中山先生有关宪政的言论，批驳和揭露蒋介石“五五宪草”的有关内容，广为宣传反对“宪草”的各方言论。

为了扩大社会影响，陈劭先在桂林广播电台组织了一次讨论“宪草”的

广播座谈会，同时组织了大量文章在《建设研究》和胡愈之主编的《国民公论》杂志上陆续发表。陈劭先等民主人士根据将专题研究的结果，起草了一个对“宪草”的宣言，并力排万难印成手册，分发全国，同时，在香港《星岛日报》全文披露。

陈劭先主导的这一活动引发了革新政治的火种，掀起了争民主的浪潮，教育了人民，削弱了国民党顽固派的政治基础，其影响深远。

（二）保护进步文化出版人，维护文化供应社的正常运转

出版人是出版活动的主体，对出版人的保护是维护进步文化出版内容可持续发展的根本。陈劭先身为广西建设研究会的常务委员，其利用桂系“客卿”的身份保护进步文化出版人，尤其是共产党文化工作者的事迹是有口皆碑的，在诸多史料中均有记载。保护出版人就是保护出版活动的正常运转，这是陈劭先对出版文化生产的重要贡献。

1940年，重庆反动当局查封各地革命书店，新知书店、生活书店陷入危局。陈劭先迅即把新知书店接过来改为文化供应社营业处，安顿了新知书店、生活书店的部分工作人员，并挺身而出遮掩了重庆反动当局的查办。

皖南事变后，国民党对加大了围剿的力度，各方进步人士在陈劭先、李任仁等民主人士的掩护下进行了撤离。在桂林，李克农等中共党员被特务包围在桂林八路军办事处，陈劭先和李任仁从省政府借了汽车，冲破特务的包围，将他们救出，并通过李济深的关系，买好飞机票，将李克农送出桂林城。当时乘坐飞机需要有人做担保，范长江和夏衍要离开，范长江是由陈劭先做担保，但只能保一个，陈劭先就当面迫使省党部书记长签字作保，要求他一人保一个。邹韬奋也在陈劭先的帮助下突破国民党的封锁，从重庆秘密抵达桂林去了香港；千家驹卧病桂林，国民党特务准备逮捕他，陈劭先为他买好飞机票，把他安全转移到香港。

太平洋战争爆发后，何香凝、柳亚子、梁漱溟、金仲华等进步人士从香港撤到桂林，也是由于陈劭先的精心安排，他们才得到保护和照顾。他对黄荣芳、覃展等被捕共产党员的营救在史料中也均有记录。

正是出于陈劭先、李任仁的保护，先进文化的工作者得以在抗战时期顺利渡过难关，保存了进步出版力量。

（三）坚持以文化出版为民主斗争的阵地

陈劭先的出版活动不仅是在文化供应社期间开展的，在他进行民主革命期间，直到抗战胜利，他都坚持不懈地以出版作为民主斗争的文化阵地。

1927年，蒋介石背离了孙中山“联俄、联共、扶助农工”的三大政策，对外勾结帝国主义，对内实行独裁统治，陈劭先决心与蒋政权决裂，在国民党内部从事反蒋民主斗争。1928年，陈劭先便在上海主办《先导》月刊，阐释孙中山的三民主义，反对蒋介石独裁统治。

1936年，陈劭先在建设研究会担任常务委员负责刊行《建设研究》、《时论分析》、《敌国舆情》三种杂志。他利用这些刊物，介绍各党各派的言论观点，发表各种进步人士意见，尤其是延安中共方面的意见。当时刊物受到桂系中一些反动势力干扰，因国民党图书审查机关的刁难和邮电检查的扣压，书刊在广西境外销售很少。陈劭先还利用建设研究会这一合法组织，配合形势发动社会力量，开展针锋相对的斗争。

1944年，日寇入侵广西，陈劭先率出版队伍撤往桂东南。在中共地下党组织的推动下，陈劭先创办了《广西日报》（昭平版），严厉抨击国民党反动派的消极抗日，积极反共真面目和国统区的腐败现象，宣传团结抗日的政策。

1947年3月，因桂系与蒋介石合流反共，被迫离开广西到香港的陈劭先，与李济深、何香凝、李章达等积极筹备组织中国国民党革命委员会。1948年1月，“民革”在香港宣布成立，陈劭先当选为中央常委、宣传部部长，负责筹建香港《文汇报》，在香港建立了民主文化的宣传阵地。直到新中国成立，陈劭先始终以文化出版作为战斗的武器，成为中国共产党领导的新民主主义革命统一战线的重要成员。

陈劭先在战争时期为支持文化出版事业敢作敢为，为维持出版事业的发展广泛筹资，自己却从1940年到1945年担任文化供应社社长期间未领过薪金，也未支取过车马费。作为我国民主革命的先驱，陈劭先以民主思想指导着进步文化传播的事业，他为民主革命和社会主义事业，为文化供应社及抗战时期的桂林文化的发展做出了积极贡献。陈此生有诗赞曰：

> 世乱思君子，岁寒知柏松，
> 如公倍道笃，海内几人同。[10]

陈劭先在文化出版工作上的历史使命感和抗战时期出版机构的社会责任感都值得当今的出版界学习借鉴。

注释：

[1] 朱学范：《怀念陈劭先先生》，中国人民政治协商会议广西壮族自治区委员会文史资料研究委员会编：《广西文史资料——陈劭先纪念文集》，内部资料，1986年，第19页。

[2] 陈劭先：《文化供应社自我介绍》，中国人民政治协商会议广西壮族自治区委员会文史资料研究委员会编：《广西文史资料——陈劭先纪念文集》，内部资料，1986年，第17页。

[3] 陈劭先：《广西建设研究会的成立和结束》，中国人民政治协商会议广西壮族自治区委员会文史资料研究委员会编：《广西文史资料——陈劭先纪念文集》，内部资料，1986年，第5页。

[4] 朱学范：《怀念陈劭先先生》，中国人民政治协商会议广西壮族自治区委员会文史资料研究委员会编：《广西文史资料——陈劭先纪念文集》，内部资料，1986年，第22页。

[5] 陈思远：《缅怀陈劭先同志》，中国人民政治协商会议广西壮族自治区委员会文史资料研究委员会编：《广西文史资料——陈劭先纪念文集》，内部资料，1986年，第29页。

[6] 赵晓恩：《胡愈之与文化供应社》，新华书店总店编：《书店工作史料》第三辑，北京：新华书店总店，1987年，第110页。

[7] 赵晓恩：《胡愈之与文化供应社》，新华书店总店编：《书店工作史料》第三辑，北京：新华书店总店，1987年，第110页。

[8] 陈劭先：《文化供应社自我介绍》，中国人民政治协商会议广西壮族自治区委员会文史资料研究委员会编：《广西文史资料——陈劭先纪念文集》，内部资料，1986年，第17页。

[9] 龙谦、胡庆嘉编：《桂林文史资料　第38辑　抗战时期桂林出版史料》，桂林：漓江出版社，1999年，第611页。

[10] 赵晓恩：《陈劭先先生对桂林文化城的贡献》，魏华龄、王玉梅：《桂林文史资料　第37辑　人物专辑》，桂林：漓江出版社，1998年，第212页。

【推荐人语】

论文以抗战时期的文化工作者陈劭先及其参与的文化团体文化供应社为研究对象，梳理了文化供应社作为抗日战争时期广西最大的文化进步团体的主要轨迹，系统论述了陈劭先的进步思想，史料翔实，立论严谨，对于陈劭先的思想研究和抗战时期的文化传播研究提供了有价值的参考个案。（范　军）

附　录

华中师范大学文学院 2015 年上半年博士生学位论文目录

序号	专业	姓名	导师	论文题目
1	比较文学与世界文学	CHUNG MI SUN 郑美善	聂珍钊	《红楼梦》乐善斋版本的翻译研究
2	比较文学与世界文学	李纲	聂珍钊	英国童话的伦理教诲功能研究
3	比较文学与世界文学	覃莉	邹建军	华兹华斯《序曲》地理书写研究
4	比较文学与世界文学	张能泉	李俄宪	谷崎润一郎短篇小说艺术研究
5	比较文学与世界文学	陈富瑞	邹建军	汤亭亭小说中的家园空间研究
6	比较文学与世界文学	郭雯	聂珍钊	科学选择的伦理思考 ——克隆人科幻小说研究
7	汉语言文字学	李玉晶	曹海东	戏源词汇研究
8	汉语言文字学	韩晓云	范新干	明清河北方言语音研究
9	汉语言文字学	张言军	储泽祥	语义地图目标下汉语“来”的共时分布与历时演变研究
10	汉语言文字学	CHAU NGOC HUY 周玉辉	吴振国	汉越单音形容词句法功能对比研究
11	汉语言文字学	MAI THU HOAI 梅秋怀	李向农	现代汉语对象类介词与越南语对应词比较研究
12	汉语言文字学	AHMAD MOHAMMAD AHMAD ABDEL-DAYEM 王朝	周光庆	语言学视角的道家与伊斯兰教思想的比较研究
13	文艺学	吴亚南	胡亚敏	历史抉择与逻辑建构：中国马克思主义文学批评实践观研究
14	文艺学	胡俊飞	胡亚敏	中国马克思主义文学批评的民族观研究

续表

序号	专业	姓名	导师	论文题目
15	语言学及应用语言学	方勇	吴振国	中国英语学习者口语考试有效性的实验研究
16	语言学及应用语言学	魏敏	李向农	留学生预科汉语模块化教学模式研究
17	语言学及应用语言学	李丽娟	吴振国	动词“看”“想”“说”“知道”为核心构成的话语标记研究
18	语言学及应用语言学	TRAN THI PHONG 陈氏枫	吴振国	汉越语食品、药品电视广告语言对比研究
19	语言学及应用语言学	YANG EUN JUNG 梁恩正	李向农	汉韩视觉动词带宾情况的多角度考察
20	语言学及应用语言学	LE NGOC SANG 黎氏云	储泽祥	汉语、越南语谓词构形重叠的多角度比较研究
21	语言学及应用语言学	DORJSUREN BOLOR-ERDENE 晶珍	郭攀	现代汉蒙语委婉语对比研究
22	语言学及应用语言学	孟丽	李向农	汉语语法化的理论与实践视角探究
23	语言学及应用语言学	JO HYUN HO 赵显昊	李向农	韩汉包孕句比较研究
24	中国古代文学	贾平	戴建业	宋词与民间文化
25	中国古代文学	谷文彬	王齐洲	六朝灵验类小说研究——以三种《观世音应验记》为中心
26	中国古典文献学	袁洪流	张三夕	《洛阳伽蓝记》研究
27	中国古典文献学	毋燕燕	张三夕	《礼记》单篇别行研究
28	中国古典文献学	朱佩弦	高华平	洪兴祖《楚辞补注》研究
29	中国现当代文学	戴勇	李遇春	《中华诗词》与新时期旧体诗词的传播及创作研究
30	中国现当代文学	魏耀武	李遇春	鲁迅旧体诗及其当代传承研究
31	中国现当代文学	王海燕	王泽龙	鲁迅的黑暗体验与书写研究
32	中国现当代文学	杨程	许祖华	论新感觉派的身体审美
33	中国现当代文学	谭苏	许祖华	鲁迅小说形象色彩修辞研究
34	中国现当代文学	阮娟	周晓明	世界与现代：世界观念与中国

《华中学术》来稿注意事项

《华中学术》为华中师范大学文学院发表学术论文的园地以及开展学科建设和学术交流的平台，由文学院主办，文学研究所主持，欢迎学界同仁踊跃赐稿。有关事项说明如下：

一、所有来稿请遵守学术规范和学术道德，请勿一稿两投。因《华中学术》为半年刊，编辑人员全为兼职，人手有限，所有来稿均不退稿，请自留底稿。来稿若五个月内未接到用稿通知，可自行处理。

二、从第12辑开始设立“博士生论坛”，欢迎博士生投稿。所有博士生投稿的论文，必须附上导师的“推荐人语”。

三、原则上不再发表硕士生论文，论文质量特别高的文章，经由校外专家审稿认可后可以破例。无论校内还是校外专家，本刊不再发表他们与研究生共同署名的论文。欢迎专家推荐博士生论文。

四、一般稿件篇幅以控制在1.5万字以内为宜，特别约稿可在2万字左右。所有稿件一式二份，一份为纸质文本；一份为电子文本。纸质文本请寄：

430079武汉市洪山区华中师范大学文学院《华中学术》编辑部 戴建业/王洪涌/韩军/余祖坤收。联系电话：13545919692；13419684372；15172481080；15927002405。

电子文本请寄：huazhongxueshu@163.com

五、稿件首页包括题目、作者、作者单位、论文摘要、关键词；结尾处包括：题目英译、作者通讯方式（包括邮编、作者地址；电话、手机；电子邮箱等）。

六、来稿采用尾注（请特别注意不要使用插入自动生成格式作尾注）。引文注的注项要完整，尽可能是原始的出处。具体引文注释格式，参照中华人民共和国国家标准《文后参考文献著录规则》、权威期刊《中国社会科学》关于引文注释的规定，举例如下：

甲、非连续出版物

（一）普通图书

(1) 专著

标注顺序：责任者（或作者、编者）/书名/出版地/出版者/出版年/页码。注意：注释中的中文字体一般使用宋体。下同。例如：

[1] 张舜徽：《中国古代史籍校读法》，武汉：华中师范大学出版社，2004 年，第 52 页。

[2] 张三夕主编：《中国古典文献学》，武汉：华中师范大学出版社，2003 年，第 25 页。

注意：外国人的中译本著作标注顺序：（国籍）/责任者（或作者、编者）/书名/译者/出版地/出版者/出版年/页码。例如：

[3]［德］黑格尔：《逻辑学》上卷，杨一之译，北京：商务印书馆，1976 年，第 30～35 页。（注意：无论是中文文献还是英文文献，页码范围中间标注符号为“～”。）

[4] 参见［德］恩格斯：《自然辩证法》，北京：人民出版社，1971 年，第 21 页。

（2）专著中析出文献

标注顺序：析出责任者（或作者）/析出文献题名（或篇名）/原文献责任者（或编者）/原文献（或文集）题名/出版者/出版地/出版年/页码。例如：

[1]［美］杜威·佛克马：《走向新世界主义》，王宁、薛晓源编：《全球化与后殖民批评》，北京：中央编译出版社，1998 年，第 247～266 页。

[2] 范文澜：《论中国封建社会长期延续的原因》，《范文澜历史论文选集》，北京：中国社会科学出版社，1979 年，第 41 页。

[3] 章太炎：《俱分进化论》，《章太炎全集》四，上海：上海人民出版社，1985 年，第 391 页。

[4] 李鹏程：《当代文化哲学沉思·序言》，北京：人民出版社，1994 年，第 2 页。

（二）古籍

（1）古代出版的古籍一般应标注朝代名/责任者（或作者、编者）/书名/卷次；或责任者（或作者、编者）/篇名/部类名/卷次/版本。例如：

[1]（晋）慧远：《沙门不敬王者论》，《弘明集》卷五。

[2]（宋）杨时：《陆少卿墓志铭》，《龟山集》卷三十四，《四库全书》本。

[3]（宋）王应麟：《考史》，《困学纪闻》卷十一，清嘉庆十八年（1813

年）扫叶山房刊本。

（2）现代出版的标点本或校注本古籍应标注朝代名/责任者（或作者、编者）/篇名/书名/部类名/卷次/出版地/版本/页码。例如：

[1]（清）钱大昕：《汉书王子侯误字》，《十驾斋养新余录》卷中，《钱大昕全集》第7册，南京：江苏古籍出版社，1997年，第574页。

[2]（清）张廷玉等：《明史·艺文志序》，《明史》卷九十六，北京：中华书局，1974年，第2344页。

（3）地方志前一般应标明编修或刊刻年代。例如：

[1]（明）正德《建昌府志》卷十五，上海：上海古籍书店，据天一阁藏明正德刻本影印，1964年。

乙、连续出版物中析出文献

（一）期刊

标注顺序：责任者（或作者）/篇名/期刊名/年期/页码。例如：

[1] 李炳海：《〈离骚〉抒情主人公的佩饰意象》，《华中师范大学学报》2008年第5期，第94～99页。

（二）报纸

标注顺序：责任者（或作者）/篇名/报纸名/出版年月日/版面数。例如：

[1] 邢宇浩：《文津阁〈四库全书〉刊行》，《光明日报》2005年12月23日，第1版。

[2] 孙钦善：《魏建功先生与古典文献学专业》，《中华读书报》2001年6月20日，第11版。

丙、外文文献

（一）专著

标注顺序：责任者（或作者、编者）/书名（斜体）/出版地/出版者/出版年/页码（单页码标注为：如 p. 6；复页码标注为：pp. 123～126）。注意：注释中的外文字体一般使用“Times New Roman”。下同。例如：

[1] J. J. Phillips，*Handbook of Training Evaluation and Measurement Methods*，Houston，TX：Gulf Publishing，1991，p. 10.

[2] R. J. Montgomery，*Examinations*：*An Account of Their Evolution as Administrative Devices in Englang*，London：Longmans Press，1965，pp. 17～43.

（二）期刊

标注顺序：责任者（或作者）/篇名（加引号）/期刊名（斜体）/年期。例如：

[1] J. H. Greehaus，"Sources of Conflict between Work and Family Roles"，*Academy of Management Review*，10，1985.

丁、参考文献及带有说明意思的注释体例

例如：

[1] 参见《上海总商会概况》，上海总商会1928年编印本。

[2] 参见陈晋：《文人毛泽东》，上海：上海人民出版社，2005年。这些"读报诗"主要是有感而发的政论，如"遍找全球侵略者，仅余此地一孤家"。"人人尽说西方好，独惜神州出蠢虫。""新闻多多寻常出，独有今年出得殊。"主题与同时期写作且公开发表的《七律·和郭沫若同志》《卜算子·咏梅》《七律·冬云》等一致，但情露意粗，毛本人不愿正式公开发表。

戊、电子文献

除注明上述要求的各项内容外，还应加引用日期、获取和访问路径。例如：

[1] 江向东：《互联网环境下的信息处理与图书管理系统解决方案》，载《情报学报》，1999年第2期。[2000年1月18日] http://www.chinainfo.gov.cn/periodical/qbxb/qbxbqq/qbxbqq0203.

[2] 聂震宁：《文化软实力与文化硬实力》。[2008年10月14日] http://www.sinobook.com.cn/press/newsdetail.cfm?iCntno=6967.

己、专利文献

有通过纸质文本获取和通过其他路径获取两种。应写明专利申请者或所有者、专利题名、专利号、公告日期或公开日期、引用日期、获取和访问路径。例如：

[1] 姜锡洲：《一种温热外敷药制备方案》，中国，88105607.3，1989年7月26日。

[2] 西安电子科技大学：《光折变自适应光外差探测方法》，中国，01128777.2，2002年3月6日。[2002年5月28日] http://211.152.9.47/sipoasp/zljs/hyjs-ys-new.asp?recid=01128777.2&leixin=0.

庚、转引文献及其他注意事项

凡引文不是出自原文献（或找不到原文献）而是通过他人论著转引，均须注明转引出处，不能把转引文献当作原始文献来引用，具体用例如：

[1]《中国古籍善本书总目》收录善本标准，转引自程千帆、徐有富：《校雠广义》（版本编）第2版，齐鲁书社，1998年，第289～290页。

凡只通过中文译文而引用的外文文献，须注明中文译文的出处，不得直接注明引自外文文献。

凡同一文献在一篇文章中不同地方引用，不采用合注的形式，例如：

[1]、[5] 张舜徽：《中国古代史籍校读法》，武汉：华中师范大学出版社，2004年，第52、43页；

应采用分注，以便校对，例如：

[1] 张舜徽：《中国古代史籍校读法》，武汉：华中师范大学出版社，2004年，第52页。

……

[5] 张舜徽：《中国古代史籍校读法》，武汉：华中师范大学出版社，2004年，第43页。

《华中学术》编辑部

2015年7月